高等职业教育“十三五”规划新形态教材

大学生就业与创业指导

（高职专科版）

主　编　张子睿　侯远滨
副主编　吴晓峰　施桂梅

北京理工大学出版社
BEIJING INSTITUTE OF TECHNOLOGY PRESS

图书在版编目（CIP）数据

大学生就业与创业指导 / 张子睿，侯远滨主编 . —北京：北京理工大学出版社，2018.1（2020.1重印）

ISBN 978 - 7 - 5682 - 5027 - 6

Ⅰ. ①大…　Ⅱ. ①张…②侯…　Ⅲ. ①大学生 - 职业选择 - 高等职业教育 - 教材　Ⅳ. ①G717.38

中国版本图书馆 CIP 数据核字（2017）第 305416 号

出版发行 / 北京理工大学出版社有限责任公司
社　　址 / 北京市海淀区中关村南大街 5 号
邮　　编 / 100081
电　　话 / （010）68914775（总编室）
（010）82562903（教材售后服务热线）
（010）68948351（其他图书服务热线）
网　　址 / http：//www. bitpress. com. cn
经　　销 / 全国各地新华书店
印　　刷 / 北京国马印刷厂
开　　本 / 787 毫米 × 1092 毫米　1/16
印　　张 / 19. 5
字　　数 / 480 千字
版　　次 / 2018 年 1 月第 1 版　2020 年 1 月第 3 次印刷
定　　价 / 39. 00 元

责任编辑 / 王俊洁
文案编辑 / 王俊洁
责任校对 / 周瑞红
责任印制 / 施胜娟

前　言

近年来，在高等教育大众化发展的背景下，高校毕业生的数量不断攀升，大学生就业与创业已成为社会高度关注的难点和热点问题。面对国际起伏变化的经济形势和我国经济发展的新常态，大学生就业形势日益复杂，创新创业发展方兴未艾，做好大学生的就业创业指导工作，已成为高职院校一项紧迫的任务。要做好大学生的就业创业指导工作，就需要认真探寻就业与创业指导的客观规律，为大学生提供及时而科学的指导和服务。为此，我们针对当前高职大学生的特点和求职择业与创新创业发展的需要，在总结毕业生就业创业指导工作经验的基础上，参考国内外就业创业指导的成熟做法，融入现代职业指导的新理念、新方法、新途径，编写了《大学生就业与创业指导》教材。

本教材在结构体系上，本着必须、够用、实用的原则，从解析高职大学生求职择业的现状入手，按照就业和创业能力培养分解为若干项目模块构建教材结构体系。每个模块按照导入案例、理论指导、拓展阅读、课后测评、思考和训练来编排内容，涵盖就业形势分析、就业市场和行业发展介绍、就业创业观念引导、求职途径与材料准备、面试与笔试指导、就业创业基础常识和实用性知识、职业发展能力等内容，对学生就业创业进行全程可操作性指导。

参与教材编写的同志都是多年从事大学生就业创业指导和服务的教师，教材共十个部分。项目一、二、三由侯远滨负责编写；项目四、五由吴晓峰负责编写；项目六、七由施桂梅负责编写；项目八、九由张子睿负责编写；项目十由王慧秋负责编写。全书由张子睿和侯远滨担任主编，负责全书的策划、统稿和定稿工作。

在本书编写过程中，我们借鉴参考了许多国内外书刊文献资料和部分网站的相关内容，在此，对所涉及的作者和相关人士表示崇高的敬意和诚挚的感谢！

由于时间仓促和编者水平有限，书中错漏之处在所难免，敬请各位专家学者和广大读者批评指正。

编　者

2017 年 10 月

目　录

项目一　认清就业形势，树立科学就业观

学习目标

1. 了解当前的就业形势与高职学生的就业现状。
2. 了解当前高职学生的就业制度与就业政策。
3. 掌握科学就业观的内涵与树立途径。

名人导言

青年的价值取向决定了未来整个社会的价值取向，而青年又处在价值观形成和确立的时期，抓好这一时期的价值观养成十分重要。这就像穿衣服扣扣子一样，如果第一粒扣子扣错了，剩余的扣子都会扣错。人生的扣子从一开始就要扣好。“凿井者，起于三寸之坎，以就万仞之深。”

——习近平

导入案例

“90后”初涉职场：“俯下身”但却“行不远”

“这是我第二次来找工作，原来那份工作太没挑战性了。”某金融学院的应届毕业生荣特刚刚辞掉前一份工作，11月20日，他特意从安徽老家赶到福州参加福建省2014年大中专毕业生首场招聘会。

“其实找工作不难，但是找到满意的工作不容易。”在招聘会现场，荣特投了八份简历，主要以销售类工作为主。他告诉记者，如果这次招聘没有结果，他准备去中西部地区试一试，“中西部地区虽然相对来讲比较落后，也苦一点，但发展空间还是很大。”

与只专注于沿海、白领、写字楼的毕业生相比，愿意“俯下身”的求职者并不在少数，在中国水利水电第十六工程局有限公司的招聘摊位前，前来应聘的毕业生排起了长龙。公司人力资源部负责人告诉记者，面试官通常会问应聘者是否愿意下基层工作，是否接受外派，大部分面试者都会给出肯定的答案。

虽然面试谈得很好，但真正坚持在基层工作的并不多，“现在很多‘90后’都是独生子女，吃不了苦，父母也不愿意让孩子常年在外面跑，所以企业不怕招不到人，最怕留不住人。”

“有没有加班？有没有休假？一个月休几天？”2016年10月，在一家外贸公司招聘台前，某民族大学的毕业生小陈正在与用人单位的负责人交谈，她最关心的就是休息时间。“双休日可以

与亲友相聚或回家看父母，让工作和生活劳逸结合。”

相对于过去的“70后”“80后”求职者追求工资和待遇不同，“90后”求职者不愿当“岗奴”，他们更关心的是属于自己的休息时间有多少。记者随机采访了十几名“90后”，除了双休日外，不少“90后”还关心单位是否有旅游等福利。

“就业难不是岗位不够，是岗位匹配不够。”中国高校就业联盟负责人闻霄坦言。之所以出现这种情况，主要是学生的期望值太高，同时企业的期望值也不低，即双方对不上眼。很多制造型企业来学校招人，甚至是求着学校要人，而一些学生更向往的是表面光鲜的职业。

“俯下身”但却“行不远”成为高校毕业生就业状态的真实写照，造成这种现象的原因主要是学生长期生活在象牙塔中，对社会了解不够深入，往往有热情，无方向，在社会上碰壁后便会选择逃避，加上求职者的攀比心理，导致很多毕业生不能忍受基层的辛苦。

任务1.1 认清就业形势，转变就业观念

一、当前的就业形势分析

（一）就业与国民经济发展密切相关

“就业为民生之本”“就业是经济的‘晴雨表’，是社会的‘稳定器’”……这是李克强总理在不同场合说过的话，不仅透露出他对就业的关切，也说出了就业对于经济社会稳定发展的重大意义。

当前我国正经历经济增速放缓、产业结构优化升级、增长动力由要素驱动转为创新驱动的新常态时期。2016年全国城镇新增就业1314万人，城镇失业人员再就业554万人，就业困难人员实现就业169万人。四季度末全国城镇登记失业率为4.02%，低于4.5%的年度调控目标。人力资源和社会保障部发布了以上数字。这意味着2016年就业目标超额完成，就业局势保持总体稳定。

“就业是最大的民生，也是经济发展的重要支撑。近年来，在经济下行压力加大、产业结构调整不断深化的情况下，就业局势保持了总体稳定。城镇新增就业连续四年超过1300人，城镇登记失业率、调查失业率都保持在比较低的水平。”人力资源和社会保障部部长尹蔚民在2017年3月1日回答记者提问时这样讲道，同时，他还提到了以下四点要素：

1. 经济持续发展，是稳定和扩大就业的重要基础

虽然我国经济增速这几年在下降，但是仍然保持在合理区间，而且在全世界也是名列前茅的。去年GDP增速是6.7%，经济总量超过74万亿元。由于经济这个蛋糕做大了，所以就业的容量相应就扩大了。而且现在经济基数大了，增长一个百分点，所对应的拉动就业的能力也比过去更加强了。“十一五”期间，GDP增长一个点，平均拉动就业100万人；“十二五”期间，GDP增长一个点，平均拉动就业170万人；去年GDP增长一个点，拉动就业超过了190万人。经济发展是稳定和扩大就业的重要前提。

2. 经济结构在调整、在优化

不同的经济结构对就业的带动能力、拉动能力是不同的，特别是第三产业对就业的拉动能力，平均要高出第二产业20%。去年第三产业占GDP的比重达到了51.6%，高出第二产业11.8个百分点。所以，经济结构优化，对于就业的拉动能力明显增强。

3. 改革持续释放红利

政府持续转变职能，推进“放管服”改革，推进商事制度改革，推进以“营改增”为重点的税收制度改革，同时大力倡导大众创业、万众创新。新的技术、新的业态、新的动能在不断增加，就业形态也是多元化，创业带动就业的倍增效应也不断显现。举一个例子，去年日均新增企业户数15000户，同比多增了3000户，就这一点，对于城镇新增就业的贡献率就达到了40%。

4. 积极的就业政策不断完善，公共就业服务体系也不断完善

经过这么多年的实践，中国特色的就业政策体系基本建立起来了，大力推行网上服务，公共服务体系从省到社区、乡镇，也都是比较完整的。

（二）大学生就业难将持续存在

据教育部公布的数据显示，2017年全国普通高校毕业生预计795万人，比2016年增加30万人。“今年是最难毕业季”，似乎这句话每年都在说。不过也是，自2001年开始，中国的大学毕业生数量每年都在创新高。从2001年的114万人，到2017年的795万人，差不多翻了七倍，如图1-1所示。大学生就业，没有最难，只有更难!

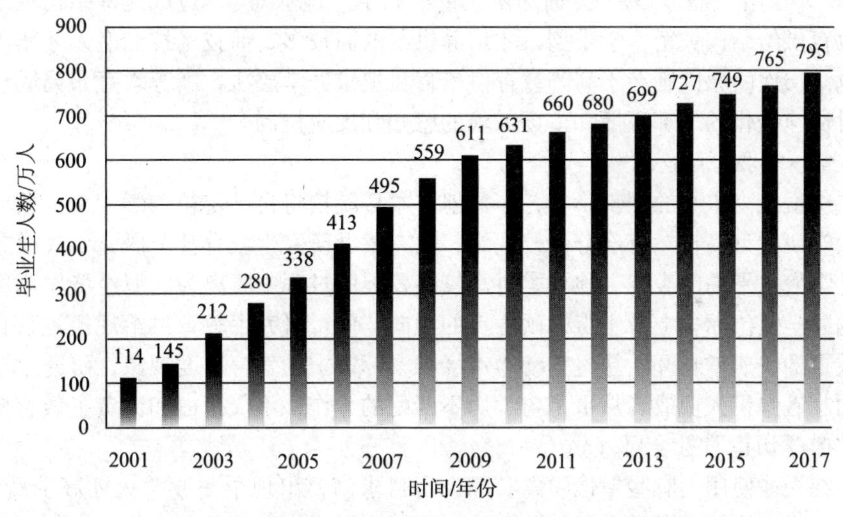

图1-1　2001—2017年全国高校应届毕业生人数

1. 劳动力市场总体上供大于求

随着连续多年高校扩招，高等教育已从精英教育转变为大众教育，逐年增加的大学毕业生数量令就业竞争更趋激烈。全国各高校毕业生的人数正逐年增加，再加上中职毕业生、回国的海外留学生和农村富余劳动力进城务工，“三峰叠加”使就业竞争压力增大。据报道，对高校毕业生的需求仅占新增岗位总量的22%，实在是僧多粥少。

我国就业市场总体的供需倍率始终高于1，说明我国就业市场早已经由供不应求转向供过于求的状态，出现了根本性的转折。2012年以来，中国劳动年龄人口呈现总量持续下降的趋势，但是由于受教育程度不同等因素的影响，劳动者进入劳动力市场存在滞后期。目前城镇新增劳动力仍然处于高位，农业转移劳动力仍然保持一定的规模。从周期性因素来看，2015年以来，就业市场景气度一直在下降，根据预测，这种下降的趋势在2017年和2018年还将延续。2015年第一季度至2017年第一季度，我国CIER（中国就业市场景气）指数持续下降，这一趋势与宏观经济持续走弱的情况相吻合。再加上2017年“去产能、去库存、去杠杆、降成本、

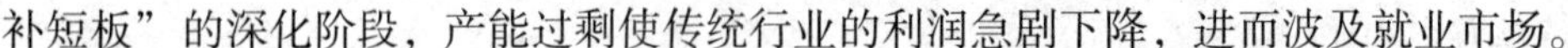

补短板”的深化阶段，产能过剩使传统行业的利润急剧下降，进而波及就业市场。

2. 大学生就业结构性矛盾突出

供给与需求割裂、脱节，是大学生就业结构性矛盾突出的重要原因。当前，大学生就业市场结构性矛盾主要表现在供给与需求的类型结构性矛盾、层次结构性矛盾、专业结构性矛盾。

1）供给与需求的类型结构性矛盾

根据生产或工作活动的过程和目的及人力资本在社会活动过程中的主要功能，可以将人力资本分为两大类：一类是发现和研究客观规律的学术型人力资本；另一类是应用客观规律为社会谋取直接利益的应用型人力资本。从人才市场需求结构来看，依托于技术实现的产品与服务创新越来越成为企业发展的关键，企业对技术技能型人才的需求是主导。产业结构升级换代和经济发展方式转变转型是应对危机、增强产业和国家竞争力的重要手段。作为世界制造业中心之一和产品加工最具活力的中国，在快速发展的同时面临着技术技能型人力资本存量不足的现实问题。技术技能型人才“产能不足”和理论学术型人才培养“产能过剩”，是大学生就业市场人才供给类型结构性矛盾的突出表现。

应用型人力资本的生产与供应难以满足产业界需求的技能危机现象，导致一方面是企业“技术技能型人才用工荒”，另一方面却是大量毕业生“就业难”，造成这种结构性矛盾的原因在于高等教育供给结构失衡，学术型人才培养供给的高校多，而技术技能型人才培养供给的高校较少，更深层次的原因则在于高等教育供给盲目追求办学层次，高等教育布局同质化现象严重，缺乏对快速变化的外部环境和市场需求的感知和反应机制。

2）供给与需求的层次结构性矛盾

受高层次就是高水平的逻辑影响，多数地方本科院校将自己定位为学术型、研究型、研究教学型或教学研究型高校。有部分高校认为，只有举办研究生教育甚至研究生规模超过本科生规模，才是学校水平高的表现。地方本科高校在发展的过程中脱离为区域经济发展供给技术技能型人才的办学定位而争上博士点、硕士点的倾向，使得研究生教育供给规模被盲目扩大，造成研究生数量的快速增长开始超过劳动力市场的实际需求的教育过度现象，研究生毕业生在就业市场中面临着知识失业或者从事了与学历不匹配的工作，不仅挤占和浪费了教育资源，还直接助长了“唯学历论”社会风气。

当前，在人才使用上有些单位脱离实际，盲目求高，出现了一股“人才高消费”的热潮。某市一星级饭店到当地一名牌大学招聘人才，而饭店提供的职业却是接待员、餐厅服务员和公关部工作人员等。类似这样的现象不是个别的，比如，殡仪馆聘请大学副教授当领班；学自然科学的研究生分到银行在营业部站柜台；化学系本科生到单位看厕所；大学生、大专生擦皮鞋；等等。这并非中国的人才过剩。有关数据显示，中国具有大专以上学历的人数仅占全国总人口的16%，与发达国家相比，还相差很远。这样的人才数量，远远不能满足我国社会主义现代化建设的需要，而人才使用上的“高消费”症，既不能人尽其才，又浪费了有限的人才资源，使人才短缺的问题更加突出。

3）供给与需求的专业结构性矛盾

大学生就业市场供给与需求的专业结构性矛盾具体表现在以下几点：

（1）部分专业人才供给产能不足。专业设置与国家宏观产业结构、经济结构并不完全匹配，高校人才培养的供给不能及时适应产业转型升级和新兴职业对专业人才的市场要求，从而出现“结构性缺失”。

（2）部分专业人才供给产能过剩。高等教育人才培养专业结构调整不能适应新兴行业企业人才需求的变化和新兴职业的人才需求，人才供给差异化特征不明显，导致大学生就业市场中部分专业的毕业生供给远远大于需求。

(3) 专业人才培养质量不高。部分高校忽视师资、课程、质量保障制度以及设施设备等教育资源不足的办学条件，盲目追求专业数量的“大而全”，而不注重专业内涵建设，课堂教学停留在知识传授的初级阶段，大学生就业能力得不到有效提升，专业人才培养质量与用人单位需求不匹配，从而导致毕业生在就业市场中缺乏核心竞争力。招聘单位的多位人力资源负责人表示，在中国经济产业转型升级的形势下，许多高校的学科设置和讲授方式已经明显落后。这种情况在一些非名校中更为突出。

（三）就业形势错综复杂

2017 届全国普通高校毕业生 795 万人，再创历史新高。随着我国经济社会加速发展和各项改革不断深化，高校毕业生就业新特征进一步显现。

1. 供给呈现“一增一减”

今年应届普通高校毕业生 795 万人，比去年增加 30 万人，其中高职高专增加 21 万人，本科生增加 9 万人，研究生增加 1 万人，全国有 13 个省份应届毕业生超过 30 万人，4 个省份超过 50 万人，总量压力持续增加；但世界经济在徘徊中缓慢复苏，国内经济动能转换压力仍然较大，部分地区、部分行业吸纳就业能力总体减弱。

2. 需求呈现“一降一升”

实体店和网店“生死交织”、起起落落，钢铁、煤炭、水泥、煤电、铝业、船舶等行业，进入去产能的艰苦战役，互联网餐饮企业、汽车行业等 O2O 企业纷纷望秋先陨，相关行业招聘高校毕业生岗位需求下降；“互联网 +”、信息通信、数字技术、人工智能、健康养老等新兴产业用人需求持续上升，相关专业毕业生一人难求，企业用工需求的行业分化明显。

3. 矛盾呈现“一老一新”

原来的结构性矛盾尚未解决，新情况接连出现。部分地方本科高校、高职院校和部分专业社会需求不足，部分少数民族毕业生、残疾毕业生、女毕业生等就业困难群体就业压力加大；少数毕业生不急于就业，放缓求职步伐，“慢就业”、不就业、考研“第二战”等新情况有增多趋势。

此外，家长和社会的传统观念对高校毕业生就业创业影响较大，私营企业、小微企业、艰苦行业、基层单位少人问津，机关、事业单位、国有企业人满为患。一些用人单位盲目追求高学历，人才高消费现象助推了大学生就业难。就业歧视问题屡禁不止、花样翻新，既扰乱了社会，又伤害了学生。部分毕业生就业预期居高不下，合作意识和敬业精神不足，知识结构和素质能力不适应现实工作需要。在当前高校毕业生就业的过程中，高不成与低不就同时存在，有业不就与无业可就同时存在，逃离北上广与漂在北上广同时存在。

二、转变就业观念任重道远

当前大学生就业难，虽然有经济增速放缓、毕业生数量多、竞争激烈、专业不对口、招聘单位要求高等原因，但从根本上来说，乃是由于大学生就业观念未从根本上得到转变。近年来，大学生的就业观念和就业环境正在日益发生变化，毕业生在择业过程中也呈现出许多新特点，大学生就业正发生着全方位的改变。

（一）当前大学生在就业观念上存在的误区

1. “铁饭碗”的就业观念

长期的应试教育和就业采取由国家“统、包、管”的分配体制，造成了“毕业即就业”

的局面，大学生毕业就意味着端上了“铁饭碗”。但是随着就业市场化的到来，一些大学生没有转变意识，还存在着“等、靠、要”的思维模式，认为进了大学就进了保险箱，只要拿到毕业证书，就可以就业。于是就在学校里60分万岁地“混日子”，根本不思考以后的出路如何。

2. “精英化”的就业观念

长期以来，我国的高等教育规模比较小，大学毕业生曾经是天之骄子，作为一种非常稀缺的人力资源，其就业层次一直比较高。但是随着高等教育大众化的到来，大学生的精英就业观念仍停留在原来的基点上，对自身的定位很高。认为只有在比较高的就业层次，留在大城市，才能体现自己的人生价值，才能实现自己的理想和抱负，却不知道自己真正适合干什么。

3. “学而优则仕”的就业观念

几千年传统的封建思想影响依然存在，一部分大学生仍固守“学而优则仕”的观念，认为只有在公检法和一些党政机关部门工作，才能被人瞧得起，一味地追求功名利禄，轻事业，轻奉献。在当代社会，他们仍改变不了“只往高处走”的传统观念，放不下架子，不愿意去一些普通而平凡的岗位。

4. “博弈”心理

大学生求职时，心里会综合各种因素，形成一个就业期望值。不妨假定一个毕业生的期望值为100，当A单位招聘提供的待遇为90时，由于博弈心理的存在，他认为以后还会出现待遇高于90的单位，所以尽管A单位愿意要这个学生，该学生也不会与这个单位签约。在以后的日子里，如果没有单位所提供的待遇超过90，且这个毕业生也不愿意降低自己的期望值，他就会处于失业的状态中。这种只赌眼前的就业观念很近视，对未来职业的发展缺乏规划，也毫无信心。

5. “从众”的就业观念

有些大学生没有明确的就业目标，不考虑自身的志趣和能力。盲目地随大流，别人找什么工作，自己也找什么工作，什么工作热门，找什么工作。凭空掀起了考公务员热潮，投简历如天女散花，面试如走马灯，结果进入工作阶段之后，才发现并不适合自己，因而产生人职不匹配的困扰。

6. “创业”误区

有的大学生盲目创业，对商机缺乏敏锐的直觉和判断力，设定创业目标不够务实，而没有考虑在实际操作过程中会遇到的各种问题。久而久之，巨大的压力会磨灭他们的热情，使创业草草收场。所以想创业的大学生在学校时就要树立创业理想，在广泛的调查研究中，找准创业方向，再有意识地培养自己创业的胆识和决策能力、经营管理能力以及协调能力，从而实现自己的创业梦想。

（二）大学生就业观念需进行多方面的转变

1. 从“精英”向“大众”的转变

当前，高等教育已经由原来的“精英”化教育转变为“大众”化教育。在“精英”化教育时期，由于高等教育是稀缺资源乃至社会特权，受教育者的地位很高，被称为“天之骄子”，就业实行“统包统分”的就业模式。而在“大众”化教育时期，接受高等教育已成为相对多数人的权利，上大学不再需要“千军万马过独木桥”，大学毕业生的就业同普通市民找工作一样，不存在照顾、包分配的现象，“双向选择，自主择业”成为主要的就业形式。因此，大学生的就业观念也必须从“精英”就业的观念，转变为“大众”就业的观念。大学生也要作为一名普通的劳动者，从事普通劳动者所从事的工作。工人、农民、科技工作者、个体经营者、“打工族”、工薪阶层成为大多数人的职业身份。

2. 从“城市”向“基层”的转变

“孔雀东南飞”、死守天（天津）南（南京）海（上海）北（北京）、不去新（新疆）西（西藏）兰（兰州）等现象是以前某个时期大学生就业流向大城市和经济发达地区的写照。当前，一方面，高校毕业生就业面临着困难和一些问题；另一方面，广大基层特别是中西部地区、艰苦边远地区和艰苦行业以及广大农村还存在着人才匮乏的状况。一些基层地区能提供比城市好的工作和发展机遇。但很多大学生放不下身段和“面子”，认为好不容易十几年寒窗苦读上了大学，应该留在大城市生活和发展，不愿意到县区和农村以及艰苦地区。实际上，基层的天地广阔，蕴藏着众多的机会。中国有70万个行政村，加上基层社区以及其他基层就业岗位，能提供不可小觑的就业发展机会。随着国民素质的普遍提高和就业层次的下移，这种大学生下基层就业的现象会越来越多，这也是社会不断进步的表现。

大学生完全可以把到基层就业视为创业的起步、成才的开始。通过了解国情民意，积累经验，增长才干。大学生就业应该将姿态“放低”，将人生目标“抬高”，着眼未来的发展。在城市生存成本加大、就业已趋饱和的情况下，选择到基层就业和发展是理性的、现实的。大学生要根据国家需要和劳动力市场的需求，找到自己在基层的位置和发展空间，实现自己的人生价值。

3. 从“国企”单位向“私企”单位转变

在传统的职业观念影响下，人们都希望能够到政府机关、事业单位或国有大企业谋职、发展，而不愿意到民营企业或私营企业求职发展。但是，政府机关、科教文卫事业单位、科研院所、大型三资企业由于多种原因（如体制原因、产业结构原因、亏损等），吸纳大学毕业生的能力是有限的，很难大量接受毕业生就业。

随着改革的深入，经济新常态的发展，民营、私营企业单位大量增加，随之带来的是对人才的大量需求。以前大学生担心民营企业规模小，经营管理水平低，个人没有发展前途；怀疑民营企业管理不规范，福利待遇没保障；还害怕民营企业工作不稳定，办公环境差。而现在的民营企业发生了重大变化，特别是一些发达地区的民营企业发展非常迅速。人才市场薪资调查表明，民营企业的收入水平甚至已和三资企业不相上下，民企灵活的用人机制和激励手段为人才创造了比在其他单位更好的个人发展空间。随着社会养老保险、医疗保险、失业保险、住房公积金制度的建立和完善，在民企工作也不用担心“五险一金”交纳等个人保障问题。

4. 从“白领”向“蓝领”的转变

在传统的就业观念中，很多大学生都想成为“白领”，工作轻松、收入较高，有一定的社会地位。对于“蓝领”，很多人在观念上把它看成是体力劳动，“卖苦力”。在当前技术飞跃发展的今天，“蓝领”已不再是以前的工作形式，知识型、技能型的“蓝领”正被社会越来越重视，社会地位和收入水平已大幅提高。“工匠精神”正成为国家的需要和大学生的新发展方向。据了解，一些发达国家的制造业中，技师、高级工、中初级工的比例为35:50:15，高素质工人的比例占了绝大多数。而在我国却正好相反，中初级工还占很大比例，这从某一方面说导致了我国劳动生产率、产品质量和产品附加值还较低。企业也面临高学历“蓝领”短缺，高级技工和一线工程师的缺口越来越大，直接制约了企业的发展和相关产业的转型升级。工匠、技师和高级工的紧缺对企业发展已形成严重的掣肘。

对大学毕业生来说，当“蓝领”并不是什么低人一等的行为。相反，比起那些坐办公室吹空调的“幸运儿”，他们更能发挥自己的专业特长，并在生产实践中取得实实在在的工作经验，提高自己的专业水平。在今后的职业发展空间上，位于生产一线的大学生“蓝领”也远比在办公室里的“白领”有更多升职加薪的机会。国内很多成功企业家的经历也说明，坐办公室是

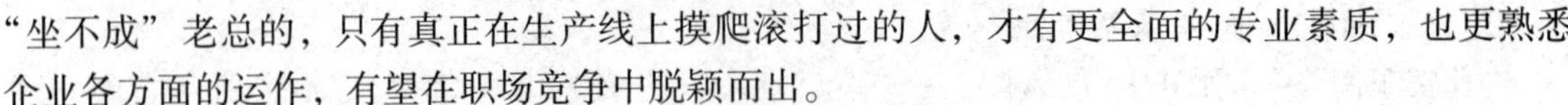

“坐不成”老总的，只有真正在生产线上摸爬滚打过的人，才有更全面的专业素质，也更熟悉企业各方面的运作，有望在职场竞争中脱颖而出。

5. 从“专业对口”向“通用人才”的转变

很多大学生就业时特别强调要专业对口，认为大学花费了几年时间所学的专业是自己生存之本，如果离开了自己所学的专业而选择其他行业，那就白白浪费了大学的时间，专业情结依然影响着求职的心理，实际上，大多数用人单位招聘人才的标准是：注重应聘者的个人能力和综合素质，至于专业是否完全对口，并不过分计较，现代社会分工越来越细，在校期间所学的专业知识与现实需要难以吻合，在求职过程中如果过分强调专业对口，则难以找到合适的职业，一个具有开拓精神的毕业生，应看重行业的发展前景，并及时调整自己的择业方向，勇于进入与自己的专业相近或相关的职业。

目前我国正处于经济转型、体制转轨时期，随着结构的调整，必然也会使某些行业迅速发展，如第三产业的邮电通信、金融保险、社会服务等，就业人数将会明显增加。由于我们的教育结构不能适应产业结构的调整，也必然会使某些专业的毕业生找不到专业对口的工作。大学教育不仅仅是学习专业的知识和技能，更重要的是培养大学生的综合素质和综合能力，大学生进入一个新的领域，会比没有受过高等教育的人更快更好地融入与适应。

6. 从“打工”向“创业”的转变

打工是一种被动的就业行为，而自主创业是给自己“打工”，是一种主动的就业行为。新一代大学生精力旺盛，有着强烈的挑战自我、实现自我的激情，并且无负担，没有太多牵挂，有较高的文化水平，专业基础扎实，具有创新意识，自主学习知识的能力强，善于接受新知识。

从现阶段的就业形势看，国家宏观政策激励大学生自主创业，社会主义市场体制的建立和市场经济的发展，为广大毕业生的自主创业提供了良好的社会环境。创业——这包含机遇与挑战的字眼，已经成为无数大学生心中的梦想。中国也已经诞生了一大批大学生创业者，而且其中不乏许多非常成功的典范。

7. 从“被动”就业向“主动”就业转变

现代社会对人才的需求越来越高，特别是竞争上岗的推广和实行，使人才的竞争更加激烈。因此，大学生要树立就业竞争、上岗靠本事的思想，打破“等、靠、要”的消极的就业观念，不断学习新的知识与技能，不断提高自身素质，把自己培养成为适应社会需要的人才。

大学生在择业时应表现出了更大的主动性。主动通过互联网或身边朋友，了解心仪行业和公司的招聘情况，并大胆自荐。对于符合自己选择意愿的好工作，要不遗余力地去争取。遇到长辈的阻力时，对自己的职业有想法的大学生要会摆事实、讲道理，说服对方接受自己的选择，而不是被说服。随着技术的进步、新兴行业的兴起、信息接收渠道的多元化和个人家庭经济基础发生的变化，大学生要有意识地做好自己的职业规划，开启自己的就业之门。

8. 从“终身”就业向“动态”就业转变

传统就业观念向来视稳定为生活的重要条件，一次就业定终身的观念，在计划经济条件下，是一种普遍的就业心理。而现代社会为人们提供了广阔的更加独立发展的空间，毕业生不必急于在短时间内找一个固定的“铁饭碗”，因为在校大学毕业生涉世不深，社会经验不足，不可能一下子就找到适合自己的就业岗位，不妨先找一个工作，这样既缓解了家庭的经济压力，又可以在流动中求发展，打破一步到位、从一而终的就业观。近年来，一部分毕业生，特别是部分专科毕业生，毕业时将户口迁回生源地，把档案托管在工作地的人才中心，在哪里找到岗位，就在哪里就业，在流动中寻找与能力相符，与专业对口，与特长、优势一致的工作岗位。

科学技术的迅猛发展和知识的快速更新、市场经济体制的变革和人才市场的发展，使得就业、失业和再择业成为今后大学生一生中经常会遇到的事情。因此，毕业生应该意识到第一份工作对于许多人来说，更多的是一种锻炼和实践经历、一种融入社会的渠道。每个大学生都要有多次就业择业的思想准备。据不完全统计，中国人平均一生就业 1.1 次，美国人平均一生就业 6.5 次。市场经济既然把传统意义的“铁饭碗”打破，我们新时代的大学生就应努力培养锻炼职业技能，重铸自己的“金饭碗”。

9. 从“贪图享乐”向“艰苦奋斗”转变

当前，我国经济保持中高速发展，人们的物质生活水平不断提高，大学生是就业大军中的佼佼者，无疑会成为社会的宠儿和焦点。加上近几年大学生中独生子女占大多数，都是在娇生惯养的环境中成长的，因此许多大学生贪图享乐，缺乏吃苦耐劳、艰苦奋斗的精神。在选择职业时，他们大多不愿意到艰苦的环境和岗位上去。由于吃不了苦、缺乏敬业精神而“待业”或失业的不乏其人。

我国现在还是发展中国家，距离世界发达国家的水平还相差甚远，总体上还是落后，而且底子薄、物质基础差，这就决定了在今后仍然要保持和发扬艰苦奋斗的优良传统。历来在事业上取得成功的人士的经历也告诉我们，只有坚持艰苦奋斗，才能获得事业的成功！因此，大学生在就业时首先应该做好吃苦耐劳的准备，树立爱岗敬业、艰苦创业的精神，为祖国的繁荣富强贡献自己的青春年华。

三、大学生就业出现新特点、新变化

（一）经济新常态下的职业结构新特点

当前我国正经历经济增速放缓、产业结构优化升级、增长动力由要素驱动转为创新驱动的新常态时期。在此期间，传统行业不断优化升级，新经济行业纷纷涌现，“互联网 +”跨界融合快速发展，带来了我国就业市场中职业结构的一些新特点，具体表现为以下几点：

1. 总体就业形势趋好，职业两极分化矛盾突出

由中国人民大学中国就业研究所发布的《我国就业市场景气报告》显示，2016 年以来，各项宏观经济指标均企稳回升，全年 GDP 增速达 6.7%，就业市场景气指数由一季度的 1.71 增长为四季度的 2.41，总体就业形势逐渐趋好。然而值得注意的是，不同职业及行业间的招聘需求与求职供给不平衡等原因，造成就业结构两极分化的现象十分突出。例如，受益于互联网技术的快速发展，物流服务、证券期货和软件开发等职业招聘需求旺盛，就业形势相对较好；而环境科学、项目管理、物业管理等职业人才虽供给充足，但企业招聘需求有限，因而就业形势相对紧张。

2. 新兴行业人才供不应求，传统行业求职竞争较大

随着各大行业与互联网技术融合的迅速发展，以及“互联网 +”“大众创业、万众创新”利好政策的大力扶持，互联网/电子商务、基金/证券、交通运输等新经济行业，在市场和政策的双重推动下人才供不应求，表现出较好的就业形势；与此同时，能源/矿产/采掘/冶炼、印刷/包装/造纸、石油/石化/化工等传统行业，受经济增速放缓的下行压力以及产业升级转型进程缓慢的影响，多数企业采取转岗、分流、提前内退的方案安置现有职工，这些行业就业竞争压力较大，就业形势相对严峻。

3. 职业细化拓宽就业领域，跨界人才竞争优势明显

伴随着移动互联网融入人们生活衣食住行的各个方面，不断涌现出新需求、新体验和新业

态，由此衍生了更细化、更专业的职业。例如，专门负责生鲜食品外卖的“同城闪送”，负责上门服务的家居衣橱整理“收纳师”，为新开发 APP① 提供编写程序服务的“APP 技术工程师”等。这些新职业都是依附于整体产业的互联网化而出现的，不仅要求从业人员具备相关专业技能，而且要掌握网络平台运营的基础知识，这种综合素质和综合技能较强的跨界人才，在求职竞争中体现出较好的竞争优势。

4. 企业转型升级初见成效，技能人才需求不断上升

在“供给侧结构性改革”政策的引导下，部分企业正在经历着以混合所有制改革为主的机制转型，与互联网、大数据、云计算、智能化融合的结构转型，以及承担国家战略、顺应全球大势发展的战略转型，特别是现代农业模式创新、传统制造业和服务业的优化升级等企业转型初见成效，对经济增长的贡献也在不断加大。与此同时，在全球化和信息化的进程中，我国正从处于产业链低端的“世界工厂”向高附加值产品生产过渡，对高技能人才的需求在不断上升，一些全球化程度高的 IT 服务、软件服务、研发服务及金融服务等企业也正吸收大量的高等教育劳动力。

（二）新经济背景下的职业发展新变化

互联网等新经济行业的快速发展，既对就业市场中传统职业造成一定冲击，同时也为新兴职业的产生提供了良好的市场环境，创造了新的生机和活力。未来职业发展的新趋势，主要表现在以下几个方面：

1. 高新技术行业优势领先，知识型劳动者比例直线攀升

信息科技时代，未来企业将朝着通信技术、人工智能、新材料领域等高技术产品的产业群发展，这些行业具有知识技术密集、资源能耗较少以及产值贡献率高等特点，是推动经济繁荣和增长的重要引擎。高技术产业的发展，需要较高的研发投入和庞大的研究人员团队，将凭借智能性、创新性、战略性和环保性等优势，吸引海内外知识型人才不断涌入，这将对社会和经济的发展具有重要的意义。

2. 传统职业逐渐更替，新兴职业技术含量不断提高

技术的不断进步，给传统职业带来了巨大冲击，同时也延伸出了许多新的工艺、服务和产品，这些新技术的开发及应用，必然导致部分职业的新旧更替。例如，互联网通信技术的发展，导致传统的电话接线、打字员等职业将不复存在，但电子商务、网络设计、在线教育培训等新职业纷纷涌现，提高了对从业人员的技能要求，即未来脑力劳动职业将越来越多，体力劳动职业将越来越少，新兴职业技术含量不断提高。

3. 职业更新速度逐步加快，职业发展边界逐渐趋于模糊

随着网络设施不断完善、海量数据快速产生以及信息处理技术不断提高，带来了社会经济结构质的飞跃，加速了新旧职业的替代和更新。同时，社会对未来人才知识的综合性结构提出了更高的要求，职业发展的边界在逐渐模糊，劳动者不仅要成为本专业领域技能人才，而且能够顺应环境变化转换职业角色，成为掌握多种知识和技能的高素质复合型人才。

（三）新业态推动下的未来职场新趋势

信息技术革命、产业升级和消费者需求的多样化，带动了新业态的产生和发展，由此带来产业链的分化和融合、互联网与各行业的跨界整合，共享经济模式的快速渗透，也为未来职场带来新的变化。

---

① APP：应用程序，狭义指智能手机的等三方应用程序。

1. 新经济推动消费和服务升级，传统雇佣关系转为合作关系

信息时代的新经济，呈现出比工业时代的规模经济和范围经济更丰富、更深刻的内容。未来消费和服务的优化升级方式，更注重智能、绿色和安全等体验，使消费和服务由生存型向发展型转变、由单一化向多元化转变、由大众化向个性化转变。共享经济、平台经济等新经济的推动，也促使生产活动的组织方式发生了跃迁性的变革。“90后”一代的员工，是伴随着互联网发展而成长的，他们更注重人文情怀、工作环境和发展空间等条件，未来企业与员工之间的单向雇佣关系，也逐渐转变为双方共赢的合作模式。

2. 共享平台优化岗位供需配置，工作形式趋于灵活协作状态

共享经济以互联网平台为媒介，整合线下的闲散物品或劳动力服务，通过以较低的价格或成本实现供给方和需求方的最优匹配，达到了物质和人力资源的高效利用。近年来，国内的共享经济正逐渐渗透到交通出行、房屋住宿、金融、知识技能、生活服务等各个领域。这种模式允许人们平衡工作和生活的时间配置，尤其是有助于提高家庭中女性的劳动参与率，其工作场所更加多元，工作时间更加灵活，工作方式更加人性化。

3. 大中企业趋向扁平化、高效化，小微企业“职场社群”异军崛起

面对日新月异的产品和服务变化需求，大中企业这样的中央集权组织已经很难适应快速的变化。通过扁平化和高效化的发展趋势，才能使有限的要素和资源得以充分利用，进而构建跨越传统分工的新型产业体系。同时，小微企业也在“双创”的政策扶持下，向“职场社群”的模式快速发展，将吸纳更为广泛、深入的社会参与和互动，以分散化、自组织的创新供给，充分满足客户的个性化、多样化需求。

4. 人工智能逐渐取代劳力工作，企业人才争夺战将愈演愈烈

以“无人驾驶”“农用机器人”以及“机器仓管员”等为代表的人工智能技术崭露头角，正逐步取代着基础的劳力工作。一些科技巨头公司，诸如谷歌、微软和百度争相开拓着各自的人工智能领域，抢占行业制高点，推出重金招聘、大量并购人工智能小公司、让人工智能团队进驻各个部门等策略吸引人才。全球范围内的人才争夺战将愈演愈烈。

拓展阅读

2017届高校毕业生就业季已近尾声。据教育部公布的数据显示，今年全国普通高校毕业生预计795万人，比去年增加30万人。在全国高校毕业生数量屡创新高的大背景下，今年大学生的就业形势如何？找工作难在哪里？哪些心态影响他们对行业、就业地的选择？记者近日在湖北、辽宁、重庆、安徽等全国多地展开调查。

探寻1：毕业人数再创新高，大学生就业形势如何？

调查：核心问题是“找好工作难”

由于今年高校毕业生毕业人数再创新高，不少人对就业形势感到担忧。

“虽然很多人说找工作难，但实际上目前已经有八成的人拿到了至少一个单位的录用通知，很多人拿到好几份工作协议。大学生就业问题的核心并不是找工作难，而是找到心仪的工作难。”湖北省教育厅就业指导中心主任丁雪峰说。

湖北省教育厅就业指导中心数据显示，今年湖北省高校毕业生43万人左右，该省针对高校毕业生的就业岗位需求约200万个，相当于平均1个毕业生可以有5个就业岗位可供选择。

记者采访发现，多地校园招聘中提供的岗位数量都有所增加。武汉大学就业指导中心介绍，去年，学校层面接待校园招聘企业3800多家，今年已超过4000家。毕业生人数保持稳

定，新增的就业企业与岗位为毕业生提供了更多选择。

安徽省合肥学院学工处副处长纪平说，今年来校招聘的单位提供的岗位数量约2万个，比去年增长5%左右，新增招聘岗位增幅超过毕业生数量增幅。

记者在广东、四川等地的多个招聘会现场看到，不少求职的毕业生都拿到好几个企业的录用通知，但还会再到招聘会上“骑驴找马”，看是否有更好的就业机会。

“慢就业”成为近年来的就业新特点。东北大学学生指导服务中心教师田冠仁说：“过去，大学生毕业后如果没有找到理想岗位，会先找个能自食其力的工作，同时继续抓紧寻找机会。而现在，在大学生中‘慢就业’的情况越来越多。”麦可思研究院近期发布的中国大学生就业报告显示，全国2016届大学毕业生的未就业人群占比达7.5%，其中4%的群体在继续找工作，1.1%的群体在继续准备升学，2.4%的群体属于既不求职也不求学的“待定族”。

探寻2：经济增速放缓，为何就业仍保持稳定？

调查：新兴产业替代制造业成“稳压器”

在我国经济增速放缓步入新常态的背景下，高校毕业生就业情况为何仍能保持整体稳定？

辽宁省大学生就业局局长刘铸等业内专家认为，随着我国经济结构不断调整，劳动密集型的制造业通过机器换人以及产业转型升级，对员工需求减少。但信息技术、文体娱乐等新兴产业不断壮大，成为吸纳高校毕业生就业的主体，起到就业“稳压器”的重要作用。

纪平说，近两年来，进校招聘的软件开发、通信工程、教育培训类企业与岗位数量明显增多。

2016年，北京、广东、河南、湖北、山东等9个省份高校毕业生总量超过340万人，占当年全国高校毕业生总量近一半。记者梳理上述省份公布的《高校毕业生就业质量报告》发现，此前，大学生就业去向最多的制造业，近年来占比呈逐年下降趋势。而以互联网经济为代表的信息技术等第三产业，吸纳大学生人数占比大幅上升。

以“世界工厂”广东为例，2016年高校毕业生总量为53.5万人，在制造业领域就业的人数占比为17.19%，比2012年减少了4.6个百分点。与此同时，在商务服务、文体娱乐、信息技术、科技服务4个行业中，大学生就业量占比上升近5个百分点。

“随着钢铁‘去产能’等因素的影响，现在针对大学生的岗位招聘中，已经很少出现钢铁企业的身影。”安徽省人社厅就业处副处长吴传华说。相形之下，科大讯飞等信息科技公司对大学生的招聘需求激增，填补了钢铁行业招聘数量减少的“缺口”。

探寻3：坚守还是离开“北上广”？

调查：就业地选择多元化趋势明显，“新一线”城市彰显魅力

早在去年上半年，合肥学院计算机系应届毕业生李亮，就和40多个同学与合肥一家信息科技企业签订了工作协议。

“以往，IT领域的很多师兄、师姐都选择在‘北上广深’打拼。”李亮说，不过这两年，越来越多的同学选择留在合肥。因为一线城市房价太高，而且发展机会不如二线城市多。

虽然一线城市仍保持相对最高的就业签约率，但多个调查机构的报告都显示，近两年，高校毕业生选择就业地不再盲目追逐“北上广”等一线城市，成都、杭州、武汉、重庆、南京等“新一线”城市魅力凸显，成为大学毕业生热衷的择业目的地。

招聘网站“BOSS直聘”以2016年进入职场的大学生为调查对象出炉的《应届生就业

竞争力报告》显示，仅36%的人希望在“北上广深”工作，比3年前下降了15%。

记者梳理湖北、湖南、河南3个中部省份公布的高校毕业生流向数据看到，近3年来，3省高校毕业生留在本省就业人数占比呈现上升趋势。

丁雪峰说，湖北是高教大省，往年大量毕业生流向珠三角、长三角。近年来，留在湖北就业的毕业生比例稳中有升，2016届42.7万名毕业生中，60.2%选择留在湖北，同比增长1.25个百分点。

人社部国际劳动保障研究所所长莫荣表示，近年来，我国东部经济发达地区的部分加工业、制造业正逐步向中、西部地区转移。毕业生就业区域分布的变化体现了我国产业转移、产业结构调整给毕业生就业带来的影响。

探寻4：部分大学生就业“焦虑感”来自哪里?

调查：精英教育变大众教育令就业竞争更趋激烈，女生就业歧视依然突出

记者采访发现，受高等教育定位变化、生活成本压力加剧以及就业歧视等因素的影响，部分大学生在就业过程中存在迷茫与焦虑。

安徽一所二本高校数学专业毕业的祝欢虽已考研成功，但对未来却并不乐观。“基础学科就业渠道很窄。”祝欢说，尽管软件开发、保险精算都需要应用数学支撑，但学校课程很少与这些就业需求关联，“读研无非是推迟就业。”

一些业内人士表示，随着连续多年高校扩招，高等教育已从精英教育转变为大众教育，逐年增加的大学毕业生数量令就业竞争更趋激烈。而一些高校为了扩大招生规模或者行政级别升格，纷纷大量开设同质化的基础研究性专业，造成部分毕业生很难满足招聘单位的素质需求，就职碰壁。

多位招聘单位的人力资源负责人表示，在中国经济产业转型升级的形势下，许多高校的学科设置和讲授方式已经明显落后。这种情况在一些非名校中更为突出。

此外，面对城市日益增长的生活成本，尤其是动辄破万的房价，相对有限的薪酬涨幅，让很多大学生感到压力很大。

武汉大学本科毕业的陈雯在深圳找到一份年薪12万元的工作，但近两年来暴涨的房价让她陷入困扰：“每月房租至少两三千，加上交通与吃饭开销，过万月薪能剩下的不到三千。”陈雯说。

值得注意的是，性别歧视仍是女生找工作的“拦路虎”，各种隐性歧视仍然较为突出。

记者在东北一所高校举行的大型招聘会上看到，一家科研院所虽然招聘岗位并未限定性别，但却只收男生简历。一位重点高校就业指导中心负责人坦言，现在很多企业进校招聘时往往都筛掉女生，尤其是女研究生，“因为女研究生很快面临结婚、生育等问题。尤其是二孩政策放开后，女职工的有效工作时间进一步缩短，用人单位的普遍顾虑加剧了女生求职的难度。”

辽宁省大学生就业局局长刘铸等业内人士建议，高校在特色定位、专业设置以及教学方式等方面要突出多元化，并与市场需求结合。政府应对大学生群体提供更多保障性住房保障。此外，要重点抓好毕业生困难群体的就业服务工作，对存在就业歧视的招聘企业，应纳入黑名单。

任务 1.2　高职专科毕业生的就业现状与前景

根据教育部《2016 年全国教育事业发展统计公报》数据显示，2016 年，高等教育毛入学率达到 42.7%，高职（专科）院校 1359 所，高职毕业生数量占高校毕业生的 45% 以上。高职院校毕业生的初次就业率仅次于“985”高校，高于其他所有高校。数据显示，全国高等职业院校毕业生半年后就业率达到 90% 以上，成为高素质技术技能人才的重要来源。职业教育已经成为我国国民教育体系和人力资源开发的重要组成部分。与此同时，高职院校毕业生就业状况和就业质量问题也得到全社会高度重视。

一、高职院校毕业生就业现状

（一）我国现阶段经济形势导致毕业生就业压力增大

我国现阶段经济增速放缓，产业结构正在调整，而且技术的进步也使部分企业的劳动力需求量下降，这些必然会导致部分从业人员下岗。而近年来，我国高职院校的毕业生人数却在不断增加，所以日趋严重的就业问题就不可避免地显现了出来。

根据教育部对外公布的统计数据可见，近 3 年高职院校从 1297 所增加到 1359 所，毕业生从 238 万上升为 395 万，并且还呈增加的趋势。这与现阶段经济形势的发展是有矛盾的，同时中小企业受国际金融危机的影响正在大洗牌，这些势必影响到高职院校持续增加的毕业生的就业状况。高职院校现阶段就业工作的压力在逐渐增大。

（二）就职于民营企业的较多

根据我们对学校毕业生的跟踪调查可以发现，大部分毕业生在民营或私企就职，机关事业单位的就职人数最少，其次是国有企业。

虽然毕业生都青睐于进机关事业单位，但操作起来毕竟有些难度。现在，全国各地的机关事业单位基本都是逢进必考了，由于报考公务员的人数一年比一年多，学历的门槛也在一年年地提高，高职院校毕业生与本科生比起来处于劣势的地位。高职院校的毕业生要想进入机关事业单位越来越困难，而进入民营企业则相对容易一些。另外，我国城市在不断扩大，我国出台各项政策扶持民营企业，这些因素都有益于民营企业的发展，民营企业已成为高职院校毕业生就业的主要渠道。

（三）刚入职毕业生的薪酬较低

根据对学校毕业生的跟踪调查发现，刚毕业的学生薪酬在 1500 元至 2500 元。据统计，用人单位针对毕业生提供的薪酬 1500 元以下的占 20% 左右，大部分在 1500 ~ 2500 元。由于刚毕业的学生的实际工作能力有限，还达不到工作岗位的要求，所以刚开始收入偏低。但随着工作年限的增加、工作经验的增长、能力的提高，处于不同岗位的毕业生在成为企业的正式员工以后，薪酬还会有所提高。

（四）“跳槽”现象较突出

在对 30 名毕业生的问卷调查中了解到，除了 9 名毕业生没有变换过单位以外，其余均换过工作单位，一般情况下以更换 1 ~ 2 次者居多，更有甚者已换过 3 个以上的工作单位。虽然“跳槽”会更快地积累工作能力与经验，易于达到自己期望的薪酬与满意的工作环境，但过于频繁地更换工作单位会让用人单位产生不信任感，在录用时会产生怀疑，怀疑该毕业生不能安心于本职工作，担心自己企业的岗位培训成为别人的嫁衣，所以频繁地更换工作单位，带来的是用人单位对高职毕业生的负面印象。

（五）就业区域偏向于经济发达的省市

在对毕业生进行调查时了解到，大部分毕业生希望留在市区，选择工作条件好、经济发达的地区，不愿回经济落后的乡镇。

二、高职毕业生的就业质量现状

就业质量是衡量毕业生就业过程中就业状况的概念。人们普遍认为，就业质量可以用就业率、就业专业对口率、薪酬水平、享受福利待遇情况、职业稳定性、毕业生满意度、用人单位满意度、职业发展前景等几种指标衡量。其中，专业对口率说明用人单位对毕业生所学专业知识和专业技能的认可程度，也说明高校设置的专业是否符合市场实际需求，专业对口率高，说明就业质量相对较好；享受福利待遇情况以及薪酬水平是就业质量最直观的指标，薪水高、福利好，说明用人单位对学生的能力认可，也说明就业质量比较好；用人单位满意度和毕业生满意度反映职业的稳定性，两者满意度高，说明毕业生职业相对稳定；职业发展前景是就业质量的核心体现，反映毕业生未来的就业质量，同时与行业或企业发展情况和个人职业发展规则相关。毕业生就业质量是衡量高职院校办学水平和人才培养质量的一个重要标志。当前毕业生就业质量偏低是多数高职院校普遍存在的现象，主要表现在以下几个方面：

（一）就业单位层次较低

毕业生就业的量由就业率反映，而就业的质则由就业单位层次的高低反映。一个毕业生到高层次单位（如大家公认的国家机关、500强企业、国家重点企事业单位、跨国公司等）的就业数量，成为衡量就业质量的一个重要指标，因为这类企业往往具有较好的发展前景，毕业生的稳定性也好。只有那些有较强就业竞争力的毕业生才能够到高层次单位就业。一般来说，高职毕业生在国企和机关事业单位工作的比例都不高，在一些如全国500强企业、国家重点企事业单位、跨国公司等实力雄厚、发展前景良好的企业或公司工作的人数很少，即使在这些单位工作，也都属于底层人员。

（二）就业率无法反映真实的就业情况

中国高校毕业生就业服务信息网显示，近三届毕业生的就业率都高于80%，总体来说就业率较高。但实际上协议就业率较低，难以反映真实的就业情况。一般来说，每年11月份至第二年6月份是高职学生顶岗实习期，跨度约为八个月，毕业生次年六月份领取毕业证时所提供的就业证明材料有部分为顶岗实习时的证明材料，而此时很多学生已离开原实习岗位。以致很多高职院校就业指导中心在每年七、八月份对毕业生就业情况进行核查时，很多毕业生已离开提供就业证明材料的工作单位。根据调查，每年八月份至少有超过四分之一的毕业生已经离开原工作单位。

此外，毕业生协议就业率很低，学生提供的就业证明材料为书面协议或劳动合同的比例少。按专家推断，高职毕业生协议就业率都不足一半。协议就业以外的大部分毕业生都是灵活就业，即学生所提供的就业证明材料为“灵活就业登记表”。所谓灵活就业，是指在劳动时间、工作场地、收入报酬、劳动关系、保险福利等方面不固定的各种就业形式，如非全日制就业、临时就业、季节性就业、钟点工等。灵活就业证明材料极为简单，学生方便获取，只要用人单位盖一个章即可。由此可见，高职院校统计的就业率很难反映学生真实的就业情况。

（三）专业就业对口率相对较低

专业就业对口率是衡量高职毕业生就业质量的一个重要指标，一般来说，按照专业群类就业或者说按照国家专业目录的专业大类（或二级、三级学科划分）就业就算“专业对口”。但当前高职毕业生包含升学和参军的专业基本对口率都相对较低。据部分高职院校进行的就业数据核查或对部分毕业生进行访谈，了解毕业生专业就业完全对口情况，结果是毕业生专业完全对口率约为40%。

（四）就业起薪低，退出就业市场的学生增多

高职毕业生就业的起薪平均值可以体现社会和用人单位对毕业生价值水平的认可度。这也是大学生就业质量的重要参考指标。据了解，高职毕业生的起薪平均值大约为1200元。由此可见，高职毕业生和民工之间薪酬差异不相上下，甚至有少数学生无法享受“五险一金”、带薪休假等国家规定的相关保障。面对这样的起薪线，很多毕业生宁愿退出就业市场，要么在城市漂流，要么在家里待业做个“啃老族”。

（五）学生就业满意度较低，违约数量较多

有人说企业对高职毕业生的满意度相对较高，用人单位对高职毕业生基本认可。然而通过调查和数据分析可知，由于就业单位层次较低、薪水不高、专业就业不对口等情况的影响，高职毕业生的就业满意度比较低，有半数以上的人对自己的就业情况不满意。因为对自己就业情况不满意，很多毕业生到某个单位工作没多久就离开，少数学生在没有毕业之前就已经违约。据了解，很多毕业生参加工作后一个月内就离开原工作单位，导致各高职院校的毕业生就业质量跟踪调查困难重重。

三、影响高职毕业生就业的因素

（一）环境因素的影响

我国经济正处于转型升级的关键阶段。第二产业占GDP比重呈下降趋势，第三产业呈上升趋势，并且服务业所占比重越来越大。由于国际金融危机导致东部外向型经济受到的打击很严重，大量劳动密集型产业已经向中西部转移，中西部经济发展较为迅猛。但大多毕业生没有认清现在的发展形势，依然愿意留在东南沿海经济较发达地区，这就造成了区域性的供需不平衡。根据前面的分析，高职院校毕业生多就职于民营企业，而东部沿海地区民营企业产能已过剩，人才相对饱和，毕业生不易找到工作。中西部尤其是西部地区由于产业转移，人才需求量较大，但因生活条件相对经济发达地区来说差一些，所以毕业生不愿去，企业招不到人。

（二）学校因素的影响

（1）高职院校办学条件参差不齐，办学特色不明显，导致毕业生整体素质不高，能力不能满足企业的要求。

（2）有些高职院校的专业设置比较陈旧，由于自身硬件条件及教师团队的限制，不能及时根据经济结构的调整而设置新专业，而旧专业的就业市场即将趋于饱和，导致毕业生不能及时就业。

（3）课程设置不太合理。部分高职院校忽视专业理论教育，盲目追求实践操作，认为职业院校培养的学生只要会操作即可，盲目设置甚至重复设置实践课程，专业理论课程被迫减少，导致学生只会操作课上练习过的内容，而不知为什么这么操作，不能举一反三，换个条件与环境，就无从下手。高职院校培养的是高端技能型专门人才，除了要具有较强的技术应用能力以

外，还要有较强的现场管理能力和创新意识。而大部分高职院校却把培养目标变成了培养熟练工。而另一部分高职院校课程设置则与本科院校差别不太大，与用人单位的实际需求脱节，没有突出职业能力的培养，没有体现高职院校学生的特点，导致高职毕业生处于理论比不过本科生，实践又逊于中专生的尴尬境地。

（三）择业期望值的影响

学生在择业过程中期望值过高，工作环境要好、薪酬要高，并且现在大多数为独生子女，在家受宠，在外不能吃苦。想留在大城市，进大公司，否则宁愿失业在家待着。这说明高职院校毕业生择业的期望值过高，导致一些能胜任的工作由于条件不理想不想去，条件好的工作又做不了的供需错位现象。

（四）毕业生自身素质的影响

目前，高职院校面临的主要问题是学生层次的下降。自大学扩招后，高职院校的录取分数线在逐年降低。分数虽然不能代表能力，但在一定程度上也反映了高职院校录取的学生在学习能力与素质修养上普遍下降。根据《教育部关于全面提高高等职业教育教学质量的若干意见》的精神，高职院校需要将学生培养为具有一定的社会适应性，有学习能力，能够交流沟通和进行团队协作，具有实践能力、创造能力、就业能力和创业能力的人才。由于学生综合素质的下降，要想达到这些目标，还是有些困难的。

四、高职毕业生就业的新机遇

（一）经济数据向好

美国联邦储备委员会日前公布的2017年5月份货币政策会议纪要显示，美国就业增长稳定，居民收入和财富稳步增长，消费信心保持强劲；欧元区经济成长为十年来最佳，复苏气势“既广泛又稳健”；日本经济已连续5个季度增长，消费和出口均有所好转。我国国内经济总体平稳，稳中有进、稳中提质、好于预期。5月31日，国家统计局公布了5月份制造业采购经理人指数PMI为51.2，连续10个月位于荣枯线上方，表明中国经济稳定态势明显，近期经济动能较强。生产指数（53.4%）和新订单指数（52.3%）仍然处于高位扩张状态，将给就业带来重要利好。同时，5月份非制造业商务活动指数上升0.5个百分点至54.5%，表明非制造业继续保持上升态势，零售、运输、铁路、航空、邮政、电信等行业商务活动指数均位于59%以上的较高景气区间，业务总量呈现快速增长趋势；建筑业商务活动指数60.4%，连续9个月位于60%以上水平，表明基础设施建设和重点领域投资力度进一步加大，建筑业市场非常活跃，用工需求将持续增长。

（二）经济和改革发展形势向好，对稳定和扩大就业提供了有力支撑

2017年一季度我国宏观就业“温暖开局”，就业局势总体平稳、稳中向好。人社部统计，1—3月城镇新增就业334万人，同比增长16万人，增长幅度超过去年。一季度末，全国城镇登记失业率3.97%，环比下降0.05个百分点，同比下降0.07个百分点，实现近年来首次城镇登记失业率降到4%以下。用人需求回暖，招聘和求职人数同向增加，人社部对100个城市人力资源市场的供求数据分析显示，一季度市场招聘人数同比增长7.8%，求职人数同比增长2.1%，比去年同期上升了0.06个百分点。制造业用工企稳，一季度制造业用工需求同比增长9.3%，高于总需求增速1.5个百分点。一季度服务业增加值占到GDP比重的56.5%，吸纳就业能力持续增强。从改革的红利来看，政府简政放权的力度进一步加大，“放管服”举措深入

落实，商事制度改革和税收制度改革不断推进，进一步激发了市场主体的活力，保持了就业局势的稳中向好。

（三）就业新机遇凸显

高职专科毕业生就业形势复杂，挑战不少、压力较大，但机遇同样前所未有。

1. 绿色发展机遇

根据中央会议精神再次对绿色发展进行全面发动和部署，绿色发展方式和生活方式将成为经济社会发展的新引擎，绿色生活、绿色家电、绿色建材、绿色建筑、新能源汽车、节能节水节电等相关专业将迎来宽广舞台，其毕业生将大展宏图。

2. 新动能机遇

新经济催生了新动能，从动能转换看，新经济新动能茁壮成长，传统动能调整改造加速，以云计算、大数据、物联网、人工智能等为代表的新经济正在茁壮成长，正引领人类社会由工业经济时代进入数字经济时代。信息、通信等相关专业会继续火爆，智能制造、数字设备、数字采集、数字技术等相关专业将异军突起。

3. 健康服务机遇

近日，国务院办公厅印发了《关于支持社会力量提供多层次多样化医疗服务的意见》，这将极大推动健康服务业发展。如果把民营医疗机构纳入医保范围，民营医疗机构将会“井喷式”发展，则医疗卫生专业和健康、养老等相关专业将供不应求。

4. 丝路机遇

“一带一路”国际合作高峰论坛达成包括基础设施、贸易、金融等270多项具体成果，涉及交通运输、能源环保、通信电信、高铁、港口、电力、农业等诸多领域，投入资金超过7800亿人民币，巨大的商业机会将创造巨大的就业岗位。

5.“金砖”机遇

“金砖”国家领导人拟打造新的“金色十年”。目前“金砖”五国经济总量在世界经济中的比重已从10年前的12%上升到2016年的23%，对全球经济贡献度超过50%。作为新兴市场国家和发展中国家的领头羊，“金砖”国家正经历从全球治理的参与者向引领者转变，携手应对自然灾害、传染病疫情、恐怖主义等全球性问题，并不断探索“金砖+”拓展模式，在贸易投资自由化和便利化、电子商务、创新发展等领域发现新机遇，这将在就业方面提供更多“金砖含金量”。

（四）各级政府高度重视，积极创造就业创业机会

近年来，党中央、国务院和各级政府高度重视毕业生就业工作。实施就业优先战略和更加积极的就业政策，完善劳动者自主就业、市场调节就业、政府促进就业和鼓励创业相结合的机制，多渠道增加就业岗位。坚持把发展经济作为扩大就业的根本途径，努力增加就业岗位，扩大就业规模，提高就业质量。各级政府不断推动创业创新，通过进一步简政放权、深化改革，完善社会托底政策，积极做好失业保险、职工安置、就业援助等工作，有效化解失业风险。加强职业培训，加快发展现代职业教育，扩大培训规模，提高培训质量，提升就业能力。强化公共服务，充分运用现代科技手段提升服务水平，营造良好的就业创业环境。一大批高职毕业生在政策中受益，如毕业生应征入伍学费代偿、高职学生当“村官”可免试读成人本科、高职学生自主创业可享受小额贷款等。

（五）高职院校加强就业创业指导工作

各高职院校将就业指导工作提上了重要的日程，从人才培养各主要环节着力，促进招生培养就业一体化，开展多样性和个性化就业指导服务，不断提升毕业生就业能力。健全课程体系，强化创新创业实践。将就业创业指导贯穿大学三年全过程。积极推进校企合作和校园招聘会，着力解决毕业生就业中职业定位模糊、心理准备不足、职业素养较差、自我调适能力不强、就业观念落后等相关问题。学校全面落实各项帮扶政策，鼓励更多高校毕业生到基层从事公共管理和社会服务，到中小微企业就业，到部队效力。深入实施大学生创业引领计划、离校未就业高校毕业生就业促进计划等，确保高校毕业生就业形势总体稳定。

任务 1.3 大学生的就业政策与制度

就业政策是指直接或间接约束劳动者就业的规则、程序的总称，一般包括就业工作的指导思想、方针政策、就业机制等内容。对于大学生来说，了解当前我国的就业政策是非常必要的。其中，国家人事制度、大中专毕业生就业制度、国有企事业单位用工制度、人事代理制度、就业准入制度等更是与大学生的就业息息相关，应该重点学习，准确把握。

我国现在实施的“双向选择，自主择业”的高校毕业生就业制度。以开展各级各类供需见面活动为具体落实方式，建立了市场导向、政府调控、学校推荐、学生与用人单位双向选择的就业保障机制，这就在保证满足国家需要的前提下，有力地促进了学生成才和人才资源的合理利用，达到学以致用、人尽其才的目的。

一、人才聘用制度

“国以人兴，政以才治”，人才资源在经济和社会发展中具有基础性、战略性、决定性的作用。当代大学生经过系统教育，具备和掌握了为党和国家做贡献的本领，他们具有较强的创新精神和报效祖国的强烈愿望，是十分宝贵的人才资源，是民族的希望，是祖国的未来。我国目前实行的人才聘用制度，正是保证“双向选择、自主择业”创业制度具体实施的有效机制。人才聘用制度是关于我国的党政机关、社会团体、企事业单位的人员选拔任用、聘任聘用的一系列规章制度的总称。其核心内容是建立以公开、平等、竞争、择优为导向，有利于优秀人才脱颖而出、充分施展才能的选人用人机制。

（一）企业的人才聘用制

企业对专业技术岗位和行政管理岗位采取公开竞争、择优上岗的措施。除应由出资人管理和应由法定程序产生或更换的企业管理人员和专业技术人员外，企业可以在全国范围内招聘各类人才，包括高等院校的应届毕业生，凡聘用人员，都要签订劳动（聘用）合同。政府人事部门及所属的人才交流服务机构，应为企业配置人力资源提供必要的政策指导、信息咨询和人员测评等服务工作。企业在人才流动过程中发生的人事争议，应当由有关当事人按照劳动（聘用）合同的约定协商解决；协商不成的，可申请政府人事部门调解、裁决。

（二）事业单位的人才聘用制度

随着我国建立社会主义市场经济体制和加入世界贸易组织，迫切要求事业单位转换用人机制，建立充满生机和活力的用人制度。事业单位的人才聘用制度的主要内容包括：事业单位与职工应当按照国家有关法律、政策的要求，在平等自愿、协商一致的基础上，签订聘用合同，明确单位职工之间与工作有关的权利和义务。通过建立和推行聘用制度，实现用人上的公开、公平、公正，促进单位自主用人，保障职工自主择业，维护单位和职工双方的合法权益。通过聘用制度转换事业单位的用人机制，实现事业单位的人事管理由身份管理向岗位管理转变，由单纯的行政管理向法制管理转变，由职工与单位的行政依附关系向平等人事主体关系转变，由国家用人向单位用人转变。事业单位人才聘用制度主要由公开招聘、签订聘用合同、定期考核、解聘辞聘、亲属回避以及人事争议仲裁等制度组成。

（三）就业准入制度

近年来，我国实行了就业准入制度，这是落实党中央、国务院提出的“科教兴国”战略方针的重要举措，是规范我国劳动就业市场，保证从业人员质量，促进我国人力资源开发的一项战略措施，同时也是贯彻《中华人民共和国劳动法》《中华人民共和国职业教育法》的重要表现。就业准入是指根据我国职业资格证书制度的要求，依据《劳动法》和《职业教育法》的有关规定，对从事技术复杂、通用性广、涉及国家财产、人民生命安全和消费者利益的职业（工种）的劳动者，要求必须经过培训并取得职业资格证书后，方可就业上岗。

就业准入制度包含了一系列就业指标，促使劳动者通过学习和培训提高素质层次，在整个社会营造了一个尊重人才、尊重技能、尊重文化和素质的良好氛围，也为大学毕业生特别是高职高专毕业生努力拓展能力、提高职业素质创造了良好的条件。因此，当代大学生应该注重在获得毕业证书的同时，考取相应的职业资格证书，这不仅可以增强自身的就业竞争力，也进一步拓宽了就业和创业的渠道。

（四）实行就业准入的职业

依据《中华人民共和国职业分类大典》，目前，国家规定实行就业准入的职业项目共有车工、铣工、磨工、焊工、镗工、管工、秘书、话务员、铸造工、锻造工、涂装工、砌筑工、钢筋工、架子工、防水工、推销员、调酒师、美容师、美发师、摄影师、装配钳工、工具钳工、机修钳工、维修电工、手工木工、精细木工、混凝土工、冷作钣金工、汽车修理工、装饰装修工、汽车驾驶员、音响调音员、沼气生产工、中药购销员、中式面点师、中式烹调师、西式面点师、西式烹调师、保健按摩师、职业指导员、物业管理员、锅炉操作工、眼镜定配工、眼镜验光员、钟表维修工、鉴定估价师、金属热处理工、摩托车维修工、计算机操作员、办公设备维修工、加工中心操作工、锅炉设备安装工、电气设备安装工、纺织纤维检验工、动物疫病防治员、动物检疫检验员、医药商品购销员、组合机床操作工、电子计算机机维修工、土石方机械操作工、起重装卸机械操作工、家用电子产品维修工、家用电器产品维修工、用户通信终端维修员、贵金属首饰手工制作工、贵金属首饰钻石宝玉石检验员等职业和工种。

二、《就业促进法》

（一）当前的就业工作方针

为了促进就业，促进经济发展与扩大就业相协调，促进社会和谐稳定，2007 年 8 月 30 日，十届全国人大常委会第二十九次会议表决通过了《就业促进法》。该法于 2008 年 1 月 1 日起实施。我国现行的就业方针在《就业促进法》第二条明确规定，国家坚持劳动者自主择业、市场调节就业、政府促进就业的方针。“劳动者自主择业”，指的是充分调动劳动者就业的主动性和能动性，促进他们发挥就业潜能和提高职业技能，依靠自身努力，自谋职业和自主创业，尽快实现就业。“市场调节就业”，指的是充分发挥人力资源市场在促进就业中的基础性作用。通过市场职业供求信息，引导劳动者合理流动和就业；通过用人单位，自主用人和劳动者自主择业，实现供求双方相互选择；通过市场工资价位信息，调节劳动力的供求。“政府促进就业”，指的是充分发挥政府在促进就业中的重要职责。

（二）《就业促进法》颁布实施的意义

1.《就业促进法》是促进社会主义和谐社会建设的一部重要法律

就业，不仅是每一位劳动者生存的经济基础和基本保障，也是其融入社会、共享社会经济发展成果的基本条件，因此，就业是民生之本；促进就业，关系到亿万劳动者及其家庭的切身利益，是社会和谐发展、长治久安的重要基础，因此，促进就业是安国之策。就业问题历来是各国经济和社会发展的核心问题之一。我国劳动力资源丰富，劳动力供大于求的格局将长期存在；就业的结构性矛盾越来越突出；新成长劳动力就业、农业富余劳动力转移就业和经济结构调整中失业人员再就业的矛盾交织，使就业问题具有长期性、艰巨性和复杂性。促进就业是我国长期的战略任务，党的十六届六中全会把实现社会就业比较充分作为构建和谐社会的重要目标之一。通过法制化的手段推动经济发展同扩大就业相协调，把扩大就业放在经济社会发展的突出位置，实现社会和谐稳定，这是我国做好促进就业工作、构建和谐社会的必然选择和重要内容。

2.《就业促进法》为我国实施积极的就业政策提供了法律保障

党中央、国务院高度重视就业问题，针对我国的具体情况，借鉴世界各国的成功经验，制定和实施了积极的就业政策，通过小额担保贷款、财政贴息、减免税费等措施，积极扶持劳动者自主创业、自谋职业；通过定额税收减免、优惠贷款等措施，鼓励企业吸纳下岗失业人员就业；通过开发公益性岗位和社会保险补贴等措施，建立健全就业援助制度，帮助困难人员实现就业。2003 年以来，通过实施积极的就业政策，在经济发展中实现了新增就业的不断扩大，并基本解决了体制转轨过程中出现的下岗失业人员的再就业问题，有力保持了就业局势稳定，有效维护了改革发展稳定大局，为促进经济持续较快增长和社会和谐稳定发挥了重要作用。《就业促进法》将经过实践检验的积极的就业政策措施上升为法律规范，使促进就业的工作机制和工作体系制度化，使促进就业的各项政策措施和资金投入法制化，有利于建立促进就业的长效机制，保障我国积极的就业政策长期实施和有效运行。

3.《就业促进法》进一步完善了我国劳动保障法律体系

立法是世界各国促进就业最普遍最重要的手段。在我国《宪法》和《劳动法》中都对促进就业作了原则规定，对促进就业发挥了积极作用。解决我国长期、艰巨而复杂的就业问题，不仅需要有综合大法的原则性要求，更需要专门的有具体规定的《就业促进立法》。特别是随着我国城镇化、工业化、市场化和国际化进程的加快，就业工作、劳动关系工作、社会保障工作都出现了许多新情况和新问题，亟须形成健全的劳动保障法律体系，使整个劳动保障工作尽快走上法制化轨道。《就业促进法》是我国就业领域第一部基本法律。它的颁布施行，标志着我国在建设以《宪法》为依据、以《劳动法》为基础、以《就业促进法》和《劳动合同法》以及正在起草的《社会保险法》为主干、以相关法律法规为配套的劳动保障法律体系方面，又迈出了至关重要的一步。

（三）《就业促进法》的主要内容

为了建立促进就业的长效机制，《就业促进法》将经过实践检验行之有效的积极的就业政策上升为法律规范，并按照促进就业的工作要求，规定了政策支持的法律内容。包括十个方面：

1. 实行有利于促进就业的产业政策

明确规定县级以上政府统筹协调产业政策与就业政策。鼓励各类企业在法律、法规规定的范围内，通过兴办产业或者拓展经营，增加就业岗位。国家鼓励发展劳动密集型产业、服务业，扶持中小企业，鼓励、支持、引导非公有制经济发展，扩大就业机会，增加就业岗位。在安排政府投资和确定重大建设项目时，应当发挥投资和重大建设项目带动就业的作用，增加就业岗位。国家发展国内外贸易和国际经济合作，拓宽就业渠道。

2. 实行有利于促进就业的财政政策

明确规定国家加大资金投入，改善就业环境，扩大就业。县级以上人民政府应当根据就业状况和就业工作目标，在财政预算中安排就业专项资金用于促进就业工作。就业专项资金用于职业介绍、职业培训、公益性岗位、职业技能鉴定、特定就业政策和社会保险等的补贴，小额贷款担保基金和微利项目的小额担保贷款贴息，以及扶持公共就业服务等。审计机关、财政部门应当依法对就业专项资金的管理和使用情况进行监督检查。

3. 实行有利于促进就业的税收政策

明确规定国家鼓励企业增加就业岗位，扶持失业人员和残疾人就业，对符合法定条件的企业和人员依法给予税收优惠。具体包括：吸纳符合国家规定条件的失业人员达到规定要求的企业；失业人员创办的中小企业；安置残疾人员达到规定比例或者集中使用残疾人的企业；从事个体经营的符合国家规定条件的失业人员；从事个体经营的残疾人；国务院规定给予税收优惠的其他企业、人员。同时，对从事个体经营的失业人员和残疾人免除行政事业性收费。

4. 实行有利于促进就业的金融政策

明确规定增加中小企业的融资渠道；鼓励金融机构改进金融服务，加大对中小企业的信贷支持，并对自主创业人员在一定期限内给予小额信贷等扶持。

5. 实行城乡统筹的就业政策

明确规定国家建立健全城乡劳动者平等就业的制度，引导农业富余劳动力有序转移就业。

6. 实行区域统筹的就业政策

国家支持区域经济发展，鼓励区域协作，统筹协调不同地区就业的均衡增长；支持民族地区发展经济，扩大就业。

7. 实行群体统筹的就业政策

各级人民政府统筹做好城镇新增劳动力、农业富余劳动力转移就业和失业人员就业工作。当前，要统筹做好下岗失业人员、大学生、复转军人、残疾人、农民工等群体的就业工作。

8. 实行有利于灵活就业的劳动和社会保险政策

明确规定各级人民政府采取措施，逐步完善和实施与非全日制用工等灵活就业相适应的劳动和社会保险政策，为灵活就业人员提供帮助和服务。

9. 实行就业援助制度

明确规定国家建立健全就业援助制度，对就业困难人员给予扶持和帮助。

10. 实行失业保险促进就业政策

明确规定失业保险制度保障基本生活和促进就业的功能，并要求加强对大规模失业的预防、调节和控制。

三、教育部和省教育厅每年出台系列就业创业文件

教育部《关于做好2017届全国普通高等学校毕业生就业创业工作的通知》教学〔2016〕11号文件的主要内容如下：

各省、自治区、直辖市教育厅（教委），有关省、自治区人力资源社会保障厅，部属各高等学校：

为贯彻落实党的十八大和十八届三中、四中、五中、六中全会精神，深入学习贯彻习近平总书记系列重要讲话精神，进一步引导和鼓励高校毕业生到基层工作，组织实施高校毕业生就

业创业促进计划，现就做好2017届高校毕业生就业创业工作通知如下：

（一）积极拓宽基层和重点领域就业渠道

1. 引导和鼓励毕业生到城乡基层就业

各地各高校要落实好毕业生到县以下基层就业学费补偿和国家助学贷款代偿等政策，并结合实际进一步完善政策措施，鼓励毕业生到城乡社区从事教育文化、医疗卫生、健康养老等工作，引导毕业生到中西部地区、东北地区和艰苦边远地区就业创业。继续组织实施好“教师特岗计划”“大学生村官”“三支一扶”“西部计划”等中央基层就业项目，鼓励各地巩固并扩大实施地方基层就业项目。

2. 鼓励毕业生到中小微企业就业

充分发挥中小微企业吸纳毕业生就业的主渠道作用。各地各高校要广泛收集中小微企业的招聘信息，组织中小微企业进校园招聘，办好全国中小企业网上百日招聘活动。各地教育部门要积极配合人力资源社会保障、税务、中小企业主管部门等，落实中小微企业吸纳毕业生的社保补贴、培训补贴、税费减免等优惠政策。

3. 服务国家发展战略开拓就业岗位

各地各高校要围绕“一带一路”“长江经济带”“京津冀协同发展”等国家重大战略或倡议，主动对接人才需求，向重点地区、重大工程、重大项目、重要领域输送毕业生。要抓住实施“中国制造2025”“互联网+”行动计划等契机，引导毕业生到先进制造业、现代服务业和现代农业等领域就业创业。

4. 持续做好大学生征兵工作

各地各高校要主动会同兵役机关，组织开展征兵政策咨询周、宣传月等活动，对高校毕业生、在校生和新生等不同群体开展广泛宣传动员。在高校放暑假前对体检、政考合格的学生发放“大学生预定兵通知书”。落实好“退役大学生士兵”专项硕士研究生招生计划以及学费资助、复学升学等优惠政策。加强高校大学生征兵机构建设，在人员、场地、经费等方面予以保障。

5. 支持高校毕业生到国际组织实习任职

鼓励有条件的高校结合国际组织人才需求，开展培养推送高校毕业生到国际组织实习任职工作。将国际组织基本情况、招聘要求、职业发展路径等内容，纳入大学生就业指导教材和课程。为毕业生到国际组织实习任职和参加志愿活动等，提供信息、咨询、培训等服务。

（二）深入推进创新创业教育和自主创业工作

1. 推进高校创新创业教育改革

各地各高校要把深入推进创新创业教育改革作为高等教育综合改革的突破口和重中之重，在培养方案、课程体系、教学方法等方面加大改革力度。着力强化创新创业实践，搭建实习实训平台，实施大学生创新创业训练计划，办好各级各类创新创业竞赛，不断增强学生的创新精神、创业意识和创新创业能力。

2. 落实创新创业政策

各地教育部门要配合有关部门进一步完善落实工商登记、税费减免、创业贷款等优惠政策，为大学生创业开辟“绿色通道”。各高校要改革教学和学籍管理制度，完善细化创新创业学分积累与转换、弹性学制管理和保留学籍休学创业等政策，支持创业学生复学后转入相关专业学习。

3. 加大创新创业场地建设和资金投入

各地各高校要充分利用大学科技园、大学生创业园、创业孵化基地等创新创业平台，为大学生创业提供场地支持，孵化一批创新创业项目。高校科研设施、仪器设备等资源原则上要面向全体学生开放，优先向大学生创办的小微企业转移高校的科技成果。通过政府支持、学校自设、校外合作、风险投资等多渠道筹措资金，扶持大学生自主创业。

4. 提升创新创业服务水平

建立健全国家、省级、高校大学生创业服务网络平台，为大学生提供政策解读、项目对接和培训实训等指导服务。各地各高校要加强创新创业教师队伍建设，聘请行业专家、创业校友等担任创新创业导师。开展全国高校创新创业总结宣传工作，以点带面，引领和推动高校提升创新创业工作质量。

（三）进一步提升就业指导水平和服务能力

1. 强化精准服务

各地各高校要充分利用“互联网＋就业”新模式，准确掌握毕业生求职意愿和用人单位岗位需求信息，实现人岗精准对接。通过手机等移动终端，针对毕业生的不同特点和需求，送岗位、送政策、送指导。充分发挥校园市场的主体作用，积极组织用人单位参加各类招聘活动。鼓励有条件的地区和高校联合搭建跨区域、跨行业、跨类别的综合信息招聘服务平台，支持东北地区与有关省份联合开展毕业生招聘活动。

2. 加强就业指导能力建设

各地各高校要系统开展就业指导教师培训，着力提升政策理论水平和职业指导能力。在专业技术职务评聘中充分考虑就业指导教师的工作性质和工作业绩，并在同等条件下予以适当倾斜。要不断完善职业发展与就业指导课程体系，将课程与学科专业相融合。

3. 加强对就业困难群体帮扶

各地各高校要准确掌握家庭困难、少数民族、身体残疾等毕业生群体的具体情况，开展个性化辅导，组织专场招聘活动，配合有关部门落实好求职创业补贴等政策，实施精准帮扶。对特别困难的离校未就业毕业生，有条件的高校要调动多方资源开发校内外实习岗位，帮助他们实现实习与就业的过渡。要与人力资源社会保障部门做好离校未就业毕业生的信息衔接和服务接续工作。

4. 进一步规范就业工作管理

各地各高校要严格按照就业统计工作要求，通过“全国高校毕业生就业管理系统”及时上报、更新就业信息，确保数据真实准确。认真落实就业签约“四不准”要求，不准以任何方式强迫毕业生签订就业协议和劳动合同，不准将毕业证书、学位证书发放与签约挂钩，不准以户档托管为由劝说毕业生签订虚假协议，不准将顶岗实习、见习证明材料作为就业证明材料。不得发布含有歧视性内容的招聘信息，严密防范招聘欺诈、求职陷阱等。要确保校园招聘等活动安全、有序，防止挤踏等意外事故发生。

（四）推动高校人才培养主动适应经济社会发展需要

1. 优化高等教育结构

各地要根据经济社会发展需要，建立完善的高校学科专业、层次、类型动态调整机制。主动对接地区、行业、产业需求，引导部分地方普通本科高校向应用型转变，培养更多高层次应用型人才。完善职业教育产教融合协同育人机制，培养打造一批具有工匠精神的技术技能人才。

2. 深化教育教学改革

各地各高校要动态调整课程设置，强化实践教学，加强实习实训，完善产学研用结合的协同育人模式，切实增强学生的创新精神和实践能力。要认真吸纳用人单位和毕业生对人才培养改革的意见建议，进一步完善人才培养方案，增强人才培养和社会需要的契合度。加强和推广职业教育现代学徒制培养。

3. 健全毕业生就业创业状况反馈机制

各地各高校要在每年年底前编制和发布就业质量年度报告，科学、客观地反映高校毕业生就业创业状况和特点。要深入分析研究本地本校各专业就业率、就业去向、就业满意度、创业数量和类型等状况，进一步完善学科专业预警与退出机制，健全就业与招生计划、人才培养、经费拨款、院校设置、专业调整的联动机制。

（五）加强组织领导和督促检查

1. 强化组织领导

各地各高校要把高校毕业生就业创业工作摆在突出重要位置，切实落实“一把手”工程，层层落实责任，确保就业创业工作“机构、人员、经费、场地”四到位。省级教育部门要与人力资源社会保障等相关部门密切配合，高校要建立健全就业部门牵头，学工、招生、教学、武装等部门参与的工作机制，形成合力共同做好毕业生就业创业工作。

2. 加强督查落实

各地各高校要建立高校毕业生就业创业工作定期督查机制，对就业创业政策和工作落实情况逐条逐项认真检查，以督查促落实，以督查促整改。对真抓实干、成效明显的要表扬推广，对落实不力、不作为的要限期整改并追究责任。

3. 大力宣传引导

各地各高校要充分运用各种媒体，宣传解读国家和地方促进高校毕业生就业创业的政策措施，帮助毕业生熟悉和用好政策。要广泛宣传基层就业、自主创业的毕业生典型事迹，教育引导毕业生转变就业观念。要坚持正确的舆论导向，积极开展正面宣传，努力营造有利于促进就业创业的良好氛围。

四、各高校每年出台就业创业具体措施

××职业学院就业管理工作实施办法

第一章　总　　则

第一条　为进一步做好学院毕业生就业工作，根据教育部和××省教育厅有关规定，结合学院实际情况，特制定本办法。

第二章　指导思想和工作目标

第二条　学院毕业生就业工作以市场为导向，努力完善管理、教育、指导、服务为一体的毕业生就业服务体系，不断开拓和规范我院毕业生就业市场，加强就业指导，转变就业观念，为毕业生创造一个公平、公正、公开的就业环境。强化系部、辅导员在毕业生就业工作方面的责任，把毕业生就业工作纳入各系部的日常工作中，完善毕业生就业工作的制度、程序和激励机制。

第三条　本着高起点、高目标、高标准的要求，建立一套规范化、制度化、专业化的毕业生就业推荐和就业指导工作机制；建设一支熟悉就业工作，能吃苦耐劳、甘于奉献的就业工作

教师队伍；建好一批能对各专业建设起示范作用的实习实训基地；建成一个覆盖各专业相关领域的有一定影响的就业网络；努力将毕业生引导到国家最急需、最能发挥作用的岗位上去；力争使毕业生年度就业率达到95%以上。

第三章　组织机构

第四条　提高认识，加强领导。成立院系两级就业工作领导小组，学院就业工作领导小组组长由院长担任，副组长由主管学生工作的院领导担任，成员由就业指导办公室主任、各系主任、系党总支副书记和相关部门负责人组成。下设办公室，办公室常设机构设在学院就业指导办公室，办公室主任由就业办主任兼任。学院就业工作领导小组在国家就业方针政策指导下，负责制定全院的就业工作规划、方案、计划和管理规章制度等，下设就业指导小组和就业信息与服务组，就业指导小组负责全院学生的就业指导、培训、文明离院等工作，就业信息与服务组负责就业信息收集、就业推荐、服务、咨询和日常工作。

第五条　各系应成立毕业生就业工作领导小组，组长由系党支部书记（系主任）担任，各系就业工作领导小组服从学院就业工作领导小组的领导和工作安排，全面负责本系毕业生的实习和就业工作，努力提高本系毕业生的就业率和满意就业率。

第四章　毕业生就业管理规定

第六条　院系两级就业工作机构只为毕业生创造良好的实习和就业条件，并努力指导和推荐毕业生充分就业，但不包就业，毕业生要做好充分准备，通过多种方式、多种渠道就业。

第七条　毕业生在毕业前要确定好自己的毕业选择：报考专升本、考公务员、出国、直接就业、自主择业、创业、自由职业以及自愿放弃就业等。

第八条　对达到学院专科毕业生标准的学生，由学院、各系负责指导和推荐毕业生在一定范围内通过“供需见面、双向选择”的方式选择用人单位。

第九条　对达不到学院专科毕业生标准的学生可选择延长学制，对达不到学院专科毕业生标准而又不愿延长学制的学生，学院只给予办理结业证书，结业的学生原则上回生源地就业，也可自谋职业，若在毕业当年的6月20日前落实工作单位的，学院予以办理发放就业报到证，但必须在报到证上注明“结业生”字样，若用人单位因此不予接收，则由学院出具证明，将其户口、档案等关系转回入学前户籍所在地，自主择业。

第十条　毕业生应树立正确的择业观念，以国家利益为重，自觉服从国家需要，服从学院、各系的就业指导和推荐，积极参加学院、系组织的各种就业活动，否则视为自愿放弃就业，学院、各系不再负责推荐工作，学生自主择业。

第十一条　学院和各系应积极引导和鼓励毕业生自主创业和自主择业，对自主创业和择业的毕业生，学院将给予一定的奖励或支持。

第十二条　对项目就业的毕业生实行来去自由的政策，根据本人意愿，户口可迁至工作地区，也可迁回原籍，由当地政府主管部门所属的人才交流机构提供免费人事代理服务，具体按国家、省相关政策执行办理。

第十三条　凡未落实就业单位、自由职业、自愿放弃就业的毕业生，学院通过省教育厅办理《不就业登记证》，毕业生持《不就业登记证》到生源地就业主管部门报到继续落实就业单位，学院将其户口及档案关系迁回入学前户籍所在地，由各地就业主管部门负责办理就业手续，学院不再负责。

第十四条　凡未落实就业单位、自由职业、自愿放弃就业和用人单位不能为其办理人事档案、户口等关系的毕业生，经本人申请，也可将学生的人事档案、户口等关系转至各级政府部门所属的人才服务机构，并与之签订《个人人事代理协议书》，自《个人人事代理协议书》生效后，学院将其人事档案关系、户口迁入人才服务机构，享受其各种服务。

第十五条 各系应在规定的时间将毕业生信息上报就业指导办公室，就业指导办公室在规定的时间将就业方案报学院审核，最后上报省毕业办办理《就业报到证》。

第五章 推荐毕业生就业基本要求

第十六条 就业工作人员在推荐毕业生过程中，必须坚持客观、公正、平等、公开的原则，以综合测评成绩为主要推荐依据，择优推荐。

第十七条 各系在开展就业推荐时，要同时向毕业生宣传就业方针、政策和纪律，教育毕业生树立正确的创业观、择业观和就业观。引导毕业生正确处理个人成长、事业发展和国家需要的关系，走艰苦创业、自主创业的成才之路，到国家最需要的地方建功立业。

第十八条 用人单位到学院招聘毕业生，需首先与学院就业指导办公室取得联系，并提供单位情况介绍、企业营业执照复印件等，由学院就业指导办公室安排各系组织统一的面试考核事宜。若用人单位已确定人选，必须与毕业生、学院签订《就业协议书》，协议书一旦签订，用人单位不得无故反悔，否则按违约处理。

第十九条 毕业生参加各类供需见面会、面试、考核等就业活动，需提供由学院统一印制的并通过学院鉴定盖章的《毕业生推荐表》，此表作为毕业生推荐资格审查凭证，如实填写表格内容，因弄虚作假而产生的后果由毕业生本人负责。

第二十条 毕业生一定要在慎重选择、充分洽谈的基础上，与确定的用人单位、学院签订《就业协议书》。签订《就业协议书》后，毕业生不得反悔，否则按违约处理。

第六章 毕业生提前（就业）顶岗实习规定

第二十一条 提前就业的时间界定及申请提前就业的基本条件：

（一）毕业生在第五学期申请就业的，视为提前就业。

（二）毕业生必须在完成学院教学计划规定的全部课内课程学习和实践教学任务，并已与用人单位签订三方协议或就业合同、接收函后，方可申请提前就业。

任务 1.4 树立科学就业观

“科学就业观是指大学生在社会政治、经济、文化背景下，通过对就业环境和自我的正确认识而形成的对就业的正确判断和价值标准。”只有科学的就业观才能帮助大学生准确定位并选择自己的就业目标，引导他们实施正确的就业抉择，使他们在择业就业时更具理性，并且使他们的就业准备工作更有效率、更有目的性，最终帮助他们解决就业问题。

随着我国高等教育从精英教育向大众化教育的推进，就业观念要不断适应这一社会发展的需要，通过转变观念，使大学生就业问题逐步实现由思想碰撞到思想统一的转变。社会评价标准从适应精英教育观念向适应大众化教育观念转变。在精英教育条件下，评价大学毕业生就业的标准是看有没有用人单位接收，派遣证的报到单位是否与大学毕业生的学历匹配，注重签约率，注重完全就业。在大众化教育条件下，评价大学毕业生就业的标准是看大学毕业生是否为社会作贡献，能否通过自己的劳动，获得生活和发展的条件。过去那种只有到大城市、大机关、高薪企业才算就业的观念，逐渐向自主创业、向民营企业、个体企业甚至家庭作坊拓展；从注重签约率、完全就业向注重就业率、充分就业转变；从关注就业指导、就业教育向就业与创业并重、就业指导和创业教育并举转变。同时，就业单位必须与大学毕业生的学历匹配的观念，随着社会的发展，全民素质的提高，也要不断转变。

对大学毕业生而言，就业是迈入社会的第一道门槛。在就业过程中，大学毕业生面临的是复杂的就业择业问题，而大学毕业生正由学生向社会进行角色转换，心理发展不平衡、不稳定，还不能摆正自己的位置，难以客观地进入求职状态，认识社会，了解社会，尤其是就业指导与心理咨询工作开展得不够深入，导致大学生的就业心理出现了一些误区。因此，如何树立正确的就业观是大学毕业生成功就业的关键。

一、树立正确的就业观，就要摒弃旧观念，接受新观念

我国大学生就业难，并不意味着大学生过剩。据统计，我国大学毕业生占从业人员的比例仅有发达国家的1/8，从总体上看，我国经济快速发展，对高素质人才的需求日益增加。但是，一些大学生找工作时一门心思盯上大城市、大单位，甚至数千人竞争一个岗位，边远地区、基层单位虽急需人才却应者寥寥。因此，大学生就业难，固然有高校迅猛扩招与就业岗位增长缓慢之间矛盾的原因，更重要的是一些大学生就业观念存在问题。树立正确的就业观，培养良好的心态，是解决大学生就业难题的一剂良药。

（一）树立正确的就业观，就要树立普通劳动者的观念

转变“精英”意识，树立普通劳动者观念。目前我国高等教育已经从精英教育向大众化教育转变，但不少大学生依然抱有“天之骄子”的优越感，认为读了大学就理所应当有个好工作，留在大城市、大单位才能体现自己的人生价值，一些家长更是希望孩子毕业后能抱上“金饭碗”。因此，找工作时一味追求物质待遇，重地位、重名利，缺少吃苦精神、奉献精神。实际上不同工作岗位只是社会分工不同，并无高低贵贱之别，大学生也是社会阶层的普通成员，要以普通劳动者的心态和定位选择工作。

（二）树立正确的就业观，脚踏实地地从自身出发降低期望值

降低期望值，拓宽就业领域。每一位大学毕业生都希望找到一份称心如意的工作，这是无可厚非的。但是，每个人能得到什么样的工作要受到自身条件客观因素的制约。有的大学生好高骛远，对自身期望值过高，盲目追求超出本身能力的热门岗位、高薪待遇，最终落入高不成、低不就的尴尬境地。大学生就业时，首先要实事求是地认识自己，不仅要考虑“我想从事什么”，更要考虑“我适合干什么，我能做什么”。确定符合实际的期望值。放宽视野，把目光从竞争激烈的热门岗位移开，更多从自身实际、发展空间考虑，会发现往往“海阔天空”。

（三）树立正确的就业观，要认清个人能力，学会从工作中学习

有文凭不代表就一定有水平，有学历不一定有能力。大学毕业，只能说明具备了一定的学习能力和专业理论知识，并不能说明一定就是人才，一定能够被社会接受。社会是大课堂，对大学毕业生来说，要能够适应社会，把课本上所学的东西运用到实践中，还有许多事情要做，还有一个再学习的过程。即使是毕业时找到了一份比较理想的工作，如果工作中好高骛远、自以为是，不注重知识的更新、吃老本，用不了多长时间，同样会被社会所淘汰。即使所从事的不是本专业的工作，只要埋下头来，坚持向书本学、向实践学、向身边的同志学，同样可以干出一番事业，得到社会认可。因此，对大学毕业生来说，从事什么工作并不重要，重要的是要树立终生学习的理念，充分利用8小时外的时间，坚持边工作、边学习、边提高。这才是成功

就业择业乃至立业、展业的关键。

（四）树立正确的就业观，勇敢地迈出人生事业的第一步

在计划经济体制下“一次就业定终身”，造成大学毕业生就业择业时顾虑重重，生怕入错行误终生。如今竞争上岗、人才流动和再就业已成为普遍现象。职业是可以变化的，就业是一个动态过程，大学生要以平常心对待第一次就业，树立“先就业，后择业，先生存，后发展”的心态。即使初次就业不理想，以后也可以重新择业。

我国目前的国情是人才供需整体失衡。社会就业竞争加剧。在整体就业环境不容乐观的情况下，先就业后择业应该是智者的选择。大学生在求职时，都想找一份称心如意的职业，选择一个满意的单位，但要想一步到位，实现自己的职业理想，成功的概率比较小。尤其是对于应届大学毕业生来说，他们对社会了解甚少，受专业限制以及社会工作经验等因素的影响，很难一次性找到真正适合自己的工作。比较实际的办法还是先找份工作做，然后再寻找新的机会，分步到位。否则，就容易失去许多起步的机会。毕竟先要有工作岗位，才能锻炼能力，能力强了，才能更好地发展事业。一个人参加工作，只是职业生涯的开始，并不表示他只能在这个岗位上工作一生，随着人才市场的日趋完善，人才流动渠道逐步畅通无阻，就业以后如果再择业，优点更多。所以，先就业后择业，是比较明智而又务实的选择。

二、树立正确的就业观，就要敢于“下基层”“自主创业”

（一）面向基层就业

广大农村、边远地区、基层是吸纳大学毕业生就业的最大空间，可供大学生施展才华的空间也很广阔。一些大学生不愿下基层，一是怕吃苦，二是认为没有“前途”。近年来，国家对鼓励大学生到基层就业，到西部就业制定了一系列优惠政策，大学生在基层能得到多方面锻炼，积累实践经验，更有发展的潜力，对个人成长是极为有益的。北京招聘的“大学生村官”就已在基层取得了很大成绩。

（二）变被动就业为自主创业

近几年自主创业成为就业新方向。国家对大学生自主创业提供了税收、贷款等多方面优惠政策，鼓励自主创业。知识经济时代，大学生拥有较高的知识和技术，富有开拓精神，蕴含着巨大的创业潜能。自主创业，不仅能缓解巨大的就业压力，更是大学生发挥自己主观能动性、施展才智的广阔舞台，是符合时代要求的就业趋势。

三、树立正确的就业观，就是要先就业再择业

就业与择业，孰先孰后，关键是根据自身的实际情况和所处的环境条件决定，因势利导，为我所用。比如，有的大学生学的是“热门”专业，他愿意也有可能在适合自己专业的诸多单位进行选择，先择业，后就业，这当然很好。有的大学生一时找不到适合自己专业的工作，且苦于生计原因，先找份工作，积累经验，然后再图发展，这种“先就业，后择业”也不能说不好。有的大学生面对严峻的就业形势，降低门槛，到民营企业、私立学校工作，既人尽其才，学用结合，又能为企业、学校贡献智力，“既就业，又择业”，可谓两全其美。有的大学生为了学到更多更新的知识，或继续深造，或到国外留学，为将来谋得高层次、高薪酬的岗位打下坚实的基础，他们现在的“不择业、不就业”是为了将来有更多更好的择业就业机会。总之，择业、就业，可以说是大学生们一道无可回避的“课题”。但是孰先孰后，何时何地，孰是孰非，还要立足现实，准确定位，量体裁衣，适合自己的才是“最好”的。

四、树立正确的就业观，就要树立四海为家的观念

在就业地域的南与北问题上，无论是千里冰封、瑞雪飘飘的故园北国，还是日出江花红胜火、春来江水绿如蓝的江南水乡，都是我们建功立业的好去处。我们一定要树立四海为家的观念，哪有事业哪就是家。

（一）在就业地点上远与近的问题

我们必须摒弃一些如“父母在不远游”的陈旧观念，网络、可视电话的应用，现代化交通使地球变成村落，天堑变通途。特别是来自城乡的同学，更应该兑现“知识改变命运”的道理。今天的你我不能再重复父母昨天的故事，过着“星星还是那个星星，月亮还是那个月亮”的生活。

（二）在工作体制上的公与私的问题

长三角、珠三角都是因为体制的改变而崛起的，抓住现在，才有未来。某大学数学学院2008届大学毕业生刘微微是个孤儿，她在就业过程中非常努力，成绩良好，在职业能力训练上很努力，进步很快。当时有两个单位看中她：一个是广东省陆丰市的东海中学（公立学校），另一个是广东佛山执信学校（私立九年一贯制贵族学校）。她选择了后者，理由是；

（1）工作环境佛山好于陆丰；

（2）工作待遇高于公立学校。这对于一个贫困生缓解生活压力来讲很重要；

（3）她本人能够应对工作的挑战，私立学校管理严格，工作量及竞争力较大；

（4）发展的机会大一些。

五、树立正确的就业观，就要自立自强，不再等靠要

在国外，年轻人满18周岁就要在经济上独立。我们国家的一些大学生，父母供其完成学业，毕业后，一时找不到称心的工作，就“漂”在校园或待在家里，经济上完全依赖父母，据不完全统计，我国24岁至30岁年轻人中，有20%多还是依靠父母供养的“啃老族”。与国外的同龄人比较起来，他们应该感到惭愧。

在就业形势日趋严峻的今天，先降低要求，找份工作干起来，这一方面减轻了父母的经济负担，另一方面增加了自己的社会阅历，增强了实际工作能力；工作中，对自己的个性、能力、优缺点以及胜任什么工作，会逐渐有比较理智与成熟的看法，工作经历让人发现了自己的多个侧面。即使几年后从事其他职业，现在的工作经历也不是没有用处，隔行不隔理。人类社会的发展证明，先生存才能发展。大学生作为社会的一员，首先考虑的应该是生存。因此，要先考虑就业，然后再在条件成熟时选择自己喜欢的职业。

课后测评

自信心测验

你自信吗？自信是人成功的基础，是人愉快的前提。下面的测验将使你更好地了解自己的自信心。请你用“1”（是）、“0”（否）回答以下问题，填在表1－1中。

1. 一旦你下了决心，即使没有人赞同，你仍然会坚持做到底吗？（　　）

2. 参加晚宴时，即使很想上洗手间，你也会忍着直到宴会结束吗？（　　）

3. 如果想买性感内衣，你会尽量邮购，而不亲自到店里去吗？(　　)
4. 你认为你是个很好的情人吗？(　　)
5. 如果店员的服务态度不好，你会告诉他们的经理吗？(　　)
6. 你常欣赏自己的照片吗？(　　)
7. 别人批评你，你会觉得难过吗？(　　)
8. 你很少对人说出你真正的意见吗？(　　)
9. 对别人的赞美，你持怀疑的态度吗？(　　)
10. 你总是觉得自己比别人忙吗？(　　)
11. 你对自己的外表满意吗？(　　)
12. 你认为自己的能力比别人强吗？(　　)
13. 在聚会上，只有你一个人穿的不是正式场合的服装，你会感到不自在吗？(　　)
14. 你是逐步成为受欢迎的人吗？(　　)
15. 你认为自己很有魅力吗？(　　)
16. 你有幽默感吗？(　　)
17. 目前的工作是你的专长吗？(　　)
18. 你懂得搭配衣服吗？(　　)
19. 危急时，你很冷静吗？(　　)
20. 你与别人合作无间吗？(　　)
21. 你认为自己只是个寻常人吗？(　　)
22. 你经常希望自己长得像某些人吗？(　　)
23. 你经常羡慕别人的成就吗？(　　)
24. 你为了不使他人难过，而放弃自己喜欢做的事吗？(　　)
25. 你会为了讨好别人而打扮吗？(　　)
26. 你勉强自己做许多不愿意做的事吗？(　　)
27. 你任由他人来支配你的生活吗？(　　)
28. 你认为你的优点比缺点多吗？(　　)
29. 你经常跟人说抱歉，即使在不是你错的情况下吗？(　　)
30. 如果在无意的情况下伤了别人的心，你会难过吗？(　　)
31. 你希望自己具备更多的才能和天赋吗？(　　)
32. 你经常听取别人的意见吗？(　　)
33. 在聚会上，你经常等别人先跟你打招呼吗？(　　)
34. 你每天照镜子超过三次吗？(　　)
35. 你的个性很强吗？(　　)
36. 你是个优秀的领导者吗？(　　)
37. 你的记性很好吗？(　　)
38. 你对异性有吸引力吗？(　　)
39. 你懂得理财吗？(　　)
40. 你能恰如其分地表现自己吗？(　　)

表 1-1　自信心自测记分表

题号	选项		题号	选项		题号	选项		题号	选项	
1	1	0	11	1	0	21	0	1	31	0	1
2	0	1	12	1	0	22	0	1	32	0	1
3	0	1	13	0	1	23	0	1	33	0	1
4	1	0	14	1	0	24	0	1	34	1	0
5	1	0	15	1	0	25	0	1	35	1	0
6	1	0	16	1	0	26	0	1	36	1	0
7	0	1	17	1	0	27	0	1	37	1	0
8	0	1	18	1	0	28	1	0	38	1	0
9	0	1	19	1	0	29	0	1	39	1	0
10	0	1	20	1	0	30	0	1	40	0	1

记分与解释

把答案与下面的参数比较，计算你的总分。

总分≥25 分，说明你对自己信心很足，你大胆、自信，明白自己的优点和缺点。但如果你的分数接近 40 分，则你可能过于自信，甚至有些自大和骄傲，使人感觉不舒服。为此，你要有所注意才好，否则你的自信会成为你的发展障碍。

总分在 12～24 分，说明你颇有信心，但也偶尔有些自信不足，这有时使你显得较为谦逊、温和，有时则显得有些缺少安全感，易对自己产生怀疑。你的分数越接近 10 分，自信心越显得不足。

总分<12 分，说明你对自己不太有信心，你过于谦虚、自我压抑或太在乎外界的关注，你容易受他人的支配和暗示。你需要学会自我欣赏，看重自己，多看到自己的优势和光明面，多多行动。

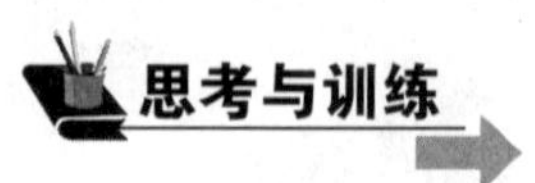

思考与训练

1. 当前高职学生的就业现状有哪些特点？
2. 转变就业观念需要从哪些方面入手？
3. 影响高职学生就业的因素有哪些？
4. 结合你的专业，谈一谈该如何树立正确的就业观？

项目二　了解就业市场，分析行业人才需求

学习目标

1. 了解当前就业中大学生就业市场的类型、特点。
2. 了解当前几个主要就业行业和其未来发展趋势。
3. 了解未来人才需求的变化和对毕业生素质的要求。

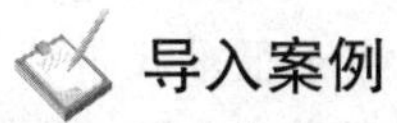

名人导言

当代大学生要志存高远、脚踏实地，转变择业观念，坚持从实际出发，勇于到基层一线和艰苦地方去，把人生的路一步步走稳走实，善于在平凡岗位上创造不平凡的业绩。

——习近平

导入案例

3 个高职生的 3 种职场路

案例一：不在乎薪水高低，只求学技术

2016 年 6 月，已经顺利拿到"汽车维修工高级证"和"汽车维修工上岗证"的广州某高职学院的学生胡侠，终于要告别 3 年的校园生活了，胡侠是汽车维修专业毕业生。当时他面前有四个工作可以选择：珠海市珠光汽车有限公司、北京现代广州分公司特约维修站、广州市高质汽车维修有限公司和江门的一家汽车修理厂。

经过再三考虑，胡侠放弃了在广州工作的机会，选择了同珠海市珠光汽车有限公司（以下简称"珠光"）签约。虽然珠海市珠光汽车有限公司是珠海汽车销售、维修行业中的"龙头老大"，但前 3 个月试用期的工资却还不到 2000 元。尽管如此，胡侠并不为自己的选择感到后悔：同这家公司签约后，他先在"珠光"销售捷达车的 4S 店里学习修理捷达车型，两个月后他开始在这家公司旗下的马自达维修站学习修理马自达车型。现在，刚出校园不到半年的胡侠，已经基本上懂得修理丰田、桑塔纳、金杯海狮、马自达和捷达等好几种车型了。

对于未来的职业前景，胡侠满怀乐观："虽然现在工资不高，但我相信，如果耐心地学到扎实、过硬的汽车修理技术，将来肯定会越来越好，三五年后，拿五六千元的月薪应该不成问题。"他满怀憧憬地告诉记者，不少去年毕业的师兄，现在都拿到了三四千元的月薪，他相信

自己只要踏踏实实地积累工作经验，三五年后也一定能拿到五六千元的月薪。

案例二：基础不牢，被迫转行

小王是广州一所民办高职院校计算机专业的毕业生。今年4月，他和5名同班男生一起，被学校就业推荐办安排到东莞一家企业实习——对于许多高职毕业生来说，进企业实习，是就业工作中最重要的一步。不少高职毕业生，就是通过学校安排的“实习”最终留在了企业。

但是不到两个月，小王和他的5名同学集体被“炒”，原因是这家企业发现这6名学生“甚至无法制作出一份稍微像样的表格，更不用说进行网页设计和编程”。更让他们无法接受的是，当时同他们一起进这家企业实习的一位计算机专业的女技校生，却最终被这家企业留用。

被迫回到学校后，他和几位“难兄难弟”在就业推荐办老师的反复推荐下，几个月来又联系了好几家企业实习。毕业5个月来，他已经换了两次工作：第一份工作是销售保健品，第二份工作是去太平洋电脑城卖电脑硬件。一个多月前，他在一位亲戚的帮忙下，进了一家超市做店员。最让他沮丧的是，自己干过的三份工作，工资“从未超过2000元”。

案例三：毕业几个月经历坎坷

小李是广州某职业技术学院管理专业毕业生。从2016年7月到现在，他已经跳过三次槽，临近毕业前，他在学校的推荐下，进了广州黄埔开发区的一家物流公司做仓库管理员。在那里，他的月薪只有1900元，且每个月只有两天休息。

由于工资低，且没有个人成长的空间，因此不到5个月，他离开了那家物流公司。

不久，他在广州天河北路一家外资保险公司做起了寿险代理人。但是，由于刚毕业缺乏工作经验，再加上在广州没有“人际关系”，小李在竞争激烈的保险行业中难以立足，不得不在三个月后再次跳槽，进了一家销售化学产品的贸易公司做业务员。

小李告诉记者，在他曾经工作过的保险公司和现在工作的贸易公司，有不少同事都像他一样，是刚从大专或高职类院校毕业的大学生。而在他的30多个同班同学里，由于很难找得到专业对口的工作，因此“男生几乎都在做业务员，而女生大部分都在一些小公司做文员”。

任务2.1　大学生就业市场

一、大学生就业市场概述

就业市场是在市场经济条件下人力资源的配置市场，是按市场运行规律对人力资源进行配置。我国真正意义的就业市场形成于20世纪80年代，到90年代末期走向成熟。随着就业体制的改革，按照“宏观调控、供需见面、双向选择、择优录用”的原则，越来越多的高校毕业生进入市场就业，大学生就业市场随之出现，形成了劳动力市场、人才市场和大学生就业市场三大市场并存的局面。

大学生就业市场是为了适应社会主义市场经济发展的需要而建立起来的，专门为高校毕业生求职择业和用人单位挑选毕业生提供服务的场所。是毕业生和用人单位在自愿的基础上，通过双向选择进行洽谈和签约的重要形式，是当前大学生人才资源配置的主导方式。在大学生就业市场中，供方是各级各类高校中准备走向社会投身工作的应历届毕业生，他们根据各自的专业、能力、意愿等因素选择工作单位；求方是各类用人单位，他们根据岗位要求和学生素质挑选录用人才。双方的选择都要受到市场供求规律的影响。

（一）就业市场的类型

依据其外在的表现，可以将大学生就业市场分为两类：有形市场和无形市场。

1. 有形市场

有形市场是指有固定的场所、具体的时间和地点、特定的参与对象的形式，主要包括以下几类：

（1）高校自身为本校毕业生举办的就业市场、招聘会、洽谈会或供需见面会。

（2）若干所高校联合举办的就业市场，这种市场能够克服单个学校就业市场规模小、效能低等现象。

（3）区域性就业市场，这种市场是由各地政府和教育主管部门联合举办的，为本地高校毕业生和本地用人单位服务的市场。

（4）分层次市场，即根据毕业生层次分别举办的研究生、本科生和专科生就业市场。

（5）行业性就业市场，即主要是由有关部门为本系统、本行业高校毕业生和用人单位举办的市场。

（6）企业性就业市场，即主要是大型企业或企业集团为招聘毕业生而专门举办的市场。

（7）国际性就业市场，即随着全球化的发展，国外企业为招聘国内高校毕业生、国内企业为招聘国外留学生或驻外机构的人员办的就业市场。

（8）其他特殊就业市场，如招聘飞行员、外交人员、公安干警等。

2. 无形市场

无形市场是指不受时间和空间的限制，毕业生按照自身择业意向来挑选工作单位的形式。这种市场一般没有具体的时间和地点，没有固定的场地，也没有一定的参加对象，但其存在是客观的，并且发挥着越来越大的作用。

无形市场的主要表现形式是网络市场和新媒体市场（微信平台），如各级教育主管部门建立的“高校毕业生就业信息网”、各类高校建立的“毕业生就业网”以及其他的“人才招聘网”“求职网”等。

通过网络和新媒体，一方面可以加快信息的发布过程。高校可以发布生源信息，毕业生可以发布求职信息，用人单位可以发布需求信息。另一方面，极大地方便了信息的收集和了解。毕业生可以全面地查阅单位的需求，用人单位也可以迅速地了解生源状况，国家的就业政策、各地对人才的优惠措施也都可以及时了解。随着网络技术的发展，网络求职也从一般的信息交流逐步扩展到网上面试和考核等更深的层面。同时高校和教育主管部门还可以及时掌握就业的动向，把握就业形势，引导就业工作更好地发展。因此，网络的出现减少了每年毕业生一窝蜂涌向各类招聘会、盲目流动、无序竞争的现象，做到“秀才不出门，能知天下事”，加速了供求双方的互动，节省了人力、物力、财力和时间，避免了选择的盲目性，大大提高了工作效率。

（二）就业市场的特点

作为一种专门的就业市场，大学生就业市场是人才市场的高级形式，具有以下特点：

1. 专门性

大学生就业市场与社会上服务于其他人才的就业市场不同，它是专门为高校毕业生就业服务的，它的目的是通过市场使各级各类高校毕业生找到合适的工作。

2. 集中性

高校毕业生就业主要集中于夏季，每年数百万人同时进入社会，给就业带来较大压力。因此，大学生就业市场是教育主管部门、学校和社会各界通过精心组织安排的，为广大毕业生顺利就业提供良好的服务。

3. 时效性

每年高校毕业生就业都有一个大致的时间期限，因而各级主管部门也有相应的时间安排。从开始招聘到落实单位、签订协议、毕业离校都有时间的规定。如果毕业生不能在规定时间内落实工作单位，就要转到其他人才市场就业或者待业。

二、大学生就业市场的作用及有效利用

（一）就业市场的作用

1. 激励学生的作用

作为市场就业的主体，大学生只有在市场上得到承认，被社会所接受，才能体现其作为人才的价值，其知识和能力才能够得到发挥。在当今知识经济的时代，高新科技不断发展，创新型人才和高素质劳动者是企事业单位发展的根本。因此，水平高、能力强的大学生成为抢手的对象。来自内外部的压力会提高学生的学习积极性和自觉性，增强学习的动力，促使他们不断完善自己，迎接市场的挑战。

2. 引导学校的作用

大学生在市场上竞争力的强弱，直接反映了学校的办学水平和培养质量，也会影响社会对学校的认可和信任程度。这就要求学校要根据毕业生在社会上的受欢迎程度，按照社会经济发展的实际情况，更新人才培养的观念，深化教育改革，调整专业结构，转变教学方式，培养适应社会需要的具有较强竞争力的人才。

3. 配置资源的作用

就业市场的建立，打破了计划分配的体制，在社会、学校和毕业生之间建立了密切的联系，架设了沟通的桥梁。通过市场，用人单位得到了适用的人才，毕业生得到了合适的岗位，人才资源得到优化配置。

（二）就业市场的有效利用

对于即将走上社会的大学生来说，就业市场提供了选择职业的良好条件，同时，还要有效地利用这个市场。

1. 准备材料

毕业班的同学要提前准备好个人求职的有关材料，包括自荐信、学校推荐表、成绩单、各种证明材料等。

2. 注意动向

要密切注意报纸、电台、电视台、网络、新媒体（微信平台）、海报和学校的通知，随时了解各类就业市场举办的时间、地点、用人单位和招聘对象。

3. 主动出击

要事先主动了解就业市场的招聘信息。掌握参加招聘单位的有关情况，挑选适合自己的用人单位，有针对性地调整自己的应聘材料，做到有的放矢，重点突破。

4. 迂回突破

对于一些每年来就业市场招聘的固定客户，要向老师或以前应聘成功的校友了解情况，把握这些单位用人的特点和喜好，了解当年用人的动向。

5. 及时联系

对于接受了应聘材料、有就业意向的单位，要记下名称、地址以及主管人员和联系人员的

联系方式，以便招聘结束后及时和他们联系沟通。

三、省市毕业生就业指导与服务机构

（一）省市毕业生就业指导与服务机构

我国各省市县都设置了若干就业指导与服务机构和多个功能完善的人才市场。同时各地人事部门还专门为高校毕业生设立了毕业生就业市场，为毕业生提供各项就业服务，针对性强。下面以辽宁省为例介绍部分就业指导与服务机构和人才市场。

1. 辽宁省高校毕业生就业信息网

辽宁省高校毕业生就业信息网（www. lnjy. com. cn）于2004年10月18日正式开通，由辽宁省大学生就业指导局主办，是以促进大学生就业为目标，以政策宣传、就业指导、创业培训、求职招聘为主体，为广大用人单位和高校毕业生提供各种就业服务的综合性、政府公益网站，是全国高校毕业生就业信息网络联盟的成员网站，是辽宁省高校毕业生就业创业指导服务网络系统的核心网站，网络覆盖全省所有高校、各市县毕业生就业主管部门及有关用人单位。

辽宁省高校毕业生就业信息网以“帮学生就业、助企业选才”为宗旨，以促进毕业生就业、创业为目的。

其主要功能如下：

（1）全方位的信息服务；

（2）多种形式、多种类型的网上双选会；

（3）免费提供交互式远程视频招聘服务；

（4）免费发布供需信息；

（5）开展各类毕业生求职、就业、创业咨询指导服务；

（6）毕业生就业情况实时动态检测；

（7）高等教育学历认证、学位认证；

（8）高校毕业生就业政策发布；

（9）大学生流动党员教育。

辽宁省高校毕业生就业信息网现有30万毕业生注册用户和8000家企业注册用户。即时在线发布职位需求信息，累计发布需求岗位达到10万余个，为广大毕业生提供了大量的就业机会。

2. 各市毕业生就业指导服务中心与市人才市场

辽宁省各市政府人事部门都在当地建立了为高校毕业生就业服务的机构，主要有毕业生就业指导服务中心及人才市场，为高校毕业生在当地就业提供毕业指导与服务。这些机构是各市人才引进、配置、培养的主要渠道，其主要功能有对毕业生进行就业指导，主办人才招聘会，收集与发布用人单位招聘信息，为高校毕业生在本市就业办理接收手续，对本市经济困难家庭毕业生登记推荐就业，为委托单位办理人事代理、档案管理、户籍落户等，对本市未就业毕业生进行登记，为未就业毕业生安排见习实训等多项人才服务业务。

（二）院校毕业生指导服务中心与校园人才市场

目前各高校都高度重视毕业生工作，学校专门设有从事毕业生就业指导与服务的部门，如招生就业处或毕业生指导服务中心等，各高校的就业指导服务部门的名称可能不同，但职能都是为本校毕业生提供就业指导与服务。各高校都制定了一整套就业指导和服务的制度。就业指导服务内容主要包含就业指导、政策咨询、组织用人单位进学校举办就业招聘会、收集发布用人单位信息、为用人单位推荐毕业生、办理就业手续等。

（三）就业指导服务网络

除了上述介绍的几类就业指导服务机构与人才市场外，现在还有一种形式的就业指导服务与人才市场正在快速发展起来，这就是就业信息网。国家和各省市的教育、人事、劳动等相关部门纷纷开办了高校毕业生就业网，为毕业生不出校门家门就能获取就业信息提供了十分便利的条件。在就业信息网上有各种就业政策、就业指导和就业市场等信息。在信息网上还经常举办就业招聘活动，如教育部、人力资源和社会保障部从2007年开始定期联合举办全国高校毕业生就业网络联盟招聘活动等。下面列出了国家和辽宁省及省内各市部分毕业生就业网网址：

中国高校就业网：http：//jiuye. cnzsedu. com/

中国教育在线：http：//www. eol. cn/html/c/job/

辽宁省高校毕业生就业信息网：http：//www. lnjy. com. cn/

辽宁省大学生就业信息服务平台：http：//www. lnbys. com. cn/index. action

辽宁省人才市场：http：//www. lnrcsc. com/

辽宁省就业网：http：//www. jyw. gov. cn/news/100000/index. shtml

辽沈人才网：http：//www. liaoshenrc. com/

沈阳市就业和人才服务网：http：//www. syjyrcw. com/index. php

大连人力资源市场：http：//www. dl－hr. com/

鞍山市就业网：http：//www. asjy. gov. cn/ecdomain/framework/asjy/index. jsp

抚顺市就业网：http：//www. fsjy. gov. cn/

本溪就业网：http：//www. lnbxjyw. com/

丹东人才网：http：//www. dandongjob. com/

锦州市就业人才网：http：//www. jzjyrc. com/

营口人力资源网：http：//www. lnyk. lss. gov. cn：9301/

阜新人力资源网：http：//www. fxrcw. com/

辽阳人才网：http：//www. lnly. lss. gov. cn：7093/index. html

盘锦人才网：http：//www. 0427ceo. com/

铁岭市人力资源和社会保障网：http：//www. lntl. hrss. gov. cn/ecdomain/framework/tlrsw/index. jsp

朝阳市人力资源和社会保障网：http：//www. lncy. hrss. gov. cn/ecdomain/framework/cyrsw/index. jsp

葫芦岛人才网：http：//www. hldjob. com/

拓展阅读

北方某高职院校船舶类主要就业企业如表2－1所示。

表2－1　北方某高职院校船舶类主要就业企业表　　元

序号	单位名称	企业性质	城市地区	所属行业	需求主要专业	用工性质	个人发展（岗位）	社保	薪酬（两年内）	评价星级
1	渤海船舶重工有限公司	国企	辽宁葫芦岛	船舶海工装备	船舶类、材料类	正式	一线生产操作	五险一金	2K[①]～4K	★★★★★

① K代表“千”，2K，即2000元。

续表

序号	单位名称	企业性质	城市地区	所属行业	需求主要专业	用工性质	个人发展（岗位）	社保	薪酬（两年内）	评价星级
2	葫芦岛港集团	民企	辽宁葫芦岛	港口物流	港口机械	正式	一线操作员	三险	1.5K～5K	★★★
3	中船重工（葫芦岛）特种电缆有限责任公司	国企合资	辽宁葫芦岛	电气机械	工科类	正式	一线操作员	五险一金	2K～4K	★★★★
4	沈阳辽海装备有限责任公司	国企	辽宁沈阳市	船舶配套	机电类、电气类	正式	一线技术管理	五险一金	2K～3.5K	★★★
5	大连船舶重工集团有限公司	国企	辽宁大连市	船舶海工装备	船舶类、机电类、材料类	正式	一线技术生产	五险一金	2.5K～4K	★★★★★
6	大连中远船务工程有限公司	国企子公司	辽宁大连市	船舶海工装备	船舶类、机电类、材料类	派遣制员工	一线技术管理	五险一金	2.5K～4K	★★★★
7	大连中远川崎船舶工程有限公司	国企股份制	辽宁大连市	船舶海工装备	船舶类、机电类、材料类	派遣制员工	一线操作员	五险一金	2.5K～4K	★★★★
8	中国人民解放军第4810工厂	国企	辽宁大连市	船舶海工装备	船舶类、机电类、材料类	派遣制员工	一线技术生产	五险一金	2.5K～4K	★★★
9	大连中远嘉洋工程有限公司	国企子公司	辽宁大连市	船舶配套	船舶类、机电类	派遣制员工	一线技术管理	五险一金	2.5K～4K	★★★
10	大连760研究所	事业单位	辽宁大连市	船舶海工研制	船舶类、机电类	正式	一线操作员	五险一金	2.5K～4K	★★★★
11	大连船用柴油机有限公司	国企	辽宁大连市	船舶配套	轮机类、机电类、材料类	正式	一线技术生产	五险一金	2.5K～4K	★★★★
12	大连船舶工业工程公司	集体所有制	辽宁大连市	船舶配套	船舶类、材料类、机电类	正式	一线技术管理	五险一金	2K～4K	★★
13	大连船舶工业船机重工有限公司	国企股份制	辽宁大连市	船舶配套	船舶类、轮机类、材料类	正式	一线技术生产	五险一金	2.5K～4K	★★★★
14	大连船舶工程技术研究中心有限公司	股份制企业	辽宁大连市	船舶设计	船舶类、机电类	正式	一线技术员	五险一金	2K～4K	★★★
15	大连船舶重工集团舵轴有限公司	股份制企业	辽宁大连市	船舶配套	船舶类、机电类	正式	一线技术生产	五险	2.5K～4K	★★★
16	大连顺兴海洋船舶工程股份有限公司	股份制企业	辽宁大连市	船舶海工装备	船舶类、机电类	正式	一线技术管理	五险一金	2.5K～4K	★★★
17	南通中远船务自动化有限公司大连分公司	国企子公司	辽宁大连市	船舶技术服务	船舶类、机电类	派遣制员工	一线技术管理	五险一金	2.5K～4K	★★★
18	大连华航海事有限公司	私企	辽宁大连市	船员外派	轮机类、电气类	正式	船员	五险	3K～6K	★★
19	巨涛海洋船舶工程服务（大连）有限公司	股份制企业	辽宁大连市	船舶配套	船舶类、轮机类、电气类	正式	一线技术管理	五险	2.5K～4K	★★★
20	北京鑫裕盛船舶管理有限公司	私企	北京市	海员	轮机管理类	正式	海员	五险一金	3.5K～6K	★★★★
21	天津新港船舶重工有限责任公司	国企	天津市	船舶海工装备	船舶类、材料类	派遣制员工	一线技术生产	五险一金	2K～3.5K	★★★

续表

序号	单位名称	企业性质	城市地区	所属行业	需求主要专业	用工性质	个人发展（岗位）	社保	薪酬（两年内）	评价星级
22	中海油能源发展油田建设渤海工程技术中心	国企子公司	天津市	土木工程建筑	机电类	派遣制员工	一线技术管理	五险一金	2K～4K	★★★
23	青岛武船重工有限责任公司	国企子公司	山东省	船舶海工装备	船舶类、机械类、材料类	正式	一线技术生产	五险一金	2.2K～4K	★★★★★
24	青岛北海船舶重工有限责任公司	国企子公司	山东省	船舶修造	船舶类、机械类、材料类	正式	一线技术生产	五险一金	2.2K～4K	★★★★★
25	中航威海船厂有限公司	国企	山东省	船舶海工装备	船舶类、机电类、材料类	正式	一线技术生产	五险一金	2K～4K	★★★★★
26	烟台中集来福士海洋工程有限公司	国企股份制	山东省	海工装备	船舶类、机电类、材料类	正式	一线技术生产	五险一金	2.5K～4K	★★★★★
27	青岛双瑞海洋环境工程股份有限公司	国企子公司	山东省	环保工程	船舶类、机电类	正式	一线技术生产	五险一金	2.5K～4K	★★★★★
28	青岛海西重工有限责任公司	国企子公司	山东省	机械装备	机械类	正式	一线技术生产	五险一金	2K～4K	★★★★
29	青岛海西重机有限责任公司	国企子公司	山东省	船舶配套	机械类	正式	一线技术生产	五险一金	2K～4K	★★★★
30	蓬莱巨涛海洋工程重工有限公司	股份制企业	山东省	海工装备	船舶类、机电类	正式	一线技术管理	五险一金	2.5K～4K	★★★★
31	中国船舶重工集团公司第七二五研究所	国企	河南省	船舶配套	材料类、机电类	正式	一线操作员	五险一金	2.5K～4K	★★★★★
32	河南柴油机集团有限责任公司	国企	河南省	船舶海工装备	机械类、轮机类	正式	一线技术生产	五险一金	2K～3.5K	★★★★
33	陕西柴油机重工有限公司	国企	陕西省	船舶海工装备	机械类、轮机类	正式	一线技术生产	五险一金	2.5K～4K	★★★★
34	山西柴油机工业有限公司	国企	山西省	机械装备	机械类、轮机类	正式	一线技术生产	五险一金	2.5K～4K	★★★★
35	宜昌船舶柴油机有限公司	国企	湖北省	船舶海工装备	机械类、轮机类	正式	一线技术生产	五险一金	2K～3.5K	★★★★
36	武昌船舶重工集团有限公司	国企	湖北省	船舶海工装备	船舶类、机电类	正式	一线技术生产	五险一金	2.5K～4.5K	★★★★★
37	武汉船用机械有限责任公司	股份制企业	湖北省	船舶配套	机械类	正式	一线技术生产	五险一金	2K～4K	★★★★
38	重庆川东船舶重工有限责任公司	国企	重庆市	船舶海工装备	船舶类、机电类	正式	一线技术生产	五险一金	2.5K～4.5K	★★★★
39	中船澄西船舶修造有限公司	国企	江苏省	船舶海工装备	船舶类、机电类	派遣制员工	一线生产操作	五险一金	3K～4.5K	★★★★
40	江苏新扬子造船有限公司	股份制企业	江苏省	船舶海工装备	船舶类、机电类	正式	一线技术生产	五险一金	3K～4.5K	★★★★
41	招商局重工（江苏）有限公司	国企股份制	江苏省	专用设备制造	船舶类、机电类	正式	一线技术生产	五险一金	3K～4.5K	★★★★

续表

序号	单位名称	企业性质	城市地区	所属行业	需求主要专业	用工性质	个人发展（岗位）	社保	薪酬（两年内）	评价星级
42	宏华海洋油气设备（江苏）有限公司	股份制企业	江苏省	专用设备制造	船舶类、机电类	正式	一线技术生产	五险一金	3K～4.5K	★★★★
43	泰州中航船舶重工有限公司	国企股份制	江苏省	船舶海工装备	船舶类、机电类	正式	一线技术生产	五险一金	2.5K～4K	★★★
44	中国长江航运集团南京金陵船厂	国企	江苏省	船舶海工装备	船舶类、机电类	派遣制员工	一线技术生产	五险一金	3K～4.5K	★★★★
45	南京中船绿洲机器有限公司	国企	江苏省	船舶海工装备	机电类、材料类	正式	一线技术生产	五险一金	2.5K～4K	★★★
46	南通中远船务自动化有限公司	股份制企业	江苏省	船舶配套服务	船舶类、机电类	正式	一线技术生产	五险一金	2.5K～4K	★★★
47	中海工业（江苏）有限公司	股份制企业	江苏省	商务服务	船舶类、机电类	正式	一线技术生产	五险一金	3K～4K	★★★
48	中航鼎衡造船有限公司	国企股份制	江苏省	船舶海工装备	船舶类、机电类	正式	一线技术生产	五险一金	3K～4.5K	★★★★
49	舟山中远船务工程有限公司	国企股份制	浙江省	船舶海工装备	船舶类、机电类	正式	一线技术生产	五险一金	3.5K～4.5K	★★★★
50	中国人民解放军4805工厂象山修船厂	国企股份制	浙江省	船舶海工装备	船舶类、机电类	正式	一线技术生产	五险一金	3K～4.5K	★★★★
51	金海重工股份有限公司	股份制企业	浙江省	船舶海工装备	船舶类、机电类	正式	一线技术生产	五险一金	4K～6K	★★★★★
52	扬帆集团有限公司	股份制企业	浙江省	船舶海工装备	船舶类、机电类	正式	一线技术生产	五险一金	3.5K～5K	★★★★★
53	浙江省岱山县海舟修造船有限公司	民企	浙江省	船舶海工装备	船舶类、机电类	正式	一线技术生产	五险一金	3.5K～4.5K	★★★
54	中国人民解放军第7815工厂	国企	浙江省	军工	船舶类、机电类	正式	一线技术生产	五险一金	3K～4.5K	★★★
55	浙江东邦修造船有限公司	合资企业	浙江省	船舶修造	船舶类、机电类	正式	一线技术生产	五险一金	3K～4.5K	★★★
56	上海外高桥造船（集团）有限公司	国企股份制	上海市	船舶海工装备	船舶类、机电类	派遣制员工	一线技术生产	五险一金	4K～5K	★★★★★
57	沪东中华造船（集团）有限公司	国企股份制	上海市	船舶海工装备	船舶类、机电类	派遣制员工	一线技术生产	五险一金	3K～5K	★★★★
58	江南造船（集团）有限责任公司	国企股份制	上海市	船舶海工装备	船舶类、机电类	派遣制员工	一线技术生产	五险一金	3K～5K	★★★★
59	上海船厂船舶有限公司	国企股份制	上海市	船舶海工装备	船舶类、机电类	派遣制员工	一线技术生产	五险一金	3K～5K	★★★★
60	上海华润大东船务工程有限公司	合资企业	上海市	船舶海工装备	船舶类、机电类	正式	一线技术生产	五险一金	3K～5K	★★★★
61	中国人民解放军第4805工厂	国企	上海市	军工	船舶类、机电类	正式	一线技术生产	五险一金	3K～5K	★★★★

续表

序号	单位名称	企业性质	城市地区	所属行业	需求主要专业	用工性质	个人发展（岗位）	社保	薪酬（两年内）	评价星级
62	上海振华重工（集团）股份有限公司	国企	上海市	通用设备制造业	船舶类、机电类	正式	一线技术生产	五险一金	3K ~ 5K	★★★★
63	福建省马尾造船股份有限公司	国企	福建省	船舶海工装备	船舶类、机电类	正式	一线技术生产	五险一金	3K ~ 5K	★★★★
64	厦门船舶重工股份有限公司	国企	福建省	船舶海工装备	船舶类、机电类	正式	一线技术生产	五险一金	3.5K ~ 5K	★★★★
65	福建东南造船有限公司	国企	福建省	船舶海工装备	船舶类、机电类	正式	一线技术生产	五险一金	3K ~ 5K	★★★
66	广州广船国际股份有限公司	国企股份制	广东省	船舶海工装备	船舶类、机电类	正式	一线技术生产	五险一金	3K ~ 5K	★★★
67	中船黄埔文冲船舶有限公司	国企股份制	广东省	船舶海工装备	船舶类、机电类	正式	一线技术生产	五险一金	4K ~ 5K	★★★★★
68	广新海事重工股份有限公司	股份制企业	广东省	船舶海工装备	船舶类、机电类	正式	一线技术生产	五险一金	4K ~ 5K	★★★★
69	中船桂江造船有限公司	国企	广西	船舶海工装备	船舶类、机电类	正式	一线技术生产	五险一金	3K ~ 5K	★★★
70	中船西江造船有限公司	国企	广西	船舶海工装备	船舶类、机电类	正式	一线技术生产	五险一金	3K ~ 5K	★★★

任务 2.2 几个主要行业的发展现状与未来趋势

一、了解装备制造业中的主要行业

装备制造业是为国民经济和国防建设提供生产技术装备的制造业，是制造业的核心组成部分，是国民经济发展特别是工业发展的基础。建立起强大的装备制造业，是提高中国综合国力，实现工业化的根本保证。它包括金属制品业、普通机械制造业、专用机械制造业、交通运输设备制造业、电气机械及器材制造业、电子及通信设备制造业、仪器仪表及办公用机械制造业 7 个大类，划分为 46 个中类、186 个小类。相当于欧洲国家所指的“资本货物制造业”，也就是我们惯常所说的“制造生产资料的行业”。

装备制造业是制造业的重要组成部分，其产品涉及门类之广，可谓空前。从大型机械装备到小型电子仪器，从不锈钢金属制品到电池制造设备，再从印刷设备到航空雷达检测，等等，都属于装备制造业产品的范畴。装备制造业涵盖了国民经济行业分类中生产投资类产品的全部企业。按装备功能和重要性分，装备制造业主要包含三方面：

（一）重要的基础机械

即制造装备的装备，主要包括数控机床（NC）、柔性制造单元（FMC）、柔性制造系统（FMS）、计算机集成制造系统（DIMS）、工业机器人、大规模集成电路及电子制造设备等。

（二）重要的机械、电子基础件

主要包括先进的液压、气动、轴承、密封、模具、刀具、低压电器、微电子和电力电子器件、仪器仪表及自动化控制系统等。

（三）重大成套技术装备

主要是国民经济各部门（农业、能源、交通、原材料、医疗卫生、环保等）、科学技术、军工所需的成套装备。比如矿产资源的井采及露天开采设备，大型电力（火电、水电、核电）成套设备，输变电（超高压交、直流输变电）成套设备，化工（石油化工、煤化工、盐化工）成套设备，黑色和有色金属冶炼轧制成套设备，先进交通运输设备（民用飞机、高速铁路、地铁及城市轨道车、汽车、船舶），大型环保设备（污水、垃圾及大型烟道气净化处理），大型工程所需重要成套设备（大江大河治理、隧道挖掘和盾构、大型输水输气），先进适用的农业机械及现代设施农业成套设备，大型科学仪器和医疗设备，先进大型的军事装备，通信、航管及航空航天装备，先进的印刷设备等。

二、几个热门行业的发展现状与未来趋势

（一）物联网产业现状及未来发展趋势

“物联网”一词最早出现于比尔·盖茨1995年《未来之路》一书，在书中，比尔·盖茨提及 Internet of Things 的概念，并以此设想未来的世界。但当时无线网络、硬件及传感设备的发展状况与设想有很大差距，因此未引起世人的重视。

1998年美国麻省理工学院的一位天才教授提出了 EPC（Electronic Product Code）开放网络（物联网）构想，在国际条码组织（EAN. UCC）、宝洁公司、可口可乐、沃尔玛、联邦快递、雀巢、英国电信全球83家跨国公司的支持下，开始了这个发展计划。1999年，在中国，物联网被称为传感网，中科院启动传感网的研究，并取得了一些科研成果。

2005年11月17日，在突尼斯举行的信息社会世界峰会（WSIS）上，国际电信联盟（ITU）发布了《ITU 互联网报告2005：物联网》，正式提出了“物联网”的概念。报告指出，无所不在的“物联网”通信时代即将来临，世界上所有的物体从轮胎到牙刷、从房屋到纸巾都可以通过因特网主动进行交换。射频识别技术（RFID）、传感器技术、纳米技术、智能嵌入技术将得到更加广泛的应用。物联网概念的兴起，在很大程度上得益于国际电信联盟（ITU）2005年以“物联网”为标题的年度互联网报告。然而，ITU 的报告对物联网缺乏一个清晰的定义。

在物联网不断发展的过程中，众多国内外机构与专家达成共识——物联网就是“物物相连的智能互联网”。这包含三个意思：①物联网的核心和基础仍然是互联网，是在互联网基础上的延伸和扩展的网络；②其用户端延伸和扩展到了任何物品与物品之间，进行信息交换和通信；③该网络具有智能属性，可进行智能控制、自动监测与自动操作。因此形成了现在公认的定义：物联网是通过射频识别（RFID）、红外感应器、全球定位系统、激光扫描器等信息传感设备，按约定的协议，把任何物品与互联网连接起来，进行信息交换和通信，以实现智能化识别、定位、跟踪、监控和管理的一种网络。

1. 物联网产业链

物联网产业链结构非常完整，从元器件到设备、从软件产品到信息服务，物联网每个功能层都包含了从硬件产品、硬件设备到软件产品、系统方案，还有行业系统的运营维护服务。一般认为较完整的物联网产业链主要包括芯片与技术提供商、应用设备提供商、网络提供商、软件与应用开发商、系统集成商、运营及服务提供商六大环节，如图2-1所示。

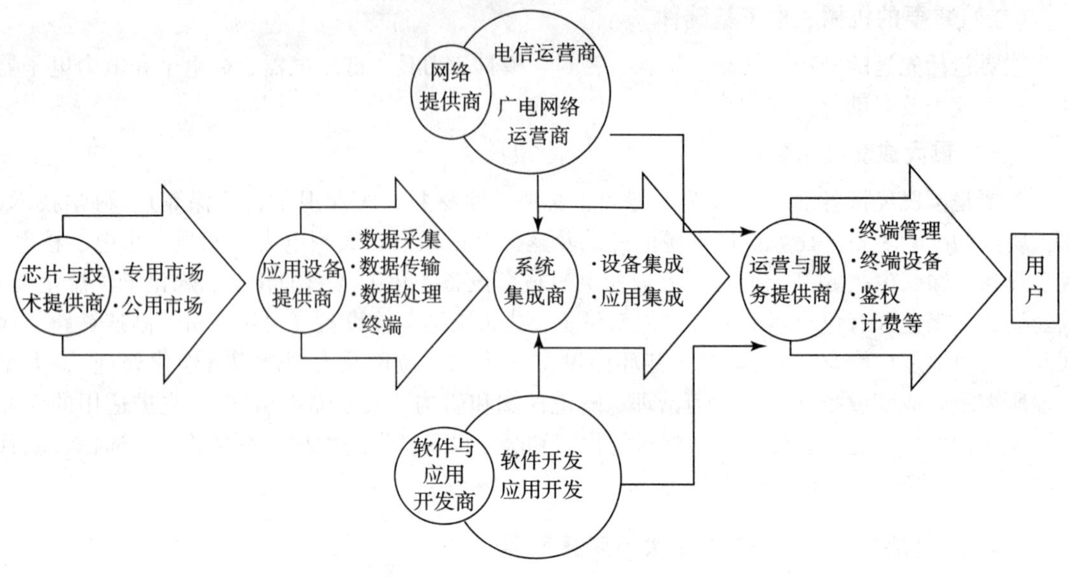

图 2－1　物联网产业链六大环节

1）芯片与技术提供商

芯片与技术是物联网产业发展的基础上游市场，主要包括 RFID 芯片（包括二维码技术应用、电子标签等技术）、传感器芯片和系统芯片等核心芯片设计和生产商。目前中国在这个领域的技术水平与发达国家相比还有很大差距，特别是高端市场。

2）应用设备提供商

物联网应用设备主要是具有一定独立功能的感知层的末端设备，典型设备如传感节点设备、传感器网关等末端网络产品设备，以及射频识别设备、传感系统及设备、智能控制系统及设备等。感知层末端设备的制造和广泛应用是中国物联网产业发展的关键。

3）网络提供商

网络提供商主要对物联网数据传输提供支撑和服务，包括互联网、电信网、广电网、电力通信网、专网以及其他网络等。

4）软件与应用开发商

物联网的核心软件包括以下几种：

（1）与感知层相关的主要软件产品包括：微操作系统、嵌入式操作系统、实时数据库、运行集成环境、信息安全软件、组网通信软件等产品。

（2）与处理层相关的软件产品包括：网络操作系统、数据库、中间件、信息安全软件等软件开发商。其中，中间件是物联网应用中的关键软件，它是衔接相关硬件设备和业务应用的桥梁，主要是对传感层采集来的数据进行初步加工，使众多采集设备得来的数据能够统一，便于信息表达与处理，使语义具有互操作性、实现共享，便于后续处理应用，对传感网中间件比较普遍的分类是两类：一类是传感数据采集中间件，完成传感数据从相关硬件设备的采集、过滤和合并；一类是传感数据管理中间件，完成传感数据的存储、维护、访问和聚合。目前 IBM（国际商用机器公司）、EPCglobal（全球供应链标准化组织）、Oracle（甲骨文股份有限公司）、SAP（企业管理解决方案）等研究机构和厂商都在这方面加大投入，成为竞争的焦点。

（3）行业解决方案提供商：这是应用和服务于各行业或各领域的系统软件企业，并提供各种解决方案。目前，物联网的应用遍及智能电网、智能交通、智能物流、智能家具、环境保护、医疗卫生、金融服务业、公共安全、国防军事等领域，根据不同行业的应用特点，需要提出个性化的解决方案。

5）系统集成商

这是根据客户需求，将实现物联网的硬件、软件和网络集成为一个完整解决方案提供给客户的厂商。部分系统集成商也提供软件产品和行业解决方案。

6）运营及服务提供商

这是指行业的、领域的物联网应用系统的专业运营服务商，为客户提供统一的终端设备鉴权、计费等服务，实现终端接入控制、终端管理、行业应用管理、业务运营管理、平台管理等服务。

2. 中国物联网产业发展现状

相关调查报告显示，在中国，物联网产业发展还处在起步阶段，产业链结构还不完善。由于上游产品（传感节点和 RFID 芯片）70% 仍然依赖进口，因此应用成本较高，这样一来就限制了该产业的应用范围与规模，没有规模，也就谈不上分工合作，也就没有各产业链环节重点发展的方向。

目前在中国，物联网产业以中小企业为主，这些企业大多选择进驻各个省市科技园区，享受一定的科技型中小企业的政府扶持待遇。他们与政府或军方合作，在某专项领域（主要集中在电力、安防、智能交通、智能农业、物流）内进行物联网项目开发、推广或试点应用并推出成功的行业应用解决方案。虽然这离“感知中国”或“智能地球”的目标还相差很远，但随着其在各个不同领域的应用，成功的解决方案将不断推出，并得到广泛推广，从而不断扩大产业规模，不断降低项目成本，不断完善产业链结构，使物联网产业最终可以走上一个良性循环的发展状态。

3. 物联网产业发展趋势

立足于 2010 年，展望下一个十年，美国和欧洲很有可能在物联网技术领域走在全世界前列，我们可以参考他们的发展规划图。表 2－2 来自欧洲的《Internet of Things in 2020》（《物联网在 2020 年》），它按照每个 5 年来规划物联网的发展。

表 2－2　物联网技术和产业发展趋势

时间点	2010 年前	2010—2015 年	2015—2020 年	2020 年以后
要点	宽频 RFID	集成对象	物联网络	潜力无穷的物联网
社会和人群	• 社会认可的 RFID	• 协助改善生活环境 • 生物标识 • 工业生态系统	• 智慧的生活 • 自身的健康 • 安全的生活	• 实现人、计算机和物件的无缝连接 • 自我修护和保养
政策与管理	• 第一个全球指导规范 • 标准化	• 全球治理 • 统一开放的互操作性	• 认证、信任获取和审查	• 物联网的社会融合
标准	• 网络安全 • 点对点的传感器网络 • 分布式控制和处理协议	• 互操作性协议和频率 • 电源和故障弹性协议	• 智能设备的协同	• 卫生和健康应用的安全

续表

时间点	2010 年前	2010—2015 年	2015—2020 年	2020 年以后
要点	宽频 RFID	集成对象	物联网络	潜力无穷的物联网
技术	• 低功耗和低成本	• 整合泛用的标签和传感器网络	• 标签中的代码和对象	• 遍布式的智能对象
应用	• 互操作框架（协议和频率）	• 分布式的控制和数据库系统 • 点对点混合网络 • 恶劣环境应用	• 全球化应用 • 自适应系统 • 分布式内存和处理系统	• 异构化的系统
器件	• 智能多波段天线 • 更小、更便宜的标签 • 更高频率的标签 • 小型化、嵌入式的读取器	• 作用距离更大的标签和读取器，以及更高的频率 • 更高的传输速度 • 芯片天线 • 复合集成	• 可执行标签 • 智能标签 • 自主化标签 • 协同标签 • 新材料应用	• 可生物降解的器件 • 纳米级的工作处理单元
能源供给	• 低功耗芯片组 • 更薄的电池 • 能源优化系统（能源管理）	• 能量收集（能量转换，光伏供电） • 印刷电池 • 超低功耗芯片组	• 能量收集（生物能、化学能感应转化） • 在恶劣环境中的能源获取 • 能量循环利用	• 可生物降解的电池 • 无线供能

在中国，众多业内专家分析物联网产业的未来发展，基本上可以肯定有三大趋势：三大细分市场递进发展、标准体系渐进成熟、通用性平台将会出现。

1）三大细分市场递进发展

中国物联网产业的发展是以应用为先导，存在着从公共管理和服务市场、到企业/行业应用市场、再到个人家庭市场逐步发展成熟的细分市场递进趋势。目前，物联网产业在中国还是处于前期的概念导入期和产业链逐步形成阶段，没有成熟的技术标准和完善的技术体系，整体产业处于酝酿阶段。此前，RFID 市场一直期望在物流、零售等领域取得突破，但是由于涉及的产业链过长，产业组织过于复杂，交易成本过高，产业规模有限成本难以降低等问题，使整体市场成长较为缓慢。物联网概念提出以后，面向具有迫切需求的公共管理和服务领域，以政府应用示范项目带动物联网市场的启动将是必要之举。进而随着公共管理和服务市场应用解决方案的不断成熟、企业集聚、技术的不断整合和提升，逐步形成比较完整的物联网产业链，从而将可以带动各行业、大型企业的应用市场。待各个行业的应用逐渐成熟后，带动各项服务的完善、流程的改进，个人应用市场才会随之发展起来。

2）标准体系渐进成熟

物联网标准体系是一个渐进发展成熟的过程，将呈现从成熟应用方案提炼形成行业标准，以行业标准带动关键技术标准，逐步演进形成标准体系的趋势。物联网概念涵盖众多技术、众多行业、众多领域，试图制定一套普适性的统一标准几乎是不可能的。物联网产业的标准将是一个涵盖面很广的标准体系，将随着市场的逐渐发展而发展和成熟。在物联网产业发展过程中，单一技术的先进性并不一定保证其标准一定具有活力和生命力，标准的开放性和所面对的市场的大小是其持续下去的关键和核心问题。随着物联网应用的逐步扩展和市场的成熟，哪一个应用占有的市场份额更大，该应用所衍生出来的相关标准将更有可能成为被广泛接受的事实标准。

3）通用性平台将会出现

随着行业应用的逐渐成熟，新的通用性强的物联网技术平台将出现。物联网的创新是应用集成性的创新，一个单独的企业是无法完全独立完成一个完整的解决方案的。一个技术成熟、服务完善、产品类型众多、应用界面友好的应用，将是由设备提供商、技术方案商、运营商、服务商协同合作的结果。随着产业的成熟，支持不同设备接口、不同互联协议、可集成多种服务的共性技术平台将是物联网产业发展成熟的结果。物联网时代，移动设备、嵌入式设备、互联网服务平台将成为主流。随着行业应用的逐渐成熟，将会有大的公共平台、共性技术平台出现。无论是芯片与技术提供商、应用设备提供商、网络提供商、软件与应用开发商、系统集成商还是运营及服务提供商，都需要在新的一轮竞争中寻找各自的重新定位。

物联网应用广泛，市场空间大，属朝阳产业。专家预计五年后中国的物联网产业的整体产值将超过 1 万亿元规模，到 2020 年，物联网产业的整体产值将超过 5 万亿元规模。其实，物联网的应用领域能覆盖多大？其商业规模能够达到什么数量级？现在也只能是估计。物联网的应用如同 Internet 一样，还有很多不可预测的新应用有待探索，物联网的商业前景就如同几十年前刚刚兴起局域网一样，谁也不敢肯定后来局域网竟会发展成现在的国际互联网，并对社会影响如此之深远！

（二）IT 行业现状与未来发展趋势

21 世纪已经全面进入信息时代，信息科技给人类的生产以及生活的方式带来了深刻的变革，信息产业已经成为推动国家经济发展的主导产业。目前，中国软件产业还处在成长期，它的市场潜力还没有完全被挖掘出来。IT 产业作为一个知识密集以及技术密集的产业，其迅猛发展的关键是有一大批从事 IT 技术创新的人才。具有一定数量、结构和质量的 IT 人才队伍是支撑 IT 产业发展的必要前提。IT 产业的竞争实际上就是人才的竞争，高水平的 IT 人才培养和队伍建设是走向 IT 产业大国和强国的前提条件。

就中国来说，IT 产业在过去 5 年的时间里经历了 28% 的增长速度，是同期的国家 GDP 增长速度的三倍，对 GDP 增长的拉动作用已经进一步增强，对我国国民经济增长的贡献率不断提高。IT 产业占全国工业比重达到 12.3%，占 GDP 的 9.1%，成为第一大产业。

未来一段时期，我国将促进 IT 产品更新换代，推动我国由 IT 大国向 IT 强国转变，并进而推进国民经济信息化进程，用信息化来带动工业化，走出一条新型的工业化道路。2017 年名企 IT 从业人员薪资对比图和大学生从事行业分析图如图 2－2 和图 2－3 所示。

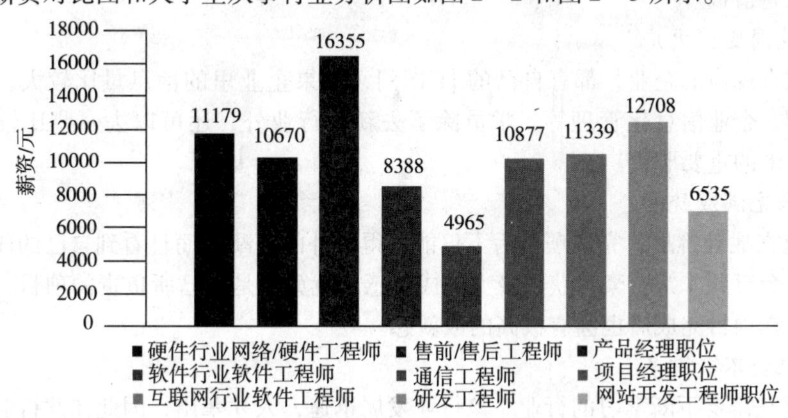

图 2－2 2017 年名企 IT 从业人员薪资对比图

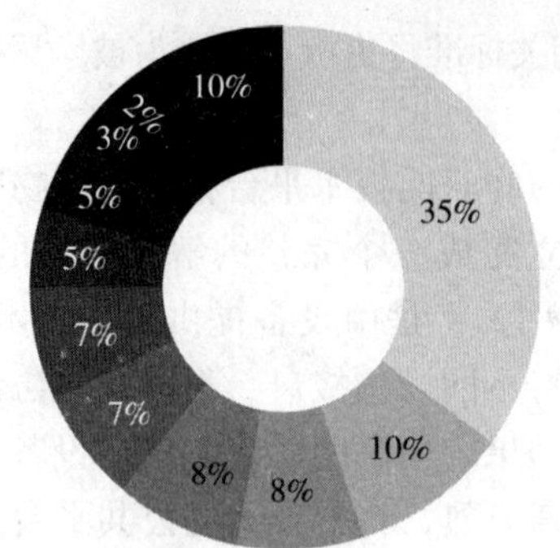

图 2-3　大学生从事行业分析图

2017 年，在社会、国家政策的推动下，IT 行业将迎来新的发展高度。

1. 市场需求不断增大

随着信息产业的迅猛发展，行业人才需求量也在逐年扩大。据国内权威数据统计，未来五年，我国信息化人才总需求量高达 1500 万～2000 万人。其中“软件开发”“网络工程”“UID 设计（界面设计）”等人才的缺口最为突出。以软件开发为例，我国软件人才需求以每年递增 20% 的速度增长，每年新增需求近百万。

2. 提升速度不断加快

软件人才需要一定的技术性，而高校的培养与企业需求严重脱轨，导致软件人才缺口变大，因此一个熟练的软件技术工程师，特别受用人单位的欢迎。

3. 工作具有挑战性

IT 行业是一个需要不断自我挑战的行业，这就让很多人都想要进行尝试、挑战。IT 行业的工作属于脑力劳动，需要不断地攻克难关，且在工作的过程需要不断地更新自己的技能、知识，跟上时代的脚步。在该行业，从业者能够不断地突破自己，一步步得到自我的提升。

4. 岗位性质变得重要

软件是电子载体的灵魂，也是游戏开发、网页开发等的核心技术，因此学员毕业后可以从事的是这些行业的关键性岗位。

5. 职业生涯的加长

很多人都说软件工程师的职业生涯短，其实这是一个误解。IT 软件工程师是通用型人才，其不受行业发展的限制，而且也不受年龄和体力的影响，和医生、律师一样，年纪越大，经验越丰富，也就越值钱。

6. 就业范围变得更广

一般稍微有规模的企业，都有自己的 IT 部门，如果企业里的信息量比较大，就势必需要数据库的管理、企业信息化管理等，学员除了去新兴行业外，还可以去一些比较有规模的企业，担任信息部的重要职责。

7. 对未来充满成就感

IT 行业重在战胜挑战，完成项目后不仅能获得额外的报酬，而且看到自己的成果推向市场得到认可后，会感到非常自豪，获得极大的成就感。就算不是自己所负责的项目，但是只要自己参与其中，在项目完成后也会有极高的成就感。

8. 学习机会不断增多

IT 行业就是需要不断学习的行业。该行业发展迅速，人才辈出，因此在此行业从业者能够随时随地地接触到最新的资讯，了解到最新的技术，不断地充实自己，跟上时代的发展。

（三）环保设备行业发展现状与未来发展趋势

环保设备是指用于控制环境污染、改善环境质量而由生产单位或建筑安装单位制造和建造出来的机械产品、构筑物及系统。包括废水处理设备、废弃物管理和循环利用设备、大气污染控制设备、消除噪声设备、监测仪器和设备、科研和实验室设备、用于自然保护以及提高城市环境质量的设备等。

近年来，随着环保问题日益严重和环保意识的逐渐加深，国家相继颁布了“土十条”“水十条”“大气十条”等一系列重磅文件，并将环境治理作为“十三五”的重要工作。而作为环保产业中的一个组成部分，环保设备的前景可观。

目前，中国环保设备行业整体上正在从成长期迈入成熟期。虽然中国环保设备行业已有30多年的发展历史，但是由于重视不够、投入不足，致使该行业的发展一直比较缓慢。直到90年代以后，随着全球环境问题的逐渐显现，中国政府对环保事业的重视程度得到不断提高，环保机械制造业得到政府的大力支持，中国环保设备行业才得以快速发展。

2015年，环保设备行业产值达到了2907.71亿元，相比上年增长12.50%。从2008年到2015年，环保设备行业产值从662.79亿元增长到2907.71亿元，复合增长率为23.52%，呈现逐年上升的情景。如图2－4和图2－5所示。

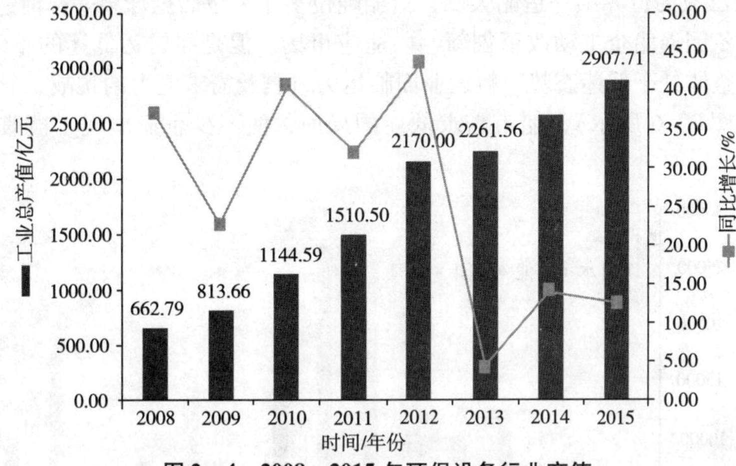

图2－4　2008—2015年环保设备行业产值

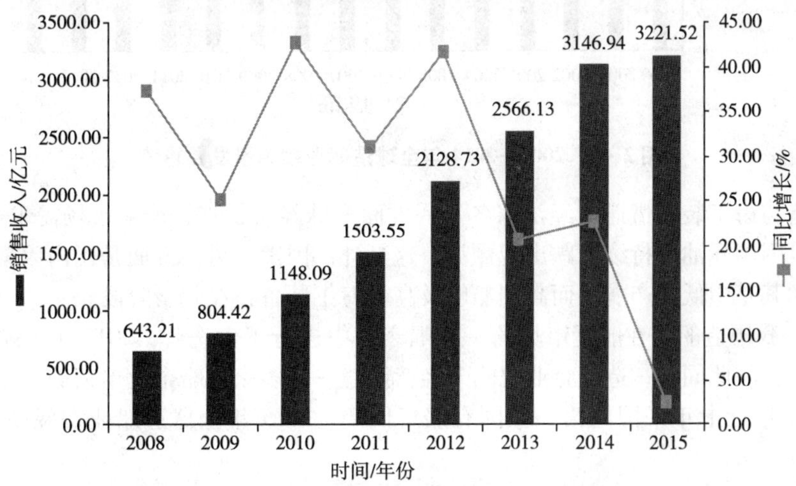

图2－5　2008—2015年环保设备行业销售收入

从行业销售收入来看，2015 年，环保设备行业销售收入达到了 3221.52 亿元，相比上年增长 2.37%。从 2008 年到 2015 年，环保设备行业销售收入从 643.21 亿元增长到 3221.52 亿元，年均增长率达到了 25.88%。

随着我国经济的快速发展，我国环保产业得到了较快提升。为扩大内需，大规模加大基础设施建设，对环保产业的投资也进一步加大。随着行业发展，优势企业在获得稳定盈利的同时，可以享受行业规模扩大和份额提升带来的成长。

在国家环保政策的大力支持及环保投资的日益增长下，中国环保产业日趋强大，市场前景广阔。据前瞻产业研究院发布的《中国环保设备行业分析报告》数据显示，预计到 2021 年，我国环保设备行业产值将有望超过 8200 亿元。

（四）船舶行业现状与未来发展趋势

船舶工业是为水上交通、海洋开发和国防建设等行业提供技术装备的现代综合性产业，也是劳动、资金、技术密集型产业，对机电、钢铁、化工、航运、海洋资源勘采等上、下游产业发展具有较强带动作用，对促进劳动力就业、发展出口贸易和保障海防安全意义重大。我国劳动力资源丰富，工业和科研体系健全，产业发展基础稳固，拥有适宜造船的漫长海岸线，发展船舶工业具有较强的比较优势。

2010 年中国已成为世界第一造船大国，造船吨位多年来位居全球第一，但造船大国并非造船强国，经济寒冬倒逼船企主动改革创新，以适应市场。但是在航运低迷的整体环境影响下，国内造船行业也整体处于低迷态势。航运业面临运力过剩及需求乏力的挑战，导致造船业新接订单量减少（如图 2-6 所示），船市需求低迷的局面，使不少企业出现了被兼并甚至倒闭的情况。

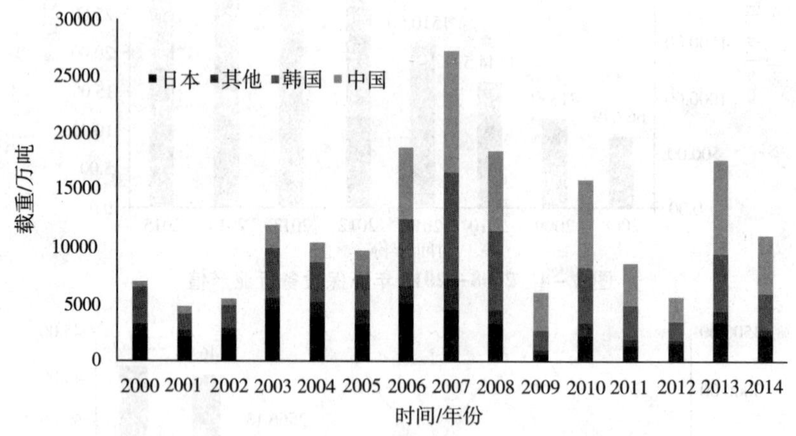

图 2-6　2000—2014 年全球造船业接单量发展趋势

船舶制造与海工装备遭遇了经济寒冬。一方面全球经济低迷，船舶市场需求进一步萎缩，而海工装备也因国际油价持续下跌出现颓势，这是外部因素；另一方面是国内因素，船舶制造产能过剩，尤其是中低端产能，而高端船舶及高端海工装备正在起步阶段。

2015 年，我国造船业在航运市场的一片唱衰声中进行了大洗牌，2016 年，航运业笼罩在一片雾霾之下，与此同时，造船企业也陷入经营困境——多家造船企业申请破产重组，五洲船舶破产倒闭更是近十年来国内第一家国有船厂倒闭。2015 年全球造船业发展现状如表 2-3 所示。

表 2－3　2015 年全球造船业发展现状

指标/国家		世界	中国	韩国	日本
2015 年造船完工量	万载重吨	9624	3922	2936	2109
	占比重/%	100	40.8	30.5	21.9
	万修正总吨	3665	1286	1270	662
	占比重/%	100	35.1	34.6	18.1
2015 年新接订单量	万载重吨	9646	2916	3246	2887
	占比重/%	100	30.2	33.7	29.9
	万修正总吨	3377	1025	1015	914
	占比重/%	100	30.3	30.0	27.1
2015 年 12 月底手持订单量	万载重吨	30315	12737	8271	6934
	占比重/%	100	42.0	27.3	22.9
	万修正总吨	10929	3987	3052	2314
	占比重/%	100	36.5	27.9	21.2

前瞻产业研究院发布的《2017—2022 年中国船舶制造行业市场需求预测与投资战略规划分析报告》指出，当前船舶行业正处于加速探底的结构调整期，我国通过此前的淘汰、消化、整合、转移过剩产能，已将 2012 年 8000 万载重吨的产能削减至 2015 年年底的 6500 万载重吨，目前仍存在 30% 以上的过剩产能。如何更快更好地去除过剩产能、加快结构升级，已成为摆在我国造船行业面前的难题。这 30% 的过剩产能意味着中国船舶接下来两年的日子不会好过。数据显示，2016 年前 11 月仅有 419 艘合计 2609 万载重吨的产量，以载重吨计同比下降 75%，订单量跌至 20 世纪 80 年代以来的最低水平。在行业产能过剩的背景下，2017 年南北船整合有望进一步提速。从船厂方面来看，已有越来越多的船厂深陷财务困境，产能面临着进一步的调整，2017 年船舶行业将面临生死关。

在我国经济增速下行的新常态下，造船业的革新之路仍将“漫漫无期”，仍需“上下而求索”。面对接单难、交船难、融资难、盈利难等问题，“十三五”期间，我国如何完成从“造船大国”向“造船强国”的转变显得至关重要。可以预见的是，未来还将有更多的造船企业面临被淘汰的命运，还会有更多的造船企业在市场洗牌中出局，也会有更多的企业经历转型升级的阵痛。然而，正如凤凰涅槃，痛苦之后其羽更丰、其音更清、其神更髓一样，中国造船业在经历不断洗牌及转型升级的痛苦之后，其发展将更加健康有序，真正从“造船大国”向“造船强国”的目标迈进。

（五）工业机器人行业发展现状与未来趋势分析

1. 工业机器人

工业机器人是面向工业领域的多关节机械手或多自由度的机器人。工业机器人是自动执行工作的机器装置，是靠自身动力和控制能力来实现各种功能的一种机器。它可以接受人类指挥，也可以按照预先编排的程序运行，现代的工业机器人还可以根据人工智能技术制定的原则纲领行动。

我国工业机器人起步于 20 世纪 70 年代初期，经过 40 多年的发展，大致经历了 3 个阶段：

70 年代的萌芽期，80—90 年代的开发期和 21 世纪初的适用化期。

当今工业机器人技术正逐渐向着具有行走能力、具有多种感知能力、具有较强的对作业环境的自适应能力的方向发展。当前，对全球机器人技术的发展最有影响的国家是美国和日本。美国在工业机器人技术的综合研究水平上仍处于领先地位，而日本生产的工业机器人在数量、种类方面则居世界首位。虽然中国的工业机器人产业在不断地进步中，但和国际同行相比，差距依旧明显。从市场占有率来说，更无法相提并论。工业机器人的很多核心技术，当前我们尚未掌握，这是影响我国机器人产业发展的一个重要瓶颈。

前瞻产业研究院发布的《2014—2018 年中国工业机器人行业产销需求预测与转型升级分析报告》数据显示，2013 年中国市场共销售工业机器人近 3. 7 万台，约占全球销量的 1/5，总销量超过日本，位居全球第一。而且我国市场销售机器人的数量，年化增长率高达 34%。成为全球增长速度最快的工业机器人市场。预计到 2018 年工业机器人年供应量超过 91000 台。

2. 行业发展

随着科技进步和经济的迅猛发展，当前我国已生产出部分机器人关键元器件，开发出弧焊、点焊、码垛、装配、搬运、注塑、冲压、喷漆等工业机器人。一批国产工业机器人已服务于国内诸多企业的生产线上；一批机器人技术的研究人才也涌现出来。一些相关科研机构和企业已掌握了工业机器人操作机的优化设计制造技术，工业机器人控制、驱动系统的硬件设计技术，机器人软件的设计和编程技术，运动学和轨迹规划技术，弧焊、点焊及大型机器人自动生产线与周边配套设备的开发和制备技术等。某些关键技术已达到或接近世界水平。

在发达国家中，工业机器人自动化生产线成套设备已成为自动化装备的主流及未来的发展方向。国外汽车行业、电子电器行业、工程机械等行业已经大量使用工业机器人自动化生产线，以保证产品质量，提高生产效率，同时避免了大量的工伤事故。全球诸多国家近半个世纪的工业机器人的使用实践表明，工业机器人的普及是实现自动化生产、提高社会生产效率、推动企业和社会生产力发展的有效手段。机器人技术是具有前瞻性、战略性的高技术领域。随着我国科技的发展和对工业智能化的需要，中国工业机器人在 2014 年成为需求量最大的市场。中国产业洞察网数据显示，2010 年，中国机器人市场销量为 14980 台，2011 年达到 22577 台，同比增长 50. 7%。2012 年中国机器人销量达到 26902 台，同比增长 19. 2%。2015 年，中国机器人市场需求总量达到 35000 台，占全球比重 16. 9%，成为规模最大的市场。庞大的机器人市场需求，使对伺服系统的需求也在不断上升。如图 2 – 7 和图 2 – 8 所示。

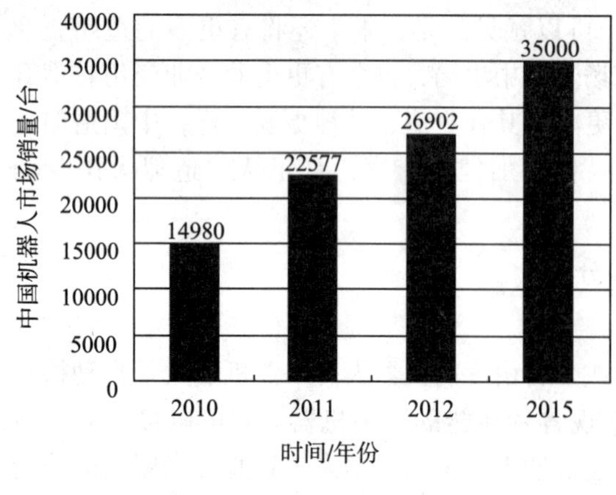

图 2 – 7　中国机器人市场销量

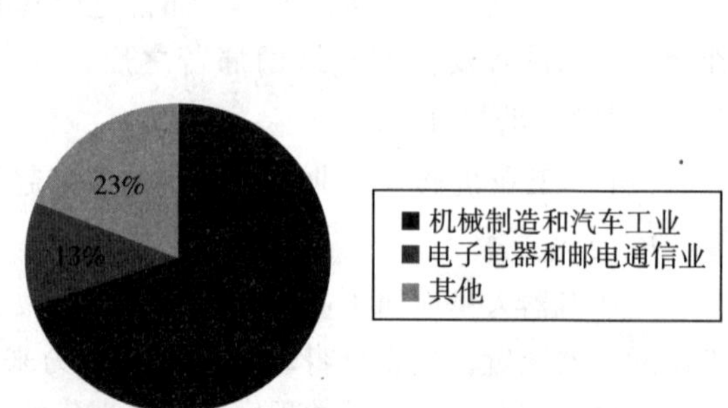

图 2 – 8　对 724 家机器人用户类别统计分析

经过40多年的发展，工业机器人已在越来越多的领域得到了应用。随着工业机器人向更深更广方向的发展以及机器人智能化水平的提高，机器人的应用范围还在不断地扩大，已从汽车制造业推广到其他制造业，进而推广到诸如采矿机器人、建筑业机器人以及水电系统维护维修机器人等各种非制造行业。

此外，在国防军事、医疗卫生、生活服务等领域，机器人的应用也越来越多，如无人侦察机（飞行器）、警备机器人、医疗机器人、家政服务机器人等均有应用实例。机器人正在为提高人类的生活质量发挥着重要的作用。

3. 未来发展趋势

工业机器人在许多生产领域的使用实践证明，它在提高生产自动化水平，提高劳动生产率和产品质量以及经济效益，改善工人劳动条件等方面，有着令世人瞩目的作用，引起了世界各国和社会各层人士的广泛关注。在新的世纪，机器人工业必将得到更加快速的发展和更加广泛的应用。

1）工业机器人的技术发展趋势

从近几年世界机器人推出的产品来看，工业机器人技术正在向智能化、模块化和系统化的方向发展，其发展趋势主要为：结构的模块化和可重构化；控制技术的开放化、PC化和网络化；伺服驱动技术的数字化和分散化；多传感器融合技术的实用化；工作环境设计的优化和作业的柔性化以及系统的网络化和智能化等方面。

2）工业机器人的产业发展趋势

工业机器人的需求高速增长，市场规模迅速扩大。随着中国经济继续稳步发展，产业结构不断升级，自动化水平不断提高，必将带动工业机器人需求的高速增长。同时，人工成本逐步上升，工业机器人综合使用成本逐渐降低，同时工业机器人具有的连续作业、效率高、适应性强等优势都将促进工业机器人的运用。国内外工业机器人为占领中国国内机器人市场，加速进入中国市场，工业机器人产销量将出现较快增长，2015—2020年，中国工业机器人行业市场规模将保持年均30%的高增长，到2020年中国工业机器人销量将达到约23.31万台，中国工业机器人行业将步入发展的快车道。如图2-9所示。

图2-9 2015—2020年中国工业机器人行业市场规模

价格逐渐降低。随着减速机、伺服电机等关键零部件国产化水平逐步提高，将直接降低工业机器人的生产成本。同时，需求高速增长，工业机器人技术进步，竞争日益激烈，产销量逐步增大等都将促进工业机器人成本下降，致使工业机器人的价格逐步降低。

应用领域逐渐拓宽。随着国家经济改革的稳步推进，越来越多的工业领域需要提高自动化水平，实现产业升级。而工业机器人技术的不断进步、可靠性逐步提高、环境适应性更强等特特征将促进工业机器人应用领域逐步拓宽。

我国的机器人产业化必须由市场来拉动。机器人作为高技术，它的发展与社会的生产、经济状况密切相关。机器人的研制、开发只有从技术上实现突破，才能向其他领域渗透、扩散。

任务 2.3　未来人才需求的趋势和市场评价

一、未来职业发展趋势

（一）出现大批新兴职业

随着现代科学技术的发展而出现的职业，如从事高新技术研究与应用、新材料新工艺新能源开发、网络设计与管理、计算机软件开发等；随着市场经济的发展而出现的职业，如营销策划、广告策划、资产评估、商务代理等；随着一些边缘科学的开发而出现的职业，如生命科学研究、人口学研究、社会学研究、心理咨询、应用美学研究等；随着社会服务需求的扩大而出现的职业，如公益慈善事业管理、社区服务、家政服务、法律顾问、中介服务、环境设计与保护等；为适应政治体制改革及其管理的需要而出现的职业，如公共事业管理、行政管理、司法监督等。这些新兴职业打破了传统职业的格局，需要大批具备现代科学思想、掌握现代科学知识和现代管理手段的创造型人才。人才培养必须不断适应形势发展，培养出开拓创新型、社会应用型人才，否则将不能满足社会发展的需要。

（二）技术型职业将成为各职业的主题

在知识经济时代，生产工艺和管理手段日益现代化和高科技化，产品的科技含量越来越高，技术性工作将成为各行各业的先导。各种类型的科学技术人员和现代技术型管理人员将支撑起整个行业，成为企业生存和发展的决定性因素。失去现代科学技术的支撑，这些行业将落后甚至被淘汰，相关的职业也必将随之消失。掌握现代科学技术和现代管理手段的人才，将在竞争中取得优势地位。为适应这种趋势，培养的人才要全面提高科学理念，掌握现代科学技术、现代信息技术、现代实验技术和现代管理技术。

（三）现代行政办公型职业将得到迅速发展

随着政府机构的改革和各类办公自动化的发展，传统型文职人员需求量减少，而适应现代信息管理与办公自动化的新型咨询参谋型文职人员需求量迅速增加。如计算机软件编程员、计算机制图技术员、计算机辅助信息检索员、计算机辅助设计工程软件专家、计算机终端操作员、信息分析论证专家、行政助理、人事助理、外事助理、技术助理等。精通业务、熟练掌握外语和计算机技术，有较强参谋能力、策划能力、组织能力和外交能力的高级行政人员将受到欢迎。文职人员的培养要突破传统的模式，重点培养具备高深公共事业管理理论、熟悉某专业领域业务的专家型人才。

（四）服务型职业将广泛发展

新时期，服务型行业大力发展，社会将从以生产为中心的时代逐渐过渡到以服务为中心的时代，在服务型行业就业的人员将逐渐超过生产型行业。服务型行业将对社会发展和人类生活产生重大影响。服务型职业主要有商业服务型、社会服务型、生活服务型和私人服务型。服务型职业的发展需要各种类型的人才，如何培养高素质的服务型人才，规范服务工作质量标准，鼓励高素质人才从事服务型工作，培养更多大师级、专家型服务人才，已成为社会所关注的问题。

（五）职业资格制度将促进职业的规范化

职业资格制度是指对某些责任重大、社会功能性强且关系国家或公共利益的专业技术岗位的人员依法实行控制，通过统一考试、注册管理，保证从业人员的质量，以保障国家与公众生命财产安全和多方利益。要想成为某种职业的专业人员，就必须参加国家统一组织的资格考试，未取得相应资格的人，就不能从事相应的专业工作。现已实行的专业资格考试有“教师资格考试”“执业药师资格考试”“统计员资格考试”“法律顾问职业资格考试”等。这些职业资格考试既考核职业应具备的专业知识，也考核职业实务能力，并且科学地规范了各种职业人员的职责和权利，大大提高了职业人员的工作水平。

（六）未来职业将更加重视体现人的自我价值

职业不再仅仅把人作为一种“工具”，而是作为生产的要素和创造财富的手段。它将越来越重视发挥人的智慧和潜能，在工作中满足人的安全感、归属感、自尊感和成就感，实现人的自我价值。新兴职业则越来越强调人的综合素质、创新能力、合作能力和对高新技术的掌握程度，从而促使人才不断学习，完善自我，在创造社会财富的同时，促进人类自身的发展和完善。劳动者不再仅仅将职业作为谋生的手段，而是将其视为生活的重要组成部分、人生快乐的重要源泉、体现自我价值的重要途径。整个社会都要重视劳动者在工作中的自我价值体现，同时要引导劳动者将自我价值与团体价值、社会价值正确地统一起来。

二、未来行业的发展分析

专家对我国科学技术的发展进行了分析和预测，随着我国经济、社会文化和科学技术的发展，我国的产业机构将发生根本的变化。

（一）在未来10年中，我国在科学技术方面有重大发展潜力的领域

1. 生物技术

生物技术主要是以基因工程、蛋白质合成工程以及生物制品开发等为核心的研究领域，将对21世纪人类社会的发展产生重大的影响。生物技术的发展将使人类从根本上解决威胁人类的疾病，改善人类的生产、生活甚至人类未来的命运。

2. 以信息技术为主导的高技术

该领域的主要技术包括计算机和互联网技术、电子商务、物联网、人工智能技术等。信息技术在未来的科学技术领域仍将飞速发展，并逐渐将当前知识经济中存在的“泡沫”不断平息，使信息技术真正引导世界经济与技术发展的潮流。

3. 新材料科学领域

材料科学是与人们日常生活和科学技术发展密切相关的应用科学领域。人类生产生活中需要各种特殊的高性能的材料，如工业和高科技领域需要的各种合金材料、超导材料、用于制造各种芯片的半导体材料、生活中的各种高分子合成材料（用于服装、洗涤用品、美容保健品等），以及最近成为新材料技术热点的纳米技术，这些新材料科学技术的发展带来的高技术产品，给人类的生活带来了方便，提高了人类的生活质量和效率。在未来发展中，新材料科学仍将成为科技发展的主导领域。

4. 新能源及相应技术开发领域

当作为传统能源的石油、天然气、煤炭等能源用尽的时候，而人类生产生活的主导能源仍是这些能源，人类将无法生存。所以，在未来的发展中，人类必须寻找新的能源替代这些即将耗尽的能源。其中，核聚变能、太阳能、海洋能源、风能、水电能源等将成为未来能源开发的主导领域，并在此基础上，寻找和开发新的能源。

5. 空间技术

21 世纪将是人类开发外太空的时代，空间技术的发展将为人类开发和利用太空资源提供技术手段。随着科学技术的发展，人类对太空的利用也越来越多，效率也不断提高，如遍布于地球外层空间的用于通信、军事、地理遥感、天气观测、天文观测等领域的各种卫星，用于做各种材料合成实验、科学实验和太空中转站的太空站，在地球以外空间进行空间探索的宇宙飞船，等等。在未来的发展中，人类还将对太空进行进一步的开发。如建立太阳能太空发电站，在太空建立人类居住的太空城，开发外太空的行星、天然卫星、小行星等天体上的矿物资源和能源等，这一切都需要先进的空间技术支持。

6. 海洋技术与海洋资源开发

海洋资源是人类赖以生存的重要资源库，它是人类的食品和原材料的重要来源，而目前人类对海洋资源的开发是非常有限的，对海洋资源的合理开发和利用将对人类社会经济与技术的发展产生重要的影响。

专家预测，上述六个领域的技术在未来的社会发展中可以形成九大科技产业，这些产业包括：生物工程产业、生物医药产业、光电子信息产业、智能机械产业、软件产业、新材料开发与制造产业、核能与太阳能等新能源开发产业、空间技术与开发产业、海洋技术与开发产业。

（二）国家有关部门对未来 10 年人才需求预测，今后我国将需要 14 类人才

1. 会计类

多种类型的经济实体不断涌现，社会对会计类人才的需求将会增加，尤其是熟知专业业务和国际事务的会计师将成为热门人才。

2. 法律类

目前我国各类律师还比较少，尤其房地产律师更会受欢迎。

3. 电脑类

从事电脑软件、硬件设计、开发、管理方面的人才将走红，尤其是需要电脑程序设计师、网络管理专家。

4. 环保类

工业卫生学者、生物学者将成为急需人才。

5. 咨询服务类

咨询服务将渗透到社会的各个行业，因此，需要融经济、金融、统计、计算机等专业知识为一体的通才。

6. 保险类

具有保险专业并通晓其他专业知识的索赔估价员将成为热门人才。

7. 老人医学类

从事老人医学专业的人才将走俏。家庭医师、保健医师、家庭护士将成为热门人才。

8. 个人服务类

熟知护理学的家庭服务员需求量将大增。

9. 推销类

我国商业、金融业的繁荣需要一批熟悉业务、思维敏捷、善于公关的推销员，特别是需要从事证券及金融业等方面的业务代表，以及通信设备的业务员。

10. 公共关系类

企业家们越来越重视自身企业的形象设计问题。为此，公关行业必将成为极有前途的一个行业，企业需要高素质的公关人才。

11. 社会工作类

随着人民生活水平的提高，人们对自身心理健康越来越重视，心理治疗医生、家庭或社会现象研究专家将成为热门人才。

12. 中医类

特别是防病健身的传统人才。

13. 旅游类

旅游代理公司将大幅度增加。航空公司、出租公司、客轮公司、旅馆等需求一批知晓旅游及管理的人才。

14. 人事类

人才市场经理、人才素质测评专家、企业中的人事经理将成为热门人才。

三、用人单位看重的就业能力素质

（一）随着当代中国社会经济发展对职场产生的深远影响，就业能力被赋予了更多的内涵

（1）社会的发展使整体人才素质大幅提高，就业市场竞争日益激烈。如何赢在职业的起跑点，如何打造适应当代职场特点的就业能力，成为人们关注的热点。

（2）全球化进程的加速，给职场环境带来了重大变革。身处多元化、国际化的工作环境，职场人士需要不断提升能力素质，开阔视野，以获得更广阔的发展空间。

（3）随着人才测评理论的发展，企业越来越重视针对不同的岗位选择不同类型的人才。人力资源管理的核心也从单纯对“事”的管理，即强调工作绩效，而转变为重视对“人”的管理。员工的流动率、工作满意度、职业生涯发展、组织忠诚度等也成为企业人力资源管理中重要的部分。

（二）用人单位看重的就业能力素质

求职者自己和用人单位对就业的能力素质在看法上存在差异，图 2－10 和图 2－11 显示了求职者自己认为就业所需要的能力素质。其中沟通能力和专业技能依然最受求职者关注，其次是适应能力、学习能力；相反，道德修养、组织能力、独立能力、协作能力、进取心、刻苦精神与工作热情等，这些被用人单位与社会所看重的基本素质，却被求职大学生相对忽略。在社会飞速发展的今天，用人单位对毕业生素质和能力的要求有以下几个方面：

1. 道德品质

道德品质是一个人的安身立命之本，但却一直未能引起毕业生的足够重视。如今许多用人单位把“道德品质”列在人才标准的首位，一个成熟的用人单位在招聘应届生时，考虑更多的往往是道德品质方面的素质，尤其是诚信意识、奉献精神和责任感。

2. 文化认同

目前越来越多的用人单位对毕业生进行性格测验或心理测验，显现出对毕业生性格和心理素质的重视。从某种程度上说，这是用人单位对毕业生能否融入本单位文化的衡量方法。用人

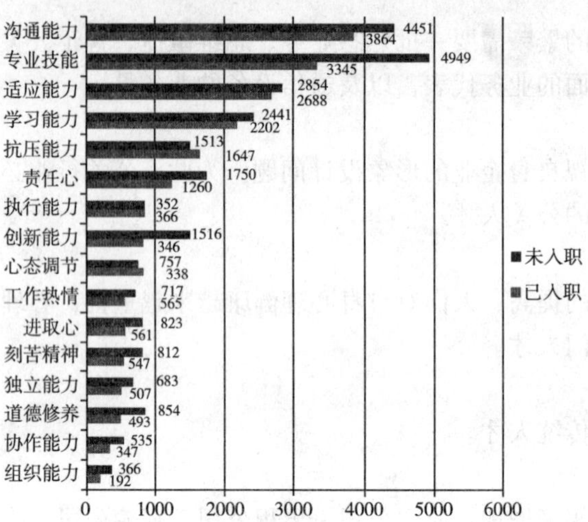

图 2－10 求职者认为就业所需的能力素质①

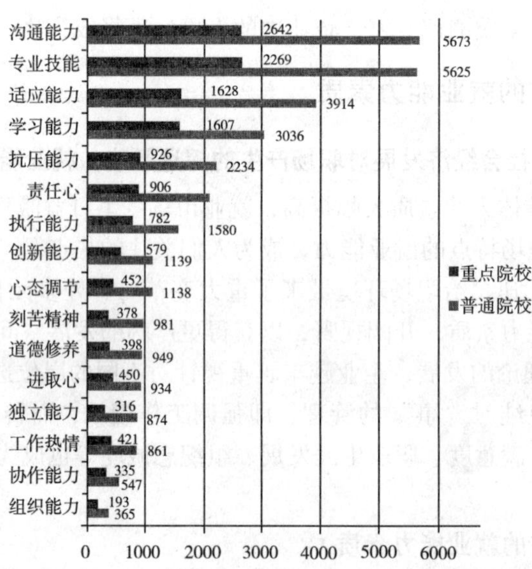

图 2－11 求职者认为就业所需的能力素质②

单位所期待的员工，要专业能力出众，更要认同用人单位的企业文化。大学生求职前，要对所选择用人单位的文化有所了解，如果应聘该用人单位，就要使自己的价值观与用人单位倡导的价值观相吻合。只有了解用人单位的文化，才能增加就业的机会，在进入用人单位后，才能自觉地把自己融入用人单位团队中，以用人单位文化来约束自己的行为，为用人单位尽职尽责。

3. 敬业精神

敬业精神是不可或缺的，有了敬业精神，其他素质就相对容易培养了。毕业生要想适应当今的职场环境，就必须具备明确的工作目标和强烈的责任心，带着激情去工作，踏实、有效地完成自己的本职工作。工作态度在很大程度上决定一个人的工作成果，有良好的态度，才有可能塑造一个值得信赖的形象，获得领导、同事及下属的信任。

4. 团队意识

如今优秀的用人单位都很注重团队协作精神，将之视为本单位的文化价值之一，希望员工能将个人努力与实现团队目标结合起来，成为可信任的团队成员。许多刚走上职场的毕业生，往往满怀抱负，血气方刚，在团队中常常流露出个人英雄主义。在一些企业单位常常可以见到这样的员工：在市场上敢拼敢打，是一名虎将，同时自恃学历层次高、工作能力强、销售业绩好，在同事和领导面前狂傲不已，作风散漫，不遵守企业纪律，还经常在公开场合反对领导的意见。这样的员工即使业绩再出色，能力再强，最终也会被用人单位淘汰。作为朝气蓬勃的年轻人，需要具备一些个人英雄主义色彩，但必须在维护团队利益的前提之下。

5. 创新能力

每一个组织都欢迎拥有思想和创新能力的人。创新是赢得成功的一个重要保证，创新思想和创新能力是我们每一个求职者都应该努力培养的素质。反映在面试中，如果毕业生在校期间参加过大型的竞赛，参加过教师科研，发表过科研论文或作品，取得过发明专利等，都能为创新能力加分。

6. 应变能力

每一个组织都希望拥有那种具有高度灵活应变能力的人。听得认真、写得明白、看得仔细、说得清楚、叙述得准确是这种能力的具体体现。每一个用人单位都是处于不断发展之中的实体，在其发展过程中会遇到许多意想不到的新问题，这就需要员工学会分析、学会选择、学会判断和决策，具有应变能力，能灵活地适应各种环境。

7. 学习能力

学习能力并不等同于毕业生在学校里所取得的专业成绩，而是“终身学习”习惯的养成和不断吸收新知识的技能，这样才具有发展潜力，才有可能成为有发展前途的员工。

8. 实践经验

即便招聘的是应届毕业生，具备相关工作实践经验也是用人单位非常看重的素质。这里所指的工作实践经验包括实习经验、项目经验、兼职经验。用人单位一般会通过参考应聘者提供的相关工作经验，考核应聘者是否做过空缺职位的相关工作，并积累了相关的经验；是否熟悉该项业务流程的运作，能否以最快的速度投入工作中去，并带来新的思路和方法。用人单位有权按照自己的标准去选择合适的人才，为了更好地适应用人单位的标准，大学生应该注重实践经验的积累，有了实践经验，才能增加自己的“就业筹码”。

拓展阅读

大学生就业首选教育行业，IT 行业居次

麦可思研究院发布《2017 年中国大学生就业报告》。研究对象为毕业半年后的 2016 届大学毕业生和毕业三年后的 2013 届大学毕业生。

研究发现，在本科生就业的行业中，教育行业持续增长，成为毕业生眼中的香饽饽，在半年后就业最多的行业类排名第一，IT 行业紧随其后。

报告显示，2016 届大学生毕业半年后的就业率（91.6%）与 2015 届（91.7%）基本持平，就业情况稳定。其中，本科院校 2015 届毕业生半年后的就业率为 91.8%；高职高专院校为 91.5%。近三年就业率对比如图 2－12～图 2－15 所示：

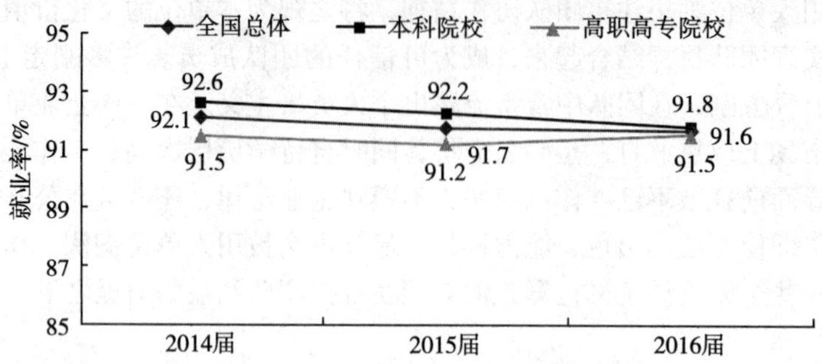

图 2－12　2014—2016 届大学生毕业半年后的就业率变化趋势

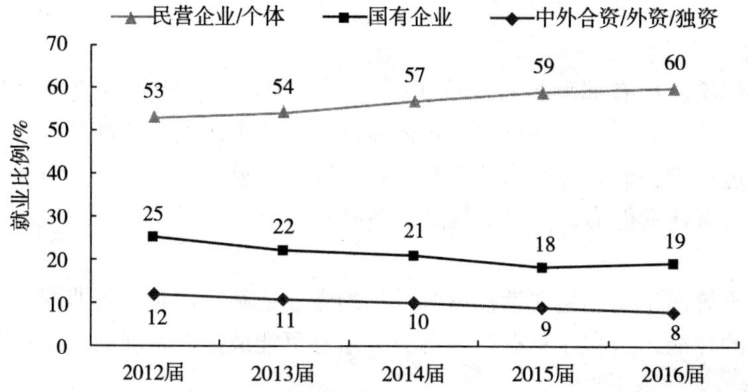

图 2－13　2012—2016 届大学毕业生在不同类型用人单位就业的比例变化趋势

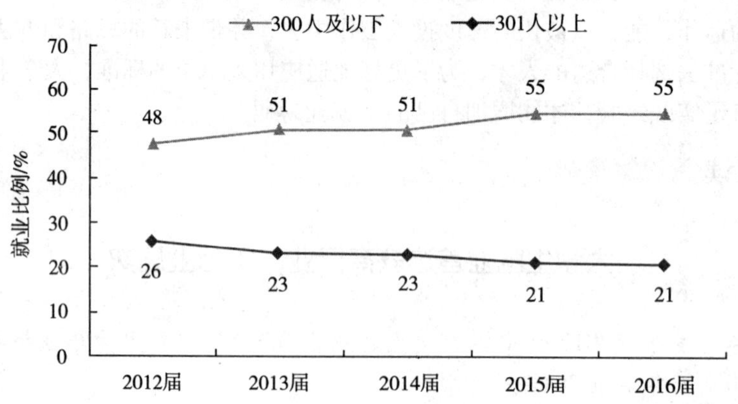

图 2－14　2012—2016 届大学毕业生在不同规模用人单位就业的比例变化趋势

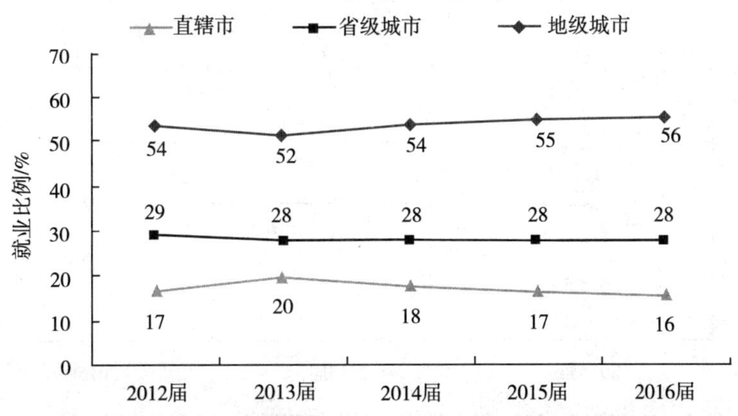

图 2-15 2012—2016 届大学毕业生在不同类型城市就业的比例变化趋势

2016 届毕业生就业，民企、中小微企业、地级市及以下地区等依然是主要去向且比例上升，中小微企业雇用了超过一半的大学毕业生且比例持续上升。

在本科毕业生就业方面，教育行业持续增长，成为毕业生眼中的香饽饽，在半年后就业最多的行业类排名第一，IT 行业紧随其后，建筑业、制造业需求下降；高职高专毕业生半年后就业最多的行业类依然是建筑业，其次是金融业（银行/保险/证券）和医疗和社会护理服务业。

在就业率排名方面与去年没太大变化。

2016 届本科毕业生半年后就业率最高的学科门类是管理学（93.6%），其次是工学（93.5%）；最低的是法学（84.9%）。就业率前三位的专业是软件工程（96.5%）、工程管理（95.9%）、建筑环境与设备工程（95.8%）。

2016 届高职高专毕业生半年后就业率最高的专业是生化与药品大类（93.4%），最低的是资源开发与测绘大类（87.5%）。就业率前三位的专业是高压输配电线路施工运行与维护（98.7%）、电力系统自动化技术（95.9%）、电力系统继电保护与自动化（95.8%）。

网传农民工比大学生工资高的谣言不攻自破，根据国家统计局 2016 年农民工监测调查报告显示数据及麦可思蓝皮书数据，本科生和高职高专生毕业三年后的月收入显著高于农民工。2013 届本科毕业生三年后（即 2016 年时）月收入为 6667 元，比 2016 年农民工人均月收入（3275 元）高 3392 元；2013 届高职高专毕业生三年后月收入为 5312 元，比 2016 年农民工人均月收入高 2037 元。高等教育回报率在三年内效果明显。本科和高职高专毕业生职业发展的后发力较强。

大学毕业生自主创业比例平稳，教育行业、零售行业为其创业主要行业，2016 届本科毕业生半年后自主创业主要集中在教育行业（21.1%）。2016 届高职高专毕业生半年后自主创业主要集中在零售行业（13.9%）。如图 2-16 所示。

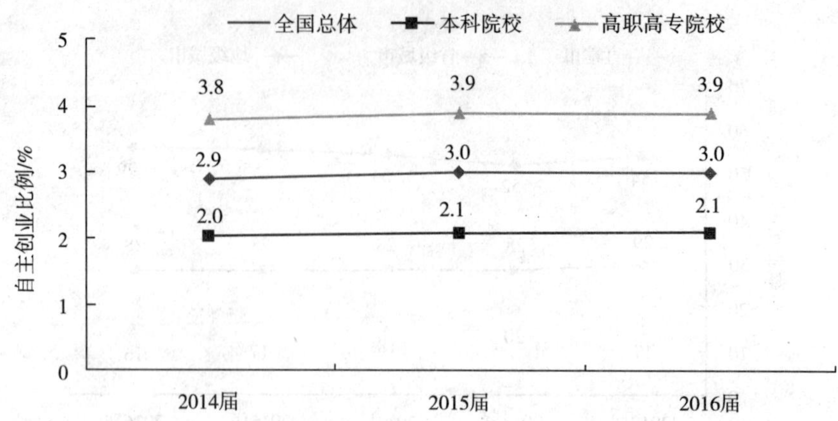

图 2－16　2014—2016 届大学毕业生半年后自主创业的比例变化趋势

课后测评

下面试试现在最流行的 HR（人力资源）性格测试——你是“老虎”“孔雀”“考拉”“猫头鹰”还是“变色龙”？

PDP（行为风格）人才测评工具能快速识别团队成员的个性特点，甚过了解对方十年。它用五种动物来表示每个人的个性特点，例如：“老虎”特质的人喜欢用较直接、粗率及权威告诉的方式进行沟通，而“孔雀”特质的人则喜欢用委婉、推销及说服的方式进行沟通。我们与“孔雀”特质的人进行沟通时，用的是“老虎”的语言，“孔雀”会觉得紧张、害怕，沟通效果可想而知。通过 PDP 测试，了解团队中每位成员的个性特质和沟通语言，并训练其用对方的语言与团队成员进行沟通，可以提升团队的沟通效果。此外，PDP 测评还能帮助管理者了解团队成员的工作动机、精力能量、决策思维与行为模式、工作的适应性及压力的来源等多方面信息，协助团队成员进行自我激励及潜能开发，从而提升团队成员的工作满意度并调适工作环境。另外，团队成员觉得自己被管理者关心，也可进一步拉近与团队的距离。

先试试回答以下的问题：

如果答案是“非常同意”，请给自己打 5 分；

如果是“比较同意”，则打 4 分；

如果是“差不多”，打 3 分；

如果只是“有一点同意”，请打 2 分；

如果答案是“不同意”，就打 1 分。

提醒你注意一点——回答问题时不是依据别人眼中的你来判断，而是你认为你本质上是不是这样的，看看问题吧：

1. 你做事是一个值得信赖的人吗？

非常同意　比较同意　差不多　一点同意　不同意

2. 你个性温和吗？

非常同意　比较同意　差不多　一点同意　不同意

3. 你有活力吗？

非常同意　比较同意　差不多　一点同意　不同意

4. 你善解人意吗？

非常同意　比较同意　差不多　一点同意　不同意

5. 你独立吗？

非常同意　比较同意　差不多　一点同意　不同意

6. 你受人爱戴吗？

非常同意　比较同意　差不多　一点同意　不同意

7. 你做事认真且正直吗？

非常同意　比较同意　差不多　一点同意　不同意

8. 你富有同情心吗？

非常同意　比较同意　差不多　一点同意　不同意

9. 你有说服力吗？

非常同意　比较同意　差不多　一点同意　不同意

10. 你大胆吗？

非常同意　比较同意　差不多　一点同意　不同意

11. 你精确吗？

非常同意　比较同意　差不多　一点同意　不同意

12. 你适应能力强吗？

非常同意　比较同意　差不多　一点同意　不同意

13. 你组织能力好吗？

非常同意　比较同意　差不多　一点同意　不同意

14. 你是否积极主动？

非常同意　比较同意　差不多　一点同意　不同意

15. 你害羞吗？

非常同意　比较同意　差不多　一点同意　不同意

16. 你强势吗？

非常同意　比较同意　差不多　一点同意　不同意

17. 你镇定吗？

非常同意　比较同意　差不多　一点同意　不同意

18. 你勇于学习吗？

非常同意　比较同意　差不多　一点同意　不同意

19. 你反应快吗？

非常同意　比较同意　差不多　一点同意　不同意

20. 你外向吗？

非常同意　比较同意　差不多　一点同意　不同意

21. 你注意细节吗？

非常同意　比较同意　差不多　一点同意　不同意

22. 你爱说话吗？

非常同意　比较同意　差不多　一点同意　不同意

23. 你的协调能力好吗？

非常同意　比较同意　差不多　一点同意　不同意

24. 你勤劳吗？

非常同意　比较同意　差不多　一点同意　不同意

25. 你慷慨吗？

非常同意　比较同意　差不多　一点同意　不同意

26. 你小心翼翼吗？

非常同意　比较同意　差不多　一点同意　不同意

27. 你令人愉快吗？

非常同意　比较同意　差不多　一点同意　不同意

28. 你传统吗？

非常同意　比较同意　差不多　一点同意　不同意

29. 你亲切吗？

非常同意　比较同意　差不多　一点同意　不同意

30. 你工作足够有效率吗？

非常同意　比较同意　差不多　一点同意　不同意

评分：

把第5、10、14、18、24、30题的分加起来就是你的“老虎”分数；

把第3、6、13、20、22、29题的分加起来就是你的“孔雀”分数；

把第2、8、15、17、25、28题的分加起来就是你的“考拉”分数；

把第1、7、11、16、21、26题的分加起来就是你的“猫头鹰”分数；

把第4、9、12、19、23、27题的分加起来就是你的“变色龙”分数。

假如你有某一项分远远高于其他四项，你就是典型的这种属性，假若你有某两项分大大超过其他三项，你是这两种动物的综合；假若你各项分数都比较接近，恭喜你，你是一个面面俱到近似完美性格的人；假若你有某一项分数特别偏低的话，想提高自己，就需要在那一种“动物”属性的加强上下功夫了。下面就来逐一分析一下各种迥然不同的“动物”吧！

■“老虎”型

个性特点：有自信、够权威、决断力高、竞争性强、胸怀大志、喜欢评估、企图心强烈、喜欢冒险、个性积极、竞争力强、有对抗性。

优点：善于控制局面并能果断地作出决定；这一类型工作方式的人成就非凡。

缺点：当感到压力时，这类人就会太重视迅速地完成工作，就容易忽视细节，他们可能不顾自己和别人的情感。由于他们要求过高，加之好胜的天性，有时会成为工作狂。

“老虎”型工作风格的主要行为：

交谈时进行直接的目光接触；

有目的性且能迅速行动；

说话快速且具有说服力；

运用直截了当的实际性语言；

办公室挂有日历、计划要点。

举例：“老虎泰格”，具备高支配型特质，竞争力强、好胜心盛、积极自信，是个有决断力的组织者。他胸怀大志、勇于冒险、分析敏锐，主动积极且具极为强烈的企图心，只要认定目标就勇往直前，不畏反抗与攻讦，誓要取得目标。

■“孔雀”型

个性特点：很热心、够乐观、口才流畅、好交朋友、风度翩翩、诚恳热心、热情洋溢、好交朋友、口才流畅、个性乐观、表现欲强。

优点：此类型的人生性活泼。能够使人兴奋，他们高效地工作，善于通过建立同盟或搞好关系来实现目标。他们很适合需要当众表现、引人注目、态度公开的工作。

缺点：因其跳跃性的思考模式，常无法顾及细节以及对事情的完成执着度。

“孔雀”型工作风格的主要行为：

运用快速的手势；

面部表情特别丰富；

运用有说服力的语言；

工作空间里充满了各种能鼓舞人心的东西。

举例：“孔雀百利”具有高度的表达能力，他的社交能力极强，有流畅无碍的口才和热情幽默的风度，在团体或社群中容易广结善缘、建立知名度。孔雀型领导人天生具备乐观与和善的性格，有真诚的同情心和感染他人的能力，在以团队合作为主的工作环境中，会有最好的表现。

■“考拉”型

个性特点：很稳定、够敦厚、不好冲突、行事稳健、强调平实、有过人的耐力、温和善良。

优点：他们对其他人的感情很敏感，这使他们在集体环境中左右逢源。

缺点：很难坚持自己的观点和迅速做出决定。一般说来，他们不喜欢面对与同事意见不合的局面，他们不愿处理争执。

“考拉”型工作风格的主要行为：

面部表情和蔼可亲；

说话慢条斯理，声音轻柔；

用赞同性、鼓励性的语言；

办公室里摆有家人的照片。

举例：“考拉加利”具有高度的耐心。他敦厚随和，行事冷静自持；生活讲求规律，但也随缘从容，面对困境，能泰然自若。

■“猫头鹰”型

个性特点：很传统、注重细节、条理分明、责任感强、重视纪律。保守、分析力强、精准度高、喜欢把细节条例化、个性拘谨含蓄。

优点：天生就有爱找出事情真相的习性，因为他们有耐心仔细考察所有的细节并想出合乎逻辑的解决办法。

缺点：把事实和精确度置于感情之前，这会被认为是感情冷漠。在压力下，有时为了避免做出结论，他们会分析过度。

“猫头鹰”型工作风格的主要行为：

很少有面部表情；

动作缓慢；

使用精确的语言、注意特殊细节；

办公室里挂有图表、统计数字等。

举例："猫头鹰斯诺"具有高度精确的能力，其行事重规则轻情感，事事以规则为准绳，并以之为主导思想。他性格内敛，善于以数字或规条为表达工具，而不大擅长用语言来沟通情感或向同事和部属等做指示。他行事讲究条理分明、守纪律重承诺，是个完美主义者。

■"变色龙"型

优点：善于在工作中调整自己的角色去适应环境，具有很好的沟通能力。

缺点：从别人眼中看"变色龙"族群，会觉得他们较无个性及原则。

主要行为：

综合了"老虎""孔雀""考拉""猫头鹰"的特质，看似没有突出个性，但擅长整合内外资；

没有强烈的个人意识形态，是他们处事的价值观。

举例："变色龙科尔"具有高度的应变能力。他性格善变，处事极具弹性，能为了适应环境的要求而调整其决定甚至信念。

思考与训练

1. 当前大学生就业市场有哪几个类型？
2. 省、市、校就业市场各有哪些？
3. 你所学专业对应的行业发展前景怎样？
4. 就业市场、用人单位看重毕业生的哪些素质和能力？

项目三　塑造积极心态，提升就业能力

学习目标

1. 了解就业过程中常见的心理问题，学会心理调适，做好就业心理准备；
2. 了解常见的求职误区，掌握塑造积极就业心态的方法、步骤；
3. 了解大学生就业能力的构成与现状，掌握提升就业能力的内容和途径。

名人导言

心理变，态度亦变；态度变，行为亦变；行为变，习惯亦变；习惯变，人格亦变；人格变，命运亦变。

——安岗正笃

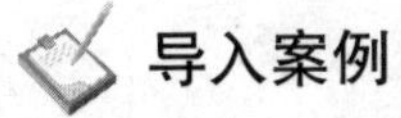

导入案例

不同的心态，不同的命运

两个来自各自农村的年轻人，准备外出打工。一个打算去上海，一个决定去北京。可是在候车厅等车的时候，各自又都改变了主意，因为他们同时听到邻座的人议论说：上海人精明，外地人问路都收费。北京人质朴，见了吃不上饭的人，不仅给馒头，还送旧衣服。

于是那个想去上海的人想：还是北京好，挣不到钱，也饿不死，幸亏车没到，不然真要掉进了火坑。

而那个打算去北京的人想：还是上海好，给人带路都能挣钱，还有什么不能挣钱的？我幸亏还没上车。不然真的会失去一次致富的机会。

后来他们在退票处又相遇了。原来要去北京的得到了上海的票，去上海的得到了北京的票。

去北京的那个人发现，北京果然好。他初到北京的一个月，什么都没干，竟然没有饿着。不仅银行大厅里的太空水可以白喝，而且大商场里欢迎品尝的点心也可以白吃。

去上海的那个人发现，上海果然是一个可以让人发财的城市。干什么都可以赚钱：带路可以赚钱，开厕所可以赚钱，弄盆凉水让人洗脸都可以赚钱。只要想点办法，再花点力气都可以赚钱。

凭着农村人对泥土的感情和认识，第二天，他在建筑工地装了十包含有沙子和树叶的土，以“花盆土”的名义，向不见泥土而又爱花的上海人兜售。当天他在城郊间往返六次，净赚了

50 元钱。一年后，凭着“花盆土”，他竟然在大上海拥有了一间小小的门面。

在常年的走街串巷中，他又有一个新的发现：一些商店楼面虽然亮丽但招牌却比较黑，一打听才知道是清洗公司只负责洗楼不负责洗招牌的结果。他立即抓住这一个空当，买了人字梯、水桶和抹布，办起一个小型的清洗公司，专门负责擦洗招牌。如今他的公司已有 150 多个打工仔，业务也由上海发展到杭州和南京。

前不久，他坐火车去北京考察清洗市场。在北京车站，一个捡破烂的人把头伸进软卧车厢，向他要一只空啤酒瓶，就在递瓶时，两个都愣住了，因为五年前，他们曾换过一次票。

任务 3.1　就业心理准备

大学生完成学业，从学生身份过渡为社会生活中的职业人身份，是其人生中的一次重要转折过程，它不仅表现为一个人的身份转变，其内心世界也会随之发生种种反应、变化。作为一名即将毕业的大学生，需要了解影响就业的心理因素，自觉加强就业心理准备，努力提高自我的就业心理调适能力，塑造积极的就业心态，为顺利就业做好准备。

一、影响大学生就业心理的因素分析

毕业生的就业心理是指大学生在毕业前后因就业问题而引发的心理活动，它的产生与发展变化受到主观、客观两方面因素的影响。

（一）主观因素

1. 生理状况和心理发展水平

毕业生的年龄大多在 22 岁左右，生理发育已经成熟，心理还不够成熟。就生理方面来说，由于用人单位在招聘员工时，对于应聘人员的性别、身高、健康状况等有所要求，同时职业本身的性质对从业者的生理状况也有限制，如招警考试要求应试者的视力在 1.0 以上、色盲者不宜从事需要色彩辨别的职业等。因此生理因素对就业有一定影响，从而影响到求职者的心理。

就心理发展水平来说，主要表现在个体的心理过程，包括一个人的认知、情绪情感和意志三个方面，如感知能力、记忆力、分析能力、逻辑思维能力、注意力、情绪调节能力、意志品质等。心理发展水平直接影响着个体的工作能力、工作效果，所以很受用人单位重视。一些用人单位特别是外资企业在招聘员工时往往让应聘者做一些心理测试题，以便选拔出适应岗位要求的从业者，这也体现出心理发展水平对就业的影响。

2. 个性特点

个性是指一个人在其生活、实践活动中经常表现出来的、比较稳定的、带有一定方向性的个体心理特征的总和，指一个人区别于其他人的独特的精神面貌和心理特征。

个性贯穿着人的一生，影响着人的一生。正是人的个性中所包含的需要、动机和理想、信念、世界观、兴趣指引着人生的方向、人生的目标和人生的道路，也就是说人的个性特征中所包含的气质、性格、能力影响着和决定着人生的风貌、人生的事业和人生的命运。

俗话说：“人上一百各样各色。”不同的个性特点，决定了毕业生在择业时有不同的心理和行为表现，决定了择业的不同取向。如有的毕业生希望得到一份稳定的工作，有的毕业生甘愿承担一定的风险而自主创业，有的学生希望到经济发达的地区，有的学生甘愿到艰苦的地方，有的学生择业时消极自卑，有的学生充满自信，等等。

3. 知识结构

知识结构是指知识体系在求职者头脑中的内在联系。结构决定着能力，不同的知识结构预示着能否胜任不同性质的工作。随着科学技术的发展，职业发展呈现出智能化、综合化等特点，根据职业发展的特点，从业者的知识结构应该更加宽泛、合理。大学生在校学习期间，不仅要掌握本专业的知识技能，而且要对相近或相关的知识技能进行学习。只有掌握宽厚的基础知识和必要的技能，才能适应因社会快速发展而对人才要求的不断变化。

可以说丰富的知识容量、较强的动手能力、合理的知识结构和较强的学习能力是毕业生顺利就业的关键，也是确立毕业生在求职市场是否自信的基础。所以，大学生的知识结构是影响毕业生就业的重要因素。

（二）客观因素

1. 社会环境因素

人是社会性动物，生活于社会中的个体难免会受到社会环境的影响。影响就业心理的社会环境因素包括社会风气、社会经济发展对人才的需求状况、就业形势、就业政策等。随着我国就业制度的发展与改革，市场竞争已成为现在毕业生择业的主要手段，也给了毕业生择业更大的自主权和更广阔的空间，形成有利于毕业生公平、公正、自主地去就业的局面。但由于近几年高校毕业生人数的激增、经济新常态发展对不同专业人才的需求差异、区域性经济发展不平衡、社会上仍存在任人唯亲和不正之风等，都在不同程度上影响着毕业生的就业，从而影响到毕业生的就业心理。从心理学角度讲，适应是健康的重要标志之一，面对社会环境对就业的影响，大学生应客观地看待它，积极地应对它，保持健康心态。现实就摆在同学们眼前，恐惧、退缩、抱怨等都不能解决就业问题。因此，毕业生应深入地了解社会、分析社会，及时调整自己的就业心理，以达到适应社会，顺利就业的目的。

2. 学校教育

随着人们对教育认识的深化，现在各高校不仅重视专业教育，而且重视对学生进行全面的素质教育。学校作为社会的一个缩影，担负着对学生进行社会化的教育与培训工作。这个时期的学生会在学校为之提供的社会化教育环境中不断积累生活阅历，在自己的学习、生活实践中，去了解、认识社会，掌握社会生活的本领，从而使心理不断走向成熟。在这一过程中，一个学校的校风、人文环境、教学模式等对大学生有着深刻的影响，进而潜移默化地影响到毕业生的就业心理。

3. 家庭影响

家庭是社会的基本细胞，父母是子女的启蒙教师。家庭的教育方法、经济状况、家长的价值观念都在影响着学生的心理发展。毕业生在就业时，其就业心理很容易受到家庭因素的影响。如教育模式为民主型的家庭，毕业生就业时就自信、乐观，敢于面对挑战；在溺爱型家庭成长起来的毕业生在严峻的就业形势面前就悲观、无助、自卑感强，寄希望于家长的帮助。当然，父母在子女就业时的态度，对毕业生的择业心态也有重要影响，如：有的父母希望子女留在身边，有的父母不愿子女到民营或个体企业就业。家庭教育影响着大学生个性品质的形成，父母的态度使毕业生在择业时有所顾虑，这些都影响到毕业生的就业心理。

二、大学生就业过程中常见的心理问题

当前，大学生处在国家经济和毕业生就业制度双重改革的背景之下。“双向选择、自主择业”是国家把大学毕业生作为一种人力资源，通过市场调控，使用人单位能够录取到满意的人

才，毕业生也能找到适合自己的工作单位，实施优化配置的一项就业政策。在这种双向选择中，毕业生要想找到自己理想的工作单位，必须与其他毕业生展开激烈的竞争，加上主客观各种因素的影响，大学生们承受着前所未有的就业压力，导致大学毕业生在求职过程中出现种种心理问题。

（一）焦虑与恐惧心理

焦虑是一种紧张不安并带有恐惧体验的情绪状态，多半是由于不能实现目标或是不能避免某些威胁而引起的。一般学生表现的焦虑程度较轻，主要有不安、忧虑及某些心理反应。

就业是大学生走向社会的第一步，是他们人生中的一次重大转折。在职业选择过程中，国家需要、个人意向、有限的供职岗位、多样的工作环境等多种因素令每一位涉世不深、社会经验缺乏的大学生深感困惑。尤其是当竞争机制全面引入、优胜劣汰成为普遍法则时，大学生们更加觉得自己身心承受着巨大的压力。一方面，理想的职业无法轻易获得，需要自己合理定位，不懈努力；另一方面，用人单位在选择人才时也不是一锤定音，还需要多方面的了解与考察。在等待就业的过程中，很多同学就产生了焦虑心理。成绩优秀的同学担心找不到理想的工作，体现不出自己的价值；成绩较差的同学担心没有单位接收自己；女同学担心自己受到性别歧视；年龄大的同学担心自己没有竞争优势；冷门专业的同学更是担心自己学了三四年根本找不到用武之地；等等。在面对理想与现实、就业与失业、签约与违约、就业与升学等矛盾以及各种选择和诱惑时，大学生们常会感到难以取舍、无所适从、焦虑烦躁。轻度的焦虑是正常的，适度的焦虑还可以使人产生压力感，催人奋进，但过度的焦虑就会影响人的正常生活。就业焦虑发展到严重阶段，就可能产生“就业恐惧”。有的同学平时的知识与经验积累不足，求职的知识、能力和心理准备不充分，在求职屡屡受挫后，产生了恐惧感，一提到就业就心理紧张，怀疑自己，否定自己，逃避现实，个别人甚至产生绝望的心情，出现极端行为。

（二）自卑与自负心理

1. 自卑心理

自卑是一种轻视自己或低估自己能力的一种心理倾向。在求职问题上，主要表现为缺乏自信心，缺乏勇气，不敢竞争。这些学生可分四类：第一类是性格内向的学生，他们不善交际，结果在面试过程中，面对用人单位的面试交谈，紧张得面红耳赤，语无伦次，准备好的说辞也忘得一干二净，不能充分地展示自己的才华，也就不能很好地推销自己；第二类是择业受挫的学生，他们在就业中经过几轮拼杀后败下阵来，从此一蹶不振，开始怀疑自己的能力，有的甚至产生了轻生的念头。第三类是女生，部分女生在面对择业中存在的性别歧视时感到束手无策，常常自卑气馁。第四类是在校期间降级的学生或受过处分的学生，他们明显感觉到低人一等，不能坦然面对择业。有自卑心理的大学生面对激烈的竞争，胆小、畏缩、悲观失望，不能很好地表现自己，往往错失良机。

2. 自负心理

与自卑心理相反，自负心理是缺乏客观地自我分析和自我评价的表现。许多大学生都有一种精英意识和特殊身份意识，无意中会流露出优越感，在职业选择时往往体现出对职业的过高期望，追求完美。在求职中，追求最优工作，把工作地域、工作环境、工资待遇等作为自己的择业标准，从中满足自我实现的需要。不切实际地自我欣赏，使他们在求职中期望值偏高，好高骛远，择业脱离实际。择业时不能从实际出发，而是这山望着那山高，总认为自己什么工作都能胜任。“是我去择业，而非职业择我”的错误观念根深蒂固，因此自负武断。一旦未能如愿，情绪一落千丈，最终易导致孤独、失落、抑郁等心理现象。由于高等教育已经从“精英教育”转变为“大众教育”，大学生不再是有优越感的特殊群体，而应该是千百万就业劳动大军中的普通一员。有了合理的自身角色定位，大学生才能正视自己的身份，摒弃过分追求完美的心态，找到适合自己的位置。

（三）从众与攀比心理

1. 从众心理

从众心理是指一个人的观念或行为，由于群体压力的影响，在认知、判断、信念与行为等方面与群体多数人保持一致的现象。“宁要都市一张床，不要西部一套房”，就是这种心理的现实写照。从众心理在求职择业中会常常遇到，部分大学生缺乏社会实践锻炼，独立性不强，容易接受暗示，在困难和矛盾面前不知所措，不敢果断地作出选择和决定，在压力下觉得还是“随大流”有把握些。所以，出现了招聘会上有的单位门前人山人海，有的单位门可罗雀的现象。在求职现场寻找热门职业，参与面试的人数越多，他们对那些职业的渴求越大，因而放弃目标、计划和兴趣爱好，甚至放弃了自己在就业竞争中的优势方面，盲目追求热门单位、热门职业，不从职业发展与个人前途的需要去考虑。实际上，这种人云亦云的做法在一定程度上给大学生求职增加了难度，也影响了大学生个人的发展。一味地追求大城市、热门单位、热门职业，一味地追求高薪、舒适、名气，就造成了“有的工作没人做，有的人没有工作”的结构性失业状况。求职择业是一件严肃郑重的事情，一定要认真考虑，谨慎从事，绝不能跟着感觉走，盲目从众。

2. 攀比心理

攀比心理指大学生在求职过程中，不从自身实际出发，不考虑所选单位是否适合自己，而是盲目攀比，攀比工作的地点与环境，攀比收入和待遇，攀比职位和行业，等等。北京某学校社会工作专业的王某，因为专业不吃香，认为以考公务员的方式留在北京是最好的办法。从2016年开始，他数次参加中央和国务院直属机关的公务员考试，但最后总是被淘汰。一星期前，他母亲打来电话：“人家都能找到工作，你怎么就不行?”此后他不停地在网上和招聘会上投简历，一心想留在北京。现在的就业期望已降到有没有北京户口都无所谓，只要能给2000元/月以上的工资就接受。他曾经想去山西，但他的母亲不同意。他说：“村里人肯定会议论，谁谁家的孩子在北京念书，结果找工作反倒去了外地。”正是这种攀比心理导致很多大学生迟迟没有签约就业。在这种心理的支配下，有的同学会因为工作的某一方面不如其他同学的好，就放弃很适合自己发展的工作，从而错失很多好的就业机会。

（四）依赖与懈怠心理

如今，大学生中独生子女较多，他们在生活和学习中的事情，大多都是家长、老师做主，缺乏独立自主的意识，主动性、计划性较差，缺乏对困难的自我处理能力。在就业过程中，一些大学生信心和勇气不足，在机会面前顾虑重重，不能主动地参与就业市场的竞争，向用人单位展示自我，推销自我，真正依靠自身的努力去赢得竞争、赢得用人单位的青睐，而是期望依靠外部条件或力量促成顺利就业，从而使自己在就业中处于劣势。

因此，有的同学只能凭借父母良好的社会关系找工作；有的同学寄希望于就业形势的好转，祈祷能得到某个单位的垂青；一些独立能力较弱的女生受传统文化、家庭环境的影响，也存在较严重的依赖心理，如果家人不能帮助谋取一份好工作，就寄希望于找个条件好的男友甚至嫁个有能力的丈夫，自己有没有工作、工作是否理想，都觉得无所谓。受这种依赖心理的影响，有的大学生渐渐失去进取心和魄力，最终，将会在激烈的人才竞争中被淘汰出局。

另外，近年来大学校园中出现了“漂一族”和“慢就业”等现象。所谓“漂一族”，指的是一些没有落实工作的毕业生，闲来无事，在大学校园四处游荡。他们中有些是因为对工作岗位挑挑拣拣，“高不成，低不就”，自动放弃就业机会；有些是在校园附近租房，一边打工，一边找工作；有些干脆待在家里靠父母伺候。“毕业不就业，未来还是梦”，这是“漂一族”毕业生心理的真实写照。究其根源，主要是由于他们从心理上消极懈怠，不重视自己的就业问题，不关心就业动向和招聘信息，不主动接受就业指导和教育，不积极与同学、朋友联系和沟通就业的经验和教训，认为车到山前必有路，甚至部分学生认为能否顺利找到工作、找什么样的工作都是上天注定的，把一切涉及就业的问题和困难都归结为自然因素，表现出对就业的漠不关心或随波逐流。

（五）挫折与嫉妒心理

1. 挫折心理

挫折心理是指在从事有目的的活动时遇到障碍所表现出来的情绪反应。当一个人产生心理挫折后，就可能陷入苦闷、焦虑、失望、悔恨、愤怒等多种复杂的情绪体验之中，甚至产生悲观情绪。大学生由于一直囿于校园，生活经历比较简单，没有经受过挫折的考验，所以心理承受能力和自我调节能力较差，情绪波动性大，情感较为脆弱，缺乏对待挫折的准备。

为了寻找一份满意的工作，很多大学生印了大堆的自荐材料，去参加校内外的各类招聘会，一看到合适的岗位就将简历递上，但往往石沉大海。这样屡屡失败，就产生了挫折心理。他们忧心忡忡、悲观失望，对自己、对未来失去信心，不思进取、消极等待，沉浸在失败的阴影里无法自拔。通常是就业期望值越高，挫折感越重。如果大学生在挫折中不是认真反思自我，寻找问题的根源，而是失去理智，盲目地一意孤行，就可能形成人格障碍，由此引起内心世界的严重扭曲，对健康人格塑造构成严重威胁。

2. 嫉妒心理

嫉妒心理的主要特征是把别人的优越之处视为对自己的威胁，因而感到心理不平衡，甚至是恐惧和愤怒，于是借助贬低、诽谤以至报复的手段来求得心理的补偿或摆脱恐惧和愤怒的困扰。

在求职过程中受环境、机遇以及其他诸多因素的影响，对于同等资历的求职者来说，求职结果也会产生落差，反映到自身就会生成一定的嫉妒心理。有些同学常常会拿自己身边同学的择业就业标准来定位自己的择业就业标准，看见别人留在了大城市，找到了好工作，觉得自己的各方面条件也不错，必须找个更好的工作才行，否则很没有面子；还有些同学，在择业过程中，由于种种原因，一直没有找到满意的工作，感到目标渺茫，就业无望，于是情绪一落千丈，变得愤世嫉俗，对社会、学校产生不满和埋怨情绪。有些人把自己的失败迁怒于同宿舍或同班同学，贬抑、挖苦、造谣、打击别人；更有极个别同学采取了“行凶”“自杀”等极端行为，造成了极其严重的后果。

三、学会就业心理调适

就业本身就是我们认识和适应社会的一个过程，在求职过程中遇到困难，甚至经过几次挫折才最后成功是正常的；在就业中遇到许多心理冲突、困惑，产生一些不良情绪也是正常的。遇到就业问题时，要学会调节自己的心态，使自己能从容、冷静地面对就业这一人生重大课题，并做出正确、理智的选择。如果你遇到了就业心理困扰，可以试着从以下几个方面来调节：

（一）接受客观现实，调整就业期望值

就业市场化、自主择业给大学生带来了机遇与实惠，但许多大学生对“市场”残酷的一面

认识不足，对就业市场的客观实际了解不够。经过对就业市场、就业形势的客观了解与深刻体验后，我们必须明白现实情况就是如此，无论是抱怨还是气愤都没有用，这种就业情况不可能一时半会儿就能改变。与其成天怨天尤人，浪费了时间、影响了自己的心情，还不如勇敢地承认和接受当前所面临的现实，彻底打破以往的美好想象，脚踏实地地寻求解决问题的好办法。

（二）充分认识职业价值，树立合理的职业价值观

传统的观念认为人们工作就是为了满足生存需要，但是对于现代社会的人来说，职业对个体的意义已经远不是如此简单，职业可以满足人们从低层次到高层次的多方面需要。如最近有人对职业价值结构进行初步研究，发现了交往、义利、挑战、环境、权力、成就、创造、求新、归属、责任、自认 11 个类别的因子。因此，职业的价值是丰富的，我们要充分认识到职业对个体发展、社会进步所起到的重要作用。

（三）认识与接受职业自我，主动捕捉机遇

大学生就业中的许多心理困扰都与大学生不能正确认识和接受职业自我有关，因此正确地认识自我的职业心理特点并接受自我，是调节就业心理的重要途径，并可以帮助自己找到适合自己的职业方向。要知道自己喜欢什么样的职业、需要什么样的职业、自己的择业标准以及依自己目前的能力能干什么样的工作，这样才能知道什么样的工作更适合自己。许多同学通过亲身的求职活动后就会发现自己的能力与水平并不像自己以前想象得那么高，并容易出现各种失望、悲观、不满情绪。因此在认识自我的特点后还要接受自我，对自我当前存在的问题不能一味抱怨，也没有必要自卑，因为自己当前的特点是客观现实，在毕业期间要有大的改变是不可能的，因此要承认自己的现状，学会扬长避短。另外，要用发展的观点来看待自己，要知道有些缺点并不可怕，可以先就业，然后在工作岗位上不断发展自己。

大学生就业中的机遇因素也是非常重要的，因此了解并接受了自我特点以后，还要学会抓住属于自己的机遇，这样才能保证以后的求职顺利。要抓住机遇，首先必须多收集有关的职业信息，多参加一些招聘会，并根据已定的择业标准进行选择。需要注意的是机遇并不是对任何人都适用的。一个工作的好与不好，是相对的，对别人合适的，对自己不一定合适，因此一定不能盲从；要时时记住，只有合适自己的才是最好的。最后要注意机遇的时效性，在发现就业机会时要主动出击，不能犹豫，也不要害怕失败，应有敢试敢闯的精神。

（四）坦然面对就业挫折，提高心理承受力

面对市场竞争、就业压力，大学生的求职总会遇到许多困难、挫折甚至是委屈，如一些专业“热门”，有些则“冷门”；又如女大学生找工作容易受到歧视等。面对这些问题，仅抱怨是没有用的，更重要的是调整自我的心态，提高自己对各种突发事件的心理承受能力。有关专家指出，一个大学生在校期间所学知识仅占其一生中所需知识的 10% 左右，终生学习理念已被越来越多地接受。目前在发达国家，一个人全部在业期间平均更换 4 ~ 5 次工作岗位，从业期间的再学习已非常普遍。“从一而终”“一步到位”的就业观念已不能适应社会发展的需要，更不利于个人发展。其实，就业的过程也是大学生重新认识自我、认识社会，并主动调整自我适应社会的过程。如果能通过求职而增强自我心理调节与承受能力，对大学生今后的职业生活都是非常有用的。

在求职中遇到挫折时，要用冷静和坦然的态度待之，客观地分析自己失败的原因，进行正确的归因。

（1）在就业市场化、需求形势不佳、就业竞争激烈的条件下，出现求职失败是在所难免的，不能期望自己每次求职都能成功。要对可能出现的求职挫折有充分的心理准备。同时，应把就业看作一个很好的认识社会、认识职业生活、适应社会的机会，应通过求职活动来发展自己，促进自我成熟，因此“不以成败论英雄”。

（2）自己求职失败并不一定就是因为自己的能力不行。出现求职失败有许多原因，可能是因为你选择求职单位的方向不对，也可能是因为你的价值观与单位的企业文化不符合，还有可能是其他一些偶然因素。总之，要正确分析自己失败的原因，调整自己的求职策略，学会安慰自己，以便在下次的求职中获得成功。

（五）调整就业心态，促进人格完善

在求职时，自己或身边的同学出现一些不健康的心态是正常的，没有必要过度担心、害怕自己也有心理障碍。当然对于这些不良心态也要学会主动调适，必要时还可以寻求有关心理专家的帮助。进行自我心理调适的方法有很多。

（1）可以进行积极的自我心理暗示，鼓励自己、相信自己，帮助自己渡过难关。

（2）可以向朋友、老师倾诉，寻求他们的安慰与支持。

（3）还可以通过体育锻炼、听音乐、郊游等方式转移自己的注意力，排解心中的烦闷，放松自己的心情。

通过对自己在就业时出现的种种不良心态的分析，可以发现自己平时不容易察觉的一些人格缺陷。应该说这些人格缺陷是产生这种就业心理问题的根本原因，如果现在没有很好地完善自己的人格，那么这些问题还会在今后的工作、生活中继续带来困扰。因此，有关问题其实是暴露得越早越好，同时也不必为自己所存在的人格缺陷而懊恼，因为很少有人是绝对的人格健全的，关键是要在发现自己的问题的基础上，积极改变自己、发展自己，使自己的人格更加成熟，使自己将来的人生道路更顺利。

（六）开拓进取，勇于创业

大学生是青年中的佼佼者，思维活跃，创新意识强，在政府多项优惠政策的激励下，完全可以走自我创业的道路。“万众创新、大众创业”目前成为社会发展的主流，因此大学生要有自主创业的打算，这既可以在毕业后马上实现，也可以通过一定的社会积累后再实行。据不完全统计，大学生创业在美国高达 25%，在日本有 10%，我国大学生自主创业也呈快速上升的势头。作为新时代的大学生，应有敢闯敢干的精神，树立自主创业意识。大学生们一定要有开拓自己事业的信心与勇气。当前的一些大学生创业公司虽然遇到了一些困难，但也不乏相当成功的案例。大学生创业肯定是值得鼓励的，关键是要有准确的观念与思路，要对自己有一个合理的规划与定位，要与有市场经验的人合作，要摆脱学生公司的意识，要进行科学化、职业化的管理。

任务 3.2　走出求职误区，塑造积极就业心态

一、认识求职误区

（一）误区一：好学生就自然会有好工作

从实际情况来看，成绩好确实有利于毕业生就业，但它对就业的促进作用是有限度的，并不是学得越好，就业也就越好。其核心原因在于，学校里对好学生的评价标准与社会对优秀人才的评价标准有非常大的差距。往往是那些平时在校内外各种活动中比较活跃，有丰富兼职、

实习经验，善于与人沟通，能跟不同背景的人打交道的同学，在毕业时会有更好的出路。这方面有一些非常惊人的案例，在《大学不知道》里就几乎充斥着“好学生”的没出路和“坏学生”的大有出路。这给我们的启示是：如果你不打算继续升学搞学术，成绩足够好就可以了，平时要多在更重要的事情上下功夫。即便已经进入求职阶段的同学，也要注意到求职的过程本身也是一种社会经验的积累，而不要把自己的求职搞成是机械发简历和等面试电话的过程，多到行业中去做调查研究、拜访业内人士、参与实习体验活动，这些都比通过这个那个考试对提高个人竞争力来得更加实在。

（二）误区二：工作要与所学专业对口

为什么多数人都没办法找到专业对口的工作？其核心是因为学校的专业设立是遵循纯正的学科逻辑的，而社会上的职位设立是遵循复杂的市场需求逻辑的，大多数工作都是专业复合型的。举个例子来说，像法律记者这样的工作，学法律的人常常觉得自己没学新闻，做报道很吃力，学新闻的人又会觉得自己没有学法律，做起来也不讨巧，大家都觉得自己做了专业不对口的工作，都处在一种心理错位的状态。其实，我们要破除僵化的专业对口的思维，尤其是有相当一部分工作，学校里根本没有开设相应的专业培训，我们只有面向社会、面向市场、面向真实的消费需求，去进行自我教育、自我培养，这样才是一个现代人才的基本思维方式。

（三）误区三：学业成绩不重要

不少应届生都认为，在这个能力为王的时代，学业成绩并不重要，就算挂过科，又怎样。实则这种想法存在很大的偏差。应届生普遍缺乏工作经验，最直观评价其能力高低的标准，就是其在校的学习能力，即学业成绩。虽然单凭成绩，不足以判断一个人能否胜任某份工作，但可以借此进行一些合理的推断，成绩好，往往学习能力也不会差，能在最短的时间内，学会相关的操作，为公司创造效益。成绩好，意味着勤奋好学、性格坚韧，这样的员工，也是企业乐于去接纳的。

（四）误区四：大公司待遇高，小公司没前途

大公司待遇高，有保障，小公司没前途，没未来，这样的观念，终究已经成为过去。事实是，如今不少大公司的薪资待遇并不是最高的，往往还比不上一些正在发展中的新兴企业。大公司赢在品牌足够响亮，良好的声誉给他们创造了不少的剩余价值，因而，往往不需要付出太大的代价，往往就能有无数的应届生“前仆后继”，供他们选择。而小公司往往更愿意提高待遇，去招揽人才，而在这种工作模式下，能在更短的时间内，获得更多的成长。能让你有机会接触更多核心业务，学习更多东西，这些是你在大公司中很难接触到的。

在选择企业时，“大企、名企、公务员、外企”仍是毕业生的首选目标。宏威职业顾问调查显示：目前毕业生中，多数人更愿意到政府机关工作，占37.5%；选择到私企、外企工作，占32.1%；选择到大型国企工作，占22.9%；选择自己开公司的占7.5%。这就造成了毕业生就业难的现实问题。跟风盲从，“扎堆”国企、外企，实力不够，硬冲死拼，结果大都碰得头破血流、丢盔卸甲。对于多数毕业生来说，“大企、名企、公务员、外企”如同水中月、镜中花，可望而不可即。

（五）误区五：实践能力差、自我期望高

不少大学生在择业时极容易出现眼高手低、心气太高的现象，大事做不来，小事又不做，挑来挑去挑花了眼。结果招聘会去了一次又一次，“高不成，低不就”，自然择业困难，挑了好久还没签约。选择职业时，大学生应该从主客观结合的意义上考虑问题。必须明白：要想顺利

找到工作，必须工作“拿得起”，架子“放得下”，才能快速跑入“职道”。明确了职业发展方向之后，为了能够让自己进入职业前进专列，争取实现自我价值，就要跟上求职就业动向和求职节拍。寻找对工作经验要求相对较低或无明确经验要求的职位，因为经验是大学生的空白或弱势，他们实际在就业当中碰到的很多问题就是工作经验、职业技能方面的问题，回避是明知之举。注明要求 3 ~5 年工作经验、有丰富业内资源的职位门槛太高，趁早放弃为好，要从基层做起，等有了机会，就会积累经验，有了经验，就有更大的机会，机会和经验是相辅相成的。

（六）误区六：盲目堆积、互相攀比

不少毕业生择业时容易受社会上一些舆论的左右，盲目从众，追逐热门，而不考虑自身条件、职业特点和社会整体需求，结果造成堆积现象，多人争夺独木桥，结果既影响择业又浪费了自己的优势。同学之间互相攀比，一些学生讲“级别”，觉得在校园期间我成绩比你好，荣誉我比你多，“官职”比你大，理所当然工作也应比你好，却不知用人单位并非以此作为评判人才的唯一标准。如果同学的月薪是 2200 元，自己拿 2000 元则坚决不做，结果找来找去，2000 元还没拿到。所以，择业时，要正确对待自己，在选择职业时，应当遵守“择己所爱，择己所长，择己所需，择己所利”的原则。

（七）误区七：不懂面试技巧、不能迂回而进

很多大学生多次应聘失败，是由于忽视了面试技巧和礼仪，因而被淘汰出局。还有的学生不能学会从“石缝”中钻出，螺旋式生长。很多人看来，采取变通做法的人是投机取巧，不愿迂回前进、绕道而行。其实绕道而行的目的是继续前进，心中的追求目标依然存在。只是巧妙地避开了障碍，迂回曲折了一下，反而赢得了时间、财力和人力。一步到位行不通，不妨分步到位。先就业还是先择业，要视个人情况而定。每个人的经济压力不同，目标不同，选择也会不同。在现在的就业竞争环境之下，毕业生还是要树立“分步到位”的意识，先干起来积累经验，在摸索中进一步明确方向，找到最合适自己的定位。

（八）误区八：没有自信、退缩低就

在竞争如此激烈的今天，竞争辛苦、艰难是必然的，有些学生书没读好、技不如人，不是名校名系、没有各种关系，就产生自卑心理、灰心气馁，遂甘拜下风，不敢对自己“明码标价”，对于一些单位开出的不平等协议也违心闭眼签订，给日后工作带来严重隐患。信心代表着一个人在事业中的精神状态和把握工作的热忱以及对自己能力的正确认知。有了这样一份信心，求职应聘就有把握有冲劲，敢于面对失败和挫折，把每经历一次打击看成是学到一份知识，积累一次力量和勇气。所以，在任何困难和挑战的面前首先要相信自己，但自信不是自负、自大、自傲，而是一个人不言败的信心。

（九）误区九：过多物质要求、过早考虑晋升

许多大学生过多考虑物质条件，不但要求月薪高，待遇好，还讲究住房、奖金等，只关心是否有晋升机会、是否能做重要的工作、有没有培训机会等，这些固然无可厚非，可在企业眼里，就认为你不成熟、心气浮躁等，这样就难免构成双方难以调和的矛盾，结果就是被炒或跳槽。建议大学生尝试从用人单位的角度思考问题，也就是换位思考，为何大学生就业那么难，很大一部分原因是绝大多数学生只站在自己的立场考虑问题，很少有人从用人单位的角度审视自己。应届大学毕业生，来寻找人生的第一份工作。不妨把自己看成是企业，看看这个位子需要什么条件的人，你是否具备了这个条件。如果你是企业，找一个只讲待遇、不求上进或没有敬业精神的人，你会不会喜欢。弄清楚用人单位是怎样评价你的，自己与单位需求之间存在哪些差距，等等，这都有助于你在今后的面试等环节中把握分寸。

二、塑造积极的就业心态

就业心态就是个人在求职过程中对自己、对单位、对同学、对问题的看法和观点。心态决定人生的成败，以积极的心态面对人生，它会使你充满自信。因为积极的心态可以使你赢得心仪的工作单位，赢得幸福和财富，让你知足常乐，帮助你激励自己和他人，消除心理障碍，正视挫折。一个人通过积极的心态付诸行动，便可获得充实向上的人生。

（一）培养积极心态的 8 种方法

1. 从言谈举止上变得积极起来

由于人的情绪是有波动周期的，在某段时间，很多人都会有一种做事情没热情的感觉，然后期待有兴致了再去做，其实这是一种本末倒置。一个人只有积极地行动起来，才能逐渐摆脱颓废、懒惰、悲观等消极情绪，让思维活跃起来，从而塑造一种积极的心态。

心态是紧跟着行动的，一个人从言谈举止上变得积极起来，才能感染自己的内心，成为一个心态积极者。而消极的人，永远是等着感觉把自己带向行动，那他永远也积极不起来。

2. 心怀必胜的积极想法

美国著名的企业家和成功学大师卡耐基说过：“一个对于自己的内心有完全支配能力的人，对他自己有权获得的任何其他东西也会有支配能力。当我们开始用积极的心态并把自己看成一个成功者时，我们就开始收获成功了。”

追求一种成功就像农民播种，一个好农民绝不会仅仅播撒下几粒种子就不闻不问。他必须给这些种子浇水，长出幼苗后还要施肥、除草、捉虫，庄稼才能生机勃勃，不然就会杂草丛生，庄稼因营养不良而枯死。

一个人必须在心里撒下积极的种子，然后在每件事情面前都抱着积极、乐观的想法，让积极的种子生根发芽，慢慢扩散，逐渐占据你的内心，那么消极思想就没有机会在你的心灵土壤上滋长。记得时刻心怀必胜和积极的想法，为你的积极心态浇水，而不要给消极心态施肥助长。

3. 用美好的感觉、信心和目标去影响别人

人们总是喜欢和积极乐观者在一起，一个心态积极的人有一种吸引力，他能很好地感染周围的人。这种良好的心态会体现在他的每一个行动中，让人在行动中获得对于生活的满足感，有了这种满足感，就会信心倍增，人生目标也越来越明确。别人靠近你，能从你身上感受到一种力量，那就是积极的心态带给人的信心和目标感。

这是一种难以言表的强烈感觉，它能让别人积极地响应你，被你吸引，从而想和你发展一种积极的关系。这种关系所产生的影响是相互的，我们的心态会变得更加积极，同时，别人也会从中获得一种积极态度。

4. 让每个人都感到自己很重要和被需要

当别人认为你把他看得重要的时候，他同样会增加你在他心中的分量。人与人之间是相互的，你怎样对别人，别人就会怎样对你。每个人都希望自己是最重要的、受人关注的。而这种自我满足感通常来自他人对自己的需要。当我们被需要、被感激，我们就会意识到自己的作用，从而产生一种自我认同感，这时候就会建立起一种无比积极的心态。当然，对于给予重要感的对方，别人也会持一种积极的态度，使对方同样感到自己重要。你只有给予对方积极肯定

的态度，别人才会以同样的态度对待你，这样就能形成一种你好我好大家都好的局面。正如19世纪美国著名的思想家兼文学家爱默生说的：“人生最美丽的补偿之一，就是人们真诚地帮助别人之后，同时也帮助了自己。”

5. 心存感激

一双流泪的眼是看不见满天星光的，一个心怀仇恨和抱怨的人不可能发现人生中美好的东西。在日常的工作和生活中有很多的不顺利，有人抱怨丈夫收入少或妻子不漂亮；有人抱怨孩子难管教，照顾老人累；工作中可能满腹才华得不到赏识，自己尽力尽责却得不到理解。很多人都是带着一种悲观消极的思想去生活，而不懂得心存感激。当你怀着感恩之心时，你会发现自己拥有的很多，不要等到失去后再悔恨。学会珍惜自己所拥有的，你也会是一个幸福的人，这样的人生才会美好许多。

当你因为没有鞋子而哭泣的时候，请看看没有脚的人。其实，自己并没有那么多的不幸，只是你没有注意到自己的所得——可能别人正对你拥有的东西艳羡不已。心存感激的人，才能看到人生中的美好，就像欣赏大自然中的花香鸟语一样。

6. 学会称赞他人

“不要去批评一个人，要去赞美他，即使他是错的。”从这句话，我们可以看出赞美的重要性。在人与人的交往中，适当的、发自内心的赞美，会让他人产生一种成就感，能够改善人际关系，拉近你与他人的距离。

美国心理学家威廉·詹姆斯曾说过：“人性最深切的需求就是渴望别人的欣赏。”

莎士比亚也说：“赞美是照在人心灵上的阳光。没有阳光，我们就不能生长。”

丘吉尔说：“你要别人具有怎样的优点，你就要怎样去赞美他。”

真诚地赞美别人，是对别人价值的一种肯定，它是一股滋润心灵的甘泉，让人内心舒畅，并有着不可思议的力量。当一个人被赞美时，他就会产生一种责任感，这就像一种行为规范，他会按照别人赞美的样子去努力甚至全力以赴，取得辉煌的成绩。即使赞美并非完全属实，对于受赞美的人也是一种鼓舞。为了达到人们心中期望的样子，他会作出改变，尤其是一个很少有人夸赞的人，他会因此期待得到更多的赞美。

赞美还可以让人怀着积极的心态去改变自己，去做一种快乐的蜕变，更有利于事业的成功。在对方收获愉悦心情的同时，更加深了你们之间温暖美好的感情。在帮助别人的同时，你的内心也分享到了喜悦和生活的乐趣。

7. 在求职过程中学会微笑

英国有一句谚语说：“一副好的面孔就是一封介绍信。”一张微笑的脸就如同一幅赏心悦目的画，让人心情愉快。我们的面孔生来如此，是父母的恩赐，我们自己是没有办法改变的，但是表情却是由你自己支配的。一个面带微笑的人，传达的是一种自信和友好、乐观和坚强，它能以最简单、最快捷的方式感染人。微笑含义深远，他是一个人智慧和品格的沉淀。

一个时常微笑的人，是心胸豁达的，是坚定勇敢的，当你和他在一起时，能够被他所散发的魅力吸引，并随着他一起快乐起来。这其实是积极心态的感染，人们总是喜欢和美好的东西为伍，一个人良好的心态能够为他带来融洽的人际关系。

微笑以一种潜移默化的方式融化人与人之间的坚冰，拉近彼此的距离，打开友谊的大门，让人际交往变得轻松顺畅，让我们的心态积极健康。因此，微笑是一门人人都应学会的身体语言。

8. 不计较小事

一个人的精力是有限的，我们每天有数不尽的大事小事要做，如果在无关紧要的事情上浪费掉时间，就会偏离大的目标和重要事项，得不偿失。一个有着积极心态的人，绝不会允许这种偏离产生，他懂得轻重缓急，从来不会无缘无故地小题大做。

一个优秀的人，总是把最重要、最能创造价值的事情排在前面，把一些无所谓的事情丢弃掉，这样他才能保证自己有限的时间和精力被充分利用。一个心态积极者必定拥有豁达的心胸；一个人为多大的事情发怒，就能看出他的心胸有多大。

（二）塑造积极心态的四个步骤

不同的人对待同一事物会产生不同的心态，同样的遭遇如有不同的心态，就会形成不同的人生。日本管理大师安岗正笃曾说过："心理变，态度亦变；态度变，行为亦变；行为变，习惯亦变；习惯变，人格亦变；人格变，命运亦变。"逆境与顺境转变的关键就是心态的变化，人生有一样东西是别人拿不走的，这就是在特定环境下选择自己生活态度的自由。

一个人如果想取得成功，塑造良好的职业心态是重要的秘诀之一。塑造积极心态的步骤如下：

1. 善于发现美好

要善于发现学习美好的一面，企业美好的一面，岗位美好的一面，发现同学美好的一面，发现同事美好的一面，发现朋友美好的一面，最后发现生活是美好的，人生也是美好的。

2. 尝试着宽容

在工作中任何人都会犯错误，包括我们自己。如果你总是不原谅别人的错误，等你犯错误时，别人也不会原谅你。因此，我们要有一颗宽容的心，学会互相原谅。

3. 主动做事

如果有柠檬，就做柠檬水，不一定要做苹果汁。利用现有的资源把事情做成，不要消极等待。敞开心扉拥抱这个世界，为你的选择全力以赴，才不会后悔。如果"身在曹营心在汉"，你将失去另一个机会，因为你现在走的每一步都是通向未来进步的阶梯。

4. 主动服务他人

研究表明，那些社会活动频繁、乐于帮助他人及家庭成员的人，通常身心都比别人健康。经常帮助别人的人，心中常有欣慰、愉悦的感觉，这种良好的心理状态能把血液的流量和神经细胞的兴奋度调到最佳状态，从而激发思维达到最佳状态，使其工作效率最高，同时也使身体的免疫力增强。助人使自己感到有能力完成一件有意义的事，感到自己的存在是被别人需要的、有价值的，从而自我效能感提高，对自己更加充满信心，心情自然会很愉悦。

任务 3.3　提升就业能力

一、就业能力的内涵

就业能力（Employ ability）的概念最早出现在 20 世纪初的英国，由英国经济学家贝弗里奇（Beveridge）于 1909 年首先提出。他认为就业能力即"可雇用性"，是指个体获得和保持工作的能力。20 世纪 80 年代后期，美国的一些学者对此概念进行了修订，认为就业能力是一个获得最初就业、维持就业和重新选择、获取新岗位的动态过程，在强调就业者就业能力的同时，加入了就业市场、国家经济政策等宏观方面，更全面地阐释了就业能力的整体概念。2005 年，美国教育与就业委员会再次明确就业能力概念。就业能力（Employ ability），即"可雇用性”，是指获得和保持工作的能力。就业能力不仅包括狭义上理解的找到工作的能力，还包括持续完成工作、实现良好职业生涯发展的能力。

然而，随着当代中国社会经济发展对职场产生的深远影响，就业能力也被赋予了更多的内涵。

（1）社会的发展使得整体人才素质大幅提高，就业市场竞争日益激烈。如何赢在职业的起跑点，如何打造适应当代职场特点的就业能力，成为人们关注的热点。

（2）全球化进程的加速，给职场环境带来了重大变革。身处多元化、国际化的工作环境，职场人士需要不断提升能力素质，开阔视野，以获得更广阔的发展空间。

（3）随着人才测评理论的发展，企业越来越重视针对不同的岗位选择不同类型的人才。人力资源管理的核心也从单纯对“事”的管理，即强调工作绩效，而转变为重视对“人”的管理，员工的流动率、工作满意度、职业生涯发展、组织忠诚度等也成为企业人力资源管理中重要的部分。通用就业能力如图 3－1 所示。

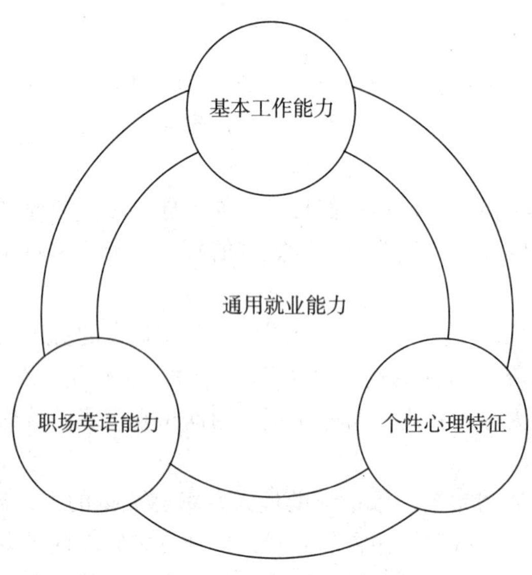

图 3－1　通用就业能力

二、大学生就业能力的构成

就业能力是大学生个人素质的综合表述，同时也是充分就业的有效保证。我们将其分为以下几种，主要包括基本工作能力、专业知识能力、环境适应能力、心理调适能力、创新及创业能力和社会认知能力等。

（一）基本工作能力

实现顺利、充分就业的首要标准是基本工作能力，既包括阅读、写作、计算、倾听表达等基础能力，也包括人际交往、组织管理、协调沟通、统筹规划、外语和计算机运用及操作等能力，作为我国高等教育培养的人才，这是大学生区别于一般普通劳动者必须具备的能力。

优秀的职业精神、意识和道德再加上基本的工作能力等构成了大学生成功就业的基本素质，这是用人单位要求大学生必须具备的。具体而言，大学生要适应社会生活，就应该具备这些基本素质和能力，它是建立在经过大学教育的每一个毕业生应当达到的各项基本能力的基础之上的。因此，大学毕业生的基本工作能力被用人单位越来越看重，因为它是就业后个人、单位的发展是否有活力的根本所在。

（二）专业知识能力

专业知识能力是运用基本理论和方法解决实践活动中所遇到的问题的能力。这种能力是大学生通过在学校经过系统的专业课程讲授、培训和考核而形成的。专业知识能力包括动手能力、分析和解决问题的能力、学习与专业相关的新知识新技能的能力等。通过严格的专业训练，大学生系统、全面地掌握了本专业、本学科的基本理论和方法，能分析解决在实际操作过程中遇到的问题，与实际相结合创造性地开展工作，并不断与新情况相结合来学习新知识、技能，解决新问题。大学生就业的核心竞争力就是专业知识能力。

要想在众多竞争者中鹤立鸡群、要想被用人单位选中，专业知识能力是关键标准。这种才能得益于大学生在校期间系统的专业学习，从而掌握专业知识并能用其解决本专业方面的问题。专业能力从广义上讲包括专业知识、技能两个层面，前者是基础，后者是核心。科学技术突飞猛进，带来的是越来越高的社会专业化程度，这样，专业能力对于求职者而言就显得尤为重要，应该讲，构成大学生就业能力的根本要素是专业能力。

（三）环境适应能力

环境适应能力是指大学生对于其现阶段或即将面临的新环境、新事物能否全方位、多角度融入，并能够与之和谐相处。作为人的一种心理特性的环境适应能力，是综合性的，是人适应周围环境的能力。毕业即真正地走向社会之前，大学生无一不抱有远大理想，当他们真正处在社会大环境的滚滚洪流中，奋勇向前时，常常不能适应现实社会，看到现实生活大多不尽如人意，甚至残酷无情。此时，大学生不应有过多的埋怨，应当不断调整自己，使自己能够快速地与社会要求相适应，尽早地融入现实生活中。要想正确地选择职业，要想事业、生活取得成功，大学毕业生必须了解自己的适应能力，在学习、生活实践中积极地锻炼、培养自己的适应能力。良好的适应能力并不是与生俱来的，大学生在学校学习、日常生活中要有意识地锻炼自己，开阔自己的视野，为今后的工作储备良好的能够与各种情况相适应的能力，为就业选择并走向成功打下坚实的基础。

从某种程度上讲，环境适应能力是关系到大学生成功就业的决定因素之一，只有充分融入所处的新环境，才能在职场中立于不败之地。

（四）心理调适能力

心理调适能力主要是指大学生在求职过程中面临各种挫折和压力时，在产生对自身发展不利的心理状态的情况下能够及时迅速地做出反应，做好自身的自我调整及恢复的能力。

大学生在没有正式就业之前，生活的空间相对来说较为简单，除了父母亲属之外，相处最多的人群是同学和学校老师，实际接触社会人群、与人沟通交流的机会不多，因此大学生遇到的困难和挫折相对来说比较少，而当大学生真正地步入社会、走上求职之路时，会慢慢地意识到社会及人际关系的复杂性，面临的困难和挫折也会随之而来，如果不能妥善处理，就会给自身带来消极情绪的影响，此时具备良好的心理调适能力就变得尤为重要，通过心理调适能力的不断调整和恢复，消除不良情绪。良好的心理调适能力是大学生顺利就业的助推器，只有这样，大学生才能够积极应对求职之路的种种变化，让自己立于不败之地。

（五）创新及创业能力

创新能力其实质是各种智力因素和能力品质在新的层面上融为一体、互相制约、有机结合所形成的合力，它是一项综合能力。争强好胜之心人皆有之，直至今日，伴随着市场经济体质的不断深化，伴随着人们知识的激增和技能的强化，竞争作为生物的本能成为人必须具备的一种心理特质，从而使人顺利完成某种活动。对当代大学生而言，逐步市场化的就业趋势——“双向选择”成为大学毕业生选择并最终实现就业所能选择的唯一途径。如果大学毕业生竞争意识强烈，那么进入他向往的用人单位的可能性必然就大，因为在当前充满竞争的社会中，用人单位要最大限度地使自己的产品占据市场，对竞争意识强烈的大学生的需求十分迫切。

创业能力从广义上讲是指创立基业、开创事业、开拓事业、开拓业绩、创建新企业、新行业、新岗位的能力。以前人创造的成就和业绩为基础，做出新的成果和贡献，其内涵就是开办和首创，而过程却是困难与艰辛的，充分体现其开拓性与创新性。创办企业、开创职业的能力从狭义上讲就是创业能力。当今时代是一个创业的时代，社会为大学生创业提供了良好的经济环境，同时也为大学生创业提供了良好的教育条件，新兴职业的不断涌现为大学生创业提供了广阔天地。当今世界正处于知识经济时代，社会不断发展，科技不断进步，大学生所面临的创业机会和选择越来越多，同时，各高校也在轰轰烈烈地举行各种各样的创业教育，从某种程度上刺激了大学生创业的热情。

（六）社会认知能力

社会认知能力是指目前大学生在就业时能够对我国现阶段的国情有一个具体深刻的认识，同时对当前社会经济发展情况全面性的把握，当前社会转型时期对大学生就业能力的新要求是，大学生要明确就业定位，实现角色转换，快速实现就业，并能根据经济社会形势变化不断调整自己的就业目标，改善自己的就业状况。

现阶段我国的国情是处于并将长期处于社会主义初级阶段，已经完成由农业大国向工业大国的转变。目前的中国虽然是工业大国，但还不是工业强国。自 2008 年整个世界遭遇历史性的金融危机至今，虽然目前危机已经过去一段时间，后经济危机时代还未结束，但危机对我国经济造成的影响在短时间内还没有消除，仍处在波动之中。虽然我国经济当前发展由计划向市场转变，产业结构不断调整，但仍存在不合理之处，我国将在未来几年仍处于经济发展的新常态下，大学生在面临就业时需充分认识到这一点。

拓展阅读

用人单位看重毕业生的哪些素质

企业已不再单纯用高学历、高分数的标准来衡量大学毕业生，而是用是否具有优良的人品、团队意识、吃苦耐劳、敬业爱岗的献身精神等来评价大学毕业生。

1. 优良的个人品质

简而言之就是人品。对企业而言，员工的品质就是企业的“品质”。所谓做事先做人，有德无才要误事，有才无德要坏事，德才兼备方成事，这是对每一个大学毕业生的基本要求。很多企业宁愿要高品质即使专业知识成绩差的人，也不愿要专业知识优秀而人品低劣的人。因为专业知识欠缺一些，可以通过企业各种培训、深造机会弥补，但低劣的人品却是无法弥补的。美国工商、企业界人士认为：“成绩优秀而品质败坏的大学生只会损坏企业形象。”

2. 良好的团队协作能力

企业发展离不开团队合作，个人成长也离不开团队成员的帮助。企业的盛衰成败在很大程度上取决于其成员相互协商、相互尊重、相互凝聚的程度。所以企业非常看重大学毕业生的团队协作精神。大学毕业生也只有将个人融入团队，个人发展才会更加顺利。

3. 敢于拼搏、吃苦耐劳的精神

企业和社会非常欣赏勤奋、上进、肯吃苦的年轻人。大学毕业生在未来的道路上，会碰到这样或那样的困难。在学生时代就要有长期忍受痛苦的思想准备，要耐得住寂寞、敢于拼搏、敢于冒险、吃苦耐劳、经得起各种困难的考验、不断进取，并有百折不挠的精神。

4. 扎实的专业技能

学习成绩不是企业用人的唯一标准，但仍然是企业衡量大学毕业生的一项无可替代的重要标准。熟练掌握或精通某项专业技能，打下坚实的专业知识基础，永远都是大学毕业生最基本的要求之一。刚刚毕业的大学生只能称为“人材”，掌握了一定的专业技能的大学毕业生才可称为“人才”，而能为企业和社会创造财富的大学毕业生方能称为“人财”。

5. 不断创新的意识和能力

企业对人才能力的需求已由过去的一般能力要求，发展到以创新能力为核心的特殊要求。那些善于运用自己的大脑去不断探索、开拓和创新的大学毕业生是企业最看重的人才，因为他们永远不满足于现状，孜孜不倦地向更新、更高、更强的目标挑战。

6. 强烈的事业心和责任感，也就是敬业精神

强烈的事业心和责任感是企业和社会对大学毕业生最基本的素质要求，也是毕业生成才的基础、事业腾飞的起点。企业和社会希望并要求大学毕业生把选择的“职业”当作长期追求的“事业”，要热爱、投入和执着，要与企业同甘苦、共患难、荣辱与共，而不仅仅是赚钱谋生的“工作”和临时落脚点。一个有强烈的事业心和责任心的大学毕业生，不能一味只关注企业能够为自己提供什么，而不考虑自己能够为企业带来什么价值。

7. 较好的心理素质

心理素质的好坏，直接影响到大学毕业生是否能够在艰苦或不利的环境中很快调整自己的状态，保持旺盛的斗志，朝气蓬勃，积极进取。大学毕业生要学习和掌握一定的心理知识，培养自信、豁达、乐观的思想素质，坚强、果断的意志品质和广泛的情趣爱好，进行友好的人际交往，使自己的精神生活充实健康，自我个性意识稳定发展，从而增强自我调节心理状态的能力，能经受各种挫折和压力，以适应未来的社会竞争。

三、大学生就业能力的现状

近年来，随着高校的规模不断扩大，大学毕业生的就业竞争日趋激烈，已经成为社会各界关注的焦点问题。目前我国大学毕业生的就业能力并不是以就业市场为导向进行培养的，难以满足就业市场的需求。随着我国改革开放的深入和劳动力市场的结构性变化，用人单位的人才选择标准发生了显著的变化。用人单位以工作职位对任职者的具体要求在劳动力市场上以价格机制选用符合标准的人才。然而，大学毕业生并不能很好地满足工作岗位对他们的要求。对大学毕业生个体而言，他们本身所拥有的知识、技能、道德水平和就业观等决定了他们的就业能力，他们使用这些素质的方式和他们向用人单位展示这些素质的能力以及他们所处时代的就业市场的背景等因素同样影响着他们的就业。由于大学生的就业能力主要是在大学期间培养的，因此就业能力的强弱是与大学教育息息相关的。长期以来，大学没有迅速适应就业市场对高等教育所提出的日益苛刻的要求。因此，目前我国的大学生就业能力主要存在以下几个方面的问题：

（一）职业目标不明确

很多大学生职业生涯规划意识淡薄，对职业生涯规划重视不够，认识不到位。虽然当前各高校都在建立和不断完善职业生涯规划教育体系，但大部分学生认为职业生涯规划只是纸上谈兵，对个人未来就业不起作用。因此，即使他们上过这门课程，也只是勉强按照课程的要求东拼西凑写出一份任务式的职业生涯规划书，没有静下心来对自己的兴趣爱好、特长能力、成长经历和社会需求等方面进行认真细致的分析，没有结合时代特点和自身倾向，确定自己的中长期职业奋斗目标。这也是许多毕业生在就业过程中受挫的原因之一。

（二）业务素质和工作能力较差

良好的职业意识和职业道德、现代职业精神和成熟的职业心态、与岗位相适应的现代职业能力，是当今大学生必备的基本素质之一，其重要意义是不言而喻的。近些年来，一些大学毕业生缺乏岗位精神，缺乏对岗位正确的认识，缺乏脚踏实地的精神，择业时拈轻怕重、嫌脏怕累、挑三拣四，没有用正确的信念来指导自己的意识，思想素质、心理素质不足，毕业后一般都要用较长时间才能适应本岗位工作，这都是缺乏实际工作经验和能力的表现。

（三）专业技能、实践动手能力不足

目前高校教学中存在着重知识传授而轻方法传授、重理论内容而轻动手实践的现象，以至于毕业生的实践动手能力、创新能力、思考能力较差。学生在走向工作岗位后显现出后劲不足、工作缺乏创意等弱点。大学生接受系统化的专业训练，应能够系统地掌握本专业的基础理论、基本知识和基本方法与技能，并兼具经营管理和人文社科方面的知识，做到全面发展，同时能够运用理论知识指导实践，具有较强的技术操作能力，包括信息加工能力、动手操作能力、掌握和运用创新技法的能力、创新成果表达的能力等。专业技能是大学生就业核心竞争力之所在，也是用人单位选择大学毕业生必备的核心素质。现实中，一些大学毕业生不能将自己所学知识与社会要求结合起来，实际应用能力不足，有一些不仅没有掌握相应的专业技能，甚至缺乏实际经验和最基本的行业常识，专业知识与实践能力也出现错位。一些用人单位的人事负责人认为，许多学生动手能力差，到岗后企业还要花费相当的精力对其进行培训，以至于他们不能很快开展工作，在实践方面的素质欠缺是显而易见的。由于在专业技能和实践方面能力不足，肯定在就业过程中会有困难和挫折。

（四）社会化、个性化就业指导不足

纵观近几年的就业指导工作，我国高校对大学生就业能力培养方面仍存在不足之处。

（1）注重应聘技能、技巧等基础性能力的培训，忽视对用人单位特定岗位所需的实际专业性能力的培养，如同注重产品的形象与包装，而忽视了产品的质量；

（2）注重高年级的毕业面试、就业指导、推荐工作，忽视对大学生的职业生涯规划设计；

（3）注重就业政策、信息的公布，忽视对学生个体进行“一对一”的指导；

（4）注重校内就业指导师的指导，忽视与校外人才公司合作，忽视就业指导市场化运作；

（5）对就业能力的概念认识不清，只理解为应聘的能力，而忽视了就业能力是一种与职业相关的综合能力。

四、培养大学生就业能力的途径

对于大学生的就业能力来说，基础能力是前提，只有具有一定的基础能力，就业才有可能性；专业能力是关键，只有具有一定的专业能力，就业才有可行性；差异性能力是核心，只有

具有差异性能力，毕业生才能充分就业。有了上述认识，高校在培养学生就业能力方面就有了更加明确的方向。为此，可以从以下几个方面着手培养：

（一）基础能力的培养

在现实生活中，基础能力显得尤为重要。根据美国一份有关失业的研究报告显示，在失业的人中，90%的人不是因为不具备工作所需的专业能力，而是因为不能与同事、上司友好相处，或者经常迟到而失业。所以，基础能力的培养一般可通过转变学生就业观念、提高人际沟通能力、加强学生职前培训等途径来完成。

1. 转变学生就业观念

教育、培养学生树立一种与市场经济相适应的现代就业观。一是要主动积极就业，不能被动地“等、靠、要”，消极就业；二是要靠岗位创新，不能靠岗位维持，教育学生放弃一找到工作就意味着一劳永逸的念头，要树立找到工作仅是创新开始的职业意识；三是不仅能靠岗位就业，而且能自主创业，创造新岗位，让更多的人就业。

2. 提高人际沟通能力

仅有出色的专业技能和深厚的知识储备还不足以缔造成功的事业，擅长与他人交往也十分重要；此外，缺乏与他人有效沟通的技巧也会限制事业的发展。大学生在人际交往中常存在不自信、羞于开口、不尊重他人、不善于交流、个性强、不合群等问题，通过对大学生的人际交往培训、课前五分钟演讲等第二课堂活动的开展，不仅能培养其良好的沟通技巧，而且能促使其树立团队协作意识。

3. 加强职前培训

通过与校外人才机构和用人单位合作，成立大学生职业素质训练营，借用完全专业化的机构，开展大学生职业规划设计、应聘技能培训、现场职业指导会等系列活动，帮助大学生客观分析自己，使其获得职业信息、掌握求职方法，避开择业误区；给毕业生请来内行的“就业指导师”，针对个人进行“一对一”指导，以填补大学生学习和就业间的空白。

（二）专业能力的培养

随着高等教育大众化的逐步实现和高等教育改革的不断深入，高等教育的外部环境发生了很大变化，社会对人才提出了许多新的要求，专业人才培养方案在许多方面表现出不适应，如与地方经济发展联系不紧密、社会适应能力不强等。因此专业能力的培养要以市场化为导向，培养特色人才。

1. 以市场为导向，适应社会需求，改革现有课程体系

在培养目标、人才规格的制定上注意加强基础，拓宽专业，注重高素质、强能力、会创新、能创业的学生素质培养。以市场为导向，让学生构建起能够适应社会发展变化需要、具有不断学习和更新知识的能力；针对当前国际交往日趋密切的状况，增设专业英语等选修课程；加强与用人单位、社会的联系，提高学生的社会适应能力；建立学生见习、实践、实习基地，聘请用人单位高级技术人员作为导师，加深其与用人单位、社会的交往；通过暑期的就业实习，向用人单位推荐优秀大学生等形式，培养学生的社会适应能力。

2. 培养特色人才，适应行业需求

培养特色人才对地方院校来说具有重要意义，因为地方院校在人才培养过程中不仅根据全国同类院校的基本要求实行规范化教学，而且要面向当地实际，主动为当地的经济建设和社会发展服务，从而形成自己的办学特色。例如，在辽宁兴城开设泳装设计专业，就要发挥兴城的优势。目前辽宁兴城是中国泳装之城，有30余家泳装厂，全国市场占有率在25%以上，需要

大量泳装设计师。所以，在辽宁兴城开设泳装设计专业是一条很好的专业建设之路。

（三）差异性能力的培养

现代社会是一个分工高度发达的社会，在这样一个社会中，就业就是要找到适合自己的分工位置，实现自身特长和需要与社会需求在分工结构中的有机结合。而分工的一个重要特性就是工作性质的差异性，这种差异性客观上要求劳动者的知识与能力具有差异性，或者说劳动者的能力具有个性特点，这种差异性体现在“人无我有、人有我优”等方面。劳动者有了这种差异性，才会有核心竞争力。

1. 培养个性化人才

高校要构建个性化人才培养模式，就要确立相应的具有个性色彩的人才培养方式，包括专业设置、课程结构、教学形式、学时分配、学历层次等。

（1）允许各专业为“偏才”“怪才”或某些方面有特殊兴趣的学生单独制定培养方案，允许确有特长的学生自由选择专业。

（2）推行多证书制和主辅修制，鼓励学有余力的学生在主修一个专业的基础上辅修另一个专业，取得多个职业资格证书。

（3）对英语、计算机等公共课实行分级教学。

（4）增大学生对学习课程的选择性，增加选修课的数量。

（5）在选修课中设计扩展型、升学辅导型、就业服务型等课程，使学生各取所需。

2. 开展创新活动，培养学生的创新能力

新资源的开发、新技术的发明、生产工具的革新，不仅要求人们具备更新的科技知识，而且要求人们打破旧的传统观念，解放思想、开阔思路，树立创新意识。针对部分高校仍以知识灌输为主要教育手段，离开了教师、离开了教科书，学生就不会独立思考的现状，可以引导在校大学生参加各种相关赛事，组织院系进行创新比赛活动，以培养学生的创新精神。

3. 开展创业教育，提高大学生的创业意识与能力

现在大多数父母为了能使孩子上名牌大学、出国或有一份理想的工作，煞费苦心地为孩子安排好一切。这种过分包办的做法使学生丧失了许多敢闯敢试意识形成的大好时机。学校应着重加强对学生创业意识的培养：

（1）开设大学生创业选修课程，使其掌握基本的创业知识。

（2）邀请校友中的成功创业者畅谈创业经历，激励大学生敢于创业。

（3）开展大学生创业计划大赛、创业论坛等活动。

（4）成立大学生创业基金。

（5）成立大学生创业中心，为学生的创业活动提供服务平台。

五、提高大学生就业能力的方法

（一）日积月累，提升基本能力

作为社会人，就业能力是劳动者的职场必需。而在现实社会生活中，基本能力是行为处事的基础，综合素质也与就业能力的顺利展现息息相关。这里谈到的基本能力，也可以认为是指一个人的综合素质、一个就业者的实力名片。综合素质包括道德素质、文化素质、业务素质和身体素质等，这些素质会综合体现在心理素质、沟通能力、创新能力、运用知识能力等方面。一般来说，毕业生能否顺利就业并取得成就，在很大程度上取决于本人的职业综合素质。综合素质越高的人，获得成功的机会就越大。因此，现在的用人单位也更加强调员工的综合素质。

1. 提高大学生个人的内在素质

目标职业对应的就业能力除对从业者有专业技能要求、通用技能要求外，也对个人素质提出了要求。事实上，在大学生面临就业时，无论是学校的供需见面会，还是社会上的人才招聘会，招聘职位都以基层工作人员为主，所以一般的用人单位大多根据基层因素进行招聘，这是合情合理的。换言之，现在的用人单位在招聘人才的时候，主要着眼点在于应聘者是否具备做好一个普通员工的素质，专业基础知识、工作态度、道德修养和责任心是最重要的考核指标，尤其是自信、自立、责任心、诚信、主动、勤奋等，这些个人素质是用人单位非常重视的因素。假如大学生不在这些内在素质方面下功夫，空谈自己的创新能力、组织管理能力和人际交往能力等精英因素，是很难得到用人单位垂青的。

1）自信力

自信无论在个人发展上，还是在人际交往、事业工作上都非常重要，它是成功的必要条件。自信不能停留在想象上，要成为自信者，就要像自信者一样去行动。在生活中自信地讲了话，自信地做了事，自信就能真正确立起来。面对社会环境，每一个自信的表情、手势，每一句自信的言语都能在内心中树立起自信。只要自己相信自己，他人就会相信你。

作为大学生，没有自信心，工作打不开局面，成就不了事业，何谈就业能力？当然，不能正确认识自己，不能正确评价自己，盲目自信，过分自信，也会碰壁。成就事业要有自信，有了自信才能产生勇气、力量和毅力。具备了这些，困难才有可能被战胜，目标才有可能达到。但是自信决非自负，更非痴妄，自信建立在踏实和自强不息的基础之上才有意义。为此，大学生应重视和加强自信心的培养。

2）自立

不依赖别人，靠自己而生活，此乃自立。自立是为人必要的品质，唯有自立自强，才能赢得尊严和权利。一个国家是如此，一个民族是如此，一个人也是如此。任何时候都要把命运抓在自己手里，中国有句老话："自己动手，丰衣足食。"易卜生曾经说过："世界上最坚强的人就是独立的人。"是的，因为自立的个人才会有所作为；自立的国家才会不受欺负，实现繁荣富强。陶行知先生也说过："滴自己的汗，吃自己的饭，靠人、靠天、靠祖上，不算好汉。"这些无疑都说明了人要学会自立，更要懂得自立。因为总有一天我们会长大，许多事情都要自己解决，自己面对。我们不能事事都依赖于他人，因为不懂得自立就会被社会所淘汰。从个人到国家，自立都是坚强的后盾。大学生更应迅速从温室中走出来，因为在温室中是永远也长不大的。学会自立，懂得自立，才会成为国家的栋梁之材！

3）责任心

所谓责任心，是指个人对自己和他人，对家庭和集体，对国家和社会负责任的认识、情感和信念，以及与之相应的遵守规范、承担责任和履行义务的自觉态度。责任心是我们在社会上为人处世的基本要求。一个人的责任心如何，决定着他在工作中的态度，决定着其工作的好坏和成败。如果一个人没有责任心，即使他有再大的能耐，也不一定能做出好的成绩来。不论你是一名默默无闻的办事员，还是大权在握的领导者，都应有责任心，凡事尽心尽力而为。一个有责任心的人，一定会认真地思考，勤奋地工作，细致踏实，实事求是；一个有责任心的人，做每一件事都会坚持到底，按时、按质、按量完成任务，圆满解决问题；一个有责任心的人，一定能主动处理好分内与分外的相关工作，有人监督与无人监督都能主动承担责任而不推卸责任；一个有责任心的人，一定会从事业出发，以工作为重，而不会只把精力放在揣摩领导的意图、了解领导的好恶上。

应当说，责任心可以养德，责任心更可以树德。责任心一旦成为一种群体行为，形成气候，其含义就不仅仅是“责任”二字本身，它会形成一种社会精神。责任心代表的是理性，是积极的精神。

4）诚信

诚信，顾名思义，“诚”者，诚实、真诚；“信”者，不欺、信用。因此，诚信就是诚实、守信。诚实的主要内容是真实不欺，既不自欺，亦不欺人，包含着忠诚于自己和诚实地对待别人双重意义。诚实不自欺，就是要真心实意地加强个人的道德修养，存善去恶，言行一致，表里如一，心口如一，忠于自己所承担的使命，这是赢得他人信任和忠诚的条件；诚实不欺人，就是不存诈伪之心，不说假话，不办假事，开诚布公，以诚相待，不滥用别人的信任。没有对他人的忠实、正直、善意，没有可靠的坚定信念，就根本谈不上信任。守信强调的是言行，是诚实的外在表现。如果说“诚”偏重于自我行为，那么“信”则强调与人交往时的言行，强调的是言行一致，说了就要做。一个食言而肥、轻诺寡信的人很难得到人们的信赖，最终必将为他人和社会所抛弃。诚实是守信的思想基础，信出于诚，不诚则无信；信是诚的集中表现，信体现诚，守信方能见诚，即信以诚为本，诚以信为用。

明礼诚信作为新时期每个公民的基本道德规范之一，毫无疑问也是当代大学生的道德准则。对这一点很多大学生也能理解，但在行为和认知上却往往脱节。口头上追求理想，实际上崇尚实惠；虽有强烈的爱国情感，但缺乏主人翁的责任感和使命感；有真善美的道德意识，却没有良好的行为习惯。图书馆的资料被“开天窗”时有发生；大学生中的盗窃行为也并不少见；有部分大学生为走捷径不惜弄虚作假，自荐书中“克隆”荣誉证书、编造学习成绩等；就连需要亲身体验的社会调查报告也都东摘西抄，甚至毕业论文也抄来抄去；把现有的研究成果作为自己的心得，在大学生中也是公开的秘密。在大学校园里出现的“课桌文学”“厕所文学”，学习不努力、混日子、考试作弊、就业违约等现象，无不反映出部分大学生虽然期待建立和谐的社会道德秩序，但自身又经常出现道德失范。

那么，如何解决大学生中存在的诚信问题呢？专家认为，大学生是目前最有希望的群体，可塑性很大，不能消极等待社会信用状况的好转，应该主动出击，在尽可能大的范围内影响并力求改变现有的状态。

（1）加强道德修养，通过道德的“自律”来倡导诚信。

（2）加强法制学习，通过法律的“他律”来规范诚信。

（3）加强政治理论学习，树立“信用至上”的人生观和价值观。

（4）与加强校园文化建设结合起来进行诚实守信的教育。

（5）诚信教育还应与加强日常生活教育相结合。

（6）完善机制是诚信重建的保证。

5）主动

主动相对被动而言，是不待外力推动而行动。积极主动是人类的天性，如若不然，那就表示一个人在有意无意间选择消极被动。消极被动的人易被自然环境所左右，在秋高气爽的时节里，兴高采烈；在阴霾晦暗的日子里，就无精打采。积极主动的人，心中自有一片天地，天气的变化不会发生太大的作用，自身的原则、价值观才是关键。如果认定工作品质第一，即使天气再坏，依然不改敬业精神。消极被动的人，同样也受制于社会“天气”的阴晴变化。如果受到礼遇，就愉快积极，反之则退缩逃避。心情好坏建立在他人的行为上，别人不成熟的人格反而是控制他们的利器。理智重于情感的人，则经过审慎思考，选定自己的原则、价值观，作为行为的原动力。他们与感情用事、陷溺于环境而无法自拔的人截然不同。不过，这并不表示积极主动的人对外来的刺激无动于衷。他们对外界的物质、精神与社会刺激仍会有所回应，只是如何回应完全掌握在自己手中。

要想在现代化的用人单位中获得成功，就必须努力培养自己的主动意识：在工作中要勇于承担责任，主动为自己设定工作目标，并不断改进方式和方法；此外，还应当培养推销自己的能力，在领导或同事面前善于表现自己的优点。作为当代中国的青年一代，不能只是被动地等待别人告诉你应该做什么，而要主动了解自己想做什么并制订计划，然后全力以赴地去完成。对待自己的学业和研究项目，要以一个母亲对孩子般的责任心全力投入、不断努力。只要有了积极主动的态度，没有什么目标不能达到。

所以，每一个年轻人都要拥有一颗积极、主动的心，要善于规划和管理自己的事业，为自己的人生作出最为重要的抉择。没有人比你更在乎自己的事业，没有什么东西像积极主动的态度一样更能体现独立人格。

6）勤奋

勤奋就是不懈地努力工作、学习。勤奋是一种工作态度，更是一种不懈努力、勤思进取的精神状态。生活告诉我们，勤奋是通往成功的阶梯，而成功是勤奋的结果。只要我们勤奋探索、勤奋实践、勤奋创新，那么，做任何事情都更有可能成功。

古今中外，有多少位名人走向成功，他们打开成功金大门的钥匙就是两个字——勤奋。正如牛顿所说："无论做什么事情，只要肯努力奋斗，是没有不成功的。"的确如此，只要勤奋就会成功，因为"成功=99%的勤奋汗水+1%的灵感"。

勤奋，是一种工作态度，更是一种精神状态。在全面建设小康社会的过程中，是事事想在前头、准备在先，还是得过且过、不思进取；是主动想问题、找办法，还是被动听汇报、等指示等，不同的工作态度和精神状态将产生不同的结果。勤奋，就要多思考问题、多研究问题，对工作中可能出现的情况和问题有所预测、有所准备，这样才能做到全局在胸，增强对复杂事件的处理能力。带"勤"的词语总给人一种积极向上的感觉，工作勤奋的人总能赢得人们的赞许；"勤能补拙、笨鸟先飞"，相当自然地反映出社会生活中追求成功的一种普遍心态。

诚然，一个生性懒散、无所用心的人是不会取得什么成就的。

2. 加强实践个人能力

个人素质的提升不仅仅需要具备一定的品质，也需要这样的品质在现实实践中真正体现出来，成为毕业生就业心中的底气。在个人素质的实践锻炼方面可从以下几个方面入手。

1）学会与人沟通、学会做人

这是最基本的素质。毕业生进入职场时，就不能像在大学那样娇气或者时常发发小脾气，而要学会关爱他人，团结互助。因为只有这样，所在的团队才会充满温馨，所有的团队成员才能够拿出更多的精力去发展事业，从而促进事业和个人的发展。

2）重视专业技能的实践

这是毕业生提高职业素质的必要环节。例如，实验、实习、进入职场前的简单工作和实践、毕业设计等都是大学生为自己的就业做好准备的好机会。

3）践行个人内在素质

无论是社会调查还是假期打工，或是参加各类社团活动，这些都是大学生的"财富"，因为用人单位需要那些有社会实践经验并能吃苦耐劳的员工。通过这些实践，大学生能够或多或少地知道作为一名职业人的基本要求，同时也具备了一定的吃苦耐劳的心理准备，这些是一般大学生都欠缺的。别人欠缺，你却有，那么无形中就增加了你在就业竞争中取胜的筹码。

在大学的时候参加那么多的社会实践活动会不会影响了自己的学业呢？这是一个大家都会担心的问题。与专业课比起来，加强一些社会所需技能的学习是非常必要的。在不影响正常学业的前提下，尽可能多地参加社会实践活动，将是一种介入社会的主动姿态，社会也需要这样的姿态。

3. 学会时间管理

“时间管理”这个话题被越来越多的人谈论，它和能力管理、素质管理、道德品质管理等一同成为社会人适应生活所必需的“管理才能”。时间管理就是如何更有效地安排自己的工作计划，掌握重点，合理有效地利用工作时间，其本质是自我管理。时间是一种资源，花费时间是一种投资。对投资，必须加强管理。

时间管理的方法是通过良好的计划来完成的。

（1）从时间管理的目的上，要做到三“效”：效果——确定的期待结果；效率——以最小的代价或浪费获得结果；效能——以最小的代价和浪费获得最佳的期待结果。时间管理的目的就是要同时获得效果、效率、效能。

（2）时间管理不善，是导致时间浪费的主要原因。从主观方面来看，浪费时间至少有这样一些原因：缺乏明确的目标、拖延、缺乏优先顺序、想做的事情太多、做事有头无尾、缺乏条理、不懂授权、不会拒绝别人的请求、仓促决策、懒惰与消极、行动缓慢。从客观方面来看，浪费时间也是有原因的，如上级领导浪费时间（开会、电话、不懂授权）、工作系统浪费时间（访客、官样文件、审批程序等）、生活条件浪费时间（通信、环境、交通、朋友闲聊、家住郊区等）……

（3）从浪费时间的表现上看，主要有两种：一是因为对生命没有紧迫感，对时间不够重视，没有养成“遇事马上做，日清日新”的好习惯，总把今天的事情推到明天去做，以至于“明日复明日，明日何其多；我生待明日，万事成蹉跎。世间若被明日累，春去秋来老将至”。殊不知，昨天是期票，明天是支票，今天才是现金，万事等明天就会养成懒惰、拖沓的习惯，虚度年华。没有科学管理时间的方法与技巧，低效率重复劳动，最终成效甚微，甚至“累死磨旁”。

时间是一秒钟一秒钟流走的，而不是整个钟头浪费掉的，若是这样，能看到的人会多一些。我们把时间用水桶来盛，如果水桶底下有一个小洞，水很快就会流光，结果与有意将水倒掉一样，但是它是不易察觉的。我们无法使时间停留、倒流，但我们可以控制时间的“流向”，这就是通过有效的时间管理，让时光流向有意义的地方。

（二）厚积薄发，腾飞就业能力

对于大学生来说，提高就业能力主要是针对自己的专业能力、基础能力、差异性能力而进行的。

1. 提高专业能力

1）要掌握专业的基本概况和发展动态

在学好专业知识前，应该多向老师、学长、同学请教，多通过图书馆、资料室等查阅相关资料，了解专业基础课、专业课、主要技能、行业发展现状、发展趋势和就业方向等，只有做到心中有数，在学习的过程中才能做到有的放矢。

2）学好专业基础课

学好任何一门专业都必须有一定的基础知识积淀。专业基础课是指同专业知识、技能直接联系的基本课程。它包括专业理论基础课和专业技术基础课。例如，汉语言文学专业的《文学概论》是专业基础课；工科类专业的专业基础课有《理论力学》等，专业技术基础课有《画法几何及机械制图》等。它们均是学习专业课程的基础课程，只有先掌握了这些知识，才能更好地学习专业理论和实践知识。

3）学好专业必修课程

专业必修课是指某一专业必须学习掌握的课程。此类课程是培养专门人才的根本。另外，大学生可以根据自己的爱好、就业意向、人才市场需求等，综合考虑并挑选出专业必修课中的主要理论知识和实践技能，通过协助导师完成课题、暑期社会实践和兼职等形式来提高对专业必修课中的主要理论知识和实践技能的掌握程度。

2. 提高基础能力

国内的相关调查显示，用人单位将大学生的环境适应能力、人际交往能力、自我表达能力等基础性的能力素质表现排在了前三名，甚至排在了专业能力和外语能力等专业素质前面；美国和英国的相关调查也明确强调了态度、合作技能、基本性格、创造力、信心等基础素质的重要性。可见基础能力在就业中的重要性。怎样才能提高基础能力呢？基础素质的培养和基础能力的提高，要发挥个人的主观能动性，充分利用学校提供的环境和机会，实现全面发展的目的。

1）积极参加社会实践，强化个人爱好

在社会实践方面，大学生活是一个五彩缤纷的世界，各种社团异彩纷呈，大学生应该在认识自我的基础上，挑选一到两个学生社团，锻炼交际能力、沟通能力、表达能力、组织管理能力，在活动参与过程中要注意气质的培养、形象的塑造。另外，平时还要利用课余时间、节假日来加强演讲、口才、社交、礼仪、管理学、心理学等方面理论知识的学习，从而做到理论与实践相结合。在个人爱好上，歌曲、舞蹈等个人才艺是社会交往的必备，也是招聘单位考察大学生的重要方面。因此大学生应该有意识地培养几个爱好，并强化训练，特别是针对自己的薄弱环节，弥补自己在才艺方面的不足，不少才艺能力是完全可以在短期内出效果的。

2）注重品格培养，塑造迷人风采

一个人的品格由道德品格、健康品格和文化品格三方面来展现。

（1）道德品格的培养。没有规矩不成方圆。大学生作为国家公民，应该培养自己遵守公民基本道德规范，这是实现人生价值、奉献社会的基础。道德品格不是与生俱来的，要靠接受教育，要靠理性的力量，更要靠大学生本人的身体力行。古人云："勿以恶小而为之，勿以善小而不为。"作为当代大学生，更应严格要求自己，把自己锻炼成为一个道德高尚的人。

（2）健康品格的培养。现代意义上的健康，已经不仅仅局限于身体，它还包括心理，更包括对社会环境的适应，要能够与别人和睦相处、和谐生活。在我们的生活中，有竞争就有成功与失败，做选择就会有得有失。心理的不健康无非就是忧成败、患得失。大学生就应该在加强身体锻炼的同时，自强不息，多向先进优秀的榜样学习，严格要求自己，树立正确的世界观、人生观，做到仁者不忧、勇者不惧。

（3）文化品格的培养。文化品格是指一个人接受和继承人类文明成果的广度和深度。几千年来，人类在科学、技术、哲学、文学、艺术上的成就博大精深、浩瀚如海，在现在这样的一个知识经济时代，最糟糕的、带有侮辱性的称谓，莫过于"没有文化"。大学生应该珍惜青春，通过图书馆、网络等媒介汲取文化营养，充实自己的人生。

3）规划职业生涯，掌握面试技巧

如果把一个人的职业生涯比作一次旅行，那么出发之前最好先设定旅游线路，确保既不会错过梦想已久的地方，也不会千辛万苦却到了并不喜欢的景点。大学生中普遍存在对自身职业规划的盲点，导致在就业过程中的盲目和挫折。近年来，职业生涯规划受到了前所未有的重视。大学生必须明白，专业不等于职业，职业不等于行业，应主动参加职前教育和培训，做好自我评估，了解自己感兴趣的行业，选择职业目标，规划职业生涯。

4）人生处处是推销，懂得一些实用技巧，有利于推销自己

在面试时，要讲究技巧，如服饰和仪表要与身份和求职职位相称；简历制作要得体新颖、简洁明了，突出自己的核心优势和与应聘职位对应的经历和资质；作口头自我介绍时，不要单纯复述自己的简历；回答问题时，应清楚、坦诚和独特；遇到一些特殊问题时，要善于变通，不能被一些条条框框迷惑，其实用人单位一般也不会关注条条框框，而是将注意力集中在应聘者是否有能力胜任职位对应的工作内容，这也是为什么有些公司会聘用学历不满足职位要求的人。为加强这方面的技巧，大学生可以看一些有关管理、人际沟通与交往、形象塑造和求职方面的书，这样就可借鉴别人成功的经验，拓宽自己的视野，使自己少走弯路。

3. 提高差异性能力

如果说基础能力和专业能力是获得工作的基本筹码，那么差异性能力则是体现求职者优势、帮助其获得更好职位和更高薪水的高层次能力。由于差异性能力的获得是在求职中取得胜利、获得较好职位的关键能力，因此培养差异性能力显得至关重要。拥有差异性能力的人主要是指那些具备丰富的社会实践经验、大赛获奖经历、文体特长、综合知识背景的人，但同时也应当包括那些拥有较高基本能力和专业能力的求职者，也就是那些具备“人无我有、人有我优”能力的人。现在大学生的培养属于大众化教育，因此要想出类拔萃，必须付出更多的努力。针对大学生的实际情况，可以从以下几个方面培养和提高自己的差异性能力。

1）培养自己的广泛爱好，打造更多特长

一个兴趣爱好广泛的人，获得差异性能力的机会自然会比别人多。在广泛的兴趣爱好中，通过自己长期的培养、积累，可以形成自己的特长。这些特长在一定程度上就是“人无我有、人有我优”的能力，是被用人单位看重的差异性能力，如文体特长、计算机特长等都是非常受用人单位欢迎的。在一些岗位的招聘启事中，还可以看到这样的要求——“有文体特长者优先”，这种情况下，多才多艺的人更容易获得该职位。因此，大学生在校期间要积极培养自己的兴趣爱好，在能力控制范围内，兴趣爱好越多越好，某方面能力越突出越好。

2）勤奋博学，努力拓展自己的知识面

综合的知识背景是近年来用人单位提出的新要求，随着社会的发展，知识背景的多样化已逐渐成为取得就业优势的一个重要方面。比如，一些用人单位要求具备专业基础的人担任管理人员，如果是理工类背景兼修管理类课程就具备了某种程度的优势。所以，大学生在校期间应利用大学（尤其是综合性大学）里专业学科门类多的优势勤奋博学，多自学或参加其他专业课程的选修，如果条件许可，甚至可以辅修第二专业。通过学习既拓展了自己的知识面，又增加了自己在择业竞争中的选择面和竞争力，何乐而不为呢？

3）积极参加校内外各种社会实践活动，积累丰富的实践经验

从已经毕业的学生的反馈来看，多数人认为社会实践有利于求职，因为社会实践是锻炼和培养自己能力的一个重要途径，丰富的实践经验既可以证明学生的实践能力，也能显示出一个学生在学习能力和实践能力方面的差异性。例如，在校担任校、院学生干部的大学生，由于经常组织参加各类活动，一方面，通过实践锻炼获得了组织和协调能力；另一方面，通过积极参与这些活动（含比赛），锻炼展示了优于他人的某种实力，这些都会给大学生求职带来积极的效果。

4）树立创新意识，开展创业尝试

当今社会是竞争激烈的社会，毕业生要打破传统观念，解放思想、开阔思路，树立创新意识，积极参加各种创业尝试，提高自己的创业意识与能力。通过创业尝试和锻炼，既增长了自

己的阅历，以及对行业、对社会的了解；又实实在在地提高了自己的能力，为自己积累了工作经验。而这些方面无论在求职还是自己的职业发展中，相对来说都是同龄人中“人无我有”的优势。

当然，差异性能力还包括多方面的内容，提高差异性能力的途径也非常多，无法穷举。但是，毕业生只要把握住差异性能力的特点和培养方法，就能在自己的学习和生活中主动地用自己的方式去培养和提高，增强就业能力，赢得就业竞争中的优势。

课后测评

个人意志力自测：测你的意志力有多强？

【计分方式】此测试题共10道题目，答案是根据每道题选项的分数值累加得到的，请按照表3-1所示的计分表，统计好自己的分数。

表3-1　计分表

题号	选项	分值/分	选项	分值/分	选项	分值/分	选项	分值/分
1.	(1)	2	(2)	4	(3)	1	(4)	3
2.	(1)	3	(2)	2	(3)	1		
3.	(1)	1	(2)	3	(3)	4	(4)	2
4.	(1)	2	(2)	3	(3)	1	(4)	4
5.	(1)	1	(2)	3	(3)	2		
6.	(1)	1	(2)	2	(3)	3	(4)	4
7.	(1)	2	(2)	4	(3)	3	(4)	1
8.	(1)	3	(2)	4	(3)	2	(4)	1
9.	(1)	1	(2)	3	(3)	4	(4)	2
10.	(1)	3	(2)	2	(3)	1	(4)	4

【测试题目】

1. 你对新年所许下的诺言所抱的态度是？

(1) 只能维持几天。

(2) 维持2~3年。

(3) 懒得去想什么诺言。

(4) 到适当的时候就违背它。

2. 你发现你的好友未将日记锁好便离开房间，你一向很想知道她对你的评语及她和男朋友的关系，你会？

(1) 立即离开房间去找她，不容许自己有被引诱偷看的机会。

(2) 匆匆翻过数页，直至内疚感令你停下来为止。

(3) 急不可待地看，然后责问她居然敢说你好管闲事。

3. 你从朋友珍妮的日记中发现了多个秘密，极欲与别人分享，你会？

（1）立即告知海伦，说珍妮迷恋她的男朋友。

（2）不打算告诉任何人，但会让珍妮知道你已经发现了她的秘密，使她不敢太放肆。

（3）什么也不做，你和珍妮能做好朋友，正因为你能守秘密。

（4）请催眠专家使你忘记一切秘密。

4. 你正努力储钱准备年底去旅行，但你看到了一条很适合与他约会时穿的裙子。你会？

（1）每次经过那店铺时都蒙住眼睛，直至过了约会日期。

（2）自己买衣料，缝制一条一样的裙子，但价钱便宜很多。

（3）不顾一切买下它，宁愿哀求父母借钱给你去旅行。

（4）放弃它，没有任何东西能阻碍你的旅游大计。

5. 你深信自己深深爱上了他，但他只在无聊时才想起你，在一个狂风暴雨的夜晚，他要求与你见面，你会？

（1）立即冒着雨去找他，纵然数小时也是值得的。

（2）挂断电话。虽然你很不情愿，但你需要一个更关心你的人。

（3）先要他答应以后更好地待你才答应去，他照例微笑着应允。

6. 你正在朋友家中，茶几上放着一盒你爱吃的巧克力，但你的朋友无意给你吃。当她离开房间时，你会？

（1）立即吞下一块巧克力，再抓一把塞进口袋里。

（2）一块接一块地吃起来。

（3）静坐着，抗拒它的诱惑。

（4）对自己说："什么巧克力？我很快就有一顿丰盛的晚餐。"

7. 如果你能在早上6:00起床温习功课。晚间便有更多时间，令你做事更有效率。你会？

（1）虽然每天早晨6:00闹钟准时闹醒你，但你仍然赖在床上直到8:00才起来。

（2）把闹钟调到5:30，以便能准时在6:00起床。

（3）约在6:30起床，然后淋热水浴使自己清醒。

（4）算了吧，睡眠比温习更重要。

8. 朋友想跟你通宵看录像带，但你需要明早7:00起床做兼职，你会？

（1）看到晚上9:30回家睡觉。

（2）拒绝，好好地睡一觉。

（3）视情绪而定，要是太疲倦，就告假。

（4）看通宵，然后倒头大睡。

9. 医师建议你多做运动，你会？

（1）只在一二天照做。

（2）拼命运动，直至支持不住。

（3）每天漫步去买雪糕，然后乘计程车回家。

（4）最初几天依指示去做，待医生检查后即放弃。

10. 你要在6周内完成一项重要任务，你会？

（1）在委派后5分钟即开始进行，以便有充足的时间。

（2）限期前30分钟才开始进行。

（3）每次想动手时都有其他事分神，你不断告诉自己还有6周时间。

（4）立即进行，并确定在限期前两天完成。

【测试结果】

1. 分数为 18 分以下：

你并非缺乏意志力，只不过你只喜欢做那些你有兴趣的事，对于那些能即时获得满足感的工作，你会毫无困难地坚持下去。你很想坚持你的新年大计，可惜很少能坚持到底。

2. 分数为 18 ~ 30 分：

你很懂得权衡轻重，知道什么时候要坚持到底，什么时候要轻松一下。你是那种坚守本分的人，但遇到极感兴趣的东西时，你的好玩心会战胜你的决心。

3. 分数为 31 ~ 40 分：

你的意志力惊人，不论任何人、任何情形都不会使你改变主意；但有时太过执着并非好事，尝试偶尔改变一下，生活将会更充满趣味。

1. 当前大学生就业中常见的心理问题有哪些？
2. 怎样认识求职误区？怎样塑造积极的就业心态？
3. 就业能力由哪些部分构成？
4. 提高就业能力，应从哪些方面入手？

项目四　求职的途径与方式

学习目标

1. 了解并掌握求职信息收集的种类、要求、特点、内容、途径、方法等；
2. 学会对求职信息进行筛选分析和整理利用；
3. 了解并掌握选择职业的原则、主要参考内容、流程和注意事项；
4. 了解毕业生面临的就业主要方式和利弊分析。

名人导言

人的一生很像是在雾中行走，远远望去，只是迷蒙一片，辨不出方向和吉凶。可是，当你鼓起勇气，放下忧惧和怀疑，一步一步向前走去的时候，你就会发现，每走一步，你都能把下一步路看得清楚一点。往前走，别站在远远的地方观望，你就可以找到你的方向！

——罗兰

导入案例

在某大学毕业生宿舍，小赵在电脑前不停地查找着各种HR网站的信息，智联招聘、前程无忧……他根据自己的专业和兴趣选择着就业岗位。虽然现在是冬末春初，但仍有大滴大滴的汗从他额头滚落。而他邻床的杨阳已胸有成竹，手中早就握着几个单位的就业意向书，从国企到民企，杨阳虽在犹豫不决，但脸上有种灿烂的神情。

是什么让同一个专业、同一个宿舍的他们在就业的重要关头面临不同的情况呢？经过采访记者发现，原因在于他们对于就业信息掌握的情况不同。

小赵只是单一地将搜集就业信息定位在传统的网站搜索，杨阳则有更多的想法，他说："我觉得自己能在就业上脱颖而出，主要是因为手头有很多就业信息可以选择。从综合学校就业指导中心提供的就业信息，到我自己去心仪企业的网站链接上搜集招聘信息，我在尽可能多地搜集和利用就业信息，我是赢在起跑线上。"

任务 4.1　求职信息的收集与整理

一、求职信息类型

（一）求职信息的意义

求职信息对于每一位谋求工作的毕业生来说至关重要。择业决策的过程实质上就是一个与择业有关的信息搜集、处理和转换的过程。在择业过程中，无论是职业目标的确定、求职计划的设计，还是决策方案的选择，求职信息的搜集和处理都是基础。

求职信息是指通过各种媒介传递的有关求职就业方面的消息和情况，如就业政策、就业机构、供需双方的情况及用人信息等。求职不仅取决于一个人的知识、能力、体力、社会和经济的因素，而且也取决于求职信息。

（二）求职信息的类型

1. 根据信息内容的范围，求职信息可分为广义和狭义两种

从广义的角度来说，大学生从入学起就陆陆续续接收到的各种有关求职的信息和所学的知识（因为对将来的就业有价值）都属于求职就业信息。而狭义的求职信息则集中于大学毕业前夕获得的大量对求职者有价值的信息。

2. 根据信息的来源，求职信息可以分为外部求职信息和内部求职信息

所谓外部求职信息，就是指毕业生通过各种途径获取的关于宏观的就业政策、地区的用人政策和企业的发展状况、用人单位的性质、人才需求等信息。这部分即为大多数人所定义的求职信息，正在受到求职者的日益重视。相比之下，内部求职信息却常常容易被人们所忽视。那么，什么是内部求职信息呢？通过大学的几年学习锻炼，毕业生的各项能力日渐趋向稳定、成熟，兴趣、爱好、专业特长也逐渐形成，根据这些具体因素，可以了解到自己最适合做什么种类的工作。其实，这种对自身情况的了解、分析过程，也是一种获取求职信息的过程，即掌握内部求职信息的过程。只有认真了解自己的内部需求信息，才能为更好地运用外部求职信息打下良好的基础。因此，在求职择业的准备过程之中，每一位大学毕业生不应该忽视来自自己的内部信息。

无论是广义的或狭义的求职信息，还是外部的或内部的求职信息，都可以划分为两种因素：可控因素和不可控因素。在大学学习期间，来自外部的求职信息主要是被动的、零散的，属于不可控制因素；同时，由于自身条件即内部信息正在形成之中，尚可改变、把握，使之人为地、有目的地向某一个方向努力，所以此时的内部信息还是可控信息（可见职业生涯的设计越早越好）。而在毕业的前夕，内部信息基本上已经定型，不可能使之发生突变，成为不可控制因素；但由于外部信息是根据自身的需要主动地、有意识地寻找，因此，此时的外部信息属于可控信息。

由此可见，大学毕业生在求职择业期间，有两大因素起着决定作用：外部求职信息和内部求职信息。由于内部求职信息此时已经转变为不可控因素，所以毕业生求职操作的方法是在了解自身特点的基础上积极搜寻外部求职信息。经过大学的学习，大学生已经形成了自身的特性并对此有所了解。在择业前还可以借助人才测评软件、个别咨询等对求职信息达到全面地认识。

二、求职信息的获取要求

用人信息具有广度、效度、信度等特征。广度是指信息渠道的多少、信息的角度和层次以及量的概念；效度是指信息的各种要求是否齐备，尤其是时间上的要求以及与切身利益相关的要素是否清晰；信度是指信息的可靠性、可信度和可行性。在获取用人信息的过程中，应力求做到“早”“广”“实”“准”。

（一）“早”

“早”就是搜集信息要及时，要早做准备，不能事到临头再去抱佛脚。毕业生在毕业半年

以前就应该有针对性地对自己所期望的行业和地区的单位进行了解，搜集相关信息。

（二）“广”

“广”就是要广开渠道，网罗信息，多方面、多角度、多层次、全方位地获取用人信息。在广泛获取信息的同时，要突出重点，层次分明，不能胡子眉毛一把抓。用人信息要注意保存，以备查询。有条件的应在电脑上建立自己的信息库，专门存放自己收集的职业信息以方便管理。有的同学只注意根据自己预先设定的目标搜集有关地区、行业和单位的就业信息，放弃或忽视了有关“后备”信息，在求职过程中遇到挫折时感到无所适从，造成被动，类似这种情况应该避免。

（三）“实”

“实”就是搜集的信息要具体，如用人单位的地址、环境、生产规模、发展前景、人员构成、生活待遇、联系人、联系电话、网址、电子信箱等方面，越具体越好。此外还需了解清楚用人单位需要的是什么学历、什么专业、什么素质的人才，在生源、性格、相貌、外语水平等方面有无特殊要求。以上内容要求了解透彻，绝不能一知半解。

（四）“准”

“准”就是要做到准确无误。当你从各种渠道收集到大量需求信息后，要善于对比鉴别，辨别其真伪，去伪存真。一方面，用人单位需要什么层次、什么专业的人才，在生源、性别、相貌、外语、计算机水平等方面有什么特殊要求，都要弄明白；另一方面，用人信息也和商品信息一样，具有很强的时效性，你所了解的信息是不是过期的信息，对方是否已经物色到合适的人选？这些情况都要搞清楚，绝不能似是而非。这些都要求毕业生必须善于利用各种渠道，通过各种途径，积极主动地去搜集信息。

除此之外，在获取用人信息时，要切合自身实际，明确择业方向，原则上反对脱离自己专业、自身特点进行择业。

三、求职信息的内容与收集方法

（一）求职信息的内容

求职信息的内容非常广泛，通常应该包括以下几个方面。

1. 当年国家和地方各级、各部门以及本校针对大学毕业生就业的一些政策、法律规定、宏观经济形势等

大学毕业生在求职择业之前，一定要收集和研究政府的方针、政策；了解就业法规、法令，学会用法律武器捍卫自己的正当权利，减少不必要的损失；并将自己所处的就业环境与宏观的经济形式结合起来，掌握了这方面的行情，不仅可以为自己的求职择业提供政策依据，而且可以少走一些弯路。

2. 了解本校、本专业毕业生在社会上的需求状况

依据其受欢迎程度及时调整自己的择业期望值，做到有的放矢。

3. 求职信息应有具体的内容

如招聘单位的情况就包括：

（1）招聘单位的准确全称、隶属关系，它的上级主管部门是谁（指人事管理权限），此次招聘中所需要的专业、人才的数量、使用意图、具体工作岗位及要求。

（2）招聘单位的性质及在行业中、地区中的地位以及发展前景。

(3) 招聘单位的发展历史，目前的硬件设施、发展规模、经济效益、职工收入状况及其他福利待遇（奖金、住房等）情况。

(4) 招聘单位的管理体制、岗位设置、技术人员、管理人员、职工培训机会、个人发展前景等方面情况。

(5) 招聘单位的人事管理制度、人才使用情况，如工作几年方能报考研究生、劳动合同签订的年限等。

(6) 招聘单位的地理环境、文化生活、办公条件等。

(7) 招聘单位的联系方式，如通信地址、联系电话、邮政编码、联系人、传真、E－mail 等。

4. 企业的需求信息

随着知识经济的到来，世界经济全球化的迅猛发展，大学毕业生到“三资”企业和股份制企业工作的人数逐年增多，而且他们对于毕业生的吸引力越来越大，逐渐成为毕业生求职择业的一个重要渠道。所以了解、掌握“三资”企业和股份制企业的需求信息将有利于广大毕业生的求职择业。

5. 有关报考本科和研究生的信息

随着“升学热”的逐年升温，许多毕业生（本书中的毕业生主要特指高职高专毕业生）选择了报考本科或硕士研究生这条道路。从长远看，这是一条有前途的道路，对大学毕业生充满了诱惑力和吸引力。因此有关报考本科或研究生的一些信息（如报考院校、专业、导师情况、报考人数、招生比例等）对于许多毕业生也显得十分重要。

6. 对于毕业生求职择业有利的其他信息

如重要的社会关系、本地区毕业生的供需情况、男女生比例等。

（二）求职信息的收集方法

在收集就业信息时，毕业生可以采用以下方法来提高效率：

1. 全方位搜集法

把与你的专业有关联的就业信息统统搜集起来，再按一定的标准进行整理和筛选，以备使用。这种方法获取的就业信息广泛，选择的余地大，但较浪费时间和精力。

2. 定方向搜集法

根据自己选定的职业方向和求职的行业范围来搜集相关的信息。这种方法以个人的专业方向、能力倾向和兴趣特长为依据，便于找到更适合自己特点、更能发挥作用的职业和单位。需要注意的是，当你选定的职业方向和求职范围过于狭窄时，有可能大大缩小你的选择余地，特别是你所选定的职业范围是竞争激烈的“热门”工作时，很可能给你下一步的择业带来较大困难。

3. 定区域搜集法

根据个人对某个或某几个地区的偏好来搜集信息，而对职业方向和行业范围较少关注和选择，这是一种重地区、轻专业方向的信息收集法，按这种方法收集信息和选择职业，也可能由于所面向地区的狭小和“地区过热”（即有较多择业者涌向该地区）而造成择业困难。

四、获取求职就业信息的途径

随着社会的不断发展，对大学毕业生来说，面对日趋严峻的就业形势，谁能获得更多更有效的择业信息，谁就将赢得择业的主动权。通常来讲，择业信息的搜集主要包括以下几种途径：

（一）通过各级政府主管部门和就业指导机构获取信息

全国的毕业生就业主管部门主要是国家教育部和省教育厅、人事厅及各市的教育局、人事局。这些部门和就业机构的主要职责，就是制定辖区的毕业生就业政策，提供高校毕业生和用人单位的信息，为毕业生就业提供咨询与服务。来自这方面的信息也是真实可信的。

（二）通过高校大学生就业指导机构获取信息

根据教育部有关文件规定，各高等院校都成立了大学生就业指导中心（或招生就业处）。近年来就业制度的改革使大学生就业指导中心的职能也有所改变：它不仅是高校学生毕业分配工作的行政管理部门，而且是对学生就业进行指导和服务的部门，它从单一的政策执行人转换为调控者和服务者的双重身份。高等院校大学生就业指导中心每年会及时地有针对性地向部门、地方主管部门和用人单位发出征求用人信息，因此在那里可以得到许多用人单位的需求信息。近年来，高校一般都开设了就业指导课程，专门举行系列讲座，指导大学毕业生掌握政策法规、应聘技巧及如何使用网络查询系统等，并提供各种个案咨询服务。学校就业指导中心的就业信息具有准确、可靠、多样、具体的特点，是毕业生获取就业信息的最直接、最有效、最主要的途径。学校收集的信息都会及时传至各系（处），或发布在学校网页的就业信息栏中。

通过学校就业指导机构获得的信息有以下几个特点：

1. 针对性强

一般用人单位是在掌握了该校的生源情况、专业设置、教学质量等信息之后，才向学校发出需求信息的。这些信息完全针对该校应届毕业生，而在人才市场和报纸杂志上获得的需求信息，则往往是面向全社会的。因此有的毕业生不注重学校就业指导中心提供的求职信息，在参加完一个又一个人才交流会后，经常苦着脸说："所有的单位都不要我们学校、我们专业的应届毕业生，而是需要有×年工作经验的人。"

2. 可靠性高

为了对广大高校毕业生负责，在用人单位给高等学校的需求信息公布给学生之前，各高校大学生就业指导机构要先审核，保证信息的可靠性之后才向学生进行信息发布。例如，上海市高校毕业生就业指导中心于1997年制定了关于用人单位信息登记制度。该制度规定，凡是要在上海地区高校录用应届毕业生的用人单位，必须在上海市高等院校大学生就业指导中心或几所定点高校的大学生就业指导中心办理登记手续后，才能开展招聘。毕业生在找工作的同时要做毕业论文，毕竟时间有限，不可能对所有的信息都一一进行验证，而高校大学生就业指导中心正是为广大高校毕业生提供了这一服务，使其择业效率大大提高。

3. 成功率大

学校提供用人单位信息和召开供需见面会的时间一般都会安排在省、市应届大学毕业生大型招聘会以前，这段时间学校掌握用人单位的需求信息最集中，量也最大，一般毕业生只要符合条件并善于把握好机会的话，在学校召开供需见面会时，供需双方面谈合适，马上就能签订协议。

（三）通过社会各级人才市场获取信息

随着社会主义市场经济的发展，我国人才市场中介机构也应运而生了。在那里，应聘者不仅可以了解到许多各级各类不同的机构和职位，而且还为其提供了一次极好的锻炼面试技能和增加面试信心的机会。据悉，约有16%的成功求职者是通过人才市场的供需见面会达成意向、获得职业的，而这部分人主要是一些刚从学校毕业的大学生以及目前职位不太高的白领人士。

人才市场中介机构职业信息的特点主要有以下两点：

1. 信息量大

例如，沈阳人才市场每周举行的人才交流专场，平均每次都有近百家招聘机构设摊招聘，面向应届大学毕业生的大型招聘活动则往往会吸引更多的招聘机构前来选能纳贤。

2. 直接

在人才市场上，毕业生将直接面对招聘单位，通过彼此的交流可以获得较报纸等渠道更为丰富和全面的信息，更有利于毕业生正确地做好择业决策。

（四）通过新闻媒体获取信息

在传媒业高速发展的今天，广播、电视、网络、微信、报纸、杂志等新闻媒体受到了招聘机构和求职者们的共同青睐。大学毕业生就业工作已经不再是个人的事件，而是受到了新闻媒体的关注，成为社会的热点。因此，大学毕业生可以通过看广告、看电视、网上浏览、阅读报纸、听广播、上微信等了解社会生活中每时每刻发生着的事情，从这些报道中捕捉自己所需的信息。有些信息可以直接拿来用，如和人们的事业发展有关系的招生、招聘、招商广告、展览、新产品、新发明等；还有一些可启发人们的思路，如政策法规、重大赛事、社会动态、国际新闻等。特别是对于那些处于偏僻、闭塞地区的人们来说，关注新闻广播、电视传媒、网络信息，使自己和外部世界联系起来，发现有价值的信息，把握机会尤为重要。

（五）通过社会关系网获得信息

人际网络也是获得求职信息的一个重要渠道。因为求职信息的发出者和接收者都是人，信息自始至终都是在人与人之间传递的。所以在寻找就业信息的时候，千万不要忘记了周围的亲戚、朋友以及朋友的朋友，也许他们会给你提供一些机会。实际上，大多数用人单位更愿意录用经人介绍和推荐进来的求职者，一方面，他们认为这样录用进来的人比较可靠、放心，如果你拥有这种机会，最好不要放过。从另一方面来讲，招聘单位每天要接收到数百封求职信函，而且这些求职信函在内容上并无太大的差别，所述的求职资格和工作能力也都相差无几，那么招聘者面对如此众多的没有多大区别的陌生人，能有什么更好的方法分辨出究竟哪一位更强些，强出多少？所以，在求职过程中能够让用人单位多多地注意你，就必须想出一些切实可行的办法，在关键时候找个熟人帮你推荐一下，也许是最为有效的。当然，关系要靠自己去发掘，途径也应正当，切不可不择手段。

（六）通过社会实践（或实习）过程获得信息

社会实践是大学生自我开发职业信息的重要途径。在社会实践的过程中，通过自己的努力赢得用人单位的好感、信任，取得职业信息甚至直接谋得职业的大学生不乏其人。因此，大学生在各种社会实践活动中，在了解社会、提高思想觉悟、培养社会能力的同时，要做一个收集职业信息的有心人。比如，在社会考察活动中，应有意识地注意一些关于行业发展趋势、人才需求状况、具体单位、岗位用人的要求、途径等与大学生就业有关的问题；在社会服务活动中，应注意观察、思考，努力去发现自己原来没有想到的、潜在的职业或岗位，一旦有所发现，应及时追踪求索，捷足先登；在勤工助学等直接在用人单位进行的社会实践中，更应多看、多问，要“淡化”自己的学生身份、“打工”角色，以主人翁的姿态了解和关心该单位的事业发展，了解和关心自身和周围岗位上在职人员的工作状况，尤其在与自己的职业意向相吻合的单位或岗位实践时，要充分展现自己的才华和能力。另外，还有一个很重要的实践环节是毕业实习，毕业实习是学生踏入社会的前奏曲，是参加工作的预演，所以每个人必须充分认识到这是一种非常难得也是很有价值的经历。通过实习，一方面使用人单位对你有所认识、了

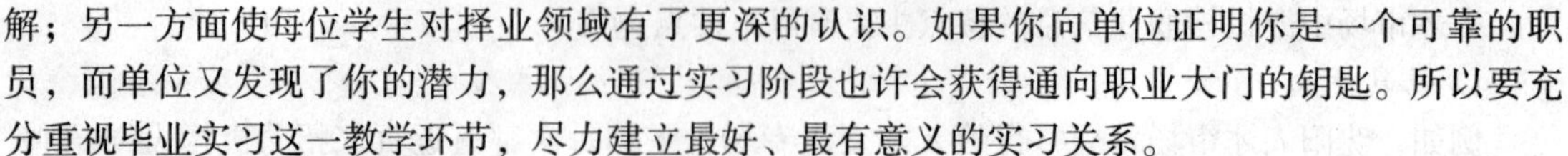

解；另一方面使每位学生对择业领域有了更深的认识。如果你向单位证明你是一个可靠的职员，而单位又发现了你的潜力，那么通过实习阶段也许会获得通向职业大门的钥匙。所以要充分重视毕业实习这一教学环节，尽力建立最好、最有意义的实习关系。

（七）通过互联网获取信息

随着互联网时代的到来，互联网作为一个庞大的信息和服务资源基地，已经在商业应用、科学研究、教育、娱乐、生活、新闻等各种领域发挥了巨大的作用，越来越多的用人单位也开始选择在网上招募员工。因此，网络求职也已经成为毕业生求职的一种新常态。目前，国家教育部和各省都已经开通了“高校毕业生就业服务信息网”或相关服务网站，包括以下几个主要功能：介绍就业政策信息、发布最新信息、提供信息服务、进行就业指导和推荐访问网站等。该网站将连接各地区就业部门与高校的子网，形成覆盖全国的高校毕业生就业信息网络。许多省市陆续建立了自己的网站，很多高校也建立了校园信息网。因此，网上求职目前已经成为大学生所重视的一条求职捷径。

任务 4.2　求职信息的筛选和利用

收集求职信息固然非常重要，但是求职信息的整理、分析、筛选同样不容忽视。这是因为：第一，毕业生在求职择业的过程中，需要了解的就业信息很多，获取的信息数量很大，途径各不相同，收集到的这些需求信息也并非为某个人提供，这就需要求职者结合自己的实际情况对求职信息做出合理的分析并为自己所用。第二，由于求职信息的来源和获得的方式不尽相同，内容必然杂乱无章，甚至模棱两可、真假难分，如果不进行分析和选择，就很可能受到误导，妨碍就业。

一、求职信息的筛选

（一）求职信息的分析

1. 对求职信息要进行定性、定量、定时分析

（1）求职信息的定性分析是指对求职信息进行质的分析，如求职信息的条件、岗位特点、招聘对象等。假如招聘信息的条件之一是要求本科生以上学历，那么，这条求职信息对于高职毕业生来说就没有意义。

（2）定量分析，则是指从数量关系上对就业信息进行分析，如某一招聘岗位所需的人数与参加应聘人数之间的关系。

（3）定时分析是指对一定时间内的就业信息发展趋势进行分析，比如一条求职信息的有效时间等。分析就业信息的方法通常有三种：对比分析法、综合归纳法以及典型分析法。

对比分析法是选出一些性质、类别相同的就业信息，然后进行优劣主次对比。这种方法在应用时要注意全面比较，将所有可比的因素全面考虑进去。综合归纳法则是把各种不同类型的就业信息进行归纳，形成一定的观点之后再进行分析，归纳时应该注意各种数据，因为在一系列系统化的数据中可以发现很多意想不到的问题。典型分析法，则是指组织有关专家对典型的职业信息加以分析论证并得出结论，这种分析法一般要由学校大学生就业主管部门或各级人事部门组织进行。

2. 单独用人单位信息具体分析

在毕业生选择单位时，往往会出现这样一些错误：对用人单位情况不甚了解，又没有一定

的对比，于是在择业时带有很大的随意性和盲目性，如只挑选大城市而不问用人单位的性质、业务范围；盯着有“关系”的单位，企图靠“关系”得到提拔和重用，还有的只图单位名称好听就盲目拍板，等等，而这都是片面的。那么如何才能避免一些假象，做到对用人单位有个客观的评价呢？关键取决于掌握用人单位的信息。

掌握用人单位的信息，不仅指在招聘广告和职业信息中选择出最适合自己的求职机会，而且应包括在初步确定了自己想应聘的职业或岗位后，对该招聘单位及应聘岗位工作要求有所了解。对招聘信息多掌握一点，求职的选择机会就多一点，对招聘单位多了解一点，求职的成功希望则会多一点，掌握和了解用人单位的信息量越大，判断准确率越高；反之，则越低。

对于用人单位的信息，可以从该单位的介绍资料中获得，也可以到当地的工商管理部门或企业的主管单位那里了解到。当然，如果能认识一些已在该单位就职的人员，从他们那里也许能获得更多更有价值的信息。亲自到企业去社会实践、生产实习与参观考察将会对企业有更多的感性认识，以便做出适合自己的职业抉择。

有关用人单位资料的调查提纲：

（1）企业是否得到工商部门认可；

（2）企业的性质、规模、占地面积、固定资产总额、职工人数、人均收入等；

（3）主导产品、产品的市场占有率、生产总量与销售总额；

（4）企业内是否有适合自己兴趣的工作岗位；

（5）企业的福利、工资、津贴、住房、医疗保险、养老保险、生活设施等；

（6）晋升的机会；

（7）企业领导人的学历与人品；

（8）现企业职工对企业的评价；

（9）企业的社会知名度；

（10）企业效益是呈增长趋势，还是下降趋势；

（11）企业有没有濒临倒闭的风险；

（12）工作的劳动强度；

（13）工作环境：包括设备条件、安全保护、污染等。

（二）求职信息的鉴别

1. 一条比较好的求职信息应该包括以下几个要素

（1）用人单位的全称、性质及上级主管部门名称；

（2）用人单位的实力、远景规划、在行业中以及社会上的地位；

（3）对求职者年龄、身高、相貌、性别、体力等生理条件方面的要求；

（4）对求职者敬业精神、工作态度等方面的要求；

（5）对求职者学历、职业技能和其他才能的特殊要求；

（6）对求职者价值观、兴趣、气质等心理特征方面的要求；

（7）个人发展的机会、工资收入、福利待遇等。

对求职信息进行鉴别的目的主要是辨别其真伪及可靠性、实用价值等，鉴别的对象主要是前面阶段加工整理的资料。

2. 通常从以下几个方面进行鉴别

1）求职信息的真伪性

真实性是就业信息是否可靠的基本前提。了解求职信息的真伪，一定要弄清楚求职信息的来源渠道、信息的提供者是谁、提供者提出该求职信息的依据是什么。

2）求职信息的权威性

判断就业信息权威性的方法有：了解就业信息的来源与质量，掌握信息提供者的背景，比较同类信息。如从国家政府部门来的就业信息，人事部门最有权威；从学校来的信息，毕业生分配（或就业指导）办公室最有发言权。对于小报上发布的信息则要仔细斟酌。

3）求职信息的相对性

任何求职信息都是在一定的时间、地点下产生的，而事物又是在不断地发展变化。今天有用的就业信息，明天就有可能没有任何价值，因为岗位可能已经被他人抢先占据。所以，应该注意就业信息的相对性，就业信息是动态的信息，它有一定的时效性。

4）求职信息的适合性

搜集求职信息的目的就是为自己找一个合适的岗位。可以从专业性、兴趣爱好及性格特征三个方面来鉴别求职信息的适合性。

（1）专业适合性。专业对口，往往是用人单位与应聘者的共同目标。专业对口可以缩短个人进入职业岗位后的适应期，使个人更容易发挥专业特长，避免自己专业资源的浪费，也可以减少单位在职业培训中的投入。因此，应该选择专业对口的求职信息加以考虑。

（2）兴趣爱好的适合性。兴趣爱好是一个人在职业中取得成功的重要条件，对所从事的工作有兴趣，不仅可以促使从业者投入大量的精力，而且对其身心健康有益。在大多数情况下，一个人的专业特长与兴趣爱好是基本一致的，不过也有两者发生矛盾的情况，此时一定要权衡利弊，作出决策。

（3）性格特征的适合性。如前所述，一个人的性格特征本身无所谓好坏，但是就具体的工作职位而言，性格特征是有适合与不适合之分的。为此，在考虑专业性和兴趣爱好的同时，也要兼顾求职信息与自己性格之间的吻合度。如果自己是一个性格内向、不善言谈的人，那么药品营销等需要口才好、善于交际的招聘信息则对自己没有多大价值。

（三）求职信息的科学筛选

当对收集到的求职信息进行鉴别之后，就要结合自己的实际情况，依据国家有关政策、法规以及社会常识对它们进行去伪存真、去粗取精的筛选。筛选是对求职信息进行科学处理的一个重要环节，一般有以下几种方法：

1. 对比剔除法

这是最简便的方法之一。从各种不同渠道、方式获得的求职信息难免会有相同的，因此必须将收集到的求职信息进行对比之后，剔除重复的信息。

2. 排序法

就是对所收集到的求职信息资料逐一分析，按照时间顺序进行排列。在同一时期内，选取较新的信息，舍弃较旧的过时信息。这样，可以使就业信息在时间上更有价值。

3. 类比法

即将求职信息按照用人单位的地域、性质、待遇等分类进行对比，接近自己需求、自身条件的保存，否则摈弃。

4. 评估法

这种方法需要有一定的专业知识，需要有经验的人士作出评估。大学毕业生可以请教这方面的专业人士，如人事部门的工作人员、学校大学生就业主管部门及主管毕业分配的教师等。

在运用上述方法时，还要把握以下几点。

1）分清主次，掌握重点

求职择业是一个复杂的过程，求职信息可以全面收集，但在比较筛选之后，就要把那些从“小道”得来的或几经转达得来的信息与经证实的、有根据的信息区别开来。前者有待于进一步证实，后者则应重点选出、标明，注意留存，并付诸实施。即使在真实的信息里面也不是每条都适合毕业生自己的实际情况。因此，毕业生就要对自己掌握的求职信息进行比较和选择，分析它所需要的人才特点、对人才使用的方向以及该单位未来发展的前景等。有些用人单位从长远看能够给求职者比较大的发展空间，虽然目前可能条件差一些，这就要求毕业生独具慧眼。

2）善于鉴别，去伪存真

信息的价值首先在于真实性。因此，从不同的渠道收集到的大量的需求信息，首先要对其进行分析，以确定它的真实可靠程度。信息既蕴藏着机会，又可能包含着陷阱。有的用人单位真心求才，所发布的就业信息也真实可靠；有的用人单位因实力不济，又想招到优秀人才，于是浮夸粉饰，真假掺和；还有一些中介机构利用大学毕业生涉世未深、求职心切的心理，以诈骗毕业生钱财为目的，发布虚假信息。这就要求每一位大学毕业生在求职过程中必须提高警惕，分析和鉴别所收集求职信息的真伪性，通过一切可能的知情人，从不同角度分析和澄清疑点，识别其真伪，去伪存真，全面了解求职信息的内容，尽可能地掌握更多的情况，避免上当受骗。

3）不耻多问，了解全面

当毕业生收集到一些需求信息后，为了全面了解信息，弄清楚其可靠程度，应当通过各种办法，通过有关知情人士去证实澄清，以确定信息的可靠程度。对于重要的信息要寻根究底，以求了解透彻，不能一知半解。

4）适合自己，避免盲从

大学毕业生在求职择业时首先对自己应该有一个全面而准确的评价，不但要清楚自己想干什么，更要弄明白自己能干什么。要清楚自己的兴趣爱好、气质特点、性格特点、基本素质、专业知识、技术能力等，在此基础上，才可以判断就业信息是否适合自己。

5）选择决策、处理及时

信息社会是一个节奏快、变化快的社会，信息传播的速度快、共享度极高。如果毕业生不积极主动地去把握，机会则稍纵即逝。因此，当大学毕业生得到求职信息之后，一定要尽快分析、及时处理，并向信息发布者反馈信息。早点行动未必一定能得到这个岗位，但是拖延时间就有可能失去这个机会。如果一次求职就业失败，就应该认真而冷静地分析原因，及时修正择业方向，避免再犯同样的错误。假如有几个求职机会同时可供选择，那么就要选择最能满足自己主要期望的就业机会。

总之，求职者对得来的一切信息都要对照衡量一下，看看是否适合于自己。千万不要好高骛远，挑选不适合自己发展的工作岗位。而且在获取到用人单位的信息以后，也不能一味盲从。事实上，即使是准确的信息，也存在时效性的问题，绝不能未经筛选就轻率地作出抉择，影响甚至耽误了自己的求职择业。

二、求职信息的整理

由于求职信息时效快、数量大、范围广，所以在对其进行处理时必须做到以下几点：

（一）正确选择

择业的成败在很大程度上取决于对求职信息如何进行选择。选择是一门政治性、思想性、科学性、综合性的学问，其中也包括方法论科学。要选择得好，首先必须能在较短的时间内查阅大量的信息，以便从中迅速发现最有用、最重要的信息；其次，要进行鉴别、判断，善于识别信息的准确性、有效性和可行性。信息在传递的过程中由于信息来源和人为的一些因素，造成有些信息的失真或污染，这是在所难免的。这就要求我们必须通过查询、核实来加以修正、充实，这是信息的实效性；同时要依据各自实际情况和有关方针政策找到最适合自己的信息，这是信息的可行性。

（二）善于开拓

许多求职信息的价值往往不是直观的，必须经过求职者深入思考，加以引证之后才能发现。信息的价值会用则有，不会用则无。如何才能使用好收集到的求职信息呢？由于经过最初的收集、筛选的信息在很大程度上具有简明扼要的特点，有限的文字不包括逆向深入了解的细节。所以当缩小了范围之后，就应该尽快针对目标单位主动地、有意识地寻找更多的相关资料。例如，可以通过亲朋好友、宣传书籍、网络等多种方法了解求职单位的背景、文化、精神等，还可以针对具体的职位做进一步的实地调查。这一步骤既能帮助求职者坚定自己的选择，也会对将来的面试起到积极的作用。

（三）迅速反馈

信息有很强的时效性，及时用之是财富，过期不用则变成垃圾。当求职者收集到广泛的求职信息并加以分析处理之后，就应该尽早决断，并向用人单位及时反馈信息。一是因为招工、应聘都有一定的时限，一旦超过用人单位的招聘时间，信息则会毫无用处。二是因为条件比较好的职业人人都会被吸引，但是录用指标却是有限的，所以，犹豫不决往往会使求职者错失良机。

另外，要提醒广大大学毕业生，在求职过程中要保存原始材料，这是一个被许多人忽略的环节，却往往会起到不可忽视的作用。大学毕业生为了增加应聘机会，在求职时往往会将求职简历投给多家单位。因为单位数量多，且反馈时间比较长，所以求职信息在本人头脑中容易发生混淆、模糊。一等到面试通知，兴高采烈地去了，却会被类似“请谈谈您对本公司的了解”“您为什么要选择我们公司?”等问题难住。如果保留好相关材料，在面试之前做好充分的准备，其结果则会大不一样。因此，大学毕业生尤其要保存好这些有用的求职信息。

三、求职信息的利用

大学毕业生收集求职信息的直接目的就是应用就业信息，而就业信息应用比较广泛。求职就业信息在就业指导工作和毕业生择业活动之中的应用主要表现在以下几个方面：

（一）求职信息在大学生就业指导工作中的应用

就业指导是培养大学生的职业意识、职业道德和就业能力的教育过程，也是帮助个人根据社会需求、就业要求和自身特点选择职业并适应职业的活动。从就业指导工作的具体过程和主要内容上看，求职信息的应用主要是以下几个方面：

1. 加强对大学生的职业意识培养和职业观、职业道德教育

让大学生了解所学知识、技能与将来就业的关系，熟悉现代职业对从业人员素质的具体要求，增强学生学习的目的性，激发他们提高自身素质的积极性和主动性。

2. 加强毕业生的政策指导和咨询

让大学毕业生明确哪些是应该的，哪些是不应该的，明白自己拥有的权利、应该履行的义务、有哪些就业限制，避免和及时纠正择业失误。

3. 对大学生进行择业技巧的指导

使大学毕业生掌握求职应聘、就业程序，掌握自我推荐的方式或应聘的要求，掌握与用人单位交谈时正确运用有声语言和体态的方法，使毕业生主动避免由于方法不当带来的择业障碍。

4. 指导大学生进行正确的自我评价

在毕业生之中积极进行个体性或集体性的评价活动，使大学毕业生正确地认识自己，客观地评价自己的职业适应范围，恰当选择职业。

5. 有针对性地开展择业心理咨询活动

及时消除毕业生求职择业中的心理障碍，减轻心理压力，增强战胜挫折的能力，使其做好经受失败的心理准备，以健康的心理迎接挑战，参与竞争。

（二）求职信息在大学生求职择业活动中的应用

劳动就业制度和毕业生就业制度的改革，使毕业生求职择业面临新的机遇和挑战。在新的就业制度下，如何应用求职信息争取就业成功呢?

1. 研究分析求职信息，确定合适的择业目标

择业目标是求职者的职业期望，是求职者对某项职业的追求和向往，是兴趣、能力、价值观与社会职业需求之间不断协调的结果。制定切实可行的择业目标，除对自身条件有很清楚的认识外，还必须通过丰富多样的求职信息，明确择业范围，熟悉行业特点以及与自身条件相关的行业状况，从而找出合适的择业目标选择区域。然后，根据社会需求信息与用人单位的岗位要求确定择业目标。当在实施过程之中发现有偏差时，应及时根据信息反馈，调整择业目标，使之可行。

2. 应用求职信息，锻炼和评估自己的择业能力

择业能力是人们进行求职择业活动的本领，是在人们先天生理素质基础之上，经过锻炼、培养而形成的。择业能力的大小与人们获得择业成功的关系很大。一般来说，择业能力强的，择业成功的可能性较大；反之，成功的可能性就小。因此，当今的大学毕业生仅有专业知识与实践技能还不够，还应抓住机会，运用用人单位的需求信息，主动与用人单位交往，通过面试、测试，锻炼自己的应变能力和求职技能，并运用面试效果，对自己的择业能力进行监测、评估，不断提高择业水平。

3. 应用各种具体的用人信息，选择就业岗位

用来指导大学生确定择业目标和择业方式的信息，大都是从整体来把握的。但在选择确定自己的职业岗位时，必须充分重视和应用通过各种途径收集的具体用人单位的就业信息。这包括用人单位直接发出的人才需求信息；报纸上、刊物上的招聘广告；就业市场上用人单位的招聘面试；亲朋好友介绍的某单位的用人要求；等等。应聘者不应放过任何一个与自己有关的用人信息，因为高质量的就业信息常常存在于大量的具体用人信息之中，应不失时机地对各种具体的用人信息进行考证、核实，抓住适合自己的有效信息，争取成功就业。

（三）在收集、整理信息的基础上，求职者应该注意信息的利用

这里主要提醒广大毕业生注意以下三个方面：

1. 力求及时，捷足先登

即在注意到用人信息的发出时间、有效时间后，应该尽早利用，力争捷足先登。如果晚了一步，用人单位已经与别人签约，即使你比别人优秀，用人单位也爱莫能助。

2. 弥补不足，缩小差距

如果对比筛选出来的求职信息，发现自己还存在某些不足，就应该调节自己的智能结构，

提高自己的工作能力；如发现自己哪方面的技能欠缺，就应赶快去参加必要的培训，去主动学习和掌握那方面的知识和技能，以弥补自己原来的不足。

3. 及时输出对他人有用的信息

当有些信息对自己不一定有用，但对他人也许十分有用时，应该拿出这些信息与他人进行沟通。他人的顺利就业不但减少了求职竞争对手，而且也增强了自己与他人的交流，也许能从中获取到对自己有用的求职信息。

总之，一个大学毕业生是否会收集、利用求职信息，在其求职择业过程中起到关键的作用。收集到的求职就业信息越多，就业的机会就多；对求职信息处理得恰当，就能够事半功倍。本章内容对求职信息的概念、收集方法以及筛选利用做了着重阐述，有针对性地提出了使用方法及注意事项，供求职者参考。在当今这个瞬息万变的社会，任何事物都在不断创新，那么，求职信息的收集和处理的途径和方法也不可能一成不变。但是，只要求职者能充分认识和利用求职信息，在认真把握以上原则的基础上，一定可以创造性地走出一条自己的道路。

任务 4.2　选择职业的原则

在生活中，人们总是会问这样一个问题：人为什么而活着？答案可能各式各样。有的人为金钱而活，有的人为理想而活，有的人为信念而活，有的人为尊严而活，有的人为生存而活。客观地说，大多数人一半是为物质层面的生存而活，一半是为精神层面的生存而活。但我们相信在人类历史的进程中，精神的支撑与传承是非常重要的因素，这也就是我们需要讨论的一个问题，即人生的信念与价值是什么。只有认清自己真正需要的是什么，自己需要过的是一种什么样的生活，才会有一个明确的人生目标和强劲的生活动力。职业作为人们学习生涯后的另一个重大人生抉择，必须与有意义的人生相联系，只有这样，职业才会在人们的生活中扮演不可或缺的角色。从个人角度来看，职业活动几乎贯穿了人一生活动的全过程。人们在生命早期阶段接受教育和培训，是为今后的从业作准备。从青年时期进入职场，到老年离开工作岗位，职业生涯长达几十年，即使退休以后仍然与职业活动有着密切的联系。职业不仅是谋生的手段，也是个人存在的意义和价值的体现。选择一个合适的职业，度过一段成功的职业生涯，是每一个人的追求和向往。

一、选择职业的原则

（一）符合社会需要的原则

一个人在选择职业岗位时，把社会需要作为出发点和归宿，以社会对自己的要求为准绳，去观察、认识问题，进而决定自己的职业岗位。虽然大学生就业实行双向选择、自主择业，但自主择业是相对的、有条件的，并非可以不顾社会需要，一味地追求“自我设计”。社会的发展、科技的进步、经济的繁荣，也都期望着合格的大学生为之去奋斗。从另一方面看，社会是由人构成的，社会需要本质上就是人类的需要。在现实生活中，个人需要的内容无论怎样多，个人需要结构无论怎样复杂，它总是受现实社会要求的制约的。人们正是通过不同的职业活动，在满足社会需要的同时，也在满足着个体的需要。社会的每一步发展都是上述职业活动共同作用的结果。

（二）发挥个人素质优势的原则

一个人在选择职业岗位时，综合考虑自己的素质情况，根据自身的特长和优势选择职业岗位，以利于在职业岗位上能够顺利、出色地完成本职工作，发挥个人的素质优势。

1. 发挥专业所长

大学生经过大学阶段的学习，不仅具有较为扎实的基础知识，而且具有一定的专业知识。因此在选择职业岗位时，要从所学专业特点出发，做到专业基本对口。这样就可以在职业岗位上发挥所长，大显身手。

2. 发挥能力所长

同一专业的同届毕业生，由于个人的情况不同，能力也有差异，根据不同的能力选择不同的职业岗位，是充分发挥个人素质优势的最佳体现。比如，有的人语言表达能力较强，适合搞教学、宣传工作；有的人设计能力较强，适合从事设计工作；有的人研究能力较强，适合搞科研；有的人组织能力较强，适合领导或管理工作；还有的人文字表达能力较强，适合从事文秘、编辑等工作。由此可见，根据自己的能力所长选择职业岗位，既是胜任工作的需要，也是发挥个人最大潜力、进行创造性劳动的需要。否则的话，事与愿违，功不成、业不就，就会贻误事业与前程。

3. 适当考虑性格特点

就性格本身来讲，并不能决定一个人的成才方向和成就的高低。同一性格的人，有的可能很有作为，有的则可能一事无成。性格相异的人也可能在同一领域、同一职业中成才。但是，在选择职业岗位时，适当考虑自己的性格特点，充分发挥性格所长则是十分必要的。比如在职业活动中，有的人是用理智去衡量一切并配合行动，这样的人就适合从事基础理论研究工作；有的人很有主见，并善于发现问题和解决问题，这样的人就较适合从事科学研究或领导工作。

（三）主动选择的原则

大学毕业生在职业选择中不能消极等待，而应主动出击，积极参与。这里所说的主动选择，主要包括以下三个方面：

1. 主动参与职业岗位竞争

竞争机制的引入，冲击着各行各业，也冲击着人才就业市场。竞争使人们增加了紧迫感和危机感，也增加了责任感。从某种意义上说，职业岗位的竞争，就是靠才华、靠良好的素质去争得一份比较理想的职业。

2. 主动地了解人才供求信息和规格要求

由于社会对大学生的要求在不断发生着变化，因此主动了解用人单位对人才规格的要求和需求信息，对有的放矢地选择职业岗位有着重要意义。

3. 主动完善自己

大学生应根据社会需要，加强学习、主动提高、完善自己，以尽快适应新的工作岗位。

（四）分清主次的原则

在就业选择过程中，摆在毕业生面前的选择是多方面的。比如单位性质、工作地点、工作条件、生活待遇、使用意图、发展方向等诸多方面，不可能每项都满足其心愿，重要的是在择业过程中怎样权衡利弊，分清主次，做出抉择。切不可因一味求全，急功近利，好高骛远而失去良机。

（五）着眼未来，面向未来的原则

毕业生在选择职业时，不能只看眼前实惠，不看企业发展前景；不能只看暂时困难，而不看企业的未来；不能只图生活安逸，而不顾事业的追求等。选择职业时，要站得高，看得远，放开视野，理清思路，把自己的命运紧紧地和祖国的命运联系在一起，找到自己的最佳位置，牢牢地把握好职业选择的主动权。

二、影响选择职业的因素

职业目标选择，通常被认为是劳动者依照自己的职业期望和兴趣，凭借自身能力挑选职业，使自身素质与职业需求特征相吻合的过程。不同的个体对于选择职业的初衷会有很大的差异，这就导致职业目标的选择依据总是莫衷一是的，但是对于大多数人来讲，我们总能够找到共同点或重合的部分，这可以被看作是我们职业目标选择的一般依据。

影响选择职业的因素大致包括如下四个方面：

（一）职业期望

也称职业意向，是人们希望从事某项职业的态度倾向，是个人对某项职业的希望、愿望和向往。生理素质、年龄、性别；个性、气质、个人的职业价值观等；教育背景；家庭背景、家庭成员的职业观念与职业类型；机会；社会环境、社会职业观念；个人的职业能力、知识与技能构成水平等；社会的职业岗位等。这些都会对职业期望产生影响，进而对从业人数需求和社会经济发展政策也会产生一定的作用。

（二）职业声望

这是指的是人们对职业社会地位的主观评价。其影响因素主要有职业环境（自然与社会）、职业功能（责任）、任职者的素质要求等。人们往往参考职业声望调查来确定职业倾向。

（三）职业层次

这是指的是以职业角色为依据，按照职业的社会地位及社会对职业的价值取向所做的职业等级层次的排序。如白领、蓝领的划分，政府官员和工厂工人，等等。

（四）薪酬福利

这是指通过特定的职业活动所获取的货币或实物报酬。从利益最大化原则来看，影响薪酬福利的因素主要有业务工作的难易程度、熟练程度和人员的稀缺程度、教育背景、工作效率、经验，等等。

由于选择职业是充满个性的活动，因此，不同的人在对待影响选择职业的因素的时候会做出不同的价值判断，也会加入其他的参考因素，例如地域因素、同事关系，等等，使现实中并不存在真正意义上普遍适用的影响因素。做好个人的职业倾向分析，总结和归纳影响自己选择职业的具体构成因素，无疑是需要我们各自做出努力的事情。

大学生要想在毕业前完成职业目标的选择，在择业指标的选取方面可以参考这样四个方面的评价结论，即职业技能要求的专门化程度、职业工作的舒适度、职业工作的待遇和职业工作的发展前景。技能要求越是专门化，工作的难度就越大，但面临的竞争者相对较少、职业回报较为丰厚；业绩指标要求适当、工作压力小、工作环境条件完备，工作的舒适度就高；与周围的从业者相比，薪酬福利待遇较高、晋升机会较多，选择从事的意愿就越强烈；宏观经济繁荣、组织良性发展、同事合作融洽、市场需求旺盛，职业发展前景就会积极明朗。这些指标的综合考察，是大学生选择职业目标的一种较为普遍的做法。

三、选择职业的主要参考内容

（一）工资收入水平

一般来说，人才的价值应该在经济收入上表现出来。大学生择业时常把工资收入水平作为重要的因素来考虑。工资收入高的跨国公司或外国企业是很多毕业生的首选。但是，大学生在择业是要目光长远，决不能一味追求高工资而忽视其他选择因素。

（二）个人兴趣与爱好

能否发挥个人特长，是否符合个人兴趣、爱好，是广大毕业生关注的重要问题。大学生只有在职业选择与个人状况的结合匹配合理时，才能够“干一行，爱一行”。

（三）单位的地理位置

大学毕业生择业考虑的另一个问题是工作单位所处的区域。很多人首先考虑的是大城市，其次是沿海开放城市或经济发达地区。选择在大城市、沿海开放城市就职有一定的优越性，生活方便、条件优越，再学习、深造的机会多。但是也应该考虑到，这些大城市的大公司、大机关人才济济，专业人员齐备，毕业生锻炼的机会较少，容易受压抑。边远地区和中小城市的工作单位虽然条件较差，比较艰苦，但由于缺乏人才，因而对大学生极为重视，毕业生的才能有充分发挥的余地。

（四）单位性质

很多大学毕业生受社会舆论对职业评价等的影响，他们对用人单位的性质也有所考虑。据调查，一些毕业生选择单位性质的顺序依次为：政府机关、金融机构、高等学校、国有企业、外资企业、合资企业、民营企业等。

（五）就业单位的发展前景

毕业生的发展情况与所在单位的发展前景密切相关。因此许多毕业生注重单位的发展前景，既看眼前，又顾及长远。

（六）继续深造的条件和机会

大学生从学校毕业出来，知识面还是有限的，要在今后求得发展，有所作为，必须在工作中继续学习，补充新的知识。因此，择业时很多人要考虑用人单位是否具备学习深造的条件和机会。

（七）发展机会

毕业生到用人单位工作后，在预期时间内可以取得什么样的业绩或晋升到什么职位，这可以根据该单位的发展前景、人事管理制度和培训计划机制等对其发展机会做出判断。

拓展阅读

中国“80/90 后”职场调查

中国的“80/90 后”有着独特的符号——独生子女，诞生于改革开放后，成长于市场经济中，游离在现实与理想之间，自由和禁锢、创业和随缘、安分和叛逆……都是他们的特点。当“80 后”步入而立之年、“90 后”开始成为职场生力军时，这一代人的职场生态引发了社会的广泛关注，这也是智联招聘此次调研的背景。

一、“80/85 后”全面崛起于职场，51.8%的“80 后”已经担任公司重要岗位

近年来，“80/90 后”崛起成为职场的新兴主力军，开始进入而立之年的“80 后”职场人开始担任企业的管理岗位。智联招聘调研显示，40.5% 的 1980—1984 年的人已经开始进入公司的核心岗位，其中16.3%的人已经担任了公司的中层管理岗位。如图4－1所示。

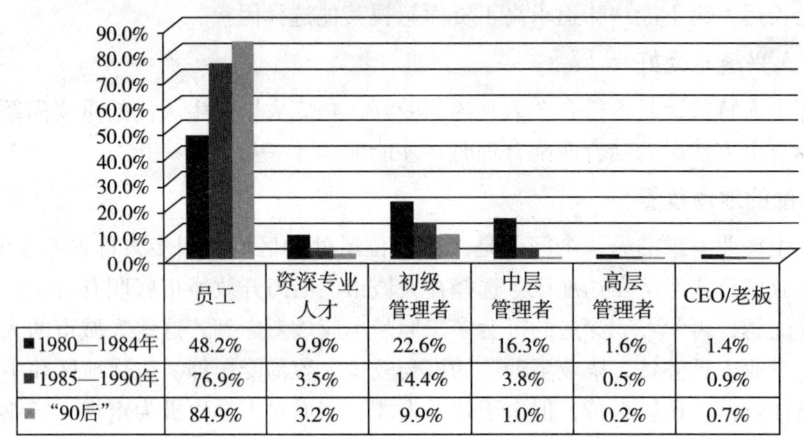

	员工	资深专业人才	初级管理者	中层管理者	高层管理者	CEO/老板
1980—1984年	48.2%	9.9%	22.6%	16.3%	1.6%	1.4%
1985—1990年	76.9%	3.5%	14.4%	3.8%	0.5%	0.9%
“90后”	84.9%	3.2%	9.9%	1.0%	0.2%	0.7%

图4－1 “80后”“85后”“90后”目前的职位级别

行业性质的差别以及“80/90后”员工身上具有的特质，使他们在各个行业中所占的比例有很大区别。智联招聘调查显示，“80/90后”员工占比例最高的三大行业类型依次为互联网、金融以及通信电子。如图4－2所示。

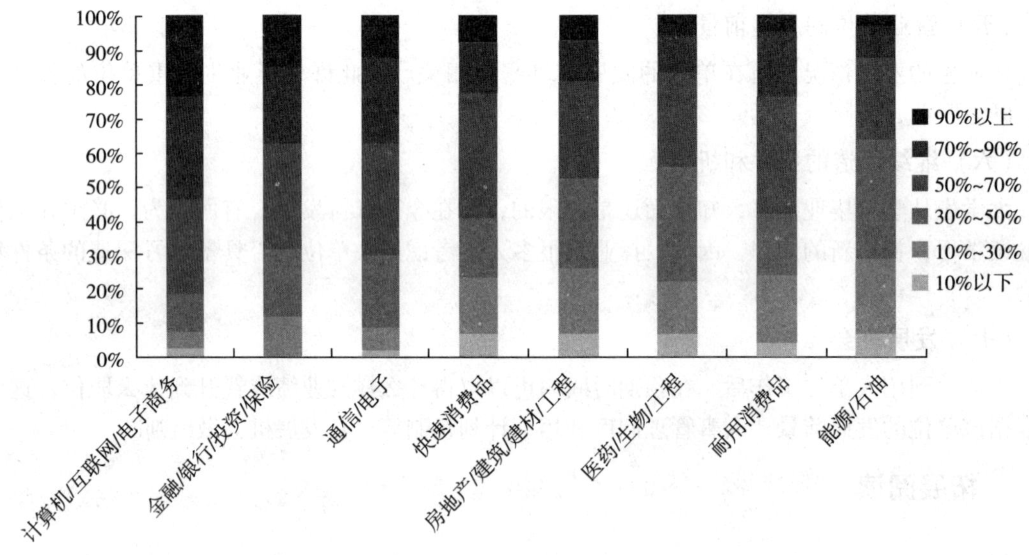

图4－2 各行业“80/90后”员工所占百分比

互联网行业对于新兴技术的要求较高，其中“80/90后”员工所占的比例最高。有超过两成企业“80/90后”员工占比达到了90%。近三成互联网企业的“80/90后”员工达到了70%～90%。

金融行业属于风险性较高、压力较大而薪酬水平相对较高的行业，也是“80/90后”员工所青睐的行业，因而这些行业中“80/90后”员工所占的比例也较高。15.1%的企业中“80/90后”员工所占的比例在90%以上。超过两成的企业“80/90后”的员工占到70%～90%。

“80后”“85后”“90后”的薪资范围与职位级别基本对应。超过五成的“80后”月薪为3000元以上，其中3000～5000元的比例达到了三成，5000～8000元的达到了13.6%。

而“85 后”由于参加工作时间较短，八成以上的人月薪尚在3000 元以下。如图4－3 所示。

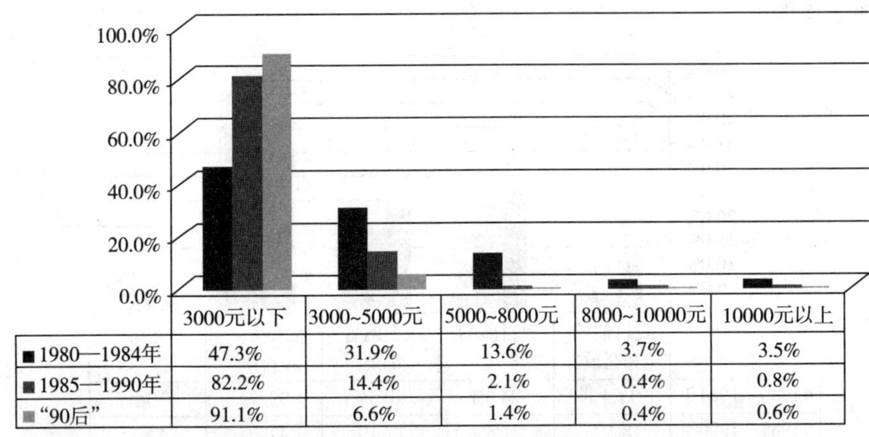

	3000元以下	3000~5000元	5000~8000元	8000~10000元	10000元以上
■1980—1984年	47.3%	31.9%	13.6%	3.7%	3.5%
■1985—1990年	82.2%	14.4%	2.1%	0.4%	0.8%
■“90后”	91.1%	6.6%	1.4%	0.4%	0.6%

图4－3　“80 后”“85 后”“90 后”的薪资范围

二、80％的“80 后”有过跳槽经历，其中40％跳槽次数高于3 次

智联招聘调查显示，八成“80 后”职场人有过跳槽经历，其中跳槽次数达到3 次含以上的比例达到了45.7％。“80 后”的工作年限集中在3～5 年和6～8 年，如图4－4 所示，这样的跳槽次数相对来说确实有些频繁。智联招聘职业顾问指出，关于跳槽次数的问题并不能一言以蔽之，具体还是要根据自身情况来判断。通过外部因素和自身内在因素两个方面来考虑，一般而言，在一家企业三年以上才能真正学习到精髓和提高自身的综合素质，所以智联招聘建议“80/90 后”跳槽一定要三思而后行。

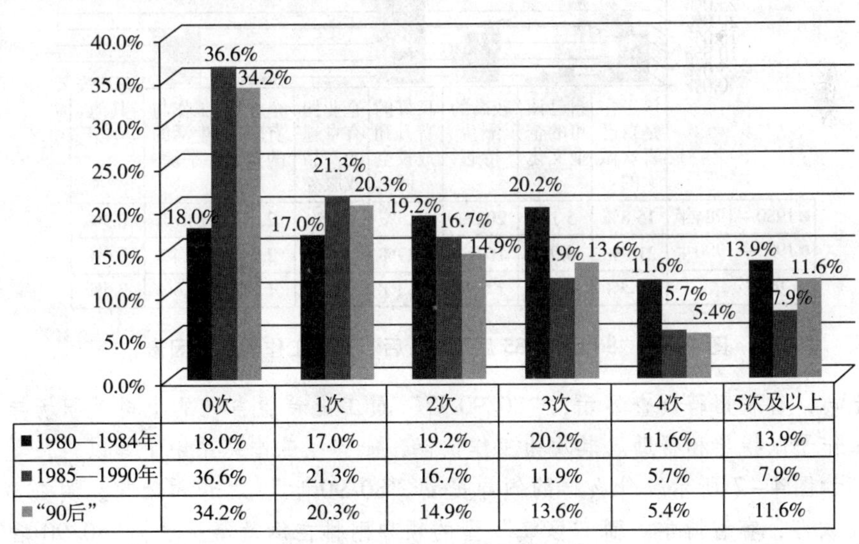

	0次	1次	2次	3次	4次	5次及以上
■1980—1984年	18.0%	17.0%	19.2%	20.2%	11.6%	13.9%
■1985—1990年	36.6%	21.3%	16.7%	11.9%	5.7%	7.9%
■“90后”	34.2%	20.3%	14.9%	13.6%	5.4%	11.6%

图4－4　“80 后”“85 后”“90 后”跳槽次数

同时值得注意的是，“90 后”作为目前最晚进入职场的一代，表示自己已经跳槽5 次以上的比例已经达到了11.6％。

三、忠于自己的“80 后”，给雇主留住人才布置了一个难题

相比较与自己所在的企业，“80/90 后”更忠实于自己所从事的职业。但相比于企业和

职业，更多的“80/90 后”表示只忠实于自己，如图 4－5 所示，这一特点给企业提高员工忠诚度增加了困难。

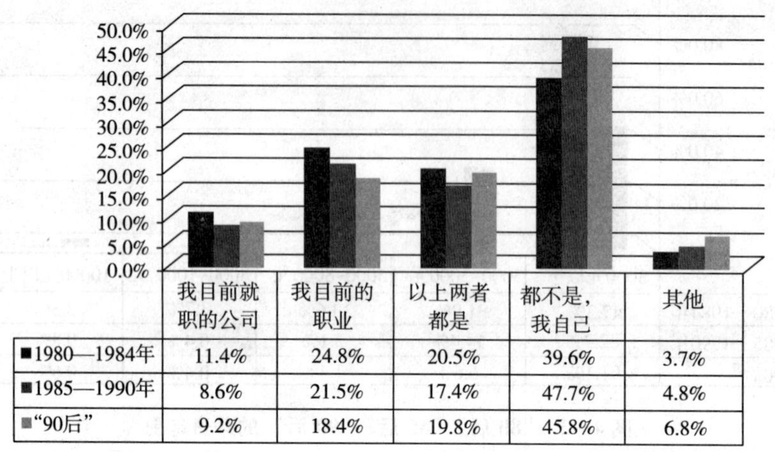

	我目前就职的公司	我目前的职业	以上两者都是	都不是，我自己	其他
■1980—1984年	11.4%	24.8%	20.5%	39.6%	3.7%
■1985—1990年	8.6%	21.5%	17.4%	47.7%	4.8%
■“90后”	9.2%	18.4%	19.8%	45.8%	6.8%

图 4－5 “80 后”“85 后”“90 后”忠于公司/职业

从具体要素来看，在吸引“80/90 后”的因素中，成长空间依旧是首位，其次是薪酬待遇，这一代是敢于表达自己需求的一代，他们在看中成长空间的同时也意识到了现实生存问题。同时通过调查可以看出，“80 后”将“工作与生活的平衡”作为考量一份工作的重要因素，而“85 后”更希望这份工作是自己的兴趣所在。如图 4－6 所示。

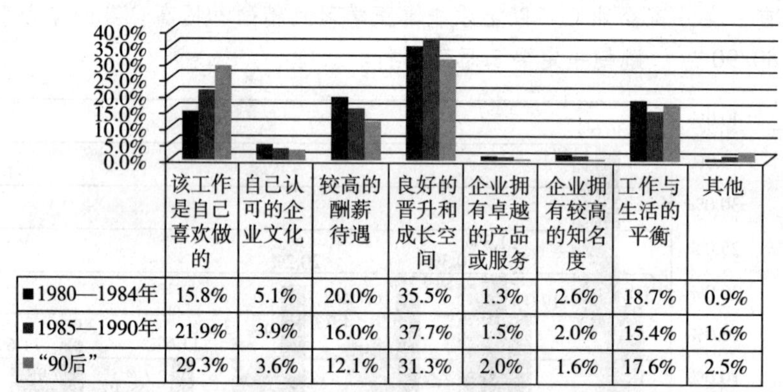

	该工作是自己喜欢做的	自己认可的企业文化	较高的酬薪待遇	良好的晋升和成长空间	企业拥有卓越的产品或服务	企业拥有较高的知名度	工作与生活的平衡	其他
■1980—1984年	15.8%	5.1%	20.0%	35.5%	1.3%	2.6%	18.7%	0.9%
■1985—1990年	21.9%	3.9%	16.0%	37.7%	1.5%	2.0%	15.4%	1.6%
■“90后”	29.3%	3.6%	12.1%	31.3%	2.0%	1.6%	17.6%	2.5%

图 4－6 “80 后”“85 后”“90 后”选择工作的考虑因素

关于上司，智联招聘调查显示，“80/90 后”员工更希望自己的上司是职场导师，能够对自己的工作予以指导和帮助。其次为工作伙伴，能够在工作关系中平等以待，受到来自领导的尊重。如图 4－7 所示。什么样的领导更受“80/90 后”欢迎和欣赏？调查显示，“海豚”型最受欢迎，睿智博学。而“蜜蜂”型的领导则排在倒数第一位，“80/90 后”讨厌领导事必躬亲；同时乐于展示自己风度的领导也被打入了冷宫，最高也仅有 7.8% 的“80/90 后”喜欢。如图 4－8 所示。

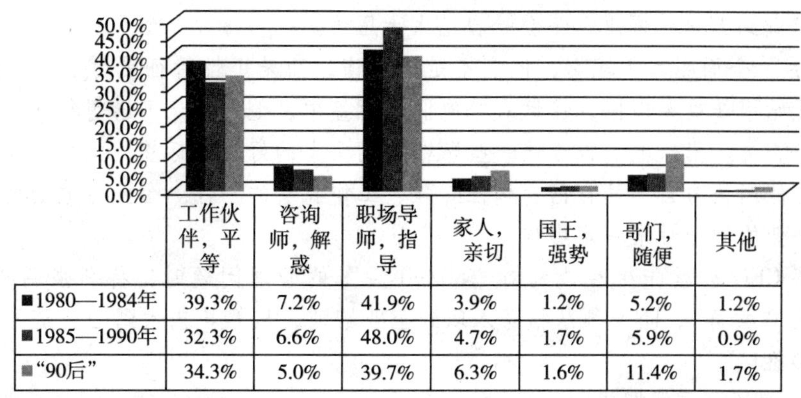

	工作伙伴，平等	咨询师，解惑	职场导师，指导	家人，亲切	国王，强势	哥们，随便	其他
■1980—1984年	39.3%	7.2%	41.9%	3.9%	1.2%	5.2%	1.2%
■1985—1990年	32.3%	6.6%	48.0%	4.7%	1.7%	5.9%	0.9%
■"90后"	34.3%	5.0%	39.7%	6.3%	1.6%	11.4%	1.7%

图4－7　"80后""85后""90后"希望的与上司的关系类型

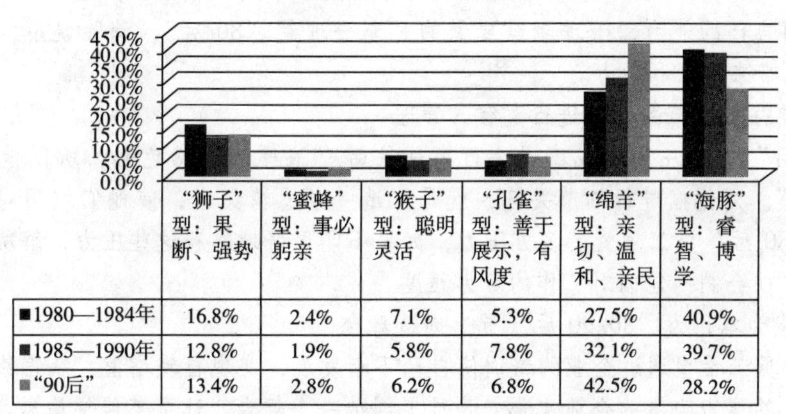

	"狮子"型：果断、强势	"蜜蜂"型：事必躬亲	"猴子"型：聪明灵活	"孔雀"型：善于展示，有风度	"绵羊"型：亲切、温和、亲民	"海豚"型：睿智、博学
■1980—1984年	16.8%	2.4%	7.1%	5.3%	27.5%	40.9%
■1985—1990年	12.8%	1.9%	5.8%	7.8%	32.1%	39.7%
■"90后"	13.4%	2.8%	6.2%	6.8%	42.5%	28.2%

图4－8　"80后""85后""90后"喜欢的领导类型

面对这个在中国改革开放以后出生成长的新社会力量，传统的管理模式与方法，受到了前所未有的挑战——企业中雇主与员工的经济冲突日益演变为价值观的冲突、单边的劳资关系变成双向的职业选择、员工由忠实于企业变成忠实于自己的事业甚至更忠实于自己、由追求终身的饭碗变成追求职业发展的舞台，企业与员工之间形成的工作契约正逐渐演变成为一种心理契约。

四、雇主与"80/90后"的自我认知形成了严重错位

"80/90后"总是会被打上各种标签，这些标签是否与"80/90后"符合？企业HR又是如何看待的？在这些标签中，智联招聘调查显示，"80/90后"自我认知的前几位特点是：责任心强、学习能力强、工作扎实和思想独立。而企业HR比较认可的特点标签则是：不稳定、思想独立、自律性差和自信。而排在倒数的几个鲜明特点则恰恰是"80/90后"自我认知的前几位，可见，企业与"80/90后"的自我认知形成了错位。

五、"80/90后"：我们要自己当老板

提到最终的职业目标，创业潮依旧影响着"80/90后"，他们将未来的目标锁定在自主创业上，比例高达46%以上，"90后"的比例更是高达56.3%。

除了创业外，"80/90后"的职业目标分成两个极端：22.1%的"80后"希望自己能够成为职业经理人，做到企业中高层管理者；但同时也有超过两成的"80后"表示对自己没有确切的要求，17.6%的"80后"表示只要有份稳定的收入和工作即可，而6.6%的"80

后”表示职位做到哪里是哪里，不会给自己太大压力。

“80/90后”全面崛起于职场，他们不是不靠谱，而是个性特征更为凸显。他们用实力证明自己并开始担任重要岗位，在世人给他们的标签中，他们只认可思想独立、自信，关于其余统统强势否决。当然他们也否认一些贴在他们头上的好听的标签，比如挑战权威、勇于冒险、张扬，他们认为自己是自信、责任心强、工作扎实的一代。企业与他们之间的认知错位，将会给企业的管理带来一定影响。

智联招聘CEO郭盛先生在谈到对“80/90后”的管理问题时，特别强调要与“80/90后”的新生代“共舞”，企业须从招聘入职到企业培训、从领导艺术到心灵疏导等方面建设全新的雇主形象！

1. 要充分理解，重塑期望

新进职场的“85/90后”员工，他们的工作历史几乎是一片空白，他们正跃跃欲试地想要发挥和证明自己的能力，管理者需要做的是充分理解“80后”，消除误解，用高期望给“80后”员工带来信心和动力。

2. 企业要注重细节关怀，进行宽容式管理

“80/90后”员工注重自我感受，行事往往带有浓厚的情感色彩，所以他们大多属于“情绪劳动力”。对他们进行细节关怀，就是打造一条感情纽带，使他们增强对组织的归属感。同时，“80后”员工承受着多方压力，如果不能很好地排解这些压力，解决工作和生活中的问题，往往会制约他们对工作的努力程度。

3. 要以能为本，为“80/90后”员工创造舞台

“80后”员工希望通过企业的培训使自己不断发展，实现自我增值，获得终身就业的能力。建设以人的能力为本的企业文化，为员工创造一个舞台，让员工能够施展才华，实现自我价值，同时为他们创造出可行的职业发展通道。

“80/90后”已经成为未来雇主品牌面对的重要群体，因此抓住雇主品牌的发展机遇，结合“80/90后”的个性特征和价值观调整雇主品牌策略，加大企业文化的变革，只有这样的企业，才能在“80/90后”的人才争夺战中脱颖而出！

四、职业目标的选择流程

职业目标的选择流程通常是：自我认知—职业认知—职业目标确立。自我认知和职业认知在此不再赘述，我们在这里重点剖析一下职业目标确立的流程。

职业目标的确立是建立在自我认知和职业认知基础之上的，其内部过程可以用图4－9呈现出来。

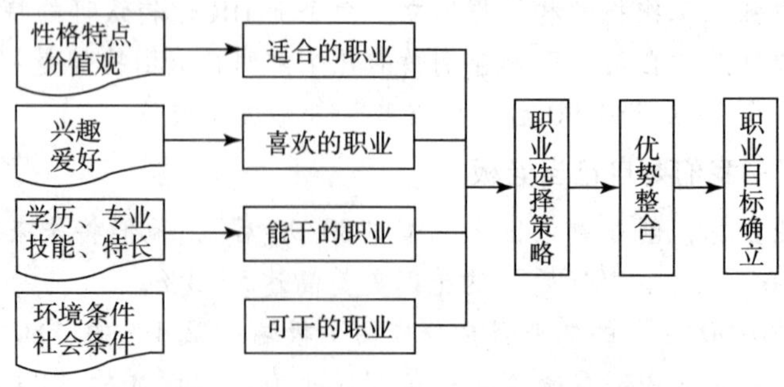

图4－9 职业目标选择的一般流程

从图4－9中我们可以看到，自我认知的结论作为职业目标确立流程的起始因素，影响着个人对职业目标的判断，进而结合职业认知的观念使我们对职业产生了不同的划分，即适合的职业、喜欢的职业、能干的职业和可干的职业，我们通常把这叫作职业定向。到这里，我们基本上对职业有了一个相对个性化的判断，也有了一个职业目标选择的大致方向，我们称之为职业目标选择的第一阶段，即个体认知阶段。

接着，我们进入这个流程的第二阶段，即分析评估阶段，这个阶段包括个体职业选择策略的明确和优势整合两个步骤。职业选择策略指的是在面对众多的职业选择对象时个体所采取的选择方针和选择方法。从利益最大化原则来看，每个人在选择职业的时候一般总希望选择那些适合自身特点而有发展前途的职业作为目标。也就是说，该职业应该既是适合自己的，又是自己喜欢的、自己能干的和可干的。与优势整合环节相结合，这样的职业目标可能对于某些选择者来讲不止一个，那么他就必须从多个目标中做出取舍；而对另一些人来讲，也许这样理想的目标一个也没有，因此就必须退而求其次，比如选择适合自己、能干、可干但不一定喜欢干的职业作为目标。

最终，选择者会进入最后一个阶段，即目标确立阶段。在此阶段，选择者必须既考虑到个人实现目标的资源和精力，又要考虑到其中可能会面临的风险，因而目标保留的最终数量一般不应该超过三个（多则精力达不到），但至少应该有一个。保留多个目标的人，还应考虑协调几个目标之间的关系，争取使它们之间具备互补支撑和相互替代的关系；目标有缺陷的选择者，从确立该目标之日起，就应该着手创造条件、弥补缺憾，力争在条件改善、资源改造、个体能力增强的同时使目标得以实现。

在实际操作中，这样的选择过程对于一个人的职业发展来讲，往往仅做一次是远远不够的，在面临学业方向改变、就业前景考察、职位升迁等状况的时候，便需要在反复审视和循环发展中得到多次运用。所以，熟悉这一流程，对个人的职业目标确立乃至实现就显得尤为重要。

五、职业目标的确立

职业目标的确立绝不简单地等同于职业目标的选择，这一活动的成效表明，它不单单是为了找到目标，而且还需要管理和使用好这个目标，为自己的职业生涯发展规划的深化和优化服务。

这里我们引入目标管理的概念与方法。目标管理（Management by Objects，MBO）是20世纪50年代由美国著名管理思想家彼得·德鲁克（Peter Drucker）提出来的。目标管理战略从被提出的那天起就一直被世界许多大企业的管理人士所使用。这些人基于自己的能力管理不同的工作组，实现个人和工作组的目标。其中所采用的SMART目标管理方法（见图4－10）尤其适用于我们对职业目标的确立做深入细致的分析。

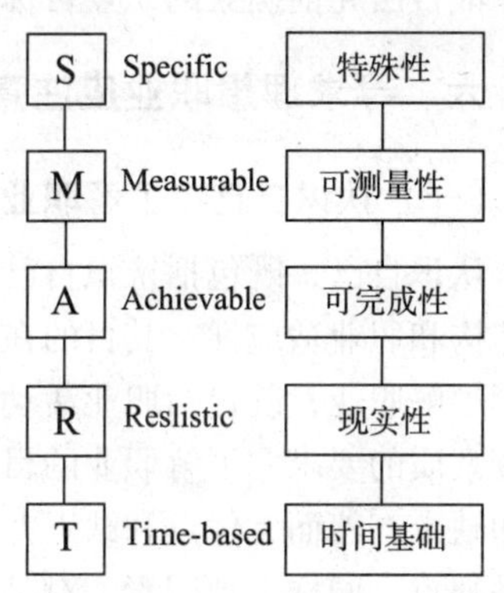

图4－10 德鲁克的SMART目标管理方法

SMART目标管理分析方法可以作如下解释：

（一）S——特殊性（Specific）

有些重要因素应该在目标制定过程中给予重视，这些因素的排列是有一定顺序的，并且会对目标产生影响。目标应该具有一定的特殊性，换句话说，它们应该被描述为希望得到的特殊结果。比如："英语考试过关"这一目标在其特殊性上应该被表述为"四级英语考试一次过关"这样的特殊描述。

（二）M——可测量性（Measurable）

第二个重要因素是目标的可测量性。目标是过程预测的一部分，它应该能够非常明确地显示目标是否达到，这需要借助于一些较为明确的测量尺度和测量方法来标量处理。如考试的分值、取得资格认证的级别或其他的一些可以比较或量化的指标。这样做的好处在于，首先可以确切地标定自己的位置、清楚自己的现状，其次能够对自己未来的变化做出精细的判断。

（三）A——可完成性（Achievable）

制定目标的另一重要影响因素是目标必须具有可完成性。比如：把"每天记忆1万个英语单词"作为目标，单从数量上看，对于绝大多数人来说这就是一种几乎不可能完成的任务，不如合理地调整一下，比如"每天记忆20（进而或者100）个单词"。这样考察目标，是为了保证从预期上分析目标具有可完成的可能，从实际的实施结果上也可以印证目标是可以通过努力达到的。

（四）R——现实性（Realistic）

作为一个关键因素，目标必须具备现实性。现实的目标应该建立在对不可控因素的充分认识基础上，或者说，现实目标具有一定的挑战性。但是，这种挑战性还不会对成功的机会构成威胁，人们可以通过采取一些手段或者使用一些工具实现目标。比如靠个人的努力不可能得到某个职位时，是否可以考虑调动其他的社会资源；当通常条件下的学习方式同计划中任务的完成效率有着明显的差距时，可否改用新的学习方式。以前或当前不现实的东西并不证明它以后也不现实。想实现它，就应付出更多现实化的努力。

（五）T——时间基础（Time－based）

制定一个好目标的最后一个重要因素是时间基础。要为目标限定一个时间期限，这是制定一个现实的、可实现的目标的最后一个环节，它经常会暗含于目标管制的过程中。这个隐含的时间条件也是目标的一部分，同时也是制定者完成目标必须承担的责任。时间设定得越精确，对目标的控制就会变得越严格，目标的实现就越有保障。

综合运用上述分析方法和分析结果，细致考察自己确立的职业目标，使之受到再次检验，是保证自己先前确立的职业目标对个人职业发展定向更加科学和利于实施完成的重要手段。

六、寻求理想职业应注意的问题

（一）认识自己，了解职业

认识自己，既包括认识自己的兴趣、气质、性格和能力，也包括认识自己的生理素质、知识结构和职业适应性。其目的在于真正了解自己最适合干什么工作。

了解职业，既包括职业活动内容、职业特点、职业环境、职业报酬，也包括了解职业对从业者素质的要求。了解职业的目的，在于求职时有针对性，减少盲目性。任何人都有自己的优点和缺点，然而，优点和缺点并不是绝对的，有时对一种工作来说是优点，对另一种工作来说却是缺点。同样一种因素，对某些招聘者看来是优点，而在另一招聘者看来就可能是缺点。因此，有选择地突出自己的某些优点，就要扬长避短，把自己的优势转化成对方需要的形式，转化成招聘者能接受的形式。事实表明，在众多求职者实力相差无几的情况下，究竟谁能被录用，就看谁能展示自己与众不同的特长。

（二）正确把握自己的择业期望值

在现代社会中，职业是多种多样的，人们的职业期望值也不尽相同，但并不是人们所有的职业期望值都能变成现实。一个人的职业期望值能否变成现实，主要看其是否建立在合理的基础上。比如在大学生就业过程中，也许每个人都希望自己有一份既轻松愉快，待遇条件好，又不怎么费劲就能成就一番事业的职业。很显然，这种职业期望值是不可能实现的。同时，任何一个职业的选择，都要受到社会需求、自身素质以及其他社会因素的制约。并且，人的职业期望值又是发展变化的，它随着社会生产力的发展而发展，随着职业结构的变化而变化。因此，人们在选择职业的过程中，应实事求是地对自己的职业期望值有一个客观科学的分析，分清哪些是合理的，是能够实现的，对此应努力追求；哪些是不合理的，是实现不了的，对此应放弃。这就要求每一位大学毕业生，应以自己的专业所长、个人素质优势以及客观的社会需求为基础，确立自己合理的职业期望值。

一个人的择业目标能否实现，除了个人素质、专业、社会需求、机遇条件外，更主要决定于自己对择业期望值高低的选择。当毕业生根据自身条件和社会需求确定了自己的择业目标之后，如何把握择业期望值，就成为毕业生择业目标能否实现的关键问题。如果把握不好，就难免走入择业误区。

要正确把握好择业的期望值，就应防止下述问题的出现：

1. 防止图虚荣的思想

由于虚荣心作怪，一些毕业生在选择职业时，不顾客观条件的限制，一心只想找一份令人羡慕的职业，至于自己能否胜任，是否适合自己，能不能有所发展，则不予考虑。其结果要么因超越现实而无法实现，要么在工作岗位上因无法施展才干而业绩平平。

2. 防止图享受的思想

优越的待遇和条件往往对大学生最具有诱惑力，但也是导致毕业生择业失败的误区之一。客观地讲，毕业生希望自己有一个较好的工作环境，这种职业期望值是可以理解的，问题是有部分毕业生对这类单位的职业活动特点知之甚少，而对其收入和生活条件期望过高，甚至有部分毕业生只重金钱，图实惠，只要生活条件好，不惜放弃自己的专业知识和抱负。这种只图一时实惠和享受，不考虑国家需要和个人发展的思想倾向，不仅是不可取的，也是不现实的。

3. 防止图安逸的思想

害怕艰苦，不愿到生产建设第一线和艰苦地区工作，这也是导致部分毕业生择业出现偏差的重要原因。有几分耕耘，便有几分收获。人生犹如一个竞技场，不付出艰苦的劳动，便无法得到社会的承认。

4. 防止偏离自己的择业目标

择业目标的确定要从自身素质和社会需要来考虑，确定择业期望值更应如此。大学生在确立自己的择业期望值的过程中，如果偏离自己的职业兴趣、专业特长和实际能力，就失去了自己的优势，从而偏离了自己的择业目标。有的毕业生明明在某一方面的素质很好，却轻易地放弃了能发挥自己这方面素质特长的单位或岗位的选择，这不仅不利于自身的发展和成长，而且对国家和人民的利益也是不利的。

5. 防止期望值过高

有的毕业生在择业过程中，不顾自身条件的限制，眼睛死盯着“好单位”，宁愿待在“上面”无所事事，也不愿到“下面”较适合自己的地方去施展才华。实践表明，择业期望值过高最容易使人陷入两种困境：一是由于期望值超出现实而使自己在择业时屡屡失败；二是即使侥幸获胜，也会因自身能力不足，无法胜任工作而处于被动困难之中。

任务4.3　大学生就业的主要途径

一、大学生就业的主要方式

自从实行“自主择业、双向选择”的就业体制以来，大学毕业生就业走向了多元化的局面，形成了多种多样的就业方式。

（一）升学深造（考研或专升本）

许多毕业生为了提升自身的学历水平，提高就业竞争力，谋求更好的就业岗位和更高层次的就业，纷纷加入继续升学深造的行列。近几年我国每年参加考研的大学生数量在170万～200万人，录取比例在32%左右。辽宁省每年参加专升本考试的高职生数量在8000～11000人，录取比例在50%～70%。

（二）报考国家公务员

我国每年都要从大学毕业生当中招收一定数量的优秀毕业生充实各级党政机关的公务员队伍。自身素质好的学生，可以在毕业前参加国家公务员资格考试。在取得公务员资格后，各级党政机关通过双向选择实现就业。由于公务员职业的稳定性，所以每年报考的人数都很多，竞争十分激烈。

（三）国有企事业单位（应聘或报考）

国有企业是指在所有制形式上属于国家所有或国家控股的企业，是依法自主经营、自负盈亏、独立核算的商品生产和经营单位。国有事业单位是指不以为国家积累资金为直接目的，而是为党政机关和国民经济、社会生活各个领域服务，为国家创造和改进生产，增进社会福利，满足人民文化、教育、科学、卫生等方面需要的社会组织。

国有企事业单位历来是大学毕业生就业的一条主渠道。在用人方面，国有企业实行所有权与经营权的分离以后，全面推行全员聘用制，企业具有自主招聘职工的权力。事业单位也采取了一系列改革措施，增强用人自主权，按照择优录用的原则，试行聘用制度。因此，“双向选择、自主择业”的就业体制为企事业单位和毕业生双方都带来了机遇，提供了广阔的选择和就业空间。

（四）应聘民营企业和合资、外资企业

民营企业是指在所有制关系上属于劳动者个体所有或采取资本联合经营的非公有制经济形式。《中共中央关于完善社会主义市场经济体制若干问题的决议》指出，要鼓励和支持非公有制经济发展，扩大非公有制经济的投资领域，表明民营企业的发展面临着大好的发展机遇。外资企业主要指中外合资经营企业、中外合作经营企业和外商独资经营企业。这些企业的用工体制都是采用劳动合同制，员工和企业之间存在雇佣劳动关系。一般来说，民营企业是经过自筹资金、自我积累发展起来的，人才比较缺乏，发展机会较多。外资企业资金雄厚、技术先进、管理科学，并享受一定的优惠政策，具有较高的待遇。近年来，这两类企业的快速发展，为高校毕业生实现人生价值提供了更为广阔的舞台。

（五）自主创业

我国经济的快速发展、产业结构的调整、非公有制经济迅速崛起，为大学生自主创业、施

展才华提供了良好机遇。一些学生毕业后不是向社会寻求工作，而是运用自己的知识和能力进行创业。他们不仅解决了自己的就业问题，在为社会创造财富的同时，还带来了更多的就业机会。自主创业已经成为大学生就业的一种新形式，也对大学生综合素质提出了更高的要求。

（六）参军或参选士官

近年来，为了加快军队现代化建设的步伐，部队加大了接收地方大学生的工作力度，越来越多的大学生走进军营。军队接收地方大学生以本科、理工类为主，也兼收其他类别的毕业生。大学本科毕业生参军入伍以后，属于军官身份，高职专科参选士官成功的属于士官身份。

此外，我国还从高校招收未毕业大学生参军。在校本专科学生，不论入学时间长短，都可以报名参军，保留大学学籍，服务期限届满可以回到大学继续学习。如果在部队表现良好，有过立功记录，回到大学后将视立功等级给予减免学费、免试推荐专升本、攻读研究生等。

（七）出国留学或工作

经济全球化带来国际交往的增加，越来越多的年轻人希望有机会到外国去学习或工作，学习国外先进的科学技术和管理经验，体验世界各地的风土人情。因此，可以通过出国留学或人才、劳务输出的方式来达到出国的目的。

（八）自由职业等其他形式

自由职业者是指跟体制或者出资人不存在法律效力合作关系而拥有合法收入的个体，对当代都市新新人类而言，多为从文从艺人员，如自由撰稿人、美术人、音乐人、电脑精英、策划人等。当然，随着社会的发展、体制的放宽、技术的进步，自由职业者也正在向其他领域不断扩展。学者指出，医生、律师等将会成为最大的自由职业者群体。

近年来，还有一些学生由于未能找到合适的工作或继续考研等原因，未能及时就业，或者自愿暂缓就业，如新出现的“游学”“慢就业”等。

二、几种主要就业方式利弊分析

（一）考研（或专升本）

1. 利

延缓就业压力，推迟就业期的到来；有些城市、有些学校能给研究生（或本科生）解决户口的问题；提高自身学历，增强竞争力；国家出台了新的研究生扩招政策，考研相对容易，能够拿到更高的文凭；学术上有创见，可以沿着这个方向一直努力，毕业后获得稳定的工作。

2. 弊

研究生（或本科生）毕业后，毕业压力仍在，而且有了新的同等学力竞争者，压力越加沉重；读研（或专升本）期间，不一定能学到对自身职业有用处的知识，白白浪费了积累经验的时间；研究生会扩招，会出现和大学扩招相同的结果——研究生学历贬值，也许毕业后只有一个选择——考博。

硕士生毕业或博士毕业后年龄偏大，失去年龄优势，特别是女生，要面临更多的年龄歧视。学术研究层次越高，就业行业面越窄。在硕士生或博士毕业后，面对更加激烈的竞争，此时却已无法放弃本专业。

3. 建议

如果对某个专业、某种学问有无法遏制的热爱和相应的研究能力，就不要浪费自己的爱好和天才，继续深造，终有一天会有建树。但如果升学只是为了规避和缓解就业压力，建议不要考研（或专升本），升学毕业后压力只增不减，而且会使你丧失积累经验的机会，试想，2～3年内你将与多少机会失之交臂。

年龄有时候是一种优势，因为年轻，有犯错误的时候，也会有改正错误的机会，一旦年纪大了才开始接触社会，这些机会就会相应减少，试想，一个二十几岁的大学生犯了错误，单位会念在他年纪小，给予原谅；但一个将近30岁的人犯同样的错误，会让人诧异甚至认为不可原谅，善用年龄优势就是为自己留下余地。

（二）公务员

1. 利

稳定的收入和生活，有良好的保障；公务员收入不是最高，但福利极好；有一定的社会地位及相应的权限；职业轨迹确定，工作没有太大的浮动性；国家机构员工，本身带有荣誉性质。

2. 弊

工作枯燥，忙起来极忙，闲起来极闲；考试没完没了，升职总与考试、考核挂钩；有些机关人际关系复杂，钩心斗角；收入稳定，但没有大幅提高的可能，只能保持平均水准；坐在清水衙门、没有晋升可能的人，很没成就感。

3. 建议

有志于从政的人、有权力欲望的人、真心想改变国计民生状况的人、想要一个稳定工作的人都可以选择考公务员。公务员这个工作，如果心境淡泊，没有野心，不失为不错的选择，能够保证安定的生活和充足的个人时间；如果想要升职，则要有长期奋斗（至少15年）的决心和高明的人际头脑，否则不容易出头。

（三）国企（或事业单位）

1. 利

稳定的收入，良好的福利保障；有国家做后盾，安全系数高；国企注重员工素质，要求员工为人处事遵循一定规则，可以学到不少东西；有些行业工作相对安逸，心理压力相对较低；国企锻炼人，能够形成良好的就业观。

2. 弊

入门难，不容易进入；有的论资排辈，想要出人头地，一般需要多年的奋斗；人际关系较复杂；中西部的国企，大多待遇一般。

3. 建议

国企人际关系复杂，初入其中的大学毕业生也许会摸不到门路，而按资排辈的现实更让心高气傲的大学生心生不服，当然，国企也正在克服上述弱点。国企能够全方位地锻炼人，总的来说，国企是不错的选择。

（四）私企

1. 利

能够发挥能力，发展空间较大；能够很快学到实用的知识；私企工作不单调，需要一职多能，无形中提高了自己多方面的能力；劳有所得，私企老板会按照你的贡献决定你的待遇，形成良性循环；自由性大，升职、积累经验相对更快，想跳槽也容易。

2. 弊

风险较大，比如经济危机到来，私企一批批倒台；有的公司不能保证福利；企业人文环境参差不齐，有些极好，有些极差；竞争相对激烈，工作环境不稳定，下岗可能性大；有些制度不合理，吃亏也只能忍着。

3. 建议

很多毕业生愿意选择私企，认为私企的门槛较低，更易积累经验。但是，不要形成“直接进入私企”的意识，私企的素质参差不齐，毕业生缺乏经验，很容易被第一份工作定型，错误的观念和不良的职场习惯会限制你的发展。同时，私企同样有广阔的发展空间，不会束缚才能。对私企，应慎重考虑。

（五）外企（或合资企业）

1. 利

高薪、福利好、工作环境好；外企有系统的企业文化、管理制度，能够学到更多的东西；强调个性和创造性，有利于培养能力，也有利于搭建自己的人际关系；注重员工发展，给予员工诸多培训；实力雄厚，不会出现拖欠工资、罔顾员工权利等现象。

2. 弊

起点高，发展空间不大；工作量大，加班加到吐血；竞争激烈，神经随时紧绷；打入核心机构难上加难，可能性基本为零；对外语有很高要求。

3. 建议

外企的高薪高酬是很多毕业生追求的目标，进入外企，感受成熟的企业环境和管理系统，有利于毕业生学到更多的东西，不论是个人能力、行业观念、企业文化意识，外企都能够全方位地充实员工的头脑。但是，外企竞争激烈，职位也只能到一定级别，有些聪明人会进入外企学习先进的管理经验和技术，然后自己创业。

（六）出国留学

1. 利

增长见闻，开阔视野，成为一个有见识的人；掌握一门外语，受益终生；磨炼自己的生存能力，培养自己的吃苦精神，学习外国人的优秀之处；有好的学校、好的专业，能够学到真正的知识，拿到过硬的文凭；有机会进入外国公司或者移民。

2. 弊

出国留学需要大笔金钱，投资不一定有相应回报；国外消费水平高，也许你常会感到入不敷出；有些国家排他性强，你无法真正融入同学之中；外国的经济危机闹得厉害，工作机会更少；如果没有学到真正的知识，会白白浪费几年光阴和大笔金钱。

3. 建议

年轻的时候有机会多见见世面，是件好事。如果有条件出国留学，不妨出去。但是，如果没有好的学校或者好的专业，大可不必出国镀金，把同样的资金用来创业或投资意义更大。

（七）创业

1. 利

不必为人打工，自己的事业自己做主；全方位锻炼个人的能力；最大限度地激发个人的潜质；培养系统性的思维能力；创业成功的成就感无可取代。

2. 弊

目前中国的创业环境并不健全，需要一笔较大开支，需要长远目光和周密规划；毕业生社会经验少，眼高手低，盲目乐观，容易碰壁，若创业失败，打击巨大。

3. 建议

大学毕业生想要成功创业，不只需要远大的理想，还要有激情、行动力、领导能力、商业信用和超强的适应性，毕业生不论是心智、观察市场的眼光、领导气质都还有一定欠缺。想创业的人无须急于一时，进一家好公司，积累了丰富的经验和人际关系，再辞职创业更为妥当，成功率也更高。

（八）自由职业

1. 利

充分发挥自己的才能爱好，时间自由、充裕；能够全面安排自己的生活；挑战性高，生活不易枯燥；按照自己的理想生活，心灵充实。

2. 弊

没有稳定收入，必须自己注意社保和养老问题；脱离社会太久，不容易融入；对自制力要求极高；会有入不敷出的情况；有江郎才尽的顾虑。

3. 建议

自由职业适合有艺术气质的人，SOHO（家居办公）一族的生活虽然令人羡慕，但存在的隐患也不容忽视，自控力强、计划性强、有理财观念的人能够适应自由职业，并保证自己的生活；容易产生惰性的人，还是需要工作来规范，不建议太过“自由”。

三、大学生就业求职的主要途径

（一）学校推荐就业

学校推荐是毕业生就业的主要途径，教育部规定每年11月20日以后用人单位可以到高校招聘应届毕业生，学校推荐一般包括学校举办校园大型招聘会和企业专场招聘会等形式。学校推荐的用人单位一般来讲是可靠的，在企业来学校招聘前，学校会通过各种途径对用人单位进行查证，有时学校还会派人到用人单位进行实地考察和洽谈，以确保学校推荐给大学生的用人单位福利待遇是真实有效的。

1. 企业专场招聘会

一个企业面向某一高校毕业学生在该学校单独举行的专场招聘活动。一般企业会提前一个星期左右的时间与学校的就业指导部门或相关部门联系，双方商定准确的来学校招聘时间、专业、数量、男女生比例、学生到企业实习期间及签约后的具体待遇，企业是否提供食宿条件等。如果是熟悉的企业，学校对企业的情况已经了解，就不用考察了；如果是新企业，学校将通过实地考察、上网查询等手段对企业进行考察。招聘程序一般如下：

（1）学校就业指导部门或系向学生发布企业招聘公告（一般通过通知、橱窗、学校就业指导网或者微信、短信等手段），将企业的基本情况、招聘时间、专业、人数、待遇等告知应届毕业生供他们参考；同时公布企业专场招聘会具体时间、地点。

（2）企业依照约定的时间到学校，学校将有意向的毕业生集中到指定场所，由企业招聘人员向学生进行宣讲，介绍企业的基本情况、企业文化、本次面向学校招聘人数、专业、具体要求，宣讲结束后学生有问题可以当场向企业招聘人员提出，企业招聘人员现场给予解答。然后有意向到企业去的同学留下，其余同学可以离去，企业对留下的同学进行笔试，有的企业还会进行心理测试，笔试后可能会有部分同学被淘汰，对笔试通过的同学企业将进行面试，接收学生的求职简历。

（3）有的企业在离开学校前会决定录用学生的名单，有的企业会将结果带回公司向相关领导汇报后再通知学校录用学生名单。学校接到企业通知后会通过特定方式公布录用学生名单。未被录用学生可参加其他单位的招聘，已录用学生没有特殊原因原则上不得再参加其他单位的招聘活动。

2. 校园大型招聘会

校园大型招聘会是学校同时邀请许多企业在校园举行的大型集中招聘活动。大型招聘会一般参加的企业多，毕业生可选择的余地大；但是也正因为企业多，看看这个企业可以，那个企业也不错，以至于毕业生举棋不定、优柔寡断，难以取舍，有时还会出现一个同学被几个用人单位同时录用的情况；大型招聘会由于参加企业和学生较多，所以企业与毕业生个人之间双向交流往往不够充分；组织的难度相对大一些。招聘程序与专场招聘基本相同。

（1）学校联系好参加招聘会的企业，确定时间，向全校学生公布参加企业的基本情况，每个企业拟录用人员的数量、专业；每个企业参加招聘会的展位号；招聘会召开时间、地点，企业会提前到学校指定的展位布展。

（2）招聘会开始一般会有一个简短的仪式，有的学校还会进行校企合作签约仪式，仪式结束后，企业招聘人员就到指定展位接收学生提交求职简历并作一些互动交流，进行双向选择活动；大型招聘会由于受时间和场地的限制，一般不进行笔试和心理测试。

（3）有的企业会当场决定录用学生的名单，那么企业和学生双方就到学校就业指导中心或招生就业处办理备案手续（有的直接签订协议书），已办好录用手续的学生就不能再与其他企业签约（每个毕业生的协议书只有一份）；有的企业会将结果带回公司向相关领导汇报后再通知学校录用学生名单。学校接到企业通知后会立即公布录用学生名单。

（二）参加社会招聘会

社会招聘会是由政府组织或人事、劳动部门的人才市场组织用人单位和求职者双方在同一时空直接进行交流洽谈的一种集市式招聘形式。招聘会上供需双方直接见面洽谈，双向交流，反馈及时，省略了许多不必要的中间细小环节，增加了洽谈的成功率，节省了宝贵的时间，提高了应聘的效率。另外，招聘会上就业信息集中、便于收集，应聘者在招聘会上可以同时和多家招聘单位见面洽谈，选择余地较大。社会招聘会与学校推荐的过程差不多，只是用人单位的组织方式不同。被录用学生可参加其他单位的招聘。

（三）网上求职

网上求职、网上招聘的就业方式目前已经成为一种时尚。对大学毕业生来说，网上求职既省钱又省事，将会越来越成为就业的主流方向。

1. 查询、检索就业信息

就业网站很多，不必一一拜访，上网浏览应选择信息完整、丰富、全面、针对性强、可信度高的就业网站。大型企业一般会有一个自己的、完整的网站，并且随时更新招聘信息，要经常关注这些网站，随时把握动向，以便谋求到合适的职位。

2. 登记电子简历

网上求职需要把个人简历放在就业网站上，让用人单位来找你。在登录就业网站时，应该选择访问量大、更新快、可注册会员、登记后有专用简历编号、密码可以修改、具有自动向招聘单位发送简历功能的网站。最好能把你的简历注册到网站人才库里，成为网站会员，其主要目的是能使招聘企业查询检索到你的简历和享受到其他的求职帮助服务，如职位推荐、求职咨询、简历设计等。填写简历时尽可能详细、真实，简历的内容最好是把自己的学历、经历、成效、能力、求职意向等填写得全面、具体些，把你最好的、最有优势的方面展示出来。

3. 用 E-mail 求职

当对用人单位比较了解并有求职意向后，用 E-mail 发送求职申请是个很好的方法。这种方法方便，联系快捷，也能防止被骗。

4. 建立个人主页

为了让用人单位全面了解你的情况，最好的方法是建立个人主页，在个人主页中把你的有关情况都罗列出来，一目了然。在充分了解当今大型企业和公司的主要人才要求的情况下，全面展现自己的才能和独特之处。主页要设计得新颖，让人觉得你很有内涵又不失风度。

（四）利用亲友等社会关系求职

利用自己的亲友、同学、同乡等社会关系搜集就业信息和进行求职也是大学生就业的一个重要途径。许多用人单位尤其中资企业也愿意录用经熟人介绍或者推荐引进的求职者。大学毕业生在求职的过程中，如果关键时刻有关键人物帮自己引荐，无疑效果会更好：一是亲友一般不会骗自己，他们介绍的单位都是他们经过认真筛选的，单位可靠；二是亲友肯定关心自己，他们介绍的单位的福利待遇不会太差；因为有亲友的这一层关系，到单位后有人关照，工作上会少走弯路，成长得可能要顺一些。真才实学也要有伯乐赏识，因此，利用亲友关系求职也是一个不错的选项。

（五）电话求职

电话自荐求职是指通过电话推荐自己的一种求职方式，现在被越来越多的大学生采用。怎样充分利用电话接通后那短暂的几分钟，用最简洁明了的语言清楚地表达自己的意思，充分展示自己的优势，尽可能给受话人留下一个深刻清晰的印象，这就不能不涉及一些电话求职礼仪和电话自荐的技巧问题。

（六）自荐求职

在没有其他关系的介绍和推荐的情况下，大学毕业生可以带着自己的简历直接到一些自己选定的公司登门造访，勇敢地把自己介绍给对方，赢取用人单位的赏识和青睐。职业指导专家认为，求职中的主动表现在两个方面：一是主动为自己寻找机会，主动登门拜访来推销自己；二是在面试后主动做一些适当的工作。有很多实例说明，大学生的主动精神往往会打动用人单位的招聘者，并会让自己最终被录用。直接登门之前需要事先做好充分的准备，可通过公司网站或其他途径对该公司的特点进行了解，做到有的放矢；此外，在拜访时要表现出自己对该用人单位有极高的热情、兴趣以及相当的了解，给招聘负责人留下深刻的印象。

当然，主动求职要因人、因公司而异，因为主动并非对任何公司都有用，是否主动登门求职，还要根据自身的实际情况来决定，可根据工作性质不同、职位高低不等和公司文化等多种因素来选择是否主动登门求职。

（七）通过中介机构求职

人才交流实行市场化之后，人才中介机构一直扮演着“媒介”的重要角色，许多高校应届毕业生通过人才中介机构的渠道来寻找工作。大学毕业生可以到就业中介机构专设的委托招聘部门去办理就业代理登记，投放简历，委托推荐。在选择代理求职的中介机构时，毕业生要警惕那些操作不规范的“伪中介”和“黑中介”。此外，还要注意了解该中介机构的一些具体情况。

课后测评

职业价值观测试

为保证测评结果的准确，请不要过多思考，按照自己的第一感觉答题，并在15分钟内完成。

下面有52道题，代表13项工作价值观，每题有5个被选答案（非常重要、比较重要、一般、不太重要、不重要），请根据自己的实际情况或想法，选一个答案，在选项上打“√”。非常重要记5分；比较重要记4分；一般记3分；不太重要记2分；不重要记1分。

1. 你的工作必须经常解决新的问题。

A. 很重要　B. 比较重要　C. 一般　D. 不太重要　E. 不重要

2. 你的工作能为社会福利带来看得见的效果。

A. 很重要　B. 比较重要　C. 一般　D. 不太重要　E. 不重要

3. 你的工作奖金很高。

A. 很重要　B. 比较重要　C. 一般　D. 不太重要　E. 不重要

4. 你的工作内容经常变换。

A. 很重要　B. 比较重要　C. 一般　D. 不太重要　E. 不重要

5. 你能在你的工作范围内自由发挥。

A. 很重要　B. 比较重要　C. 一般　D. 不太重要　E. 不重要

6. 工作能使你的同学、朋友非常羡慕你。

A. 很重要　B. 比较重要　C. 一般　D. 不太重要　E. 不重要

7. 你的工作带有艺术性。

A. 很重要　B. 比较重要　C. 一般　D. 不太重要　E. 不重要

8. 你的工作能使人感觉到你是团体中的一分子。

A. 很重要　B. 比较重要　C. 一般　D. 不太重要　E. 不重要

9. 不论你怎么干，你总能和大多数人一样晋级和长工资。

A. 很重要　B. 比较重要　C. 一般　D. 不太重要　E. 不重要

10. 你的工作使你有可能经常变换工作地点、场所或方式。

A. 很重要　B. 比较重要　C. 一般　D. 不太重要　E. 不重要

11. 在工作中你能接触到各种不同的人。

A. 很重要　B. 比较重要　C. 一般　D. 不太重要　E. 不重要

12. 你的工作上下班时间比较随便、自由。

A. 很重要　B. 比较重要　C. 一般　D. 不太重要　E. 不重要

13. 你的工作使你不断获得成功的感觉。

A. 很重要　B. 比较重要　C. 一般　D. 不太重要　E. 不重要

14. 你的工作赋予你高于别人的权力。

A. 很重要　B. 比较重要　C. 一般　D. 不太重要　E. 不重要

15. 在工作中，你能试行一些自己的新想法。

A. 很重要　B. 比较重要　C. 一般　D. 不太重要　E. 不重要

16. 在工作中你不会因为身体或能力等因素，被人瞧不起。

A. 很重要　　B. 比较重要　　C. 一般　　D. 不太重要　　E. 不重要

17. 你能从工作的成果中，知道自己做得不错。

A. 很重要　　B. 比较重要　　C. 一般　　D. 不太重要　　E. 不重要

18. 你的工作经常要外出、参加各种集会和活动。

A. 很重要　　B. 比较重要　　C. 一般　　D. 不太重要　　E. 不重要

19. 只要你干上这份工作，就不再被调到其他意想不到的单位和工种上去。

A. 很重要　　B. 比较重要　　C. 一般　　D. 不太重要　　E. 不重要

20. 你的工作能使世界更美丽。

A. 很重要　　B. 比较重要　　C. 一般　　D. 不太重要　　E. 不重要

21. 在你的工作中，不会有人常来打扰你。

A. 很重要　　B. 比较重要　　C. 一般　　D. 不太重要　　E. 不重要

22. 只要努力，你的工资会高于其他同年龄的人，升级或长工资的可能性比干其他工作大得多。

A. 很重要　　B. 比较重要　　C. 一般　　D. 不太重要　　E. 不重要

23. 你的工作是一项对智力的挑战。

A. 很重要　　B. 比较重要　　C. 一般　　D. 不太重要　　E. 不重要

24. 你的工作要求你把一些事务管理得井井有条。

A. 很重要　　B. 比较重要　　C. 一般　　D. 不太重要　　E. 不重要

25. 你的工作单位有舒适的休息室、更衣室、浴室及其他设备。

A. 很重要　　B. 比较重要　　C. 一般　　D. 不太重要　　E. 不重要

26. 你的工作有可能结识各行各业的知名人物。

A. 很重要　　B. 比较重要　　C. 一般　　D. 不太重要　　E. 不重要

27. 在你的工作中，能和同事建立良好的关系。

A. 很重要　　B. 比较重要　　C. 一般　　D. 不太重要　　E. 不重要

28. 在别人眼中，你的工作是很重要的。

A. 很重要　　B. 比较重要　　C. 一般　　D. 不太重要　　E. 不重要

29. 在工作中你经常接触到新鲜的事物。

A. 很重要　　B. 比较重要　　C. 一般　　D. 不太重要　　E. 不重要

30. 你的工作使你能常常帮助别人。

A. 很重要　　B. 比较重要　　C. 一般　　D. 不太重要　　E. 不重要

31. 你在工作单位中，有可能经常变换工作。

A. 很重要　　B. 比较重要　　C. 一般　　D. 不太重要　　E. 不重要

32. 你的作风使你被别人尊重。

A. 很重要　　B. 比较重要　　C. 一般　　D. 不太重要　　E. 不重要

33. 同事和领导人品较好，相处比较随便。

A. 很重要　　B. 比较重要　　C. 一般　　D. 不太重要　　E. 不重要

34. 你的工作会使许多人认识你。

A. 很重要　　B. 比较重要　　C. 一般　　D. 不太重要　　E. 不重要

35. 你的工作场所很好，比如有适度的灯光，安静、清洁的工作环境，甚至恒温、恒湿等优越的条件。

A. 很重要　　B. 比较重要　　C. 一般　　D. 不太重要　　E. 不重要

36. 在工作中，你为他人服务，使他人感到很满意，你自己也很高兴。

A. 很重要　　B. 比较重要　　C. 一般　　D. 不太重要　　E. 不重要

37. 你的工作需要计划和组织别人的工作。

A. 很重要　　B. 比较重要　　C. 一般　　D. 不太重要　　E. 不重要

38. 你的工作需要敏锐地思考。

A. 很重要　　B. 比较重要　　C. 一般　　D. 不太重要　　E. 不重要

39. 你的工作可以使你获得较多的额外收入，比如：常发实物、常购买打折扣的商品、常发商品的提货券、有机会购买进口货等。

A. 很重要　　B. 比较重要　　C. 一般　　D. 不太重要　　E. 不重要

40. 在工作中你是不受别人差遣的。

A. 很重要　　B. 比较重要　　C. 一般　　D. 不太重要　　E. 不重要

41. 你的工作结果应该是一种艺术而不是一般的产品。

A. 很重要　　B. 比较重要　　C. 一般　　D. 不太重要　　E. 不重要

42. 在工作中你不必担心会因为所做的事情领导不满意而受到训斥或经济惩罚。

A. 很重要　　B. 比较重要　　C. 一般　　D. 不太重要　　E. 不重要

43. 在你的工作中能和领导有融洽的关系。

A. 很重要　　B. 比较重要　　C. 一般　　D. 不太重要　　E. 不重要

44. 你可以看见你努力工作的成果。

A. 很重要　　B. 比较重要　　C. 一般　　D. 不太重要　　E. 不重要

45. 在工作中常常要你提出许多新的想法。

A. 很重要　　B. 比较重要　　C. 一般　　D. 不太重要　　E. 不重要

46. 由于你的工作，经常有许多人来感谢你。

A. 很重要　　B. 比较重要　　C. 一般　　D. 不太重要　　E. 不重要

47. 你的工作成果常常能得到上级、同事或社会的肯定。

A. 很重要　　B. 比较重要　　C. 一般　　D. 不太重要　　E. 不重要

48. 在工作中，你可能做一个负责人，虽然可能只领导很少几个人，但你信奉“宁做兵头，不做将尾”的俗语。

A. 很重要　　B. 比较重要　　C. 一般　　D. 不太重要　　E. 不重要

49. 你从事的那种工作，经常在报刊、电视中被提到，因而在人们的心目中很有地位。

A. 很重要　　B. 比较重要　　C. 一般　　D. 不太重要　　E. 不重要

50. 你的工作有数量可观的夜班费、加班费、保健费或营养费等。

A. 很重要　　B. 比较重要　　C. 一般　　D. 不太重要　　E. 不重要

51. 你的工作体力上比较轻松，精神上也不紧张。

A. 很重要　　B. 比较重要　　C. 一般　　D. 不太重要　　E. 不重要

52. 你的工作需要和影视、戏剧、音乐、美术、文学等艺术打交道。

A. 很重要　　B. 比较重要　　C. 一般　　D. 不太重要　　E. 不重要

测评结果：

(1) 利他主义。

说明：工作目的和价值，在于直接为大众的幸福和利益尽一份力。

题号：2，30，36，46，汇总得分（　　）。

(2) 美感。

说明：工作的目的和价值，在于能不断地追求美的东西，得到美的享受。

题号：7，20，41，52，汇总得分（　　）。

(3) 智力刺激。

说明：工作的目的和价值，在于不断进行智力的操作、动脑思考、学习以及探索新事物、解决新问题。

题号：1，23，38，45，汇总得分（　　）。

(4) 成就感。

说明：工作的目的和价值，在于不断创新，不断取得成就，不断得到领导与同事的赞扬或不断实现自己想要做的事。

题号：13，17，44，47，汇总得分（　　）。

(5) 独立性。

说明：工作的目的和价值，在于能充分发挥自己的独立性和主动性，按自己的方式、步调或想法去做，不受他人的干扰。

题号：5，15，21，40，汇总得分（　　）。

(6) 社会地位。

说明：工作的目的和价值，在于所从事的工作在人们心目中有较高的社会地位，从而使自己得到他人的重视与尊重。

题号：6，23，32，49，汇总得分（　　）。

(7) 管理。

说明：工作的目的和价值，在于获得对他人或某事物的管理支配权，能指挥或调遣一定范围内的人或事。

题号：14，24，37，48，汇总得分（　　）。

(8) 经济报酬。

说明：工作的目的和价值，在于获得优厚的报酬，使自己有足够的财力去获得自己想要的东西，使生活过得较为富足。

题号：3，22，39，50，汇总得分（　　）。

(9) 社会交际。

说明：工作的目的和价值，在于能和各种人交往，建立比较广泛的社会联系和关系，甚至能和知名人物结识。

题号：11，18，26，34，汇总得分（　　）。

(10) 安全感。

说明：不管自己能力怎样，希望在工作中有一个安稳的局面，不会因为奖金、加工资、调动工作或来领导训斥等经常提心吊胆、心烦意乱。

题号：9，16，19，42，汇总得分（　　）。

(11) 舒适。

说明：希望能将工作作为一种消遣、休息或享受的形式，追求比较舒适、轻松、自由、优越的工作条件和环境。

题号：12，25，35，51，汇总得分（　　）。

（12）人际关系。

说明：希望一起工作的大多数同事和领导人品较好，相处在一起感到愉快、自然，认为这就是很有价值的事，是一种极大的满足。

题号：8，27，33，43，汇总得分（　　）。

（13）变异性。

说明：希望工作的内容经常变换，使工作和生活显得丰富多彩，不单调枯燥。

题号：4，10，29，31，汇总得分（　　）。

从得分最高和最低的三项中，可以大致看出你的价值观的倾向，在选择职业时就可以加以考虑。

按照价值观13个分类的得分从高往低排序，得分越高者，越代表你的价值观倾向。你的职业价值观测评结果如下：

得分最高的三项是：

1. ____________________；
2. ____________________；
3. ____________________。

得分最低的三项是：

1. ____________________；
2. ____________________；
3. ____________________。

思考与训练

1. 收集求职信息的途径和方法有哪些？
2. 如何对求职信息进行筛选和分析？
3. 选择职业的原则有哪些？
4. 职业目标如何确立？
5. 毕业生就业的方式主要有哪些？

项目五　求职材料的准备

学习目标

1. 了解求职材料的构成、求职信的写作格式、内容和技巧等；
2. 掌握个人简历的内容、制作原则和方法，学会制作个性化的求职简历；
3. 了解并掌握求职材料中几个主要部分的整理与准备方法。

名人导言

业精于勤而荒于嬉，行成于思而毁于随。

——韩愈

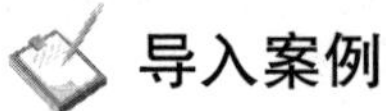

导入案例

个性化简历上演求职“大逆转”

一、精致简历为求职加分

今年从××商学院会计学专业毕业的冯玉然，就凭借自己对制作简历的潜心研究，取得了从10多份简历石沉大海到得到17家大型国企入职邀请的“大逆转”。日前，记者就此对话冯玉然，他在制作简历、寻找实习机会等方面的经验，能给正在面临就业压力的毕业生们不小的启发。

“十一”将至，长假过后，众多企业将开展大规模的校园招聘。于是，在国庆假期结束之前准备好简历，成为应届毕业生们在求职大军中突出重围的重要一环。

冯玉然与现在就职的企业签约是在今年的2月份，他坦言，从开始制作简历到走上工作岗位，这期间的四五个月是他迄今为止最为充实的一段时间。

从去年8月起，他就开始准备求职的相关事宜，并在求职之前就明确了目标：国有企业。他认为，对于很多像他一样从七、八月份就开始为求职做准备的同学而言，在国庆节前夕只需要做这么一件事，那就是用心地制作简历，否则会对后面的求职产生不利的影响。

××学院的名气已经提前为冯玉然加了不少分，不仅如此，他还拥有丰富的实习经验，而作为学校某社团的管理者，积极、乐观、自信的性格也是冯玉然走向工作岗位的一个优势。

尽管如此，在向10多家知名国企发送简历后的近2个月时间里，冯玉然都没有收到任何回应，这让信心满满的他陷入了沉思，也开始了反思。

通过比对自己的简历和目标企业的岗位需求后，冯玉然发现自己失败的主要原因是没有对上目标企业的口味，没有有的放矢地准备个性化简历。

“我建议求职者在梳理自己以往经历的同时，思考一下自己的求职意向，并提前看一看目标企业所要求的能力有哪些，衡量自己与目标企业的匹配度，避免顾此失彼。而且可以针对自己的目标意向多做几个不同版本的简历，比如我的目标企业是国有企业，这些企业可能更看重应聘者的社团经历、政治面貌、是否有国企实习经验等内容，我后期针对这些内容做了重要调整，把自己相关的经历写得更翔实、更吸引人一些。”冯玉然说。

在细节方面，冯玉然也加以改进，如选择合适的照片附上、对简历进行修饰以使自己的个性更加鲜明、重新进行清晰的排版等。

在把细心研究并修改后的简历发向七八十家国企后，冯玉然几乎每天都能接到一两家大型国企人力资源部的笔试、面试通知，命中率达到八成。

冯玉然精心选择并参与了其中近30家知名国企的笔试、面试，并得到了包括中石化等17家知名国企的入职邀请，身边的同学纷纷向他取经。

“做个有心人”，是冯玉然跟他们说得最多的一句话，比如多检查简历中有无错别字，看清楚笔试或面试的具体时间、投递简历的截止时间等，“在接到电话通知时，时间、地点没听清楚的话，不要怕问，因为很多电话打回去都是总机。”此外，每位求职者往往会经历多次笔试和面试，养成总结的习惯尤为重要。冯玉然就是这样做的，在每次笔试、面试结束后，无论表现好坏，他都会记录自己的收获。

二、优质实习为简历加分

“我认为毕业生们都应该有冯玉然这种意识，可是现在大部分的毕业生还做不到。在校生除了学习外，其他的事情做得比较少，很难把自己能做的和应聘企业所需要的结合起来。”东北财经大学会计学院副院长孙光国说。

就如何针对不同企业撰写简历这一问题，经过进一步交流，记者发现，有一项内容对冯玉然顺利走上今天的岗位起着至关重要的作用，那就是实习。

在找到工作前，冯玉然一共做过6份正式的实习工作，分别在3家会计师事务所、2家证券公司和1家企业，他对实习机构类型的排序有着自己明确的想法，“有了在会计师事务所实习的经历后，接下来就可以去应聘诸如投资银行或证券公司的项目助理。”冯玉然认为，就业之前的最后一份实习工作尤为重要，一定要选择到与自己目标意向有一定相关性的机构实习，“我最后一份实习工作就是在一家大型国企，那段3个多月的实习经历对我进入目前就职的企业有很大的帮助。”“大多数的雇主都不会让实习生去做非常核心的工作。很多人将实习描述成‘打酱油’，我想说的是，要以不打杂的态度和平和的心态去做打杂的事情，任何一件事情，哪怕是最基础的工作，都可以做到极致和专业。”冯玉然说。

另外，他建议实习生们在工作中不懂就问，“工作中很可能遇到在学校没有接触过的内容，而部门的同事可能默认你是知道的。在这种情况下，一定要主动请教对方，把问题弄清楚了再去做，而不要不懂装懂，不要按照自己的理解和猜测去完成工作。而作为实习生，拉近与同事之间距离最好的方式就是超出对方的预期，高质量地完成对方交给自己的任务，化被动为主动。”有不少同学抱怨实习机构难找，冯玉然建议可以依靠四种途径：学校和学院就业指导中心发布的信息，各大院校论坛发布的信息，各大求职门户网站发布的信息，师兄师姐或者家人、亲戚、老师推荐的信息。

在采访最后，冯玉然用16个字总结了自己在找工作时的理想状态，即心怀理想、展现自我、不卑不亢、保持真诚。

任务 5.1　求职材料的构成

对于即将面临就业的每个毕业生而言，当务之急的事情恐怕就是制作一份个人求职材料了。因为在双向选择过程中，大部分用人单位安排面试的依据是有关反映毕业生情况的求职材料，通过这些求职材料来判断和评价毕业生的学习成绩、实践技能、工作潜力。怎样让用人单位认识自己、了解自己、选择自己，从而实现自身就业愿望，就必须利用各种途径和方法正确地宣传自己和展示自己，并且，大部分用人单位在多数情况下，是通过求职材料来了解求职者的，因此，求职材料准备得充分与否，对于求职者能否成功就业是关键的一环。

一、求职材料的构成

对于应届毕业生来说，求职材料通常包括封面、求职信（自荐信）、毕业生推荐表、个人简历、成绩单、在校期间各种证书和其他辅助材料。例如参加各类比赛的获奖证书、各类荣誉证书、英语、计算机、普通话等各种技能等级证书和已发表的文章、论文和取得的成果等。毕业生的求职材料应多侧面、多角度准确全面地反映自己的专业水平、组织能力、领导能力和综合素质等多方面能力。

（一）求职信

求职信，也称自荐信，是毕业生在收集需要的信息后有目的地向用人单位做的自我介绍。它是针对特定单位（岗位）的特定人写的，主要表述求职者的主观愿望和特长，以求吸引招聘者的注意力，取得面试机会。求职信在求职过程中作用重大，是学生自我推销、展示自己公关能力的重要一环。

（二）个人简历

简历，顾名思义是反映求职者个人的简要经历，是一个人生活、学习、工作的经历与成绩的概括和总结。它提供给阅读者的信息量应该是全面而直接的。用人单位从求职者的简历中，能够看出该求职者在业绩、能力、性格、经验方面的综合表现，在通常情况下，用人单位都是通过简历来了解求职者的经历，如受教育程度、兴趣、特长等，留下一个初步的印象，从而决定求职者能否参加下一轮的面试。从某种意义上说，简历决定着求职者的前程。

（三）就业推荐表

就业推荐表是学院就业指导中心发给每位毕业生填写的并附有学校意见（鉴定、评价等）的书面推荐表格。该表一般由三部分组成：一是毕业生本人的情况介绍；二是毕业生所在院系的推荐意见；三是毕业生所在学校就业主管部门的推荐意见。一般来讲，这个表格是学校正式向用人单位推荐毕业生的书面材料，因此具有较大的权威性和可靠性。用人单位往往对该表比较重视，因此，要求毕业生认真填写，妥善保管。

（四）成绩单

成绩单是大学毕业生学习成绩的证明，通常为表格形式，应由学校教务部门出具并盖章。

（五）证件与证书

证件与证书是毕业生求职、任职、开业等的资格证，是企业招聘、录用人才的主要依据。它会帮助你获得更多的就业机会，是就业的敲门砖，而且可以提高你打开招聘企业这扇门的概率。证书有外语等级证书、计算机等级证书、各类奖学金及其他获奖证书、各种技能证书、各种职业证书等。

（六）参加社会实践、实习的鉴定材料

这能让毕业生体验社会生活，为毕业后踏进社会做好充分的准备，积累相关经验，提高自身的实力。鉴定材料是社会实践单位和实习单位给予的评价，对日后就业有一定的帮助。

（七）封面

简历封面是简历的门面，就像一个人的脸面，它折射出一个人的喜好和素养。一份精心包装的简历封面起到吸引招聘者眼球的作用，从而大大提高求职成功率。通常设计专业人员的简历使用精美的简历封面能让对方感觉你很有创意，普通简历的精美封面也能充实内容和表达自己的诚意。

（八）其他材料

如院系教师的推荐信、公开发表的论文、文章及其他成果复印件或证明等。

二、求职材料的装订

大学毕业生求职时一般需要将求职材料装订成册。

（一）装订顺序

用人单位翻阅求职材料的时候，因为求职者数量多，不一定会对每份求职材料中的每一页都认真仔细阅读，因此在求职材料的装订中，需考虑用人单位对求职材料各种信息的需求心理，按照求职材料所反映的信息的重要程度来安排装订顺序。常见的装订顺序为：封面、求职信、个人简历、就业推荐表复印件、在校成绩单、其他证明材料（包括各种证书的复印件、各种作品或成果的复印件）。

（二）装订要求

（1）求职所有材料切忌歪斜。

（2）求职材料所有纸张应该整洁干净。

（3）求职材料中的纸张大小尽量一致，建议统一用A4纸张。

（4）求职材料中的字体应该一致，排版的行距应该一致。

（5）切忌用松动的透明文件夹，以免求职材料脱落，造成散页、掉页。

三、求职信（自荐信）

求职信是简历的附信，属于商业信函，可放在简历的前面，也可放在简历的后面。求职信能够很好地补充简历本身缺乏描述性词语的不足。

（一）求职信的格式与内容

1. 求职信的写作格式

（1）称呼。要定格写。如“尊敬的招聘主管”“尊敬的单位领导”等。

（2）开头。以问候语开头。

（3）正文。介绍你应聘工作的条件，要注意表现你的成绩，突出你的优势。

（4）结尾。强调你的愿望并致敬。

（5）附件。选用的证明材料要有盖章和签名。

（6）署名日期。

2. 求职信的内容

求职信通常为一页，有开头、主题和结尾三部分。求职信内容格式并不固定，一般包括三到五个简短的段落，下面按五段的书写格式介绍一下求职信的写作要点。

第一段应该能够引起招聘人员对你作为候选人的兴趣，并激发阅读者的热情。阅读者为什么要读这封信？你能够为他（她）做什么？

第二段必须推销你的价值。你那些能够满足阅读者需要和工作要求的技能、能力、资质和自信是什么？

第三段展示你突出的成就、成果和教育背景，它们必须能够直接有力地支持第二段的内容。如果可能的话，量化这些成就。

第四段必须写清将来的行动。请求安排面试，或者告诉阅读者你将在一周内打电话给他们，商谈下一步进程。

第五段应该是非常简短的一段，结束这封信并表示感谢。

（二）求职信的写作技巧

1. 开头

在求职信的开头部分，除了称呼和问候语外，还需要自我介绍、是从什么渠道得知该招聘信息的以及所要应聘的具体职位等内容。求职信的第一句话很重要，如果写得好，不仅可以让收信人愿意继续阅读，有时甚至会在第一时间给他留下极佳的印象。

很多人认为，求职信的第一句话最难写，其实，有很多写法，归纳起来，主要有以下几种形式：

1）概述式

用一句话概述你所具备的任职资格及工作能力。如“在完成了会计学专业的学习，并取得了注册会计师资格以后，我相信自己能够卓有成效地为贵公司的发展做出贡献。”

2）提名式

如果条件允许的话，可以提及一位建议你到用人单位求职并且为该单位所熟悉或尊崇的人。这个人必须连名带姓全部写上，后面加上职衔或官衔，也可以简单地称“先生”或“女士”。如“贵公司企划部的王先生告诉我，你们需要一位优秀的策划人员。”

3）提问式

针对用人单位的需要，先提出一个设问或是假设，然后用一句话表述你诚挚地希望自己能够帮助对方实现目标。如“如果贵公司需要每分钟能打 100 个字以上的秘书，本人是绝佳人选。”

4）赞扬式

先赞扬用人单位最近一段时间所取得的显著成就或发生的明显变化，然后再表示自己愿意为其效力。如“贵公司近期公布了本年度业绩，盈利之高为业内人士所津津乐道，本人真诚地希望为贵公司效力。”但是要记住，语气千万不要过度热情，否则就会有奉承之感。

5）应征式

先说明你通过什么途径了解到用人单位的招聘信息，并肯定自己的条件符合用人单位的要求。如“本人的受教育程度和工作经验符合贵公司在网上公布的招聘条件。”

6）独创式

可以用一个比较新奇的，能表现你在某些方面过人才华的句子开头。但是，这种开头只能用于申请需要丰富想象力的职位，如广告文案、装潢设计、平面设计、工业设计等。

2. 正文

求职信的正文部分一般分为三方面内容：你对招聘单位的认识和理解、你的综合能力即你的求职资格、你能为公司做出什么样的贡献。

1）描述你对招聘单位的理解和认识

这方面内容通常是说招聘单位有什么好的方面吸引你，对他们进行适当的赞赏，让他们知道你很愿意在此服务。如果对方是一家大公司，那么可以说说他们的名声、销售业绩、影响力、公司文化或其他任何让他们感到骄傲的地方；如果对方是一家中小企业，那么可以说说所处行业及公司前景。

这一部分的内容不是必需的。如果你对招聘单位及他们的行业背景有清楚的认识，最好能有自己的独特见解，避免和其他的求职者一样千篇一律，一看就知道是刻意陈述的。但是，如果你对招聘单位及所处行业的情况不是十分了解，那么最好不要班门弄斧，以免有溜须拍马之嫌。

2）描述你的综合能力

这是求职信的核心部分。你需要有的放矢地说明你的个人技能和个性特征如何能满足公司的要求，要让招聘方明白为什么你是最好的人选。

对于你的教育背景、知识技能、工作经验等，通常在简历中会做翔实的介绍。为此，在求职信中，你只需要针对与招聘单位及所应聘岗位的应聘要求，围绕你简历中的两三个要点进行发挥，突出你的知识技能和工作能力，以引起招聘单位的兴趣。

切记，这部分的内容一定要有针对性，一定要突出与所申请职位有联系的内容，你所陈列的每一方面的知识技能和实践经历要能够表明你可以胜任该职位，从而让招聘人员觉得你是他们最好的人选之一，让你通过筛选进入面试程序。

3）强调你能为招聘单位做出什么贡献

上面所描述的能力是从你自身情况而言的，而招聘单位更为看重的是你能为公司做出什么样的贡献。这里有一个误区，很多求职者为了表示自己的谦虚，在求职信中大书特写自己的不足，并表示希望能够在将来的工作中得到学习提高的机会。事实上，这种谦虚是没有必要的，每个公司都会对自己的员工进行培训，但是这并不是公司招聘员工的初衷，他们招聘你，是看重你能为公司带来的贡献。

3. 结尾

求职信结尾部分的内容可以包括以下几个方面：

1）再次强调你对于此职位的兴趣

在求职信的结尾，可以再次强调你对于此职位的兴趣，不过点到为此，不必啰唆，语气也不必太过于“乞求”。

2）表明你希望得到面试机会

呈递求职信和简历只是为了能得到面试机会，而并非为了马上就能得到工作机会。没有一个招聘单位会因为你的求职信和简历写得好就免去面试环节直接与你签约。为此，在这里，你只需要表明你希望能得到面试机会，或者告知招聘单位你将在什么时间打电话确认资料是否安全到达以及询问面试事宜。

3）向对方表示谢意和祝福

如同书信的最后要向对方表示敬意和祝福一样，在求职信的结尾，你也可以写上一些诸如“顺祝愉快安康”“深表谢意”“顺颂商琪”之类的通用祝福词语。

4）别忘了署名

国外一般都会在名字前加上“你诚挚的、忠诚的、信赖的”等之类的形容词，但在国内，这种方式还是不要效法的好，以免不伦不类。按照中国人的习惯，在求职信的右下角直接写上自己的名字即可。

5）日期

写在署名下方，应用阿拉伯数字书写，年、月、日都要写全。

6）写上联系方式

尽管你的联系方式在简历上已经注明了，但还是建议你在求职信的结尾也写明自己的详细通信地址、邮政编码和联系电话，以让招聘人员在繁忙之中能够快速找到你的联系方式。

（三）写求职信的注意事项

1. 为每家公司（或每一类公司）调整措辞

不要发适合任何职位的通用求职信。你要确保信中的语气适合你申请的公司的氛围。公司在找张扬还是严肃的人？找出招聘要求，调整求职信，让它适合每家公司。

2. 写具体事例

要在求职信上用事例证明你为什么适合这份工作以及为什么想来这家公司。推销自己的一个好方法是把经历和职位描述联系起来。列出和公司想招的人才相匹配的技能和经历。

3. 求职信要短

不仅要短，一定要引人入胜，记住你只有几秒钟时间吸引你的读者继续看下去。在求职信中要重点突出你的背景材料中与未来雇主最有关系的内容。通常招聘人员对与其企业有关的信息是最敏感的了，所以你要把你与企业和职位之间最重要的信息表达清楚。

言简意赅，切忌面面俱到。求职信的功用只是为你争取一个参加面试的机会，你不要以为凭一封求职信就可以找到一份你满意的工作，而且这种错误的心态会使你写的求职信啰啰唆唆。招聘人员工作量很大，时间宝贵，求职信过长会使其效度大大降低。

4. 切忌过分吹嘘

从求职信中看到的不只是一个人的经历，还有品格。

5. 内容要和简历不一样

不要在求职信里重复简历上的一切。求职信是你展示亮点和个性的机会。重复写过的内容只会浪费宝贵的空间。

6. 不要提到弱点

如果没人问你最大的缺点是什么，不要急着把它说出来。求职信不是反思自我的时间，面试被问到弱点时再考虑吧。

7. 关注该公司而不是你自己

尽量表现出你对公司的关心以及你如何想要帮它成长。别用过多的“我要”，而是体现你对公司会如何有用。

8. 严格遵守求职信格式

求职信一定只能一页，尽量有四到五个段落。第一段应该有自我介绍、想申请的职位并且一句话总结喜欢这份工作以及适合的原因。接下来的两个段落应该写工作需要的技能以及能深入体现自身素质的成就。如果需要更多细节的话，你甚至可以用些篇幅解释你有多合适，比如为什么想换工作。最后应该简短强调你为什么对这个职位充满期待以及对招聘人员花时间看这封求职信的感谢。你也可以礼貌地让他们知道能随时联系到你。

9. 语句无错，前后一致

一份好的求职信不仅能体现你清晰的思路和良好的表达能力，还能考察出你的性格特征和职业化程度。所以一定要注意措辞和语言，写完之后要通读几篇，精雕细琢，切忌有错字、别字、病句及文理欠通顺的现象发生。否则，就可能使求职信“黯然无光”或是带来更为负面的影响。一定要反复修改求职信，至少让一个小伙伴检查。检查语法错误、断句和拼写错误。确保前后一致。

10. 针对性和个性化可以让你的求职信从数百封的信件中“脱颖而出”

不少人事经理反映，现在求职信中最常见的问题是“千人一面”。的确，网络给求职提供了更多的方便，但面对着互联网上成千上万的职位，有的求职者采用了“天女散花”式发求职信的方式，事实上它的命中率很低，结果不仅是“广种薄收”都达不到，而是多以“广种无收”告终。原因很简单，这种千篇一律、没有任何针对性的求职信，招聘人员看得太多了。此时，针对性已成为求职信奏效与否的“生命线”。另外，个性化也很重要。有的求职信没有任何豪言壮语，也没有使用任何华丽的词汇，却使人读来觉得亲切、自然、实实在在。

（四）求职信模板

尊敬的招聘主管：

您好！请恕打扰。

我是一名刚从××学院会计专业毕业的大学生，很荣幸有机会向您呈上我的个人资料。在投身社会之际，为了找到符合自己专业和兴趣的工作，更好地发挥自己的才能，实现自己的人生价值，谨向各位领导做一下自我推荐。

现将自己的情况简要介绍如下：

作为一名会计专业的大学生，我热爱自己的专业并为其投入了巨大的热情和精力。在几年的学习生活中，我所学习的内容包括了从会计学的基础知识到运用等许多方面。通过对这些知识的学习，我对这一领域的相关知识有了一定程度的理解和掌握。此专业是一种工具，而利用此工具的能力是最重要的，我在与课程同步进行的各种相关实践和实习中，具有了一定的实践操作能力和技术，并在学校工作中加强锻炼处事能力，学习管理知识，吸收管理经验。

我知道计算机和网络是将来的工具，在学好本专业的前提下，我对计算机产生了浓厚的兴趣并阅读了大量的相关书籍，能够熟练操作 Windows XP、Office、金蝶财务、用友财务等应用软件，并通晓 VC 语言等程序语言。

我正处于人生中精力充沛的时期，我渴望在广阔的天地里展露自己的才能，我不满足于现有的知识水平，期望在实践中得到锻炼和提高，因此我希望能够加入贵单位。我会踏踏实实地做好属于自己的一份工作，竭尽全力地在工作中取得好的成绩。我相信经过自己的勤奋和努力，一定会做出应有的贡献。

感谢您在百忙之中所给予我的关注，愿贵单位事业蒸蒸日上，屡创佳绩，祝您的事业百尺竿头，更进一步！

希望各位领导能够对我予以考虑，我热切期盼你们的回音。谢谢！

此致

敬礼！

自荐人：××

××××年××月××日

任务 5.2 个性化个人简历的制作

众所周知，在求职中，个性突出、特色鲜明的大学毕业生容易在竞争中取胜。而与众不同的简历，容易吸引招聘人员的目光。一份好的简历，对于找到工作至关重要，有时甚至起到决定性的作用。通过对众多单位招聘大学毕业生的调查，简历最好能在 15 秒内给阅读者留下深刻印象。但在各种简历模板、写作规则、注意事项等前，许多求职者迷失了自我，简历失去了个性，把简历当成了自我吹捧的抒情散文，过于专注自己取得的每一项成就，这些模式化的简历在求职竞争中不仅不能为求职者带来帮助，反而会将原本具有个性的求职者淹没在众多的泛泛而谈的垃圾简历中。

一、个人简历的制作

一般常用个人简历的格式有三种：表格式、时间顺序式、学习工作经历式。表格式是用表格的形式列出自己的基本情况和学习、工作经历，使人一目了然；时间顺序式是按年月顺序，列出自己的学习工作经历，条理清楚；学习工作经历式则是根据需要有选择地列出自己的学习、工作经历，充分表现自己的技能、品德。对于刚从大学毕业的求职者来说，宜采用第一种格式。

（一）个人简历的内容

个人简历主要包括以下内容：

1. 个人的基本情况

主要指姓名、年龄、性别、籍贯、学历、政治面貌、联系方式（电话号码和电子邮箱）等。个人信息模块的写作应该简单、直观、清晰并且没有冗余信息。

2. 教育背景

按照次序，写清所读学校名称、专业、学习年限及相关证明等，让招聘单位迅速了解求职者的学习背景，以判断与应聘职位的相关性。

3. 工作或社团经验

大学生一般都没有工作经验，但经常会利用假期等时间勤工俭学、兼职或积极参加各类性质的社团活动，可充分提供在校期间的打工经验、社团经验，说明自己担任的工作、组织的活动以及特长等经验，供招聘单位参考。

4. 爱好特长

无论是所学的专业还是单纯的个人兴趣发展出来的特长，只要与工作性质有关的才艺，都应在简历上写出来。这将有助于招聘单位评估求职者的所长与应聘工作的要求是否相符。

5. 知识、技能水平

知识结构（主要课程和从事的科研活动）、外语和计算机水平以及其他技能方面的证书等。

6. 求职意向

求职简历上需清楚地表明自己倾向就业的地域、行业、具体岗位等，以便招聘单位了解求职者的志向与追求，从而作出正确的选择。

7. 联系方式与备注

同上面所要突出的内容一样，一定要清楚地表明怎样才能找到求职者的电话（固定电话应加上长途区号)、手机及其他移动通信工具、E-mail 地址、邮政编码、传真电话等。总之，要确保招聘单位能通过简历中的联系方式迅速联系到求职者。

（二）简历的撰写原则

写好一份简历是求职的关键，对于公司方面来说，在没有看到人的情况下，简历实际上就是第一道选关。事实上，很多人都知道简历的重要性，却一而再，再而三地犯一些低级错误，发几十份简历还收不到一份面试通知。一份格式完美、内容翔实、重点突出的简历，会让你得到更多的面试机会。

1. 真实性原则

求职材料是对自己大学生活的全面总结和反映，在内容上必须真实，切忌为赢得用人单位的好感而弄虚作假。小张是农民的儿子，平时生活俭朴，作风踏实。而用人单位就想选择一位这样的毕业生。但是当用人单位看到小张求职材料中父母一栏中未填写时，问小张是不是父母去世了。但小张未写的原因是他认为写父母是农民害怕别人歧视他。本来小张是农民的儿子对于该单位是优势，但他却理解为劣势，同时，小张也因为材料中的不真实而失去了该单位。

2. 规范性原则

这一原则的确立，是对毕业生所有文字材料的基本要求，求职择业材料，可以说是对毕业生大学生活的一个全面总结，在材料中既要全面反映自身的基本情况，例如：姓名、性别、出生日期、政治面貌、生源地、学习成绩等，又要反映自身优势、特长、爱好；不仅要突出自己的优点、成绩，也要说明自身存在的缺点；不仅要说明自己对用人单位职位感兴趣的原因，还要表达自己努力工作的决心。求职材料不仅格式要规范，而且填写术语要规范。例如在健康状况一档，一般应填写“健康”。而不能填写优秀、良好、一般、健壮，等等。

3. 富有个性原则

这一原则主要是要求求职者的材料要体现求职者的个性，不能“千人一面”，更不能“张冠李戴”，而且，由于不同的用人单位对求职者的要求不尽相同，求职材料的准备也应根据不同的单位有所差异。

4. 突出重点原则

求职材料必须讲求简明扼要，突出重点，要让想了解你的人能很快地、明确地看到你的基本情况。有些同学的求职材料做工精巧，设计美观，但就是没有突出重点，前面很多页全是一些无关紧要的东西，如学校简介、院系简介、人生格言，等等。有些用人单位如果投递材料的人比较多，这样的求职材料一般不会去看。这会影响你的求职成功率。

5. 全面展示原则

一个好的求职材料是在突出重点的情况下还可以全面展示自己。一个全面的材料至少应包括几方面内容：封面（写有姓名和联系电话）、照片、个人简历、求职信、推荐表、成绩单、外语等级证书复印件、技能证书复印证（计算机、驾照等）、获奖证书复印件。

6. 设计美观原则

准备求职材料的目的之一是吸引用人单位对求职者的注意力或者让用人单位对求职者感兴趣。因此，求职择业材料的设计就显得尤其重要。一般来讲，求职择业材料，无论是文字的，还是表格的，都应采用 A4 复印纸打印或复印，复印件不要放大或缩小。并进行必要的版面设计。学习理工类专业的毕业生，求职材料的版面要讲究自然、朴实、理性、洁净的风格；学习文学、艺术、管理、软件设计等专业的毕业生，求职材料要富有创意。

7. 杜绝错误原则

所有的材料要杜绝一切错误，无论是语法上的、文字上的、用词上的、标点符号还是打印错误。就像你每天都能见到形形色色的广告一样，招聘经理们在招聘季节也是每天都能收到成百上千份简历。你的简历如何才能够脱颖而出，让招聘经理注意到你的简历，并且相信你有可能是他们正需要的合格、合适的人，产生了把你叫来面试、进行一番“试用”的想法，就需要你在书写简历时，如同营销经理一样，运用合适的“营销组合”，对自己加以营销。

（三）简历的撰写要求

1. 简洁明了

个人简历通常简短，一般不超过一页纸。招聘单位会收到许多份材料，招聘人员不可能仔细研读每份简历，一般花的时间较短。所以简历用词要简练，不能巨细无遗地描述求职者的全部信息。因此，最好把自己一些有价值的闪光点展示出来。

2. 真实客观

简历一定要按照实际情况填写，即真实客观地描绘自己，不能有任何虚假。当然，简历中不写任何虚假的内容并不等于把自己的一切，包括弱项都写进去。有的毕业生在简历中特别注明自己某项能力不强，这就是过于谦虚了，实际上不写这些并不代表说假话。

3. 整洁清晰

段落与段落之间、语句与语句之间、纸张幅面等都要设计合理，准确无误。一份好的简历在用词、术语及撰写上都应力求准确无误。

（四）撰写简历的注意事项

1. 针对岗位定内容

撰写简历不能千篇一律，需要针对每个招聘岗位撰写有针对性的、个性化的求职简历。

2. 求职意向需具体

求职意向越具体，越有利于招聘单位进行初步选择，明确的求职意向能多提升求职的命中率。

3. 联系方式要留全

手机号码和电子邮箱都要留，如果有能够联系到本人的固定电话，也可以留在简历上，以备不时之需。

4. 使用招聘关键词

在对个人知识结构、技能及综合素质进行描述时，尽量使用招聘中的关键词，这样可以给招聘单位留下更符合岗位需求的印象。

5. 长短以一至两页纸为宜

简历一定要朴实简洁，切忌出现大段描述性的文字。一份简历每种语言用 1 ~ 2 页 A4 纸完成即可，可以使招聘者一目了然。

6. 学历实践重顺序

建议在教育背景部分先写最高学历，而后依次倒序撰写。同样的，在社会实践或学生工作经历部分，也建议先写与招聘信息中要求的经历、能力最为匹配的相关信息，而后可以按照重要顺序书写。

7. 数字比例显优势

多用招聘单位关注的数字信息突出个人的优势，尽量选用阿拉伯数字，效果会优于中文书写。

8. 文字细节莫忽略

简历成稿后一定要多检查几遍，不能出现错别字，或者内部文字不统一的情况，这样会给招聘单位留下不认真和不重视的印象。

（五）个人简历范例

个人简历

【个人概况】

姓名：×××

性别：女

民族：汉

健康状况：良好

毕业学校：××职业学院

学历：高职专科

宿舍电话：×××××××

移动电话：×××××××××××

电子信箱：××××××

邮编：××××××

【教育背景】

2015年9月—2018年7月就读于××××学院电气工程系。

专业：通信工程。

【主修课程】

程控交换技术、光纤通信、移动通信、电磁场、通信电子电路、数字信号处理、数字电路、通信原理、电视原理、计算机网络工程、多媒体教程、C语言、电子线路、电子测量等。

【专业能力】

熟练掌握通信系统的基本原理、网络设计及有关技术，熟悉GSM系统、CDMA无线通信系统、SDH，特别对移动通信、GPRS技术进行了深入广泛的学习，能较好地运用相关知识，对移动数据通信新技术如Bluetooth等有一定的认识。

【工作经历】

2016年7月在桂林国际会展中心“2016年国际电子展览会”上，为台湾世纪股份有限公司做软件产品展示员，介绍网络应用软件《沟通大师》和《沟通精灵》。

2017年3—4月，独立完成清华同方计算机有限公司技术培训教程《Data Warehouse Introduction》的翻译工作。

2017—2018年担任学院校园网的维护员。

【外语水平与IT知识技能】

国家英语四级成绩优秀。

全国计算机等级考试二级（C语言）合格，××地区计算机应用水平测试（C语言）成绩优秀。

能熟练使用Office软件，如Word、Excel、PowerPoint等，熟练掌握动画软件3DMAX。

具有较好的英文阅读、写作能力。

【获奖及成绩情况】

综合测评本专业第五名，学习成绩本专业第三名，平均分为85.4分。第一学年获校“优秀团员”称号和三等奖学金，第三学年被评为“三好学生”。

【自我评价】

个性坚忍，能吃苦耐劳，工作认真，有突出的钻研开拓精神，为人热情乐观，兴趣广泛，适应性强，人际关系和睦。有较强的组织、协调能力。善于沟通，有良好的团队精神。

【求职意向】

在电子行业企事业单位从事通信技术开发工作、通信网络维护工作或英文翻译工作。

二、个性化简历的制作创新

在招聘求职会上，个性突出、特征鲜明的求职者容易在竞争中取胜，而简历也需要个性突出、特征鲜明，个性化的简历会从众多简历中折射出光芒，吸引招聘官的目光。但在各种简历模板、写作规则、注意事项前，许多求职者迷失了自我，简历失去了个性，把简历当成了自我吹捧的抒情散文，过于专注自己取得的每一项成就，这些八股文的简历在求职竞争中不仅不能为求职者带来帮助，反而会将原本有个性的求职者淹没在众多的泛泛而谈的垃圾简历中。

个性化创意简历的制作主要从以下几个方面进行：

（一）针对招聘单位进行创新

我们先来看看两位同学的简历。这两位同学应聘的企业分别是贵州神奇制药和中国建设银行，他们的简历就是为目标企业量身定做的，具有唯一性和原创性，简历上体现了招聘官最经常见到的，但又最有感情的几个基本要素。

第一位同学把自己的简历当作了贵州神奇的新产品说明书来制作。在简历的封面充分表现了招聘官最希望看到的、最有感情共鸣的几个元素。新产品、企业标识、企业名称、企业识别色等企业 VI 系统元素。

第二位同学应聘的单位是中国建设银行，他的简历就是为该银行量身定做的，具有唯一性和不可复制性。他将简历做成了该银行刚开发的某种新产品的说明书。封面设置了该银行名称、行徽以及银行利率、理财产品、中间业务等元素。

对于招聘官而言，这些元素具有特殊的意义，他们带来的情感影响和共鸣绝非一匹奔马、一栋大楼、某学校大门、一台电脑，或某大学、某专业这些要素所能比拟的，招聘官通过观看这些要素传递的信息，极大地加深了对简历主人的认同感和亲切感，我们很难想象，当贵州神奇制药的招聘官，甚至董事长接到一份这样的简历时，他会是什么样的心情，他会怎样看待这份简历的主人？这份简历一定是一份能引起他共鸣的简历、独树一帜的简历、一个有心人的简历，招聘官绝不会把这份简历压在众多的垃圾简历中，被收废旧报纸的阿姨以2角钱1斤的价格收走，他可能会想，这家伙是谁，还有点意思，叫他来看看。

因此，在你的简历中出现上述招聘官最喜闻乐见的几个基本要素，并且把这些要素同你有机地联系起来，这些要素就能为简历和简历的主人服务，提供切实有效的帮助，这些要素就会把你同招聘官有机地联系在一起，产生情感的沟通。

总之，只要认真思考，深入分析你应聘的单位，多认识、多了解，结合企业的基本情况，充分考虑招聘官的情感需求和心理愿望，把你自己以合适的形式同企业相结合，以恰当的方式表现出来，你的简历就是独具个性、富有创意、被招聘官从众多的简历中抽出来放到一边的黄金简历！

（二）针对应聘岗位进行创新

简历还可以从体现求职者应聘岗位所需的职业技能和职业修养的角度进行创新，在简历上表现出求职者具有符合应聘岗位要求的能力、水平和职业意识，这是简历创新的第二个方面。

我们来看看另一位同学的简历。这位同学应聘的岗位是某房地产开发公司的策划专员，他把自己的求职简历做成了一份楼盘预售公告、一份楼书。

对于房地产开发公司而言，策划专员这个岗位要求应聘者要具备独特的思维，富有创意和激情，要能做好策划工作，首先必须能够策划好自己的简历，而这位同学，既结合了从求职单位进行创新的要求，在简历中体现了招聘官喜闻乐见的基本要素，还结合了应聘的岗位进行简历的创新。我们想想，对于房地产开发公司来说，最熟悉、最亲切、凝聚了公司员工心血的东西是什么？最令他们骄傲的是什么？是他们取得成就，成功开发的楼盘，对于房地产开发公司策划专员的要求是什么？是具备策划人员独有的创新意识和表现能力，而这位同学在求职简历中充分体现了上述要求。

楼书是房地产开发公司与顾客沟通的重要工具，也是最能体现房地产开发公司专业能力和策划水平的重要载体，还是最常见的楼盘表现形式，这位同学能进行大角度的思维转换，充分说明他完全具备策划人员的基本素质，而且还是个极富创意的策划人员，这样的人员正是企业打起灯笼都难找的人，他们会把这位同学的简历放进公司“人才库”吗？显然不会，招聘官完全可能是马上就拿起电话，通知这位同学，请你于某日到我公司面谈。实际上，这位同学现在在这家房地产开发公司的策划岗位上做得很好，已经是主管了，他的同事告诉他，当时人力资源经理特意把他的简历直接送给老板，老板当即拍板，只要这家伙不是个万恶之人，一定给我留住！

根据从岗位出发进行简历创新的要求，我们同样可以制作不同形式的个性化简历，如从事人力资源管理岗位的，你的简历可以做成计划引进的人才档案，以人才档案的形式出现，内容可以是引进人才的原因、人才的主要成就等要素。

（三）针对专业进行创新

大学里的专业门类繁多，各个专业有其专业特点和专业术语，从专业出发进行求职简历的创新，可以用你的专业术语来对简历进行处理，通过简历体现你的专业素养和对专业的深入理解。

我们再来看另一位同学的求职简历。这位同学是计算机专业毕业的，应聘的岗位是某公司软件开发人员，他把自己的求职简历做成了一份程序设计书。

这份简历体现了让招聘人员乐于见到的企业元素，还与他应聘的岗位——软件开发工作相结合，以计算机的语言——程序设计书的形式表现了这位同学极好的专业意识和专业素养。

程序设计是计算机专业人员体现专业技能的主要形式，也是对这一专业的工作人员最基本的要求，对于招聘人员而言，他基本上不会怀疑简历主人的专业能力和专业修养，而且成天面对千篇一律的求职简历的招聘人员突然间看到一份特别的、有自己企业的元素、极富专业意味的求职简历，那种豁然间耳目一新的强烈感觉让他立刻做出一个通知简历主人面试的决定，这是最简单不过的事了。

每一专业学科都有本学科的专业术语，以自己的专业术语来诠释、体现、制作你的简历，你的简历就一定会是一份让人过目不忘的简历，让人爱不释手的简历，让你未来的同事讨论的简历。要获得一个初级岗位，对于简历的主人而言，应该不会是一件困难的事。

总之，简历是一个信息传递的工具，是协助简历的主人在竞争中脱颖而出的武器，只要能切实有效地帮助求职者实现求职的阶段性目标的简历就是一份成功的简历，从这个意义上来说，简历的创新并不是十分困难的事情，只要你放开想象的翅膀，大胆尝试，敢于创新，任何人都能做出一份有创意的简历。

拓展阅读

个性化简历样式如图 5 – 1 所示。

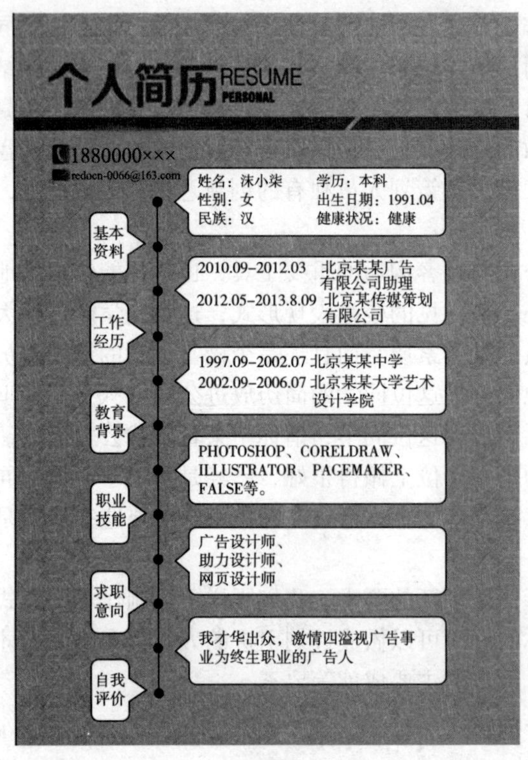

图 5 – 1　个性化简历样式

任务 5.3　其他求职材料的准备

一、简历封面

（一）封面内容

学校名称、专业名称、学历、姓名、联系方式。这是通过简历简单掌握一个人基本情况的要素，因此，求职简历的封面应当含有这些内容。按照人们长期形成的快速阅读习惯，文件（或文件中的某一段落）的头和尾通常是阅读的焦点，因此在这两部分务必体现出最为重要的数据。而一旦用人单位选中你，如何与你取得联系，就成为主要的问题。因此，在整份简历的一头一尾（或头或尾），务必将本人的联系方式突出出来。

（二）简历封面制作方法

1. 色彩创意法

根据广告学的理论，鲜明的色彩通常可以吸引眼球，配以合适的图案可以将目光吸引到相应的焦点。这种类型的封面不需要显示关于你的任何信息。目的只有一个，要用色彩和图形来展示你的个性和风格，让 HR 考官有兴趣翻开你的简历。

2. Logo 照片法

当你得知 HR 考官是你的校友时，你可以将设计有你的学校 Logo 的简历封面投递给他们，这样你的胜算要比其他人大多了。上面三分之一处，左侧可以放置学校 Logo，右侧显示你母校的校名等信息，中间是你个人的信息，最下面的三分之一，放置你母校有代表意义的照片。

3. 朴素格言法

不需要华丽的辞藻，不需要艳丽的色彩，一句话就能打动你的 HR 考官。朴实的语句、简单的构图，可展现出你内心的宽广和博大。这种类型的封面一定要注意格言和图案的搭配应简洁明了。

4. 漫画线条法

对于求职动漫、创意职位类的求职者可以用漫画线条法，通过简历封面就可以让 HR 考官直接感受你扎实的美术、创意功底。

（三）注意事项

记得把你的简历做成活页式的，事先多设计一些简历封面，针对不同的 HR 考官和职位，插入相应的简历封面，会提高你的求职成功率。必须针对不同的职位和行业，采用不同的简历封面，否则事倍功半。

二、学校就业推荐表与成绩单

就业推荐表是“毕业生双向选择就业推荐表”的简称，是学校向用人单位推荐毕业生的书面材料，表中所填内容反映了学生个人信息、学习成绩、奖惩情况、社会实践经历等方面的情况，是用人单位选择人才的重要依据，直接关系毕业生的切身利益。学校就业推荐表在自荐材料中有举足轻重的地位，可以说这是一个官方的认证，具有权威性，用人单位对此有较高信任度，把它放在自荐材料中可加大自荐材料的可信度及自荐力度。

学校推荐表一般包括本人及家庭基本情况、在校期间学习成绩和奖惩情况、自我鉴定、组织意见等部分。正因为学校推荐表统一规范，易产生千篇一律的感觉，内容上也难以全面，缺乏个性，所以，这就要求毕业生在组织编写其他自荐材料时既不要重复，又要进行必要的补充添加。必要时也可在学校推荐表中选取具有价值和利于求职的重点部分（如学习成绩、组织意见等），将其加到自荐材料中。

因学校发给毕业生的正式推荐表（即盖上校学生就业指导服务中心章的推荐表）每人只有一份，所以自己可多复印几份，以备在双向选择的过程中与其他材料一起送给有关用人单位。只有当用人单位决定录用你且你也愿意去时，才能将盖有学校学生就业指导服务中心章的推荐表送给单位。

成绩单是由学校的教务部门出具并盖章的成绩证明，在应届毕业生求职时是必须具备的。用人单位可以通过成绩单了解毕业生的学业水平和具体科目的学习情况。

三、各种获奖证书和技能证书材料

（一）外语水平和计算机水平证书

英语水平证明，如大学英语四、六级证书或成绩单（未取得证书时），公共英语等级考试的证书，计算机二、三级考试的证书，参加 IT 类培训的证明等。

（二）技能证书与职业资格证书

1. 职业资格证书

在求职应聘的道路上，多一种职业资格证书，就可能多一条就业门路。职业资格证书表明持证者接受该职业所需要的职业知识与技能的教育，并具备了这方面的能力，如电工证书、驾驶证、律师资格证书、教师资格证书等都是职业资格证书。

获得职业资格证书的途径。要获得职业资格证书就需要通过职业资格鉴定。当前，高职大学生通过职业资格鉴定获取职业资格证书的途径有两条：校内途径和校外途径。

校内途径就是参加学校组织的职业资格鉴定过程，学校根据劳动与社会保障部门的安排，通过出告示，由系里或班主任、辅导员做具体的组织安排来进行，学生只需按照学校的安排认真及时参与，包括交纳一定的费用，填写表格，准备好制作证书的照片等，然后按时到指定地点参加考试，考试通过后由学校通知学生领取证书。

校外途径是指学生如果想在学校组织的职业资格鉴定活动之外再获得其他的职业资格证书，这需按当地职业技能鉴定指导中心的安排认真按时参与。

2. 职业技能鉴定证书

职业技能鉴定是指按照国家规定的职业标准，通过政府授权的考核鉴定机构，对劳动者的专业知识和技能水平进行客观公正、科学规范的评价与认证的活动。职业技能鉴定包括：职业资格一级（高级技师）、职业资格二级（技师）、职业资格三级（高级）、职业资格四级（中级）、职业资格五级（初级）的资格考评。

（三）获奖证明

在大学期间参加各种比赛或活动的获奖证明，奖学金证明或优秀学生干部证书等。

四、推荐信

推荐信也是大学生求职过程中不可忽视的环节。这里所指的推荐信并不是那种找关系、托人情“走后门”的“条子”，而是权威人士的实事求是、认真负责的推荐。有的单位是比较重视推荐信的，而写推荐信的权威人士也是十分珍惜自己的声望的，真正的学者、教授或某一领域的权威不会滥用别人对自己的信任做不负责任的推荐。

拓展阅读

大学生求职：如何在网上投递出吸引 HR 的优秀简历

一、如何在网上投递简历

满怀期待投出简历，千盼万盼，却盼不来一个电话，是因为自己能力不够吗？不一定！很可能是在投递时出了错，从而使它“失联”了。今天我们就来说说如何把简历安全送到

HR 的手上。

（一）选用常见且稳定的电子邮箱

不要用学校内部邮箱或是其他小服务商提供的邮箱系统，以免简历夭折在发送的路上。发完简历后，过几分钟再查看一遍邮箱，看是否有退信，若有，查明原因后再重新发送。

（二）忌只用附件形式发送简历

只发附件，很可能让 HR 对你的简历视而不见，因为在邮箱爆满时，打开附件不仅是对耐心的极大考验，还要承担电脑感染病毒的风险。建议先将简历贴入正文，再添加附件作为补充（以便 HR 保存和归档）。

（三）心仪岗位可以隔周重复投递

很多 HR 表示，虽未谋面，但是从投简历的方式中也能“识人”。在几分钟之内，连续发出两份以上相同的简历，显得谨慎有余，自信不够，若无特别，不作考虑；在最近一段时间内连续发出一份相同的简历，表明求职者看重这份工作及应聘单位，若条件符合，可重点考虑。

（四）错开“高峰”，把握投递时间

(1) 避开招聘信息发布的前两天（投递简历的最高峰），以免你的简历因 HR 邮箱爆满而遗失。

(2) 不要在晚上 19:00—22:00 投递，这时你的简历很容易淹没在成堆的垃圾邮件中。

(3) 不要在下午 17:00，也就是下班前夕投递，这时阅读率非常低，因为 HR 也要准备下班回家吃饭啦。

(4) 最佳时间：早上 7:00—8:00，下午 13:00—14:00，这时既能避开投递高峰，又能让 HR 在上班第一时间就能看见你的简历，岂不妙哉？

二、如何凸显简历关键词

预设指标→快速扫描→搜索关键词→职位匹配→存档转发，这就是多数 HR 筛选简历的大致过程。HR 会根据学历、专业、工作经验等预设的硬性指标，过滤掉大量不符合条件的应聘者，只有当简历出现让他感兴趣的关键词时，他才会认真阅读。那么应该如何凸显关键词，瞬间抓住 HR 的眼球呢？

（一）投其所好，按需设词

如何设定关键词？最聪明的做法就是投其所好，根据招聘信息的要求，对应自身情况制定简历关键词，突出优势。

（二）字体要醒目

关键词设置一定要醒目，以方便快速浏览。对于自己的优势条件，可将相关字体加粗加黑，并在发送邮件的主题上主动提及，以便在快速扫描阶段“先声夺人”。

（三）重要信息放在前面

将 HR 最关注的信息，如毕业院校、专业技能、实践经历等放在不拖动滚动条就能看到的位置。

（四）提炼邮件主题关键词

这一点千万不能忘。HR 最先看到的是邮件主题，要吸引他点击，邮件主题就一定要突出你的竞争优势。比如你应聘的岗位是建筑工程师，要求专业对口，而你的邮件主题是

“清华大学土木工程专业毕业生应聘建筑工程师”，是不是很诱人？

思考与训练

1. 一份完整的求职材料都有哪些内容？
2. 求职信包括哪几个主要部分？怎样有针对性地写好求职信？
3. 个人简历包括哪几个主要部分？怎样撰写个性化的个人简历？

项目六　求职笔试与面试

学习目标

1. 了解并掌握笔试的方法与技巧；
2. 了解并掌握面试的方法与技巧；
3. 了解企事业单位与岗位的常识性知识。

名人导言

一个人事业上的成功，只有15%是由于他的专业技术，另外的85%要依赖人际关系、处世技巧。软与硬是相对而言的。专业的技术是硬本领，善于处理人际关系的交际本领则是软本领。

——戴尔·卡耐基

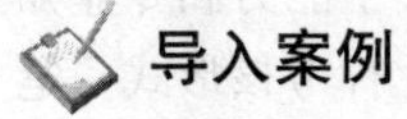

导入案例

成功源于充分准备

某工业大学专科毕业生胥金林谈到，他应聘北京物美商贸城有限公司之前，先特意到物美在学校附近的超市进行了一番考察，对物美的经营理念、市场定位、目前规模和发展目标有了相当的了解，从公司的宣传栏上了解到了比较详细的背景资料。接着，又上网查阅了许多关于物美的以及其他国内外连锁经营的管理知识。

在此基础上，他还认真总结整理出一份"管中窥豹，我对物美的几点建议"。面试由物美人力资源部的张总主持，第一个问题是："你对物美有多少了解？"考场内鸦雀无声，而胥金林却暗自庆幸："头筹非我莫属。"果不其然，当他对物美进行一番陈述并递交上"九点建议"的时候，张总连连对他点头，最终他从20多个竞聘者中脱颖而出。

用执着敲开成功之门

天津某外企本想招一个有丰富工作经验的资深会计人员，有一个女大学生因为没有工作经验，在面试一关即遭到了拒绝，但她并没有气馁，一再坚持。她对主考官说："请再给我一次机会，让我参加完笔试。"主考官拗不过她，就答应了她的请求。结果，她通过了笔试，由人事经理亲自复试。

人事经理对她颇有好感，因她的笔试成绩最好，不过，女孩的话让经理有些失望。她说自己没工作过，唯一的经验是在学校掌管过学生会财务。找一个没有工作经验的人做财务会计不是他们的预期，经理决定收兵："今天就到这里，如有消息我会打电话通知你。"女孩从座位上站起来，向经理点点头，从口袋里掏出两元钱双手递给经理："不管是否录取，请都给我打个电话。"经理从未见过这种情况，问："你怎么知道我不给没有录用的人打电话?""您刚才说有消息就打，那言下之意就是没录取就不打了。"经理对这个女孩产生了浓厚的兴趣，问："如果你没被录取，我打电话，你想知道些什么呢?""请告诉我，在什么地方我不能达到你们的要求，在哪方面不够好，我好改进。""那两元钱……"女孩微笑道："给没有被录用的人打电话不属于公司的正常开支，所以应该由我付电话费，请您一定打。"经理也笑了："请你把两元钱收回，我不会打电话了，我现在就通知你：你被录用了。"

仅凭两元钱就招了一个没有经验的人，是不是太感情用事了？经理说："不是。这些面试细节反映了她作为财务人员具有良好的素质和人品，素质和人品有时比资历和经验更为重要。第一，她一开始便被拒绝，但却一再争取，说明她有坚毅的品格。财务是十分繁杂的工作，没有足够的耐心和毅力是不可能做好的；第二，她能坦言自己没有工作经验，显示了一种诚信，这对搞财务工作尤为重要；第三，即使不被录取，也希望能得到别人的评价，说明她有直面自己不足并把每项工作都做得很完美的精神，我们接受失误，却不能接受员工自满不前；第四，女孩自掏电话费，反映出她公私分明的良好品德，这更是财务工作不可或缺的。"

任务 6.1　笔试方法与技巧

笔试主要适用于应试人数较多、需要考核的知识面较广或需要重点考核文字能力和专业知识的情况。大企业、大单位、大批量用人，国家机关选聘公务员，往往采用此种考核形式。笔试一般包括以下几个方面内容：一是知识面的考核，主要是一些通用性的基础知识和担任某一职务所要求具备的业务知识；二是心理测试，主要测试应聘者的性格、兴趣、能力等心理特征；三是技能测验，主要是对毕业生处理问题的速度与质量的测试，检验其对知识和智力运用的程度和能力。

一、常见的笔试种类

（一）专业能力考试

这种考试主要是检验应聘者担任某一职务时是否能达到所要求的专业知识水平和相关的实际能力。这几年毕业生热衷招考的国家机关公务员资格考试，其笔试包括《行政职业能力倾向测验》《写作》和《综合知识》。又如招聘行政管理、秘书方面工作的单位对应聘者文字能力的测试，部分单位对某种计算机语言有较高的要求时，测试应用特定语言编程的能力。为检验毕业生实际工作能力或专业技术能力，通常还要进行专业技术能力考试。这种考试往往在特意设置的工作环境中进行。下面举几个例子。

（1）阅读一篇文章，写读后感。

（2）自编一份请求报告或会议通知。

（3）听到 5 个人的发言，写一份评价报告。

（4）某公司计划在 5 月赴日本考察，写出需要做哪些准备工作？

（5）给一个科研题目，写出科研论文的详细大纲。

从你的答卷中可看出你的文字表达能力以及逻辑思维能力等。

（二）智力和心理测试

智力测试主要为一些著名跨国公司所采用，它们对毕业生所学专业一般没有特殊要求，但对毕业生的素质要求较高，主要测试应聘者的分析和观察问题的能力、综合归纳能力、思维反应能力。它们认为，专业能力可以通过公司的培训获得，因此有没有专业训练背景无关紧要，但毕业生是否具有不断接受新知识的能力是至关重要的。

智商测试并不神秘。一种是图形识别，比如一组有四种图形，让应试者指出其相似点和不同点。这类题目在一些面向中小学生的智力游戏书中是很常见的，一些面向大众的杂志偶尔也刊登这类游戏题目。另一类是算术题，主要测试毕业生对数字的敏感程度以及基本的计算能力，比如给定一组数据，让毕业生根据不同的要求求出平均值，其难度绝不超过对中学生的计算能力的要求水平。尽管如此，一些理工科的毕业生也考不到60分。这类测试尤其是会计师、审计师等职业所要求的。

心理测试主要测试应聘者的性格、兴趣、能力等心理特征。心理测试是用事先编制好的标准化量表或问卷要求被试者完成，根据完成的数量和质量来判定其心理水平或个性差异。一些特殊的用人单位常常以此来测试求职者的态度、兴趣、动机、智力、个性等心理素质。应聘中常见的心理测试的类型有：性格测验、气质测验、职业兴趣测验、需要层次测验、成就动机测验、职业价值观测验等。

（三）综合能力测试

综合能力测试兼有智商测试的要求，但程度更高，比如，应试者要在规定的时间内对一组数据、一组资料进行分析，找出其合理的地方和存在的问题，并设计出解决问题的方案。这是对学生的阅读理解能力、发现问题的能力、分析和解决问题的能力等素质的全方位测试，甚至有时候问答都是用英语进行，相对来说难度更大一些。

有一些公司笔试时采用一般能力测验。一般能力测验包括语言能力、数学能力、逻辑推理能力、空间知觉能力、机械推理能力、知觉速度、文字识别能力等。

（四）命题写作

这种测试主要是对毕业生处理问题的速度与质量的测试，检验其对知识和智力运用的程度和能力。这种测试目的在于考查文字表达能力以及分析问题的能力。比如限时写出一份会议通知、请示报告或某项工作总结，也可能提出一个论点，请予以论证或批驳等。用人单位采用笔试方式时，可能只进行单一的专业考试，也可能专业考试、命题作文、心理测试综合运用。

（五）录用考试

国家公务员、事业单位或个别大型企业在招聘时通常以录用考试的方式来选取所需人才。如中央、国家机关考试录用机关工作人员和乡镇以上国家公务员的考试，主要是通用性的基础知识测试。个别大型企业或事业单位录用考试会涉及相关专业方面的知识考试等。

二、笔试准备

良好的笔试成绩来自平时的努力学习。在大学期间刻苦学习，将所学专业及基础知识弄懂学会，这样在考试时就能信心十足，得心应手。

（一）笔试前应进行简单的复习

复习已学过的知识是笔试准备的重要方式。一般说来笔试都有个大体的范围，可围绕这个范围翻阅一些有关的图书资料。有些课程内容，因学习时间已久，可能淡忘，经过简单的复习，有助于恢复记忆。知识可分为主要靠记忆掌握的知识和必须通过不断地运用来掌握的知识。从用人单位的角度看，主要目的是为考核求职者对所学知识的运用能力。因此，在复习过程中一定要善于将知识运用到实际问题的解决中去，学以致用，要合理地分配和运筹时间，讲究效率。

（二）要保持良好的身心状态

临考前，要适当减轻思想负担，保证充足的睡眠，适当参加一些文体活动，从而使高度紧张的大脑得到放松休息，以充沛的精力去参加考试。

三、笔试的技巧

（一）增强信心

笔试怯场，大多是由于缺乏自信心所致。客观冷静地对自己进行正确评估，能克服自卑心理，增强自信心。应聘笔试毕竟不同于高考，高考是“一锤定音”，而求职应聘则有多次机会，所以大可不必紧张。临考前，一要适当减轻思想负担，二要保证充足的睡眠，三要适当参加一些文体活动，从而使高度紧张的大脑得到放松休息，以充沛的精神去参加考试。

（二）临场准备

提前熟悉考场环境，有利于消除应试时的紧张心理。还应仔细看看考场注意事项，尽量按要求做好。除携带必备的证件外，一些考试必备的文具（钢笔、橡皮等）也要准备齐全。

（三）科学答卷

拿到试卷后，首先应通览一遍，了解题目的多少和难易的程度，以便掌握答题的速度，然后根据先易后难的原则排出答题的顺序，先攻相对简单的题，后攻难题。这样就不会因为攻难题而浪费时间太多，而没有时间做会答的题，遇到较大的综合题或论述题，则应先列出提纲。再逐条论述。

在答完试卷后，要进行一次全面复查，特别注意不要漏题、跑题。要纠正错别字、语法不通、词不达意等错误。值得特别注意的是，卷面必须做到字迹端正，卷面整洁。因为招聘单位往往从卷面上联想应聘者的思想、品质、作风，字迹潦草、卷面不整的人，招聘单位先不看你答的内容，单从你的卷面就觉得你不可靠；而那些字迹端正、答题一丝不苟的人，招聘单位认为你态度认真，作风细致，对你更加青睐。

（四）不得作弊

参加笔试应严格遵守考场纪律及相关注意事项。从这个意义讲，应试不仅是对应试者知识水平的考核，更是对应试者思想道德素质的检验。

任务 6.2　面试的方法与技巧

面试是一种经过精心设计，以交谈与观察为主要手段，以了解被试者综合素质有关信息为目的的一种测评方式。面试是当今社会求职过程中的一个必经环节，也是用人单位招聘时最重要的一种考核方式，由于面试与笔试相比较具有更大的灵活性和综合性，它不仅能考核一个人的专业水平，而且可以面对面观察求职者的口才和应变能力等，所以许多用人单位对这种方式更感兴趣。面试在招聘中的作用也越来越重要，面试是成功就业的关键环节，顺利通过了面试也就等于应聘成功了一半。因此学会面试，是大学毕业生求职择业所面临的新课题。

一、面试的主要类型

面试的方法很多，根据不同的分类标准，可以划分出很多具体的面试类型。根据面试的标准化程度可以划分为结构化面试和非结构化面试；根据面试实施的方式分为单独面试和小组面试；根据面试题目的内容可将面试划分为情景面试和经验面试；根据面试的气氛设计可分为压力面试和行为描述面试。在这里我们不作一一详述，只把关键的几种面试类型简单地介绍一下。

（一）根据面试官人数分类

根据面试官人数的多少，可以将面试的方法分为个人面试法和集体面试法①。

1. 个人面试法

个人面试法是面试官与应试者一对一单独面谈的方法。这种方法是企业招聘最普遍也是最基本的方式。该面试方式又有两种类型：一是只有一个面试官负责全过程。这种面试多在小型单位或招聘职位较低的职员时采用，或当应试者太多时，也会采用这种方法进行初选。二是由多个人分工负责面试的整个过程，但每次均由一个面试官与应试者面谈。

个人面试法的优点是能够提供一个面对面的机会，让面试双方较深入地交谈了解，可以就细节和个人特殊问题交换意见。但由于面试官只有一位，由一个人对应试者下结论，有可能会出现偏差，容易受个人因素影响，失去公平性。

2. 集体面试法

集体面试法就是由面试小组集体对应试者进行面试的方法。各位面试官同时围绕面试的重点内容，依据拟定的基本面试问题及应试者的回答情况，对应试者进行提问或续问。每面试完一人后，面试官们依据应试者的应答情况进行打分，填好面试成绩评定表。每位应试者面试结束后，面试小组核定出他的面试总成绩。

集体面试法的优点是由面试官一起参与面试评分，可以减少因面试官个人偏见产生的误差。面试官提问可以互相补充，这样可以更全面、从容地掌握信息，透明度高，较为客观公正。

集体面试法的不足主要在于：面试小组由多名面试官组成，难免给应试者造成心理压力，可能影响应试者水平的正常发挥。另外，主要面试官一般由单位主要领导担当，这样会给其他面试官造成心理压力，会以主要领导的意见作为评分标准，失去公正性。

（二）根据结构化程度分类

根据面试的结构化程度，可以将面试的方法分为结构化面试法、非结构化面试法和混合面试法。下面重点介绍结构化面试法、非结构化面试法。

1. 结构化面试

结构化面试又称直接面试，是带有指导性的面试。一般是按照预先确定的内容、程序、分值结构进行的面试。对于同类应聘者，主考官用同样的语气和措辞、按同样的顺序、问同样的问题、按同样的标准打分，并且所问问题的结构就是招聘岗位所需要的人员素质的结构，有时候还会预先分析这些问题可能的回答，并针对不同的回答划分标准，以帮助考官进行评定。

---

① 或称个人面试和集体面试，以下结构化面试法与非结构化面试法等一样，为便于表述，都可以略去“法”字。

结构化面试一般应用于行政部门、事业单位、政府机关以及公务员等比较正规场合的面试。因为每个应聘者都被问相同的问题，评分标准也相对固定，由于这种面试具有客观性、规范性、相对准确性、便于掌握评分标准等优点，因此受到人们的普遍信赖。

2. 非结构化面试

非结构化面试又称间接面试。面试时由面试官根据具体情况随时提问，鼓励应试者多谈，再根据应试者对问题的反应，考查他们是否具备某一职务的任职条件。尽管面试内容没有事先确定，可以围绕不同的方向展开，但问题必须与招聘和录用有关。因此，对于不同的应试者，提出的问题、测试的过程和问题的答案都是因人而异的。也就是说，在面试过程中，考官有很大的主动性，他可以根据应试者的具体情况随机提出问题，以获得自己想要得到的信息。在外企、三资企业或者民营企业面试时，一般会采取这种比较轻松的非结构化面试。

非结构化面试有四个特点：

（1）面试问题的不确定性。主试者起初提出的问题是相同的，一般是从个人介绍开始话题，但后面的追问部分则有很大的不确定性。

（2）面试答案的非标准性。同一个问题可能有不同的答案，但这些答案在一定条件下都是合理的，所以无法给出“标准答案”。

（3）面试过程的分散性。结构化面试的过程是线型的，一样的问题让应聘者回答；而在非结构化面试中，却是一种树型的过程，一个问题往往有多种答案，根据每一种回答可以再次提出不同的问题，所以整体方向很散，追问可以从多个方向展开。

（4）面试评分标准的模糊性。非结构化面试的评分，没有一个明确的标准，他可以根据面试者的答题方式、风格等特征来评分，所以评分标准比较模糊，主试官的主动性较大。

3. 混合面试法

混合面试法是将结构化面试和非结构化面试结合起来运用，即应试者回答同样的问题，但同时又根据他们的回答情况做进一步提问，以求更加深入、细致地了解应试者。混合面试也是当前单位招聘中常使用的一种典型面试方法。

（三）根据面试气氛与情景分类

根据面试气氛与情景可将面试分为压力面试法和行为描述面试法。

1. 压力面试法

压力面试法是在面试过程中逐步向应试者施加压力，以考查其能否适应工作中压力的面试方法。压力面试法对面试官的面试技巧要求较高，在对岗位分析的前提下，确定岗位的主要情节，根据岗位工作中可能遇到的压力，设计一些问题。压力面试一般适用于独立性强、难度大、责任重的岗位，如质检、调试、审计等。这种面试法经常采用集体面试的形式，事先设计一个或几个问题，面试官采用穷追不舍的方法提问并逐步深入，直至应试者处于无法回答的境地，以考查其机智程度、应变能力及心理素质。

例如：提问应试者“你认为自己的最大优点是什么?”假如应试者回答：“我认为自己最大的优点是肯吃苦。”面试官又会接着问：“在我们单位吃苦就是意味着经常在休息时间加班，你又如何理解?”或者问：“在我们公司最欣赏会巧干的人，而不是只会苦干的人，你如何理解?”等，面试官会这样顺着你的回答不断为难你，直至你无法应对。

压力面试法的最大优点是能够观察应试者的心理素质，看应试者在适度的批评之下是否有高度的敏感反应。心理素质好的应试者会表现得理智、大度、从容、灵活，而心理素质较差的人，则会显得紧张、烦躁，沉不住气，无法控制。压力式提问在我们的面试过程中是经常遇到的。

2. 行为描述面试法

行为描述面试法是基于行为的连贯性原理发展起来的。面试官通过求职者对自己行为的描述来了解两方面的信息：一是求职者过去的工作经历，判断他选择本组织发展的原因，预测他未来在本组织中发展的行为模式；二是了解他对特定行为所采取的行为模式，并将其行为模式与空缺职位所期望的行为模式进行比较分析。面试过程中，面试官所问问题都是应试者过去经历的某些问题，这些问题与工作业绩有密切关系，主题主要围绕四个方面：情景、任务、行动和结果进行。例如：一个营销岗位的职员，需要较强的沟通能力、语言表达能力、亲和力和不甘失败的顽强精神。面试官会围绕这些要求询问应试者是否具备这些能力和实践经验，如果有过类似经历，面试官会继续了解他过去的学习工作情况、知识、工作业绩，等等，然后决定录用与否。行为描述面试也是目前企业运用比较广泛的面试法。

（四）常用的其他面试方法

1. 群体游戏

现在有不少企业开始采取群体游戏的方式开始面试。很多初次接触群体游戏这种应聘方式的应聘者有点不知所措，有的就觉得是考官为了放松应聘者紧张的心理而做的游戏，殊不知在游戏过程中，考官在静静地观察应聘者的领导、组织、沟通、协调等多方面的能力。最为经典的管理游戏就是小溪任务游戏，考官把面试者随机分为甲乙两组让他们完成小溪任务。给每组应试者滑轮、铁管、木板、绳索，要求他们把一根粗大的圆木和一块较大的岩石移到小溪的另一边。这个任务只有通过应试者的努力协作才能完成。主考官可以在客观的环境下，有效地观察应试者的领导特征、能力特征、智慧特征和社会关系特征等。管理游戏的优点是它能够突破实际工作情景时间与空间的限制，模拟内容真实感强，富有竞争性，具有趣味性。作为应试者，在做管理游戏时，既不要太紧张，也不要太随意。冷静思考，沉着应对，全身心投入，恰到好处地展示自己多方面才能。

2. 无领导小组讨论

在无领导小组讨论中，应试者被划分成每组人数四到八人不等，不指定负责人，大家地位平等，要求就某些争议性比较大的问题，例如干部提拔、工作任务分配、额外补助金分配等问题进行讨论。在某些情况下，还要求小组形成一致意见，并以书面形式汇报。每个组员都应在上面签字，以表示自己同意所做的汇报。在无领导小组讨论中，主考官评分的依据标准是：发言次数的多少；是否善于提出新的见解和方案；敢于发表不同的意见，支持或肯定别人的意见，坚持自己的正确意见；是否善于消除紧张气氛，说服别人，调解争议，创造一个使不愿开口的人也想发言的气氛，把众人的意见引向一致；看能否倾听别人的意见，是否尊重别人，是否侵犯他人发言权；还要看语言表达能力如何，分析、概括和归纳总结不同意见的能力如何，看发言的主动性、反应的灵敏性，等等。

作为应试者，在进行无领导小组讨论时要注意以下几点：

（1）对自己充满信心。无领导小组讨论虽然是求职竞争者之间的“短兵相接”，但也不是特别难对付的可怕事情，因为各应试者还是一样的公平竞争；

（2）态度自然，有理有节。及时表达与人不同的意见和反驳别人先前的言论，也不要恶语相加，要做到一方面能够清楚表达自己的立场，另一方面又不令别人难堪；

（3）不可滔滔不绝，垄断发言，也不能长期沉默，处处被动。每次发言都必须有条理、有根据；

（4）最好找机会成为小组讨论的主席，以展示自己引导讨论及总结的才能。尤其是对该问题无突出见解时，当主席实在是明智之举。

3. 角色扮演

角色扮演是一种常见的情景模拟活动。有些主考官经常采用“攻其不备”的方式，让应试者在毫无准备的情况下做出抉择，以考查应试者能否胜任某项工作。比如以招聘推销员为例，应试者刚刚坐下，毫无心理准备，主考官立即出示该公司的一种产品，请应试者当场向他推销。碰到这种情况，应最好事先做好准备，对该公司的产品不但要有概括的认识，而且要清楚那些产品的优点和缺点。此外，如果你对其产品确实不了解也不必慌张，应以坦诚的态度承认对该产品不了解，又能巧妙地将自己熟悉的另一种产品向他推销，反守为攻，有可能赢得更好的印象。

4. 案例分析

案例分析的面试形式最早出现于管理咨询公司的招聘中，近年来逐步被许多知名企业采纳。案例分析，是指面试官给出一个商业案例，并以此为基础延伸出一些问题，要求求职者加以分析解决。在案例分析面试中，求职者要在很短的时间内，根据自己的经验和有限的信息找到问题的症结，总结出答案，由此可以考查被评价者的综合分析能力和做出判断决策的能力。案例分析是求职者最难做准备的一种面试方式，主要是靠自己在平时积累的经验和临场发挥。对于面试官来说，案例面试也是最难设计的，通常需要专业部门的人士花费一定的时间专门设计出来。

5. 管理游戏

在这种活动中，面试官给小组成员分配一定的任务，必须合作才能较好地完成。在这种测评中，面试官让受测试者置身于一个模拟的环境中，面临一些管理中常常会遇到的各种现实问题，要求他们想方设法解决。例如以总经理的身份去处理经营中的难题，进行人事安排，或者作为谈判代表与别人进行商业谈判的模拟练习。通过受测者在完成任务中所表现出来的行为来测评受测者的各项素质。管理游戏是一种以完成某种“实际工作”为基础的标准化模拟活动，通过活动观察受测者的时间管理能力。

二、面试的内容

从理论上讲，面试可以测评应试者的任何素质，但在人员甄选实践中，并不是以面试去测评一个人的所有素质，而是有选择地用面试去测评它最能测评的内容。面试测评的主要内容包括以下几项。

（一）仪表风度

这是指应试者的体形、外貌、气色、衣着举止、精神状态等。像国家公务员、教师、公关人员、企业经理人员等职位，对仪表风度的要求较高。研究表明，仪表端庄，衣着整洁，举止文明的人，一般做事有规律，注意自我约束，责任心强。应试者应该注意着装得体，举止文雅、大方，表情丰富，回答问题要认真、诚实。

（二）专业知识

了解应试者掌握专业知识的深度和广度，其专业知识更新是否符合所要录用职位的要求，作为对专业知识笔试的补充。面试对专业知识的考查更具灵活性和深度。所提问题也更接近空缺岗位对专业知识的需求。

（三）实践经验

一般根据查阅应试者的个人简历或求职登记表，做些相关的提问，查询应试者有关背景及过去工作的情况，以补充、证实其所具有的实践经验，通过实践经验的了解，还可以考查应试者的责任感、主动性、思维力、口头表达能力及遇事的理智状况等。

（四）语言表达能力

一般观察求职者能否将要向对方表达的内容有条理地、完整地、准确地转达给对方；引例、用语是否确切；发音是否准确，语气是否柔和；说话时的姿势、表情如何。面试中应试者是否能够将自己的思想、观点、意见或建议顺畅地用语言表达出来。考查的具体内容包括：表达的逻辑性、准确性、感染力、音质、音色、音量、音调等。作为被试者，在面试时应注意以下几点：谈话是否前后连贯；主题是否突出；思想是否清晰；说话是否有说服力。

（五）综合分析能力

面试中，应试者是否能对主考官所提出的问题，通过分析抓住本质，并且说理透彻、分析全面、条理清晰。

（六）思考判断能力

一般观察被试者能否准确、迅速地判断面临的状况，能否恰当地处理突发事件；能否迅速地回答对方的问题，且答案简练、贴切。作为被试者，应在准确、迅速、决断方面重点准备。对自己的判断应该有信心，还要分析对方是逻辑判断还是感性判断。

（七）反应与应变能力

主要看应试者对主考官所提的问题理解是否准确、回答的迅速性、准确性等。对于突发问题的反应是否机智敏捷、回答恰当，对于意外事情的处理是否妥当等。

（八）操控能力

主要在于考查应试者对于已认定的事情能否进行下去；工作节奏是否紧张有序；对于集团作业的适应性；是否具备单位领导能力。

（九）团结协作能力

主要在于观察被试者遇到难堪问题后的反应；能否让人亲近，对他人有无吸引力等。在面试中，通过询问应试者经常参与哪些社团活动，喜欢同哪种类型的人打交道，在各种社交场合所扮演的角色，可以了解应试者的人际交往倾向和与人相处的技巧。

（十）自控能力

自我控制能力对于国家公务员及许多其他类型的工作人员（如企业的管理人员）显得尤为重要。一方面，在遇到上级批评指责、工作有压力或是个人利益受到冲击时，能够克制、容忍、理智地对待，不致因情绪波动而影响工作；另一方面，工作要有耐心和韧劲。

（十一）敬业精神

(1) 了解应试者对过去学习、工作的态度；

(2) 了解其对应聘职位的态度。在过去学习或工作中态度不认真，做什么、做好做坏无所谓的人，在新的工作岗位也很难说能勤勤恳恳，认真负责。

（十二）责任感和意志品质

主要在于考查应试者责任感是否强烈，能否令人信任地完成工作；考虑问题是否偏激；情绪是否稳定；对于要求较高深的业务能否适应。被试者回答时应该突出自己的自信心，意志坚强、责任感强烈的人，一般都确立了事业上的奋斗目标，并为之而积极努力。表现在工作努力，且不安于现状，工作中常有创新。消极的人，一般都是安于现状，无所事事，不求有功，但求无过，对什么事都不热心。

（十三）求职动机

了解应试者为何希望来应聘单位工作，对哪类工作最感兴趣，在工作中追求什么，判断应聘单位所能提供的职位或工作条件等能否满足其工作要求和期望。

（十四）兴趣与爱好

了解应试者休闲时爱从事哪些运动，喜欢阅读哪些书籍，喜欢什么样的电视节目，有什么样的嗜好等，可以了解一个人的兴趣与爱好，这对录用后的工作安排常有好处。

（十五）其他问题

面试时主考官还会向应试者介绍本单位及拟聘职位的情况与要求，讨论有关工薪、福利等应试者关心的问题，回答应试者可能问到的其他一些问题等。

三、面试的一般程序

（一）面试开始阶段

在这段时间里，应聘者应该确定面试的总体语调和气氛。这是面试中最重要的一个阶段，因为第一印象很可能决定用人单位是否录用应聘者。所以要记住：必须面带微笑，盯住对方的眼睛，紧紧地与其握手，问候时显得兴致勃勃、信心百倍。

（二）正式面试阶段

在这段时间里，面试双方的主要任务是互相了解情况。主试人在这段时间里要同时对应聘者作出三种估价：

（1）你的能力和性格是否适合这项工作。

（2）如果你成为公司中的一员，能为公司做出什么贡献。

（3）如果主试人决定聘用你，你能否给他争光。

应聘者必须让主试人觉得你热情、友好，使他相信你完全符合上述三个条件。应聘者还应该利用这段时间主动地打听一些关于公司以及工作的情况，这样做一方面可以表示你对他们公司非常关注，另一方面可以从他的介绍中了解到他们到底想找什么样的人。

（三）面试结束阶段

此时应聘者应该做的事情如下：

（1）表现出你对他们公司的兴趣。

（2）对他们表示感谢。

（3）如果结果还没有确定下来，那你就可以问："我哪些地方符合你们的要求？哪些地方不符合？"或者"我有希望被录用吗？"

这些问题表达了你对他们的兴趣，效果就像"我有希望成为主要候选人吗？"一样。这样做的好处是增加他们对你的印象，提高你中选的可能性。

（4）要善于觉察主试人暗示面试结束的种种迹象，如他开始整理纸张或不再继续提问，这就是告诉你面试已经结束了，你应及时且有礼貌地告辞。

四、面试前的准备

先秦左丘明《书·说命中》说："唯事事乃其有备，有备而无患。"军事上讲不打无准备之仗，现代人说"机遇只垂青有准备的人"。在面试前尤其需要仔细准备，包括以下几个方面：

（一）材料的准备

在面试之前，要尽可能多地收集有关招聘单位的详细资料，如单位性质、主要产品、销售额、人员结构、规模效益、在本行业中的地位以及发展前景等，做到心中有数，并对面试时间、面试地点、面试的具体安排以及面试人的情况等进行尽可能多的了解，所获得的信息应准确真实。面试前应聘者准备的材料主要包括以下几项：

1. 求职材料

求职材料包括个人简历、求职信、毕业生情况推荐表、各种证书等。

2. 其他材料

除了上述材料之外，为了加深用人单位对自己的印象，有时需要提供进一步的其他材料，主要包括本人在大学期间所获得的各类荣誉证书以及成果证明材料等。其他材料的使用方法，要根据求职的方式而有所不同。如果面见招聘者或亲自上门去推荐自己，材料可以准备得更充分一些，凡能反映自己各方面能力的材料尽可能带齐全，而且最好带原件（面试结束后原件必须取回，原件只是一种证明）。若采取寄送自荐材料的方式，则应选择最具代表性的材料，而且要根据各单位的不同情况有针对性地取舍，并且寄复印件，便于邮寄，以免遗失。若有老师或亲友的推荐信当然更好。

此外，对自己个人简历中的相关信息，要烂熟于心，以免面试中的回答与简历信息出现不一致而引起面试官的怀疑。要充分考虑面试中可能提出的问题，做好预案。要比照自己的能力与用人单位工作的要求是否相符，分析自己的相关技能，尽量使自己的能力与岗位要求相匹配，让面试人了解你是应聘人员中的理想人选。

（二）服饰准备

服装和外貌同交谈一样，是面试官了解应聘者的重要内容。从某种程度上说，这绝不亚于面试中的语言对白。如果一个应试者能镇定自若，注意仪态，穿着得体，面试时就能脱颖而出。所以，应试者在面试出发之前应着重对自己的外观进行一番打扮，使自己在面试时有一个良好的外表和精神面貌。

大学毕业生在求职过程中的着装可以不像社会人员那样庄重，但是整体上要求给人以整洁、大方的感觉。大学应届毕业生求职着装的原则是不追求名牌、高档服装，以平整得体、款式朴素、简练、精干、不碍眼为原则。最好不穿新买的衣服，穿平时熟悉、有自信的服装。颜色以中性为主，避免夸张、刺眼的颜色。

1. 男同学准备服饰一般应注意的事项

（1）宜穿西装，打领带。西装应选择和自己身体条件相符的款式和色调，同时可以搭配白色衬衫，这样人显得庄重高雅，有精神。领带要打得端正，遮住衬衫的第一粒扣子。

（2）皮鞋要打鞋油，鞋跟一定要擦干净。

（3）男生的头发必须干净整洁，有光泽，不要把发型搞得过于新奇、引人注目。切忌面试前一两天理发，因为新的发型会令他人和自己都感觉不自然，衣领和肩部不要沾上落发和头屑。

（4）胡须和鼻毛必须弄干净。

（5）戴眼镜的同学，镜框的佩戴最好能与自己的脸形相匹配，让人感觉稳重、协调。

2. 女同学准备服饰一般应注意的事项

（1）宜穿职业套装套裙，给人朴实、大方、明快的感觉，但不宜穿紧身衣服或牛仔装，尤其是无袖、露背、迷你裙等前卫服装。衣服应以三色为主，颜色多会给人以花哨的感觉。

（2）肉色的袜子在社交场合最适宜。不要穿露出脚趾的凉鞋，宜穿素色素面的一寸半包鞋。

（3）女生可以化淡妆，勿浓妆艳抹，不宜涂指甲，不宜擦拭过多的香水，尤其是劣质香水。

（4）头发最好束起来。头发、指甲、配件等细节位置，都应干净清爽，给人良好的印象。

（5）不要佩戴造型过于夸张、会叮当作响的饰品。除了手表，一般不需要佩戴其他首饰。

（三）心理准备

心态是影响面试成绩的重要因素之一。面试前的心理准备一般包括两个方面：一是要拥有正确的择业期望心理，二是要尽量克服面试紧张心理。

1. 树立正确的期望心理

如果拥有正确的择业观，能正确、乐观地对待整个面试过程，会给面试官留下良好印象，对面试产生积极的影响。大学毕业生就业时应树立正确的择业心态，每个人既有自己的优点和长处，也有自己的缺点和不足，这就是人们常讲的“尺有所短，寸有所长”。对自己要有一个正确的评价，避免在面试过程中出现不切实际、好高骛远的现象。在择业过程中保持良好的心态，主要应注意克服以下几种不良心态出现：择业自卑感、择业焦虑感、急于求成心理、盲目攀高心理、消极依赖心理、从众心理、侥幸心理等。

2. 克服面试紧张心理

过于紧张会抑制思维的活力，甚至会出现丢三落四的现象。如果有一个放松而平静的心态，那就会稳定思绪，自己的优势才会正常发挥出来，甚至还会创造性地应答问题。特别对于初试者，可能由于心中底气不足，更应保持放松的心态。如何保持面试前的心理放松呢?

（1）要正确分析自我，根据自身的特长，选准适当的就业位置，保持积极主动的择业心态，敢于竞争、敢于自荐，增强心理承受能力和自信心。

（2）要有充足的睡眠，保持清醒的头脑，对可能出现的问题预测、回答问题的策略做好通盘考虑，以良好的心态从容应试。

（四）知识准备

面试前的知识准备主要是指专业知识和与职位相关知识的准备。招聘单位除了考查应试者的综合素质和能力外，往往会根据需要提问与专业有关的知识。参加面试之前，应根据单位的业务特点和岗位要求，有针对性地对所学专业知识进行复习和回顾，避免说外行话。另外，很多职位除了对专业知识的要求外，还会有其他非专业知识的要求，如计算机、英语、市场营销、财务管理、平面设计等，也必须根据职位的需要，有针对性地做好准备。如果确实对这方面的知识比较陌生，也一定找几本这方面的书籍浏览一下，有备无患。

面试官究竟会提什么问题，是很难猜测的，因为不同的面试方法、不同的面试官的风格都不一样。但我们必须根据职位的特点和面试的一般要求，对可能遇到的问题进行准备，准备得越充分，你就越有可能圆满地回答问题。

在面试时，面试官常常会问到一些常见的问题，如果能够事先了解这些问题，并且懂得如何回答这些问题，那么就可以使自己及时有效地回答，这是非常有益于面试成功的。比如：

“请用3分钟时间自我介绍一下。”“你认为大学期间印象最深刻的人或事是什么?”“你为什么来应聘这个职位?”“你的优点和缺点是什么?”“在大学期间担任过什么主要学生干部?”等。同时就应把准备的问题的答案草草记下，反复大声朗读，请你的朋友或老师来给你进行一次“模拟面试”。请他们对你的表现进行评价：你对问题的回答如何，你给他们留下了什么样的印象等。

在面试最后，用人单位可能会问你有没有问题向他们询问。提问也是一门学问，用人单位可以通过你提出的问题看出你的综合素质。所以你千万记住，在你面试过程中，你不要老是提及有关薪水、住房等福利待遇方面的问题。一般用人单位的这些规定都是统一的，你可以在公司确定你参加最后一轮面试时再适当地提出。如果没问题，就说没有什么要问的，不要找一些根本没有用的话题，如：“你家住在哪啊?”“你是哪个学校毕业的?”不要随便与人套近乎，什么事情都要适可而止。

明智一点的，你可以询问一些用人单位提供的职业培训、技能提高以及继续深造机会等问题，你也可以请求面试者介绍一下自己应聘工作的部门情况、公司的企业文化、员工的职业生涯规划等比较有深度的问题。

五、面试中的技巧

面试是一门自我推销的艺术，能否给面试官以良好的印象，是面试成功与否的关键，很重要的一点就取决于求职者在面试中对面试技巧的把握和运用。

（一）基本礼仪

众所周知，礼仪是一个人素质与教养的具体表现。面试中良好的礼仪能向面试官传递这样的信息：我非常尊重您，也很希望获得这份工作，同时我对自己面试成功充满自信。

1. 赴约守时

守时是职业道德的一个基本要求，如果你面试迟到，那么不管你有什么理由，也会被视为缺乏自我管理和约束能力，即缺乏职业能力，给面试者留下非常不好的印象。提前10分钟到达面试地点效果最佳。在面试时迟到或是匆匆忙忙赶到都是致命的，而提前半小时以上到达亦会被视为没有时间观念。

2. 进入用人单位

对于应试者，必须明白你的面试有可能从你一踏入单位的大门就开始了，必须时刻小心留意。到了招聘单位，最好径直到面试地点，不要四处寻摸，让人觉得你别有用心或图谋不轨。如果面试单位有前台服务，则开门见山说明来意，经指导到指定区域落座，若无前台，则找工作人员求助。这时要注意用语文明，开始的“您好”和被指导后的“谢谢”是必要的。

3. 等待面试

参加面试应该自带一些报刊在等待时阅读，而不要来回走动显得急躁不安，也不要与别的接受面试者聊天，因为这可能是你未来的同事甚至决定你能否称职的人，你的谈话对周围的影响是你难以把握的，这也许会导致你应聘的失败，当然，如果此时有该单位的介绍材料，应该仔细阅读以先期了解其情况，会对你的面试有所帮助。另外，特别提醒毕业生，在等待面试期间，有可能会发生一些预想不到的事情，这时你千万谨慎，这可能是招聘单位有意设计的测试情景。

4. 进入面试现场

无论门是敞开还是关闭的，进入面试室之前一定要敲门。连续敲两次门是较为标准的。敲门时千万不可敲得太用力。进门后不要用后手随手将门关上，更不能用脚跟踢门。应转过身去正对着门，用手轻轻将门合上，然后面带微笑走向面试官。走到考官面前，应亲切地道一声“您好”，等面试官示意你坐下时方可坐下。坐下后不要背靠椅子，也不要弓着腰，并不一定要把腰挺得很直，这样反倒会给人留下死板的印象，应该很自然地将腰伸直。

5. 面试过程中的形体

在面试中，上身正直，微向前倾，目光注视主考官的眼部和脸部以示尊重，双手放在扶手上或交叉于腹前，双腿自然弯曲并拢，双脚平落地面；若是软绵绵的沙发靠椅，也应尽量控制自己，不要陷下去，要挺腰坐直，全神贯注面对考官。特别提醒，不能两脚交叉，更不可跷二郎腿；双手不宜做各种小动作，不要弓腰曲背，抓耳挠腮。如果面前有准备好的桌子，不宜趴在桌子上，应自然挺直上身。面试过程中一定要心平气和，不能魂不守舍，左顾右盼，不能刚谈几句就看表。注意力要集中，认真听主考官所提的问题，有条理地进行回答，切忌答非所问。在面试过程中，如果工作人员向你发放资料或索要资料，一定起身接受或递送，并说声“谢谢”。

6. 学会做倾听者

有的求职者仗着聪明，往往不等招聘考官把话问完，就中途插嘴，因此常发生错误，这种急躁的态度，很容易造成损失，不只是弄错了问话的意图，中途打断对方，也有失礼貌。要耐心听完主考官的问题，弄清楚他要你回答的究竟是什么？有些人在别人说话时，唯唯诺诺，仿佛都听进去了，等别人说完，却又问道：“很抱歉，你刚才说些什么？”对他来说，也许只是一时的心不在焉，听漏了重点，对说话的人来说却是件很失礼的事。所以参加面试，一定要集中精神，细心地听完对方讲话。倾听对方说话的神情也很重要，听主考官说话时，眼睛望着地下，或嘴巴微张，呆呆地听，甚至重复发问好几次，都会给人不好的印象。

7. 谈吐文雅、谦逊，态度热情

如果用人单位有两位以上主试人时，回答谁的问题，你的目光就应注视谁，并应适时地环顾其他主试人以表示你对他们的尊重。谈话时，眼睛要适时地注意对方，不要东张西望，显得漫不经心，也不要眼皮低望，显得缺乏自信，激动地与用人单位争辩某个问题也是不明智的举动，冷静地保持不卑不亢的风度是有益的。有的用人单位专门提一些无理的问题试探你的反应，如果处理不好，容易乱了分寸，面试的效果显然不会理想。

8. 回答问题

对用人单位面试官提出的问题要逐一回答，对方给你介绍情况时，要认真聆听。为了表示你已听懂并感兴趣，可以在适当的时候点头或适当提问、答话。回答主试者的问题，口齿要清晰，声音要适度，答话要简练、完整。一般情况下不要打断用人单位的问话或抢问抢答，否则会给人急躁、鲁莽、不礼貌的印象。问话完毕，听不懂时，可礼貌地要求重复（尽量不要出现这种情况）。当不能回答某一问题时，应如实告诉用人单位，含糊其词和胡吹乱侃会导致面试失败。对重复的问题也要有耐心，不要表现出不耐烦。

9. 退场

面试结束时，应站起来对考官表示感谢。在走出面试室时先打开门，然后转过身来向考官鞠一躬并再次表示“感谢，再见！”然后轻轻地将门合上。

10. 面试结束后，分析一下自己在面试中的得与失

然后写封信寄给面试人表示感谢，这样可以在他们心目中留下深刻印象。

（二）面试中语言技巧

面试场上你的语言表达艺术标志着你的成熟程度和综合素养，对求职应试者来说，掌握语

言表达的技巧无疑是重要的。

1. 语言礼貌，生动形象

礼貌用语是一个人文化修养的表现，也是对他人的尊重。因此，面试中应注意使用礼貌语言，如“您”“请”“对不起”“谢谢”等，切不可将日常交往中使用的随便语言和市井街头常用的俗语用于面试中。当然，礼貌语言不仅仅局限于上述那些客套话，它还应包括在语言交谈中的委婉含蓄、豁达大度。有时面对难堪的局面，即使自己有理，也需礼让三分，使考官感到你通情达理，随和而有诚意，礼貌而有修养。同时，还应不失时机地肯定考官有价值的观点，让其充分表达思想。其实每个人都有一种虚荣心理，那就是滔滔不绝地讲述自己懂得和熟悉的东西，都喜欢别人赞同自己的观点。所以，你给考官好话，考官就给你好感。

2. 口齿清晰，语言流利，沉着应对，表达简洁

交谈时要注意发音准确，吐字清晰。还要注意控制说话的速度，以免磕磕绊绊，影响语言的流畅。为了增添语言的魅力，应注意修辞美妙，忌用口头禅，更不能有不文明的语言。在面试中，考官有时会故意问一些古怪难答的问题，这种提问是作为一种“战术”而进行的，让应试者不明真意，似是而非；抑或故意提出不礼貌、令人难堪的问题，其目的是要“重创”应试者，从而考查其“适应性”“应变性”和“机敏性”。此时，如果应试者缺乏修养或没有经验而反唇相讥、恶语相伤，或与考官激烈争论，就会大上其当，铸成大错。对于面试中的类似问题，应保持冷静，不动声色，待明确对方意图后，再委婉应对。

有时，应试者有意无意间会使自己的语言与要表述的含义之间出现差距，这无疑是件憾事。比如，本来很简单的问题，由于你过分讲究或刻意加工，反倒可能冗长而乏味；本来可以简单加以陈述的事情，经过你的口却令人感到费解；本来可以清楚表述的东西，反而越说越让人糊涂；本来用白话表达可使人感到亲切，你却文绉绉地运用抽象怪僻的语句去表达，反倒令人生厌。所以，应试者的谈话和应答要做到简洁、清晰、准确。

交谈时一般先将自己的中心论点表达出来，然后再做叙述和论证。否则，议论冗长，让人摸不着要点。回答问题要有独到见解，不可泛泛而论，因为面试时间很短，闲话太多会冲淡主题。如果你有某些主见，直说无妨，即使不准确，也可显示出“个性”，获得好评。

3. 语气平和，语调恰当，音量适中

面试时要注意语言、语调、语气的正确运用。打招呼时宜用上语调，加重语气并带拖音，以引起对方的注意。自我介绍时，最好多用平缓的陈述语气，不宜使用感叹语气或祈使句。声音过大令人厌烦，声音过小则难以听清。音量的大小要根据面试现场情况而定。两人面谈且距离较近时声音不宜过大，群体面试而且场地开阔时声音不宜过小，以每个面试官都能听清你的讲话为原则。面试并不要求应试者表现出高超的演讲技巧，只要求其讲话条理清楚，不急不缓，通过表情、声音、语调的配合，传达出热情、诚恳、乐观、合作的态度。不管你措辞多么恰当，内容多么丰富，与考官交谈时，一定要语气自信、语速适中。一旦你的声音中注入了活力和自信，对考官的感染将是非常强烈的。如果你有优美的嗓音，一定要充分展示，为自己增添魅力。

4. 语言要含蓄、机智、幽默

说话时除了表达清晰以外，适当的时候可以插进幽默的语言，使谈话增加轻松愉快的气氛，也会展示自己的优越气质和从容风度。尤其是当遇到难以回答的问题时，机智幽默的语言会显示自己的聪明智慧，有助于化险为夷，并给人以良好的印象。如果应试者谈话情理交融，将丰富的情感融进要表达的道理之中，就会增加谈吐的感染力，让人感到你富有魅力、值得信赖。一个谈笑风生、幽默风趣的应试者，会给考官留下精明强干、充满生机和活力的良好印

象；相反，讲话呆板、生硬、语意不畅的人，就是一个死气沉沉的人，其能力和素质都会令人怀疑。

5. 掌握倾听的技能，注意听者的反应

语言分为讲和听两部分，一个成功的人，聆听的时间一定大于说话的时间。虽然面试中发问的是考官，回答的是应试者，应试者说的时间比听的时间多，但应试者还是必须学会倾听。应试者要时刻关注考官思维的变化、谈话的要点、主题的转变以及语音、语气、语调、节奏的变化等各种信号，准确进行分析判断，然后才能采取合理有效的应对措施，因此“听”清楚考官的每句话，是最基础、最根本的问题。

据心理学家研究，谈话的正常速度是每分钟约120字，而人的思维速度则是谈话速度的四至五倍，所以对方未说完或只说几句话，我们已理解了他的全部意思。这时注意力就会不集中，对对方的话就会充耳不闻。所以，“听”并非简单地用耳朵就行了，必须同时用心去理解，并积极地做出反应。那么，如何才能成为一个优秀的聆听者呢？

（1）要尊重考官，保持耐心。考官讲话时，要耐心细听，即使对一个你知之甚多的话题，出于尊重，也不能心不在焉。面试的目的在于让考官了解你、信任你、接收你，而不是与考官争高下，所以要尽量让考官把话讲完，不要不顾考官的想法而发挥一通。如果确实需要插话，应先征得考官同意，用商量的语气问一下：“请等一等，让我插一句”或“我提个问题好吗？”同时不要质疑与反驳，这样可以避免考官对你产生反感。请记住马歇尔将军的忠告：“听听别人的故事；听听别人完整的故事；先听听别人完整的故事。”当你闭上自己的嘴巴，认真耐心地倾听别人的谈话时，你才是真正尊重和重视对方，你才能得到对方情感上的回报。

（2）要专心致志，适时提问。求职者应全神贯注，始终保持饱满的精神状态，专心致志地注视着考官，以表明你对他的谈话感兴趣。在对方谈话过程中，你应不时用微笑或点头表示听懂或赞同。如果你一时没有听懂对方的话或有疑问，不妨提出一些富有启发性或有针对性的问题，这样不但使你的思路更明确，对问题了解得更全面，而且对方在心理上也会觉得你听得很专心，对他的话很重视，从而对你产生好感。

（3）要洗耳恭听，敏捷应对。求职者要具备足够的敏感性，善于从对方的话语中找出他没有表达出的意思。同时了解考官对你的话是否真正理解了，对你谈的内容是否感兴趣，作为调整自己谈话的根据。

总之，求职者的聆听要始终表现出对考官的尊重与信任，这是一条根本原则。对考官表现出尊重，是面试获得成功的必要条件，否则即使你才高八斗，学富五车，恐怕也于事无补。

求职面试不同于演讲，而是更接近于一般的交谈。交谈中，应随时注意听者的反应。比如，听者心不在焉，可能表示他对自己这段话没有兴趣，你得设法转移话题；侧耳倾听，可能说明由于自己音量过小使对方难以听清；皱眉、摆头可能表示自己言语有不当之处。根据对方的这些反应，就要适时地调整自己的语言、语调、语气、音量、修辞，包括陈述内容。这样才能取得良好的面试效果。

6. 乘“兴”而进，赢得成功

有经验的考官大多注意把握面试的气氛和情绪。面试中当你的表达有“新意”时，考官会点头，或会心地一笑，或者鼓励说“你再说下去”，这是考官对你感兴趣的表示。考官对你感兴趣，是个极好的机会，是你与考官沟通的最有利时机，一定要好好把握。当你发现他对你谈的某一点感兴趣时，一定要做出快速反应，就这一点可多谈一些，或者干脆停下来，听听他对你的评价。抓住考官的兴趣点，乘“兴”而进，扩大战果，是赢得面试成功的秘诀之一。

7. 面试语言的忌讳

1）缺乏自信的问语

“你们要几个?”这种问法显得应聘者信心不足。对用人单位来讲，问题不在于招几个，而在于应聘者有没有较强的竞争力。

“你们要不要女生?”这样的询问首先给自己打了“折扣”，这是一种缺乏自信的表现。面对已露怯意的女生，用人单位正好顺水推舟，予以回绝。你若是来一番非同凡响的陈词或巧妙的介绍，反倒会让对方认真“考虑考虑”。

“外地人要不要?”一些外地毕业生出于坦诚，或急于知道结果，一见用人单位的招聘人员就劈头问这么一句，弄得面试人无话可说。因为一般情况下，不是不要外地人，也不是所有的外地人都要，这要看你能否符合单位的用人要求，让人家觉得有必要接收你。这么草率的一问，极可能得到同样草率的答复。

2）开口就问待遇

“你们的待遇怎么样?”这样的问话很可能招致如下回答：“工作还没干就先提条件了，何况我们还没说要不要你呢!”谈论报酬，这本是无可厚非。只是要看时机，一般是在双方已有初步意向时才委婉地提出。

3）不合逻辑的答语

面试人问：“请你告诉我你的一次失败。”“我没有失败过。”这样的搪塞之语在逻辑上是讲不通的。又如：“你有何优缺点?”“我可以胜任一切工作。”这样回答既不符合逻辑，也不符合实际。

4）报熟人

拉近乎的“套语”，如“我认识你们单位某某”“某某经理和我关系很不错”等，这种话面试人听了会反感，如果面试人与你所说的那个人以往关系就不怎么好，甚至有矛盾，那么这种拉关系的话语引出的结果可能就会更糟。

5）拿腔拿调的语言

有一个应聘者，虽然从未在国外待过，可是洋腔洋调倒是学到了不少。在应聘一家著名酒店公关经理的面试中，每当面试人向她介绍一些内容时，她便从鼻腔深处拿腔拿调地发出“嗯哼”的声音，说得越多，“嗯哼”得越厉害，这边说得抑扬顿挫，那边“嗯哼”得此起彼伏，使人受不了，最终给人留下“过于做作”的印象。

6）不切实际的“洋话”

一家企业招聘一名仓储经理，面试时求职者在回答问题时不断地夹杂一些英语单词，由于主持面试的企业部门经理英语不甚精通，但这位应聘者全然不予理会，继续慷慨陈词。很显然，这样的应聘者是不受欢迎的。

7）不识时务的反问

当面试人问：“关于薪金你的期望值是多少?”应聘者反问：“你们打算给多少?”这样反问有点像在市场上买东西讨价还价，显得很不礼貌，容易引起面试人的不快，进而影响到求职者的应聘效果。

8）本末倒置的话语

面试快要结束时，面试人向应聘者问道：“请问你有什么问题要问我们吗?”一个应聘者欠了欠身，开始发问：“请问你们的投资规模有多大?中外方比例各是多少?”“请问你们董事会成员中外方各有几位?”“你们未来五年的发展规模如何?”“你们对住房的贷款政策如何?”由于这位应聘者的一些问题已经超出了应当提问的范围，很容易使面试人产生反感。因此，参加求职面试时，应聘者一定要把自己的位置摆正。

8. 面试行为的忌讳

1）忌迟到失约

迟到和失约是面试中的大忌，这种行为不但反映出求职者没有时间观念和责任感，更会令面试官觉得求职者对这份工作没有热忱，印象分自然大减。守时不但是美德，更是面试时必须做到的事。如因有要事迟到或缺席，一定要尽早打电话通知该公司，并预约另一个面试时间。另外，匆匆忙忙到公司，心情还未平静便要进行面试，自然表现也会大失水准。

2）忌数落别人

切勿在面试时当着面试官数落现任或前任雇主、同事、同学、老师的不是。这样做不但得不到同情，反而会令人觉得你记仇、不念旧情和不懂得与别人相处，因而招来面试官的反感。

3）忌说谎邀功

面试时说谎，伪造自己的所谓辉煌历史，或将不属于自己的功劳据为己有，即使现在能瞒天过海，也难保谎言将来会有被揭穿的一日。因此，面试时应实话实说，可以扬长避短，但决不能以谎话代替事实。

4）忌准备不足

无论学历如何高，资历如何深，工作经验如何丰富，当面试官发现求职者对申请的职位知之不多，甚至连最基本的问题也回答不好时，印象分自然大打折扣。面试官不但会觉得求职者准备不足，甚至会认为他们根本无志于这方面的发展。因此面试前应做好准备工作。

5）忌长篇大论或少言寡语

虽说面试是推销自己，不过，切勿滔滔不绝、喋喋不休。面试官最怕求职者长篇大论，说个没完没了。面试时只需针对问题，重点回答。与此相反，有些求职者十分害羞，不懂得把握机会表现自己，无论回答什么问题，答案往往只有一两句，甚至只回答“是、有、好、可以”等，这同样不可取。如果性格胆小害羞，则应多加练习，以做到谈吐自如。

6）忌语气词过多

使用太多“呢、啦、吧”等语气词或口头禅，会把面试官弄得心烦意乱。语气词或口头禅太多，会让面试官误以为求职者自信心和准备不足。

7）忌欠缺目标

面试时，千万不要给面试官留下没有明确事业目标的印象。虽然一些求职者的其他条件不错，但无事业目标，就会缺少主动性和创造性，对企业贡献有限。面试官反倒情愿聘用一个各方面表现虽较逊色、但具有事业目标和工作热忱的求职者。

（三）手势运用技巧

其实，在日常生活交际中，人们都在自觉不自觉地运用手势帮助自己表达意愿。那么，在面试中怎样正确地运用手势呢？

1. 表示关注的手势

在与他人交谈中，一定要对对方的谈话表示关注，要表示出你在聚精会神地听。对方在感到自己的谈话被人关注和理解后，才能愉快专心地听取你的谈话，并对你产生好感。面试时尤其如此。一般表示关注的手势是：双手交合放在嘴前，或把手指搁在耳下；或把双手交叉，身体前倾。

2. 表示开放的手势

这种手势表示你愿意与听者接近并建立联系。它使人感到你的热情与自信，并让人觉得你对所谈问题已是胸有成竹。这种手势的做法是手心向上，两手向前伸出，手要与腹部等高。

3. 表示有把握的手势

如果你想表现出对所述主题的把握，可先将一只手伸向前，掌心向下，然后从左向右做一个大的环绕动作，就好像用手“覆盖”着所要表达的主题。

4. 表示强调的手势

如果想吸引听者的注意力或强调很重要的一点，可把食指和大拇指捏在一起，以示强调。

以上介绍的是面试中常见的手势，但要达到预期的目的，还应注意因时、因地、因人灵活运用。

（四）回答问题的技巧

1. 把握重点，简洁明了，条理清楚，有理有据

一般情况下回答问题要结论在先，议论在后，先将自己的中心意思表达清晰，然后再做叙述和论证。否则，长篇大论，会让人不得要领。面试时间有限，神经有些紧张，说的话太多，容易走题，反倒会将主题冲淡或漏掉。

2. 讲清原委，避免抽象

用人单位提问总是想了解一些应试者的具体情况，切不可简单地仅以“是”和“否”作答。应针对所提问题的不同，有的需要解释原因，有的需要说明程度。不讲原委、过于抽象的回答，往往不会给主试者留下具体的印象。

3. 确认提问内容，切忌答非所问

面试中，如果对用人单位提出的问题，一时摸不到边际，以至不知从何答起或难以理解对方问题的含义时，可将问题复述一遍，并先谈自己对这一问题的理解，请教对方以确认内容。对不太明确的问题，一定要搞清楚，这样才会有的放矢，不致答非所问。

4. 有个人见解，有个人特色

用人单位有时接待应试者若干名，相同的问题问若干遍，类似的回答也要听若干遍。因此，用人单位会有乏味、枯燥之感。只有具有独到的个人见解和个人特色的回答，才会引起对方的兴趣和注意。

5. 知之为知之，不知为不知

面试遇到自己不知、不懂、不会的问题时，回避闪烁、默不作声、牵强附会、不懂装懂的做法均不足取，诚恳坦率地承认自己的不足之处，反倒会赢得主试者的信任和好感。

（五）消除紧张的技巧

由于面试成功与否关系到求职者的前途，所以大学生面试时往往容易产生紧张情绪。有些大学生可能由于过度紧张而导致面试失败。因此必须设法消除过度的紧张情绪。

1. 面试前可翻阅一本轻松活泼、有趣的杂志书籍

这时阅读书刊可以转移注意力，调整情绪，克服面试时的怯场心理。避免等待时紧张、焦虑情绪的产生。

2. 面试过程中注意控制谈话节奏

进入面试场致礼落座后，若感到紧张，先不要急于讲话，而应集中精力听完提问，再从容应答。一般来说，人们精神紧张的时候讲话速度会不自觉地加快，讲话速度过快，既不利于对方听清讲话内容，又会给人一种慌张的感觉。讲话速度过快，还往往容易出错，甚至张口结舌，进而强化自己的紧张情绪，导致思维混乱。当然，讲话速度过慢，缺乏激情，气氛沉闷，也会使人生厌。为了避免这一点，一般开始谈话时可以有意识地放慢讲话速度，等自己进入状

态后再适当加快语速。这样，既可以稳定自己的紧张情绪，又可以扭转面试的沉闷气氛。

3. 回答问题时，目光可以对准提问者的额头

有的人在回答问题时眼睛不知道往哪儿看。经验证明，魂不守舍、目光不定的人，使人感到不诚实；眼睛下垂的人，给人一种缺乏自信的印象；两眼直盯着提问者，会被误解为向他挑战，给人以桀骜不驯的感觉。如果面试时把目光集中在对方的额头上，既可以给对方以诚恳、自信的印象，也可以鼓起自己的勇气，消除自己的紧张情绪。

4. 应正确对待面试中的失误和失败

面试交谈中难免因紧张而出现失误，也不可能面试一次就一定成功。此时，切不可因此而灰心丧气。要记住，一时失误不等于面试失败，重要的是要战胜自己，不要轻易地放弃机会。即使一次面试没有成功，也要分析具体原因，总结经验教训，以新的姿态迎接下一次的面试。

拓展阅读

面试经典问题回答思路

以下是摘自“中国人才指南网”（www. cnrencai. com）对面试中经常出现的一些典型问题总结、归纳出的回答思路和参考答案。读者无须过分关注分析的细节，关键是要从这些分析中“悟”出面试的规律及回答问题的思维方式，达到“活学活用”。

1. “请你自我介绍一下。”

思路：

（1）这是面试的必考题目。

（2）介绍内容要与个人简历相一致。

（3）表述方式上尽量口语化。

（4）要切中要害，不谈无关、无用的内容。

（5）条理要清晰，层次要分明。

（6）事先最好以文字的形式写好背熟。

2. “谈谈你的家庭情况。”

思路：

（1）近况对于了解应聘者的性格、观念、心态等有一定的作用，这是招聘单位问该问题的主要原因。

（2）简单地罗列家庭人口。

（3）宜强调温馨和睦的家庭氛围。

（4）宜强调父母对自己教育的重视。

（5）宜强调各位家庭成员的良好状况。

（6）宜强调家庭成员对自己工作的支持。

（7）宜强调自己对家庭的责任感。

3. “你有什么业余爱好?”

思路：

（1）业余爱好能在一定程度上反映应聘者的性格、观念、心态，这是招聘单位问该问题的主要原因。

(2) 最好不要说自己没有业余爱好。

(3) 不要说自己有那些庸俗的、令人感觉不好的爱好。

(4) 最好不要说自己仅限于读书、听音乐、上网，否则可能令面试官怀疑应聘者性格孤僻。

(5) 最好能有一些户外的业余爱好来“点缀”你的形象。

4.“你为什么选择现在的学校和专业?”

回答:

高考填报志愿时，当然有好几个高校是我理想的选择。按高考成绩进入现在的学校，它是我的选择之一，当然这个专业是我喜欢的专业。喜欢的或感兴趣的专业，也是我学习的动力之一，事实上，通过四（或三）年的学习生活，我对我在学校所学的专业感觉很好。

点评:

回答这一问题时，要对自己的学校和所学的专业有一种崇高和热爱的心情，并应抱有信心。随意菲薄母校和所学的专业是一种极不负责的态度，会引起别人的反感，甚至让人怀疑应试者是否有真才实学。

5.“你的学习成绩如何?”

回答:

“还不错，在班级中排在××位置。”“一般。”我在学校里除课堂上学习的知识外，比较喜欢扩充自己其他方面的知识，对××类的书也看了不少。

点评:

对自己的学习成绩一定要如实回答。如果成绩优秀，应该用平和的口气，实事求是地介绍，决不可自我炫耀，让人觉得轻浮；如果成绩不好则应说明理由，或者哪门课程不好，隐瞒或欺骗，只会暴露自己的不良品行。总之，应表现出对学习的态度是认真的、努力的，对成绩又看得比较客观。这样即使你的成绩不太理想，主试人的反应也不会太强烈。

6.“你在学校里学了哪些课程? 这些课程对所应聘的工作有些什么帮助?”

回答:

回答时只要将所学过的重要课程以及与所应聘的工作岗位有关的课程说出来就行了，不必把每一门课程都罗列出来。可稍为详细地介绍一下与应聘岗位有关的科目。

点评:

不要强调所学科目会对今后的工作会有极大的作用，只着重强调打好了理论和技能基础。

7.“你最崇拜谁?”

思路:

(1) 最崇拜的人能在一定程度上反映应聘者的性格、观念、心态，这是面试官问该问题的主要原因。

(2) 不宜说自己谁都不崇拜。

(3) 不宜说崇拜自己。

(4) 不宜说崇拜一个虚幻的或是不知名的人。

(5) 不宜说崇拜一个明显具有负面形象的人。

(6) 所崇拜的人最好与自己所应聘的工作能“搭”上关系。

(7) 最好说出自己所崇拜的人的哪些品质、哪些思想感染着自己、鼓舞着自己。

8.“你的座右铭是什么?”

思路：

（1）座右铭能在一定程度上反映应聘者的性格、观念、心态，这是面试官问这个问题的主要原因。

（2）不宜说那些易引起不好联想的座右铭。

（3）不宜说那些太抽象的座右铭。

（4）不宜说太长的座右铭。

（5）座右铭最好能反映出自己的某种优秀品质。

（6）参考答案——“只为成功找方法，不为失败找借口。”

9.“谈谈你的缺点。”

思路：

（1）不宜说自己没缺点。

（2）不宜把那些明显的优点说成缺点。

（3）不宜说出严重影响所应聘工作的缺点。

（4）不宜说出令人不放心、不舒服的缺点。

（5）可以说出一些对于所应聘工作“无关紧要”的缺点，甚至是一些表面上看是缺点，从工作的角度看却是优点的缺点。

10.“谈一谈你的一次失败经历。”

思路：

（1）不宜说自己没有失败的经历。

（2）不宜把那些明显的成功说成是失败。

（3）不宜说出严重影响所应聘工作的失败经历。

（4）所谈经历的结果应是失败的。

（5）宜说明失败之前自己曾信心百倍、尽心尽力。

（6）说明仅仅是由于外在客观原因导致失败。

（7）失败后自己很快振作起来，以更加饱满的热情面对以后的工作。

11.“你为什么选择我们公司?”

思路：

（1）面试官试图从中了解你求职的动机、愿望以及对此项工作的态度。

（2）建议从行业、企业和岗位这三个角度来回答。

（3）参考答案——“我十分看好贵公司所在的行业，我认为贵公司十分重视人才，而且这项工作很适合我，相信自己一定能做好。”

12.“在五年的时间内，你的职业规划?”

回答提示：

这是每一个应聘者都不希望被问到的问题，但是几乎每个人都会被问到，比较多的答案是“管理者”。但是近几年来，许多公司都已经建立了专门的技术途径。这些工作职位往往被称作“顾问”“参议技师”或“高级软件工程师”等。当然，说出其他一些你感兴趣的职位也是可以的，比如产品销售部经理、生产部经理等一些与你的专业有相关背景的工作。要知道，考官总是喜欢有进取心的应聘者，此时如果说“不知道”，或许就会使你丧失一个好机会。最普通的回答应该是“我准备在技术领域有所作为”或“我希望能按照公司的管理思路发展”。

13.“如果公司与另外一家公司同时录用你，你将如何选择?”

回答：

(1) 贵公司是我的第一选择。

(2) 我不敢奢望有两家公司同时看上我，即使有此情况，我还是首选贵公司。

点评：

无论你到哪家公司应聘，都应这么回答，在未确定最后的归属前，回答这个问题不能有丝毫犹豫。

14.“对这项工作，你有哪些可预见的困难?”

思路：

(1) 不宜直接说出具体的困难，否则可能令对方怀疑应聘者不行。

(2) 可以尝试迂回战术，说出应聘者对困难所持有的态度——“工作中出现一些困难是正常的，也是难免的，但是只要有坚韧不拔的毅力、良好的合作精神以及事前周密而充分的准备，任何困难都是可以克服的。”

15.“如果我录用你，你将怎样开展工作?”

思路：

(1) 如果应聘者对于应聘的职位缺乏足够的了解，最好不要直接说出自己开展工作的具体办法。

(2) 可以尝试采用迂回战术来回答，如“首先听取领导的指示和要求，然后就有关情况进行了解和熟悉，接下来制订一份近期的工作计划并报领导批准，最后根据计划开展工作。”

16.“与上级意见不一时，你将怎么办?”

思路：

(1) 一般可以这样回答：“我会给上级以必要的解释和提醒，在这种情况下，我会服从上级的意见。”

(2) 如果面试你的是总经理，而你所应聘的职位另有一位经理，且这位经理当时不在场，可以这样回答：“对于非原则性问题，我会服从上级的意见，对于涉及公司利益的重大问题，我希望能向更高层领导反映。”

17.“我们为什么要录用你?”

思路：

(1) 应聘者最好站在招聘单位的角度来回答。

(2) 招聘单位一般会录用这样的应聘者：基本符合条件、对这份工作感兴趣、有足够的信心。

(3) 如“我符合贵公司的招聘条件，凭我目前掌握的技能、高度的责任感和良好的适应能力及学习能力，完全能胜任这份工作。我十分希望能为贵公司服务，如果贵公司给我这个机会，我一定能成为贵公司的栋梁!”

18.“你能为我们做什么?”

思路：

(1) 基本原则是“投其所好”。

(2) 回答这个问题前应聘者最好能“先发制人”，了解招聘单位期待这个职位所能发挥的作用。

（3）应聘者可以根据自己的了解，结合自己在专业领域的优势来回答这个问题。

19. “你是应届毕业生，缺乏经验，如何能胜任这项工作？”

思路：

（1）如果招聘单位对应届毕业生的应聘者提出这个问题，说明招聘单位并不真正在乎“经验”，关键看应聘者怎样回答。

（2）对这个问题的回答最好要体现出应聘者的诚恳、机智、果敢及敬业。

（3）如“作为应届毕业生，在工作经验方面的确会有所欠缺，因此在读书期间我一直利用各种机会在这个行业里做兼职。我也发现，实际工作远比书本知识丰富、复杂。但我有较强的责任心、适应能力和学习能力，而且比较勤奋，所以在兼职中均能圆满完成各项工作，从中获取的经验也令我受益匪浅。请贵公司放心，学校所学及兼职的工作经验使我一定能胜任这个职位。”

20. “你希望与什么样的上级共事？”

思路：

（1）通过应聘者对上级的“希望”可以判断出应聘者对自我要求的意识，这既是一个陷阱，又是一次机会。

（2）最好回避对上级具体的希望，多谈对自己的要求。

（3）如“作为刚步入社会的新人，我应该多要求自己尽快熟悉环境、适应环境，而不应该对环境提出什么要求，只要能发挥我的专长就可以了。”

21. “你在前一家公司的离职原因是什么？”

思路：

（1）最重要的是：应聘者要使招聘单位相信，应聘者在过去单位的“离职原因”在此家招聘单位里不存在。

（2）避免把“离职原因”说得太详细、太具体。

（3）不能掺杂主观的负面感受，如“太辛苦”“人际关系复杂”“管理太混乱”“公司不重视人才”“公司排斥我们某某员工”等。

（4）但也不能躲闪、回避，如“想换换环境”“个人原因”等。

（5）不能涉及自己负面的人格特征，如不诚实、懒惰、缺乏责任感、不随和等。

（6）尽量使解释的理由为应聘者个人形象添彩。

（7）如“我离职是因为这家公司倒闭。我在公司工作了三年多，有较深的感情。从去年开始，由于市场形势突变，公司的局面急转直下。到眼下这一步我觉得很遗憾，但还要面对现实，重新寻找能发挥我能力的舞台。”

同一个面试问题并非只有一个答案，而同一个答案并不是在任何面试场合都有效，关键在于应聘者掌握了规律后，对面试的具体情况进行把握，有意识地揣摩面试官提出问题的心理背景，然后投其所好。

22. “请问你还有问题要问吗？”

回答：

回答这个问题，大有学问。

（1）你可以将你在面试中还没有机会提出的相关问题提出来。

（2）进一步强调一下你在面试过程中没有机会谈到的个人优势。如果实在没有什么可以说的，也不要说没有问题。你可以问面试者下一次的面试（如果有的话）是什么时间？

或者问面试者什么时候可以得到结果，以及什么时候可以打电话给他。如果你非常想得到这份工作，这个时候你就应该对面试者这么说："我很想得到这份工作，我认为我完全能够胜任这份工作，请给我这个机会。"最后，对面试者表示致谢、握手、告别。

点评：

一般当面试者要结束面试时，常常会问这个问题。

课后测评

人际沟通能力测试题

下面是一组沟通能力的小测试，请选择一项适合你的情形。

1. 在说明自己的重要观点时，别人却不想听你说，你会（　　）。

A. 马上气愤地走开

B. 于是你也就不说了，但你可能会很生气

C. 等等看还有没有说的机会

D. 仔细分析对方不听自己说的原因，找机会换一个方式去说

2. 去参加老同学聚会回来，你很高兴，而你的朋友对聚会的情况很感兴趣，这时你会告诉他（她）（　　）。

A. 详细诉说从你进门到离开时所看到和感觉到的以及相关细节

B. 说些自己认为重要的

C. 朋友问什么就答什么

D. 感觉很累了，没什么好说的

3. 你正在主持一个重要的会议，而你的一个下属却在玩弄他的手机并有声音干扰会议现场，这时，你会（　　）。

A. 幽默地劝告下属不要玩手机　　B. 严厉地叫下属不要玩手机

C. 装作没看见，任其发展　　D. 给那位下属难看，让其下不了台

4. 你正在跟老板汇报工作时，你的助理急匆匆地跑过来说，有你一个重要客户的长途电话，这时你会（　　）。

A. 说你正在开会，稍后再回电话过去　　B. 向老板请示后，去接电话

C. 说你不在，叫助理问对方有什么事　　D. 不向老板请示，直接跑去接电话

5. 去与一个重要的客人见面，你会（　　）。

A. 像平时一样随便穿着　　B. 只要穿得不要太糟就可以了

C. 换一件自己认为很合适的衣服　　D. 精心打扮一下

6. 你的一位下属已经连续两天下午请了事假，第三天上午快下班的时候，他又拿着请假条过来说下午要请事假，这时你会（　　）。

A. 详细询问对方因何事要请假，视原因而定

B. 告诉他今天下午有一个重要会议，不能请假

C. 你很生气，什么都没说就批准了他的请假

D. 你很生气，不理会他，不批假

7. 你刚应聘到一家公司就任部门经理，上班不久，你了解到本来公司中就有几个同事想就任你的职位，老板不同意，才招了你。对这几位同事，你会（　　）。

A. 主动认识他们，了解他们的长处，争取成为朋友
B. 不理会这个问题，努力做好自己的工作
C. 暗中打听他们，了解他们是否具有与你进行竞争的实力
D. 暗中打听他们，并找机会为难他们

8. 与不同身份的人讲话，你会（　　）。
A. 对身份低的人，你总是漫不经心地说
B. 对身份高的人说话，你总是有点紧张
C. 在不同的场合下，你会用不同的态度与之讲话
D. 不管是什么场合，你都是一样的态度与之讲话

9. 在听别人讲话时，你总是会（　　）。
A. 对别人的讲话表示感兴趣，记住所讲的要点
B. 请对方说出问题的重点
C. 对方老是讲些没必要的话时，你会立即打断他
D. 对方不知所云时，你就很烦躁，就去想做或做别的事

10. 在与人沟通前，你认为比较重要的是，应该了解对方的（　　）。
A. 经济状况、社会地位　　　　B. 个人修养、能力水平
C. 个人习惯、家庭背景　　　　D. 价值观念、心理特征

评分方法：

题号为1、5、8、10者，选A得1分、选B得2分、选C得3分、选D得4分；其余题号选A得4分、选B得3分、选C得2分、选D得1分；将10道测验题的得分加起来，就是你的总分。

结果分析：

如果你的总分为11～20分，因为你经常不能很好地表达自己的思想和情感，所以你也经常不被别人所了解；许多事情本来是可以很好解决的，正是你采取了不适合的方式，所以有时把事情弄得越来越糟；你需要严格地训练自己，以提升沟通技能。但是，只要你学会控制好自己的情绪、改掉一些不良的习惯，你随时可能获得他人的理解和支持。

如果你的总分为21～30分，你懂得一定的社交礼仪、尊重他人；你能通过控制自己的情绪来表达自己，并能实现一定的沟通效果；但是，有较多地方需要提高，你缺乏高超的沟通技巧和积极的主动性，许多事件只要你继续努力一点，你就可大功告成。

如果你的总分为31～40分，你很稳重，是控制自己情绪的高手，所以，他人一般不会轻易知道你的底细；你能不动声色地表达自己，有很高的沟通技巧和人际交往能力；只要你能明确意识到自己性格的不足，并努力优化之，定能取得更好的成绩。但要记住：沟通艺术无止境。

1. 笔试前需做好哪些准备？
2. 面试的类型有哪几种？
3. 面试前需做好哪些准备？
4. 怎样提高你面试时的语言技巧？
5. 企事业单位都有哪些类型？

项目七　就业协议与就业权益保护

学习目标

1. 了解就业协议与劳动合同签订、解除的方法和程序；
2. 了解劳务派遣的现状与发展；
3. 了解毕业生就业中的权利与义务；
4. 学会保护自己的就业权益。

名人导言

立志是一件很重要的事情。工作随着志向走，成功随着工作来，这是一定的规律。立志、工作、成功是人类活动的三大要素。立志是事业的大门，工作是登堂入室的旅程，这旅程的尽头就有个成功在等待着，来庆祝你的努力结果……

——巴斯德

导入案例

2009年5月，河南某大学与某市某企业签订了实习协议，双方约定：该大学向这家企业提供实习学生58名，企业对实习学生进行实习教学，实习期限为2009年5月8日至11月7日。同年5月，郑某等3人被学校委派到该企业实习，从事技术员工作。7月1日，3位学生在学校正常领取了大学毕业证书。随后3人提出，他们已经属于毕业生，而不再是学校委派的实习生，企业应当给予他们正常劳动者的待遇，但此要求遭到企业拒绝。学校和企业都认为只有实习期满才能获得正式员工的待遇。9月24日，3位毕业生决定离开该企业，但该企业坚持不向3人发放9月份工资，双方为工资给付等问题产生了劳动争议。此后，3位毕业生向该市劳动争议仲裁委员会申请仲裁，该委员会认为此案不属于其受理范围，于10月23日发出不予受理通知书。10月26日，3人向该市人民法院提起诉讼。法院受理案件后，办案法官最终使双方达成调解协议。12月27日，郑某等3位毕业生拿到了应得的工资。

1995年原劳动部颁发的《关于贯彻执行〈中华人民共和国劳动法〉若干问题的意见》第十二条规定："在校生利用业余时间勤工助学，不视为就业，未建立劳动关系，可以不签订劳动合同。"这一条文实际上明确否认了实习生的劳动者地位，因此在我国，实习生不享受正式劳动者的地位，一般没有工资，这也就成了大家默认的一条"潜规则"。本案中，3名大学生从2009年5月到2009年6月30日属于实习生，企业不按正式员工为其发放工资并不违法。但自2009年7月1日3名大学生拿到毕业证之日起，他们就属于毕业生，不再是学校委派的实习生，如果他们继续为某企业工作，那企业就必须给予他们正常劳动者的待遇。

《劳动合同法》第七条规定："用人单位自用工之日起即与劳动者建立劳动关系。"《劳动合同法》第十条规定："建立劳动关系，应当签订书面劳动合同，已建立劳动关系，未同时签订劳动合同的，应当自用工之日起一个月内订立书面劳动合同。"这一规定改变了以往以签订劳动合同作为建立劳动关系的标志，而以用工事实发生作为劳动关系的起始时间。因此，只要企业用工开始，即认为劳动者与企业已经确定了劳动关系，不管双方是否签订书面劳动合同，劳动者都应享受正式员工的待遇。

任务7.1　就业协议与劳动合同

一、就业协议

就业协议（又称三方协议）是《全国普通高等学校毕业生就业协议书》的简称，它是明确毕业生、用人单位、学校三方在毕业生就业工作中的权利和义务的书面表现形式，能解决应届毕业生户籍、档案、保险、公积金等一系列相关问题。协议在毕业生到单位报到、用人单位正式接收后自行终止。就业协议书由教育部统一制定式样。就业协议书具有法律效力，一经签订，各方就必须严格履行。

就业协议一旦签署，就意味着大学生的第一份工作就基本确定。因此，应届毕业生要特别注意签约事项。毕业生签就业协议前，须认真查看用人单位的隶属，国家机关、事业单位、国有企业一般都有人事接收权；民营企业、外资企业则需要经过地方人事局或人才交流中心的审批才能招收职工，协议书上要签署他们的意见方能有效。应届毕业生还要对不同地方人事主管部门的特殊规定有所了解。现行的就业协议书中主要包括以下三部分内容：

（一）签约须知

就业协议是依据教育部颁布的《普通高等学校毕业生就业工作暂行规定》制定的。《暂行规定》第二十四条规定："经供需见面和双向选择后，毕业生、用人单位和高等学校应当签订毕业生就业协议书，作为制定就业方案和派遣的依据。"由此可见，毕业生就业必须签订就业协议书，否则，国家或省（市、区）级毕业生就业主管部门就不能办理毕业生就业报到手续，签发毕业生就业报到证。签约须知中明确了七项内容，具体分述如下：

（1）"毕业生应按国家规定就业，向用人单位如实介绍自己的情况，了解单位的使用意图，表明自己的就业意见，在规定的时间内报到，若遇到特殊情况不能按时报到，需征得用人单位同意。"本条款要求毕业生在签订就业协议书之前，一定要了解国家对毕业生就业的方针和政策，在签订就业协议书时毕业生本人的情况应当符合就业政策，并遵守有关的程序规定。否则，将导致就业协议无效。同时，要求毕业生在双向选择过程中实事求是地向用人单位介绍自己的德、智、体诸方面的实际表现和情况，不得弄虚作假。在签订就业协议书之前，毕业生还应当了解用人单位对毕业生的使用意图和拟提供的工作岗位，并结合自己所学的专业和实际情况综合考虑是否适合自己。对于与用人单位已签订就业协议书的，必须在报到证规定的时间内到用人单位报到，若遇到特殊情况不能按时报到，需征得用人单位的同意。

（2）"用人单位要如实介绍本单位的情况，明确对毕业生的要求及使用意图，做好各项接收工作。凡取得毕业资格的毕业生，用人单位不得以学习成绩为由提出违约。未取得毕业资格的结业生，本协议无效。”本条款是对用人单位提出的要求。要求用人单位与毕业生洽谈时，应当将用人单位的地点、单位的性质、生产规模、生产的产品、生活条件和待遇以及对毕业生所学专业的要求、具体的工作岗位等实事求是地向毕业生介绍，不得做虚假介绍。毕业生持报到证到用人单位时，用人单位要做好接收毕业生的工作。接收工作包括多方面的内容，如为毕业生办理人事关系、户粮关系、档案关系的转入手续，工作的具体安排，生活饮食住宿以及介绍厂规、厂纪等方面的情况。对于已取得学校颁发的毕业证的毕业生，用人单位不得以学习中有重修成绩为由提出违约或拒收毕业生并将其退回学校。

（3）“学校要如实向用人单位介绍毕业生的情况，做好推荐工作。用人单位同意录用后，经学校审核列入建议就业方案，报毕业生就业主管部门批准。学校负责办理派遣手续。”本条款主要包含两层意思：第一层意思是要求学校作为签约的一方，要实事求是地向用人单位介绍毕业生的情况，做好推荐工作；第二层意思是说学校的管理职能，学校要对毕业生与用人单位签订的就业协议书进行审核。审核主要依据国家政策和学校规定，符合政策规定的，学校将列入建议性就业方案。建议性就业方案形成以后，必须报省（市、区）级毕业生就业主管部门审核批准后作为正式的就业方案下达给学校，由学校正式为毕业生办理就业手续并颁发报到证。

（4）“学校应在学生毕业前安排体检，体检不合格者不派，本协议自行取消，由学校通知用人单位。如用人单位对毕业生身体条件有特殊要求，原则上应在签订就业协议书前进行单独体检，否则，以学校体检为准。”本条款是对毕业生的身体情况提出的要求。毕业生在离校前夕，学校应当为其安排一次身体检查，并做出结论性意见。体检合格的，学校颁发报到证；体检不合格者，学校不颁发报到证。同时，就业协议书自行失效，由学校致函告知用人单位。这样做的目的是对用人单位负责，也是对毕业生负责。对于身体不合格的毕业生，学校将要求其回家休养治病，待身体痊愈后，第二年重新派遣。

（5）“毕业生、用人单位、学校三方如有其他约定，应在备注中注明，并视为本协议书的一部分。”本条款强调，毕业生、用人单位、学校三方在签订就业协议书时，如有一些其他的事项或特殊的约定，应当在就业协议书的备注栏中写明。特别需要注意的是，对于一些其他的约定，一定要在备注栏中签字、盖章。

（6）“本协议经各方签字、盖章后生效，三方都应严格履行本协议。若有一方提出变更协议，须征得另两方同意，由违约方承担违约责任，并在备注栏中注明。”本条款是对就业协议书的生效所作的原则规定。因为就业协议书在签订过程中的情况是复杂的，有的是用人单位来学校参加学校招聘会，有的是用人单位单独来学校进行专场招聘，而有的是毕业生直接到用人单位与单位洽谈并签约，也有的是毕业生在省、自治区或直辖市举办的人才市场上签约。而且用人单位不可能每个招聘小组都带着单位的公章，这就使就业协议书的生效出现许多复杂的情况，给毕业生和用人单位带来许多不便。为了解决上述问题，各学校对就业协议书的生效以及附加条款的生效方式做了规定。所以，毕业生对就业协议书的生效应注意学校的规定或就业协议书上的附加条款。

本条款的另一层意思是对违约的规定。承担违约责任有多种方式，如赔礼道歉、赔偿损失、支付违约金等。

（7）“本协议一式四份，毕业生、用人单位、学校、省毕业生就业主管部门各执一份，复印无效。”本条款是对就业协议书的数量和持有人做了规定。同时指出，就业协议书是不准复印的，否则将造成其无效。

（二）签署意见与签字盖章

这部分包括了三个方面的内容：

1. 毕业生的情况及意见

这部分内容是由毕业生本人填写，毕业生的情况包括姓名、性别、年龄、民族、政治面貌、培养方式、健康状况、专业、学制学历和家庭地址。在上述各栏中，特别注意在“培养方式”一栏中，对属于国家计划招收的毕业生要填写“统招”。在毕业生意见一栏中，由毕业生填写自己的应聘意见，要求毕业生对是否愿意到用人单位就业表明自己的意见，同时也应将与用人单位在洽谈中达成的基本条件写明，以避免日后发生争议。

2. 用人单位的情况及意见

这部分内容由用人单位填写，用人单位的情况包括单位名称、单位隶属、联系人、联系电话、单位性质和毕业生档案转寄详细地址。在用人单位意见一栏内包括两方面的内容：用人单位的意见和用人单位上级主管部门的意见。

3. 学校意见

学校意见中主要包括两级意见：学院（或系部）意见和学校就业主管部门意见。学院（或系部）意见是毕业生所在单位的基层意见，学院（或系部）在签署意见时除进行初步审核外，还要了解毕业生具体的就业去向。学校就业主管部门签署意见是代表学校一方在就业协议书上签字盖章。

（三）毕业生与用人单位双方约定

双方约定栏是为毕业生、用人单位、学校三方共同约定的其他条款所设计的。在双方约定中，毕业生与用人单位约定的条款如果不涉及学校的有关规定，不违反政策，并只在毕业生与用人单位之间约定，学校是不予干涉的。

（四）签订协议时应注意的问题

1. 查明用人单位的主体资格

签订就业协议的当事人必须具备合法的主体资格，一般而言，用人单位必须具有从事各项经营或管理活动的能力，单位应有录用指标和录用自主权。

2. 按规定的程序签订协议

毕业生凭学校发放的就业协议书，在与用人单位签约后交学校就业部门盖章。此程序由学校最后把关，更有利于维护学生的合法权益。

3. 有关条款的内容必须明确

毕业生与用人单位签约时，尽量采用示范条款。如确有必要进行变更或增加，亦应在内容上明确。

4. 注意与劳动合同的衔接

由于毕业生就业协议签订在先，为避免日后订立劳动合同时产生纠纷，应尽可能将劳动合同的主要内容体现在就业协议的约定条款中，并明确表示在日后订立劳动合同时应予以确认。

5. 对合同的解除条件做事先约定

毕业生就业协议一经订立，就对当事人具有约束力，不得随意解除，否则应承担违约责任。就业协议书签订样本如图 7－1 所示。

编号：

条码区

全国普通高等学校毕业生就业协议书

毕业生姓名：________________

用 人 单 位：________________

学 校 名 称：________________

国家教育部高校学生司制表

签约须知

根据国家规定，普通高校毕业生（以下简称“毕业生”）就业实行“市场导向、政府调控、学校推荐、学生与用人单位双向选择”的就业机制，为维护国家就业方案的严肃性，规范毕业生、用人单位、学校三方在毕业生就业工作中的权利和义务，特制定本协议书：

一、本协议书的使用范围：国家计划内统招非定向毕业生（含高职（高专）毕业生、本科毕业生、毕业研究生）；定向生、委培生按定向委培协议就业，不使用就业协议书。

二、签约各方必须遵守国家的有关法律、法规和教育部的有关规定，坚持公开、公平、公正和诚实守信原则。

三、毕业生应按国家和省毕业生就业政策规定就业，向用人单位如实介绍自己的情况，了解单位的用工意图，表明自己的就业意向，在规定时间内到用人单位报到。

四、用人单位要如实介绍本单位的情况，明确对毕业生要求及使用意图，做好各项接收工作。凡取得毕业资格的毕业生，用人单位不得以学习成绩为由提出违约；未取得毕业资格的结业生若与用人单位签订本协议，用人单位应同时出具同意接收结业生的证明。

五、学校要如实向用人单位介绍毕业生的情况，做好推荐工作，用人单位签订协议后，由学校审核汇总并报省毕业生就业主管部门鉴证或国家教育部批准，列入就业方案下达执行，学校负责到省毕业生就业主管部门办理派遣手续。

六、毕业生、用人单位如有其他约定，必须在“双方约定”中明确，并视为本协议书的一部分。

七、毕业生、用人单位、学校中有一方要变动协议，需征得另外两方同意，由违约方承担毕业生、用人单位双方约定的违约责任及政府有关部门规定的违约责任。

八、本协议一式四份，毕业生、用人单位、学校各执一份，省毕业生就业主管部门留存一份，复印件无效。

辽宁省高校毕业生就业创业服务中心
微信平台：ln91work
关注微信，获得更多就业创业服务
回复“就业协议”了解更多相关事项

辽宁省大学生就业市场
微信平台：bestjob521
找工作，聘人才，更多服务敬请关注
招聘会、就业岗位信息实时发布

用人单位情况	单位名称				组织机构代码	
	通讯地址				单位所在地	
	安排岗位		单位所属行业		邮　编	
	联 系 人		联系电话		E-mail	
	单位性质	国有企业 / 其他企业 / 机关事业单位 / 医疗卫生 / 教 育 / 科 研 / 其 它				
	毕业生档案、户口党团关系接　收	档案接收单位名称			联系人	
		档案转寄详细地址			邮　编	
		户口接收单位			接收单位电话	
		党、团组织关系接收单位				
毕业生情况	姓　名		身份证号		性　别	民　族
	政治面貌		学　号		专　业	
	毕业时间		学　历		学位类别	
	联系方式	/			E-mail	
	家庭地址				QQ	
	应聘方式	学校招聘会/政府举办招聘会/人才市场/网络签约			应聘时间	
	应聘意见： 毕业生签名：　年　月　日					

用人单位意见	用人单位上级主管部门或所属地人社局意见
签 章 年　月　日	签 章 年　月　日
院（系）意见	**校（院）就业部门意见**
经办人：　签 章 联系电话：　年　月　日	经办人：　签 章 联系电话：　年　月　日

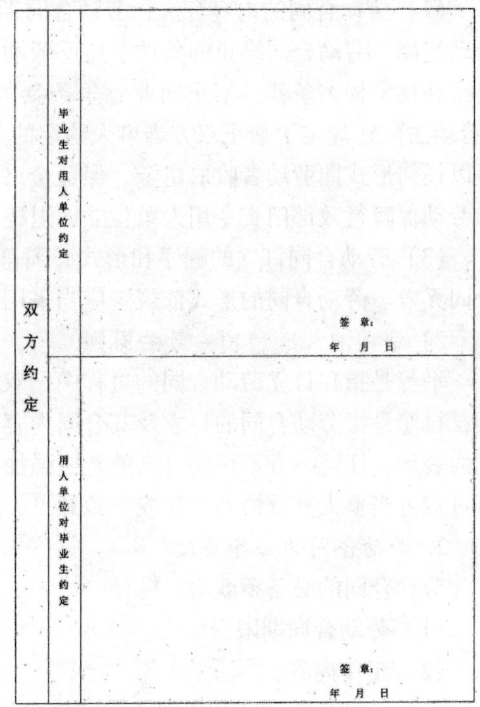

双方约定	毕业生对用人单位约定	签章： 年　月　日
	用人单位对毕业生约定	签章： 年　月　日

图 7－1　就业协议书签订样本

二、劳动合同

劳动合同，是指劳动者与用人单位之间确立劳动关系、明确双方权利和义务的协议。订立和变更劳动合同，应当遵循平等自愿、协商一致的原则，不得违反法律、行政法规的规定。劳动合同依法订立即具有法律约束力，当事人必须履行劳动合同规定的义务。根据协议，劳动者加入某一用人单位，承担某一工作和任务，遵守单位内部的劳动规则和其他规章制度。企业、事业、机关、团体等用人单位有义务按照劳动者的劳动数量和质量支付劳动报酬，并根据劳动法律、法规和双方的协议，提供各种劳动条件，保证劳动者享受本单位成员的各种权利和福利待遇。

大学生落实了工作或与用人单位确定了工作意向，并不意味着就此完成就业。对于初涉职场的大学生来说，与用人单位签订劳动合同是一个关键环节，它是劳动者合法权益得到有力保障的重要举措之一。

（一）劳动合同的订立、履行、变更、解除和终止

1. 劳动合同的订立原则

1）合法原则

合法原则包括劳动合同的主体合法、劳动合同的内容合法、劳动合同订立的程序和形式合法三个方面。

（1）劳动者主体合法即劳动合同的当事人必须具备合法资格，劳动者应是年满 16 周岁，身体健康，具有劳动权利能力和劳动行为能力的公民，可以是中国人、外国人、无国籍人。用人单位应是依法成立或核准登记的企业、个体经济组织、国家机关、事业组织、社会团体，具有用人的权利能力和行为能力。

（2）劳动合同的内容合法指劳动合同期限、工作内容、劳动保护和劳动条件、劳动报酬、劳动纪律、劳动合同终止的条件、违反劳动合同的责任等必备条款，及试用期条款、保守商业秘密和技术秘密条款、禁止同业竞争条款等可备条款。除以上必备条款和可备条款外，我国《劳动法》还规定了禁止双方当事人约定的条款，即用人单位在与劳动者订立劳动合同时，不得以任何形式向劳动者收取定金、保证金（物）或抵押金（物）。对违反规定的，由公安部门和劳动保障行政部门责令用人单位立即退还给劳动者本人；

（3）劳动合同订立的程序和形式必须符合法律规定，未经双方协商一致、强迫订立的劳动合同无效。劳动合同的形式依规定应当采用书面形式订立。

2）平等自愿、协商一致的原则

平等是指在订立劳动合同的过程中，双方当事人的法律地位平等，不存在命令与服从的关系；自愿是指劳动合同的订立及其合同内容的达成，完全出于当事人自己的意愿，是其真实意思的表示，任何一方不得将自己的意愿强加于对方，也不允许第三者非法干预；协商一致是指经过双方当事人充分协商，达成一致意见，签订劳动合同。

2. 劳动合同的必备条款

劳动合同的必备条款为：

（1）劳动合同期限；

（2）工作内容；

（3）劳动保护和劳动条件；

（4）劳动报酬；

（5）劳动纪律；

（6）劳动合同终止的条件；

（7）违反劳动合同的责任；双方还可以协商约定劳动合同的补充条款。其中违反劳动合同

的责任条款比较重要，因为《劳动法》和《违反〈劳动法〉有关劳动合同规定的赔偿办法》规定双方可以协商约定责任的认定、赔偿的范围、计算方法和承担方式，所以由用人单位提供的格式合同的“霸王条款”常见于此处，一旦发生纠纷，用人单位常常持此“尚方宝剑”提请仲裁，而使劳动者处于不利地位。

3. 劳动合同的履行

劳动合同的履行是指劳动合同的双方当事人按照合同规定，履行各自承担义务的行为。依法订立的劳动合同具有法律约束力，当事人必须履行合同约定的义务，任何个人或者第三方不得非法干涉劳动合同的履行。履行劳动合同一般应遵循以下原则：亲自履行原则、全面履行原则、协作履行原则。

4. 劳动合同的变更

劳动合同的变更是指双方当事人对尚未履行或尚未完全履行的合同，依照法律规定的条件和程序，对原劳动合同进行修改或增删的法律行为。劳动合同变更应遵循平等自愿、协商一致的原则，不得违反法律、行政法规的规定。任何一方不得擅自变更劳动合同，否则要承担相应的法律责任。

劳动合同的变更一般是协议变更，双方当事人就变更的内容及条件进行协商，达成一致意见，应签订书面协议。我国《劳动法》规定，提出变更劳动合同的一方，给对方造成经济损失的，应当承担赔偿责任。

5. 劳动合同的解除

劳动合同的解除是指劳动合同当事人在劳动合同期限届满之前依法提前终止劳动合同关系的法律行为。劳动合同的解除可分为协商解除、用人单位单方面解除、劳动者单方面解除以及自行解除等。

6. 劳动合同的终止

劳动合同的终止是指符合法律规定或当事人约定的情形时，劳动合同的效力即行终止。我国《劳动法》规定：“劳动合同期满或者当事人约定的劳动合同终止条件出现，劳动合同即行终止。”

（二）签订劳动合同的注意事项

劳动者在与用人单位订立劳动合同时，应该注意以下几点：

1. 正确行使订立劳动合同过程中的知情权

《劳动合同法》第八条规定：“用人单位招用劳动者时，应当如实告知劳动者工作内容、工作条件、工作地点、职业危害、安全生产状况、劳动报酬，以及劳动者要求了解的其他情况。”也就是说，在应聘时，大学毕业生有权了解用人单位的基本情况、自己的工作内容和劳动报酬等；此外，用人单位还应当根据劳动者的要求，及时向其反馈是否录用的情况。

2. 劳动合同应采用书面形式订立

劳动合同是劳动者与用人单位确立劳动关系、明确双方权利和义务的协议，也是维护劳动者和用人单位合法权益的法律保障；劳动合同可以对劳动内容和法律未尽事宜作出详细、具体的规定，使双方明了权利和义务，促进双方全面履行合同，防止因一方违约而给另一方带来损失；劳动合同在发生劳动争议时也是解决纠纷的重要证据，使用人单位和劳动者解决纠纷更为便利，降低争议解决成本和社会耗损费用。因此，签订一份完备、公平合理的劳动合同对于企业和员工来说都很重要。

3. 劳动合同中要约定试用期

一些单位为了逃避责任，在试用期内，往往不与职工签订劳动合同。一旦试用期满，就找种种借口辞退员工。根据劳动合同期限的长短，《劳动合同法》规定，劳动合同期限三个月以上不满一年的，试用期不得超过一个月；劳动合同期限一年以上不满三年的，试用期不得超过两个月；三年以上固定期限和无固定期限的劳动合同，试用期不得超过六个月。

用人单位违反规定与劳动者约定试用期的，由劳动行政部门责令改正；违法约定的试用期已经履行的，由用人单位以劳动者试用期满月工资为标准，按已经履行的超过法定试用期的时间向劳动者支付赔偿金。

4. 禁止设定担保和收取抵押金

2008 年实行的《劳动合同法》中明确规定：用人单位招用劳动者，不得扣押劳动者的居民身份证和其他证件，不得要求劳动者提供担保或者以其他名义向劳动者收取财物。

用人单位违反规定，扣押劳动者居民身份证等证件的，由劳动行政部门责令限期退还劳动者本人，并依照有关法律规定给予处罚。用人单位违反规定，以担保或者其他名义向劳动者收取财物的，由劳动行政部门责令限期退还劳动者本人，并以每人 500 元以上 2000 元以下的标准处以罚款；给劳动者造成损害的，应当承担赔偿责任。

三、就业协议与劳动合同的区别

就业协议书与劳动合同都是与就业相关的文件，但有本质上的区别。就业协议书是教育部统一印制的，由毕业生、用人单位及毕业生所在高校三方签订的就业协议书，是在毕业生派遣之前签订的；而劳动合同是劳动者与用人单位之间签订的关于权利义务的法律文书，受《劳动法》的约束与保护，并且是在毕业生到单位报到后签订的。就业协议书与劳动合同一经签订，都具备法律效力，不论是毕业生还是用人单位，都应当按照约定履行。

（一）内容不同

在毕业生就业协议当中，毕业生的义务是向用人单位如实地介绍自己的情况，并按时到用人单位报到。用人单位的义务是如实向毕业生介绍自己的情况，负责办理毕业生的有关手续。学校的义务则是负责完成有关的派遣工作，毕业生就业协议是毕业生分配的具体体现。劳动合同是劳动者与用人单位确立劳动关系，明确双方的权利和义务的合同。

（二）主体不同

就业协议书主体有三方：毕业生、用人单位、高等院校。毕业生和用人单位是人才市场上的平等主体，双方经过供需见面、双向选择而达成协议。劳动合同的主体双方则是劳动者和用人单位，用人单位和劳动者之间是管理和被管理的关系。

（三）法律依据不同

毕业生就业协议是无名合同，适用《民法通则》《合同法》、国家有关毕业生就业分配的法律法规和其他相关政策规定，这个协议一经签订，各方应严格履行，任何一方要变动这个协议，需提前一个月取得另外两方面的同意，否则按违约处理。劳动合同是有名合同，适用《劳动法》《劳动合同法》《劳动争议调解仲裁法》等法律规范。

（四）签订时间不同

一般来说，就业协议签订在前，劳动合同订立在后。就业协议是毕业生在找工作的过程中落实用人单位后签订的，就业协议的签订在学生离校前。劳动合同是毕业生到用人单位报到后订立的。如果毕业生与用人单位在工资待遇、住房等方面有事先约定，可在就业协议的约定条款中注明，附后补充，日后订立劳动合同时对此内容应予以认可。

（五）适用的人员不同

劳动合同可以适用于各类人员。凡是中华人民共和国公民，只要有劳动能力并符合法律规定的条件，经过供需见面、双向选择，一经录用，都可以与用人单位签订劳动合同。就业协议只适用于高校毕业生。

（六）纠纷解决方式不同

毕业生因就业协议发生纠纷，任何一方均可以向人民法院提起诉讼，不能提请劳动争议仲裁。若因劳动合同发生纠纷，任何一方均可向当地的劳动争议仲裁委员会申请仲裁，当事人对仲裁裁决不服的，可以向人民法院提请诉讼；仲裁是诉讼的前置程序，如当事人就劳动争议直接向人民法院起诉的，人民法院不予受理。

四、就业协议订立的原则

（一）主体合法原则

签订就业协议的当事人必须具备合法的主体资格。对毕业生而言，就是必须取得毕业资格。如果学生在报到时未取得毕业资格，用人单位可以不予接收而无须承担法律责任。对用人单位而言，用人单位必须具有从事各项经营或管理活动的能力，单位应有录用指标和录用自主权，否则毕业生可解除协议而无须承担违约责任。对高校而言，高校应根据用人单位的要求如实介绍毕业生的在校表现，也应将所掌握的用人单位的信息发布给毕业生。高等学校在毕业生签订就业协议书的过程中应进行监督和指导。

（二）平等协商原则

就业协议的当事人在签订就业协议时的法律地位是平等的，一方不得将自己的意志强加给另一方。学校也不得采用行政手段要求毕业生到指定单位就业（不包括有特殊情况的毕业生），用人单位亦不应在签订协议时要求学生缴纳高数额的风险金、保证金。除协议书规定的内容外，当事人如有其他约定事项，可在协议书“备注”栏中加以补充确定。

五、签订就业协议的程序与步骤

（一）就业协议的订立要经过两个步骤，即要约和承诺

用人单位收到毕业生材料、对毕业生进行考察后，表示同意接收毕业生，即为要约。毕业生持学校统一印制的就业推荐表或复印件参加各地供需洽谈会（人才市场招聘会），进行双向选择或向用人单位寄发书面材料，应为要约邀请。签订就业协议时要约是法定程序。毕业生收到用人单位的用人邀请后从中做出选择，与用人单位签订协议，即为承诺。

要约是向特定的人做出的意思表示，同时要约内容必须具体明确。要约到达受要约人时生效，受要约人做出承诺时合同即告成立。因此用人单位在毕业生作出同意到单位工作后就业协议即成立，不能随意变更。

（二）签订就业协议的程序

（1）毕业生本人填写就业协议书；

（2）用人单位签署意见并加盖单位公章；必要情况下，上级主管单位栏应填写人事局或教育行政部门意见，以便派遣和迁移户口档案；若招聘单位是部队、中央单位、省管企事业单位，只需加盖单位公章即可。毕业生于非公有制单位就业或自主创业，暂时无法办理户口、档案转移手续，可凭借与单位签署的劳动用工合同或工商营业执照，到当地毕业生就业主管部门

或人才就业服务机构办理人事代理关系，签订就业协议书；

(3) 用人单位或毕业生本人将就业协议书交至学校院系，由学校院系签署意见并加盖公章，纳入就业计划派遣；

(4) 用人单位或毕业生本人将就业协议书交至学校招生就业处或就业中心，由学校就业主管部门签署意见并加盖公章；

(5) 毕业生、用人单位各留一份，学校留两份（其中一份交至学校所属毕业生就业主管部门）。

六、无效就业协议

无效协议是指欠缺就业协议的生效要件而导致就业协议无效。主要包括以下两种情形：

（一）一方采取欺诈手段签订的就业协议无效

如用人单位不如实介绍本单位情况，或根本无录用指标而与毕业生签订就业协议，或毕业生在订立就业协议时对个人情况有重要隐瞒等情况。无效协议产生的法律后果由有欺诈行为的一方承担责任。

（二）就业协议未经学校审查同意时无效

就业协议未经学校审查同意时无效，学校将不予列入就业方案，不予办理就业报到手续。学校经审查认为该协议对毕业生显失公平，或违反公平竞争、公平录用的原则，或不符合国家有关政策规定，学校有权拒签。就业协议被确认为无效的法律后果由责任方承担违约责任，并赔偿经济损失。

七、就业协议的解除

（一）就业协议的解除分为单方解除和三方解除

1. 单方解除

单方解除包括单方擅自解除和单方依法或依协议解除。单方擅自解除协议，属违约行为，解约方应对另两方承担违约责任。单方依法或依协议解除，是指一方解除就业协议有法律上或协议上的依据，如学生未取得毕业资格，用人单位有权单方解除就业协议，毕业生录取研究生后，可解除就业协议，或依协议规定，毕业生未通过用人单位所在地组织的公务员考试，用人单位有权解除协议，此类单方解除，解除方无须对另两方承担法律责任。

2. 三方解除

三方解除是指毕业生、用人单位、学校三方经协商一致，解除原订立的协议，使协议不发生法律效力。此类解除因是三方当事人真实意思表示一致的体现，三方均不承担法律责任，三方解除应在就业计划上报主管部门之前进行，如就业派遣计划下达后三方解除，还须经主管部门批准办理调整改派。

就业协议书一经毕业生、用人单位、学校签署即具有法律效力，任何一方不得擅自解除，否则违约方应向权利受损方支付协议条款所规定的违约金，从实际情况来看，就业违约大多为毕业生违约。

（二）毕业生违约的后果

毕业生违约，除本人应承担违约责任、支付违约金外，往往还会造成其他不良的后果，主要表现在以下几个方面：

1. 就用人单位而言，用人单位往往为录用一毕业生做了大量的工作，有的甚至对毕业生将要从事的具体工作也有所安排

同时毕业生就业工作时间相对比较集中，一旦毕业生因某种原因违约，势必使用人单位的录用工作付之东流，用人单位若另起炉灶，选择其他毕业生，在时间上也不允许，从而给用人单位工作造成被动。

2. 就学校而言，用人单位往往将毕业生违约行为认为是学校的行为，从而影响学校和用人单位的长期合作关系

用人单位由于毕业生存在违约现象，而对学校的推荐工作表示怀疑。从历年情况来看，一旦毕业生违约，该用人单位在几年之内不愿到学校来挑选毕业生。面对激烈的就业竞争，用人单位的需求就是毕业生择业成功的前提，如此下去，必定影响今后学校的毕业生就业工作。同时影响学校就业计划方案的制定和上报，并影响学校的正常派遣工作。

3. 就其他毕业生而言，用人单位到校挑选毕业生，一旦与某毕业生签订就业协议，就不可能再录用其他毕业生

若日后该毕业生违约，有些当初希望到该用人单位工作的其他毕业生由于录用时间等原因，也无法补缺，造成就业信息的浪费，影响其他毕业生就业。因此，毕业生在就业过程应慎重选择，认真履约。

4. 就毕业生本人来说，既浪费金钱又浪费时间

建议毕业生签约的时候要仔细考虑，减少违约。希望毕业生从我做起，注重诚信，共同维护毕业生良好的社会声誉；签约前要谨慎，签约后要信守承诺。

（三）解约手续的流程

毕业生一旦与用人单位签订就业协议，双方就已构成契约关系。毕业生如因故需要终止与原签约单位的协议，必须按所在学校规定办理解约手续。

（1）材料准备：

①原签约单位书面同意解除协议的函件（原件）；

②新单位同意接收的函件（原件）；

③原签约的协议书；

④本人要求违约的书面申请。

（2）从学校就业网站下载并填写解除就业协议申请表，由所在系部（或分院）主管毕业生就业工作的辅导员和主管领导签署意见。

（3）学校就业主管部门将对毕业生的申请材料进行审核批准。经审核同意的，发放新的就业协议书。对手续不全、材料有虚假、对学校声誉影响较大的违约申请，将不予同意或延期审核。

（4）曾经办理过解约的毕业生，与新单位签约后，学校不再受理该生的第二次解约申请；原则上不受理签约后一个月内递交的违约申请。

（5）到国内外升学以及录取为国家公务员的毕业生，在征得原单位书面同意的前提下，不受解约受理时间的限制。

任务 7.2　派遣制员工的困惑

一、劳务派遣的概念与发展背景

（一）劳务派遣

劳务派遣又称人才派遣、人才租赁、劳动派遣、劳动力租赁，是指由劳务派遣机构（用人单位）与被派遣劳动者订立劳动合同，并将劳动者派遣到用工单位工作的用工方式。由实际用工单位向被派遣劳动者给付劳务报酬，劳动合同关系存在于劳务派遣机构与被派遣劳动者之间，但劳动力给付的事实则发生于被派遣劳动者与用工单位之间。如图 7－2 所示。

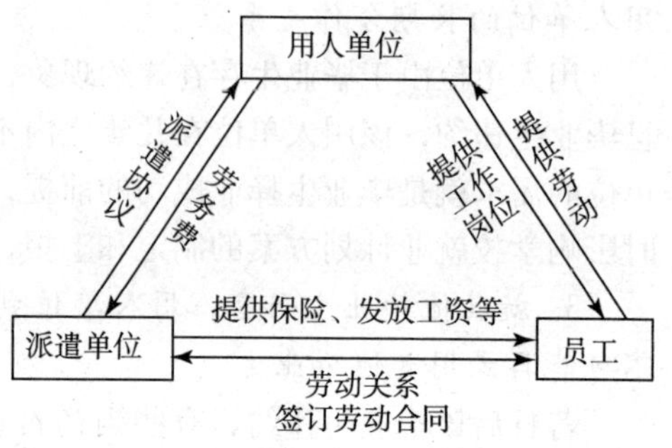

图 7－2　劳务派遣三方的关系

劳务派遣是一种新的用人模式。如今这种新的用人模式已经亮相于国内各地，北京、上海、广州、武汉等地出现了大型劳务派遣公司，有的地方还同时开办了“劳务中转站”，建立了劳务库，劳务派遣方式灵活，形式多样，对工人可以长期使用，也可以短期使用，在双休日使用，还可以在重点项目使用，等等。

（二）劳务派遣的起源与发展

劳务派遣是 20 世纪 70 年代末改革开放之后引入我国的，外企和驻华机构当时在中国没有招人用人的权力，为了解决它们的用人问题，国家成立了外企服务公司帮助它们招人，招完人再派到这些机构去工作，外企服务公司发展顺利，但这部分劳务派遣人员的人数并不多。20 世纪 90 年代国企改革开始，为减员增效，一批国企员工下岗，为解决它们的就业问题，各地成立了很多劳动服务公司或人才服务公司，作为派遣单位来帮助这些富余人员接受培训、找工作，政府部门也把这种方式作为国企改制时安置下岗工人的主要措施而积极支持。国企和事业单位既面临工资总额的限制，又有减员增效的压力，由于劳务派遣可以简化管理程序，转移用工风险，降低人工成本，用工自主灵活，因此劳务派遣成为一个普遍的选择。许多大型公司和单位如银行、医院、事业单位、中石油、中石化等劳务派遣制用工发展迅速。

2008 年《中华人民共和国劳动合同法》正式把劳务派遣作为一种用工方式确定下来，之后劳务派遣雨后春笋般发展起来了。据中华全国总工会调查，2012 年全国企业派遣制员工占企业职工总数的 13.1%，总人数约 3700 万，比《劳动合同法》实施之前大幅增加。国有企业使用劳务派遣工的比例最大，其次是外资企业，机关事业单位也普遍使用劳务派遣工。2012 年公布劳务派遣数据的上市银行中，有 6 家的“临时工”占比超过 20%，有的甚至超过了 1/3。

（三）劳务派遣制产生和发展的社会背景

1. 知识经济的发展和人才流动

知识经济与工业经济最明显的不同之处，便是通过满足各种消费群体不断变化的多种需求，来实现企业经营活动的良性循环。所以，在知识经济条件下，企业生产经营方式对劳务工人的需要更为多样性和动态化。由此应运而生的一个新的具有高度专业技术知识、经验与能力的特殊劳动群体，应不同企业之邀，在不同企业、行业、国家之间流动，这是知识经济时代劳务派遣员工流动的一个新景观。伴随着这种劳务流动，根据各种企业对人才的多种需要，劳务资源组织和配置的公司——劳务派遣公司也应运而生了。在日本，年轻人更乐于接受劳务派遣制这种用人模式，这些年轻人不但受到了更高级的专业职业教育，而且择业观念上也发生了很大的变化，他们不像在工业经济时期老一辈人那样希望在一个名牌大企业中做终身雇员，而是愿意寻求一个既能发挥自己的专业特长，又能在自己喜欢的时间、场所获得自己满意收入的相对自由的职业。

2. *劳动力市场主体自发选择*

劳动力市场机制作用的不断增强是劳务派遣型就业产生的主要原因。20 世纪 90 年代以来，随着市场经济的日益成熟以及用工制度改革的深度推进，我国劳动力市场主体的自主地位日益确立，它们会根据劳动力市场的供求情况趋利避害，自发地决定用工、就业形式和经营形式，这是劳务派遣产生、发展的根本前提。随着职业介绍机构和职业介绍事业的发展，逐步产生了劳务派遣的机构和功能。一部分下岗、失业人员和农村转移劳动力由于自身就业能力比较弱，难以自谋职业、自主就业，于是，有关部门将他们组织起来，通过劳务派遣实现就业。另外，也有一些就业能力比较强的劳动者，不满足于固定在一个正式单位中，采取了劳务派遣的就业形式，以丰富自己的阅历，增加自己的收入。另外，随着大中专学生就业变得越来越困难，很多毕业生也通过劳务派遣来积累工作经验，为将来就业打基础。

3. *大企业用工制度改革*

国内大企业的用工制度改革是劳务派遣型工作安排产生的主要原因。长期以来，我国体制内积存了大量的低效率和无效率劳动力，我国的一些大城市的落户政策也限制着地区内大型企业的正式用工方式的选择。随着企业用工制度朝着市场化方向改革，企业开始控制人员数量增长，并精减人员，劳务派遣便成为企业避免直接冲击社会、进行正常裁员和非正常裁员的重要渠道。

二、劳务派遣的具体形式

（一）完全派遣

由派遣公司承担一整套员工派遣服务工作，包括人才招募、选拔、培训、绩效评价、报酬和福利、安全和健康等。

（二）转移派遣

由需要劳务派遣员工的企业自行招募、选拔、培训人员，再由派遣公司与员工签订劳动合同，并由派遣公司负责员工的报酬、福利、绩效评估、处理劳动纠纷等事务。

（三）减员派遣

减员派遣指企业对自行招募或者已雇佣的员工，将其雇主身份转移至派遣公司。企业支付派遣公司员工派遣费用，由派遣公司代付所有可能发生的费用，包括工资、资金、福利、各类社保基金以及承担所有雇主应承担的社会和法律责任。其目的是减少企业固定员工，增强企业面对风险时候的组织应变能力和人力资源的弹性。

（四）试用派遣

这是一种新的派遣方式，用人单位在试用期间将新员工转至派遣公司，然后以派遣制员工的形式试用，其目的是使用人单位在准确选才方面更具保障，免去了由于选拔和测试时产生的误差风险，有效降低了人事成本。

（五）短期派遣

用人单位与劳务派遣机构共同约定一个时间段来聘用和使用被派遣的人才。

(六) 项目派遣

企事业单位为了一个生产或科研项目而专门聘用相关的专业技术人才。

(七) 晚间派遣

用人单位利用晚上的特定时间，获得急需的人才。

(八) 钟点派遣

以每小时为基本计价单位派遣特种人员。

(九) 双休日派遣

以周六、周日为基本计价单位派遣人员。

(十) 集体派遣

国有企事业单位通过劳务派遣机构把闲置的人员部分或整体地派遣给第三方。

三、劳务派遣制的现状与未来发展

(一) 劳务派遣制的现状

1. 国际灵活用工（劳务派遣）的现状

根据前瞻产业研究院发布的《2017—2022 年中国劳务派遣行业市场前瞻与投资战略规划分析报告》数据显示，目前灵活用工（派遣制员工）已成为全球人力资源服务行业中体量最大的细分行业，截至 2014 年，全球共有 26 万余家灵活用工服务机构，灵活用工的人数达到 6090 万人，灵活用工的市场营业额超过 2820 亿欧元，占到全球人力资源业务收入构成的 68%。以美国为例，其提供灵活用工服务的企业约为 2 万家，每周有超过 320 万名员工为灵活用工企业工作，2015 年美国灵活用工市场规模超过 1264 亿美元。

从灵活用工占总就业的份额来看，灵活用工模式在国外非常成熟，发达国家年均达到 25%，尤其是波兰、西班牙、荷兰、意大利达到 30% 以上，其中，有 10% ~25% 的劳动力是由人力资源公司派遣的短期灵活用工（见图 7－3）。

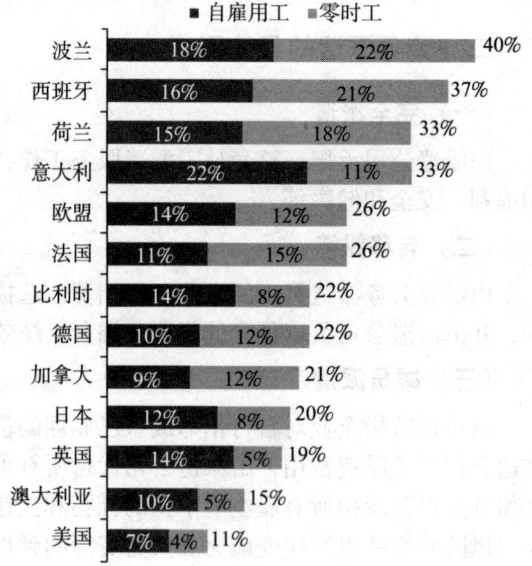

图 7－3 各国灵活用工占总就业的份额

2. 我国灵活用工（派遣制用工）步入爆发期

中国产业结构的变革正带来用工方式根本性的变化，因灵活用工（劳务派遣制用工）为企业带来更低的用工成本和更高的产能效率，灵活用工在我国呈现飞速增长的趋势。然而与国际相比差距仍然很大。我国灵活用工比例正在加速，这将带来我国人力资源外包服务市场近 20 年的快速成长期。

此外，2016 年 3 月《劳务派遣暂行规定》正式施行，明确规定“用人单位使用的被派遣劳动者不得超过其用工总量的 10%”，使企业用工风险增高，人力资源控制与优化要求增加，企业人力资源相关成本上升，日常处理大量员工入离职等事务的压力增大。企业通过灵活用工可以规避用工风险，降低用工成本。新规的出台意味着那些能够在合规背景下，解决企业弹性用工需求的服务，将更受青睐，并将逐步取代传统派遣。

受益于就业市场结构调整和企业对于灵活用工模式的需求进一步增加，2012—2016 年中国灵活用工市场年均复合增长率约为 16%，2016 年市场规模达到约 260.5 亿人民币。随着灵活用工（劳务派遣制用工）产业的横向拓展和纵向深化，预计 2016—2025 年中国灵活用工行业年平均复合增长率约为 23%，2025 年中国灵活用工市场规模将达到 1660.8 亿元（见图 7－4）。

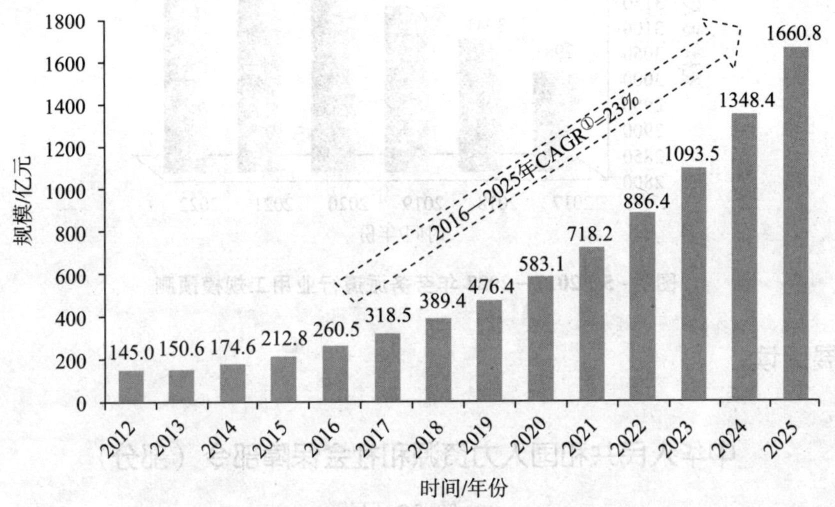

图 7－4　2012—2025 年中国灵活用工市场规模对比及预测

（二）我国劳务派遣用工的未来发展

对于我国劳务派遣行业的发展，首要任务就是在政策法规方面，进一步完善行业的政策法规、行业自律约束规定等，制定一整套完整的行业标准，争取做到有法可依、有法必依。其次就是借鉴国外行业发展较早的地区的经验和模式，包括欧洲、日本、美国等地区的行业发展模式。

1. 明确劳务派遣立法理念

劳务派遣的立法规制主要包括两方面的主要内容：对劳务派遣公司设立门槛和运营的规制以及对派遣公司和接收单位雇主责任的划分。在我国各个行业发展的差异化水平上制定差异化规制，最大化完善法规的规制和约束力。

2. 对劳务派遣公司设立门槛和运营的规制

对企业进行门槛设计，要求必须达到一定的专业化水平才能入驻该行业，同时对企业的经营业务进行详细的划分，可以极大程度上地促进行业发展的规模化，从而对派遣员工包括专业技能培训、社会保障、合约效益起到显性保护。同时还要注意日常监管，通过监管来规制企业对用工单位和求职员工的双向负责。

3. 明确责任归属

这一点要在劳务派遣行业的合约上下功夫，尤其要根治劳务派遣企业通过短期合约等来“掏空”求职人利益的情况，通过明确劳务派遣企业、用工单位以及求职人员的职责情况来规范各自的有限责任和无限责任分布。

---

① CAGR：中国灵活用工行业年平均复合增长率。

尽管行业发展还处于一个相对不完善的水平，但是毫无疑问，我国劳务派遣的发展处在一个稳定增长的时期，通过市场发展情况以及各行业发展需求来看，到2022年，我国的劳务派遣用工规模将会接近3300万人。如图7－5所示。

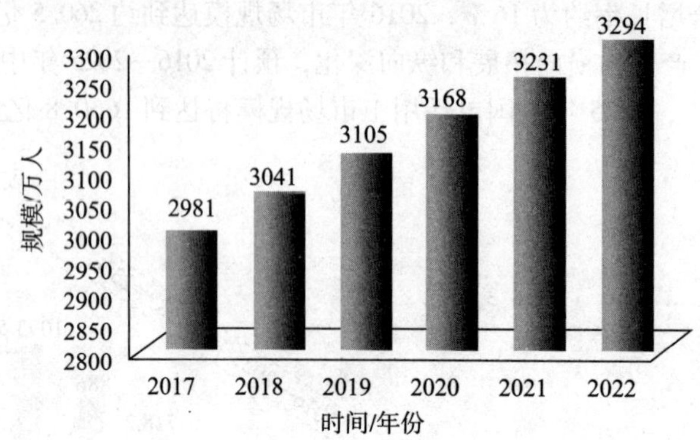

图7－5　2017—2022年劳务派遣行业用工规模预测

拓展阅读

中华人民共和国人力资源和社会保障部令（部分）

第22号

《劳务派遣暂行规定》已于2013年12月20日经人力资源社会保障部第21次部务会审议通过，现予公布，自2014年3月1日起施行。

劳务派遣暂行规定

第一章　总　　则

第一条　为规范劳务派遣，维护劳动者的合法权益，促进劳动关系和谐稳定，依据《中华人民共和国劳动合同法》（以下简称《劳动合同法》）和《中华人民共和国劳动合同法实施条例》（以下简称《劳动合同法实施条例》）等法律、行政法规，制定本规定。

第二条　劳务派遣单位经营劳务派遣业务，企业（以下称用工单位）使用被派遣劳动者，适用本规定。

依法成立的会计师事务所、律师事务所等合伙组织和基金会以及民办非企业单位等组织使用被派遣劳动者，依照本规定执行。

第二章　用工范围和用工比例

第三条　用工单位只能在临时性、辅助性或者替代性的工作岗位上使用被派遣劳动者。

前款规定的临时性工作岗位是指存续时间不超过6个月的岗位；辅助性工作岗位是指为主营业务岗位提供服务的非主营业务岗位；替代性工作岗位是指用工单位的劳动者因脱产学习、休假等原因无法工作的一定期间内，可以由其他劳动者替代工作的岗位。

用工单位决定使用被派遣劳动者的辅助性岗位，应当经职工代表大会或者全体职工讨论，提出方案和意见，与工会或者职工代表平等协商确定，并在用工单位内公示。

第四条　用工单位应当严格控制劳务派遣用工数量，使用被派遣劳动者数量不得超过其用工总量的10%。

前款所称用工总量是指用工单位订立劳动合同人数与使用的被派遣劳动者人数之和。

计算劳务派遣用工比例的用工单位是指依照《劳动合同法》和《劳动合同法实施条例》可以与劳动者订立劳动合同的用人单位。

第三章　劳动合同、劳务派遣协议的订立和履行

第五条　劳务派遣单位应当依法与被派遣劳动者订立2年以上的固定期限书面劳动合同。

第六条　劳务派遣单位可以依法与被派遣劳动者约定试用期。劳务派遣单位与同一被派遣劳动者只能约定一次试用期。

第七条　劳务派遣协议应当载明下列内容：

（一）派遣的工作岗位名称和岗位性质；

（二）工作地点；

（三）派遣人员数量和派遣期限；

（四）按照同工同酬原则确定的劳动报酬数额和支付方式；

（五）社会保险费的数额和支付方式；

（六）工作时间和休息休假事项；

（七）被派遣劳动者工伤、生育或者患病期间的相关待遇；

（八）劳动安全卫生以及培训事项；

（九）经济补偿等费用；

（十）劳务派遣协议期限；

（十一）劳务派遣服务费的支付方式和标准；

（十二）违反劳务派遣协议的责任；

（十三）法律、法规、规章规定应当纳入劳务派遣协议的其他事项。

第八条　劳务派遣单位应当对被派遣劳动者履行下列义务：

（一）如实告知被派遣劳动者《劳动合同法》第八条规定的事项、应遵守的规章制度以及劳务派遣协议的内容；

（二）建立培训制度，对被派遣劳动者进行上岗知识、安全教育培训；

（三）按照国家规定和劳务派遣协议约定，依法支付被派遣劳动者的劳动报酬和相关待遇；

（四）按照国家规定和劳务派遣协议约定，依法为被派遣劳动者缴纳社会保险费，并办理社会保险相关手续；

（五）督促用工单位依法为被派遣劳动者提供劳动保护和劳动安全卫生条件；

（六）依法出具解除或者终止劳动合同的证明；

（七）协助处理被派遣劳动者与用工单位的纠纷；

（八）法律、法规和规章规定的其他事项。

第九条　用工单位应当按照《劳动合同法》第六十二条规定，向被派遣劳动者提供与工作岗位相关的福利待遇，不得歧视被派遣劳动者。

第十条 被派遣劳动者在用工单位因工作遭受事故伤害的，劳务派遣单位应当依法申请工伤认定，用工单位应当协助工伤认定的调查核实工作。劳务派遣单位承担工伤保险责任，但可以与用工单位约定补偿办法。

被派遣劳动者在申请进行职业病诊断、鉴定时，用工单位应当负责处理职业病诊断、鉴定事宜，并如实提供职业病诊断、鉴定所需的劳动者职业史和职业危害接触史、工作场所职业病危害因素检测结果等资料，劳务派遣单位应当提供被派遣劳动者职业病诊断、鉴定所需的其他材料。

第十一条 劳务派遣单位行政许可有效期未延续或者《劳务派遣经营许可证》被撤销、吊销的，已经与被派遣劳动者依法订立的劳动合同应当履行至期限届满。双方经协商一致，可以解除劳动合同。

第十二条 有下列情形之一的，用工单位可以将被派遣劳动者退回劳务派遣单位：

（一）用工单位有《劳动合同法》第四十条第三项、第四十一条规定情形的；

（二）用工单位被依法宣告破产、吊销营业执照、责令关闭、撤销、决定提前解散或者经营期限届满不再继续经营的；

（三）劳务派遣协议期满终止的。

被派遣劳动者退回后在无工作期间，劳务派遣单位应当按照不低于所在地人民政府规定的最低工资标准，向其按月支付报酬。

第十三条 被派遣劳动者有《劳动合同法》第四十二条规定情形的，在派遣期限届满前，用工单位不得依据本规定第十二条第一款第一项规定将被派遣劳动者退回劳务派遣单位；派遣期限届满的，应当延续至相应情形消失时方可退回。

任务 7.3 毕业生的就业权利与义务

一、毕业生的就业权利

我国在《宪法》《劳动法》《高等教育法》《普通高等学校毕业生就业工作暂行规定》等法律、法规和政策中均规定了毕业生应有的权利。这些权利概括起来主要包括以下内容：

（一）获取信息权

就业信息是毕业生择业成功的前提和关键，只有在充分占有信息的基础上，才能选择用人单位。毕业生获取的信息应该是公开、及时、全面的。信息公开指所有用人单位的需求信息必须向全体毕业生公开，任何单位和个人不得隐瞒、截留需求信息。信息及时是指毕业生获取的信息必须是及时、有效的，而不能将过时无利用价值的信息传递给毕业生。信息全面是指毕业生有权获得准确、全面的就业信息。

（二）自主选择权

根据双向选择、自主择业的原则，高校毕业生可以自主地选择用人单位，学校、其他单位和个人均不得干涉。把任何个人意志强加于毕业生，均被视为侵犯毕业生选择权的行为。

（三）接受就业指导权

接受就业指导是每个毕业生都具有的权利。《高等教育法》规定，高等学校应当为毕业生提供就业指导和服务。《普通高等学校毕业生就业工作暂行规定》中明确指出，高等学校的一个主要职责就是对毕业生开展就业教育和就业指导工作。

高等学校就业指导主要是为了帮助毕业生根据自身特点和社会职业需要，选择最能发挥自己才干的职业，全面、迅速、有效地与工作岗位结合，实现自己的人生价值和社会价值。毕业生应该充分行使该项权利，应该树立正确的择业观，增强择业意识，掌握求职技巧，提高主动适应社会需要的能力。这无疑将有助于毕业生求职择业的顺利进行。

（四）被推荐权

高等学校的一个重要职责就是向用人单位推荐毕业生。历年工作经验证明，学校的推荐在很大程度上影响到用人单位对毕业生的取舍。毕业生享有被推荐权包含以下几个方面的内容：

1. 如实推荐

即高校对毕业生进行推荐时实事求是，根据毕业生本人的实际情况向用人单位进行介绍、推荐。不能故意贬低或随意捧高对毕业生在校表现的评价。

2. 公正推荐

学校对毕业生进行推荐时应做到公平、公正，应给每一位毕业生推荐就业的机会。公正推荐是学校的基本责任，也是毕业生享有的最基本的权利。

3. 择优推荐

学校根据毕业生的在校表现，在公正、公平的基础上，还应择优推荐，用人单位录用毕业生也应坚持择优标准。

（五）公平受录用权

女生就业难仍然是困扰女性毕业生就业的一大问题。公平受录用权是毕业生最为迫切需要得到维护的权益。

（六）违约求偿权

毕业生、用人单位签订协议后，任何一方不得擅自毁约。如用人单位无故要求解约，毕业生有权要求对方严格履行就业协议，否则用人单位应对毕业生承担违约责任，支付违约金，毕业生有权利要求用人单位进行补偿。

二、毕业生在就业过程中应遵守的义务

（一）回报国家、社会的义务

我国《宪法》规定，劳动对于公民来说，既是权利也是义务，是权利和义务的结合和统一。对于毕业生而言，不仅要履行作为公民来说必须履行的劳动义务，而且要按照“得之于社会，还之于社会，报之于社会”的原则，积极地回报国家、社会和家庭，承担起自己应尽的义务。

（二）服从国家需要的义务

虽然毕业生在择业过程中有相当大的自主权，可以根据个人意愿选择用人单位，但作为当代大学生，上大学还不完全是一种投资于未来发展的个人行为，国家和社会为大学生的成才付出了很大的代价。因此，大学生就业不仅仅是个人行为，还应服从国家的需要。

（三）如实介绍自己情况的义务

毕业生在求职择业过程中应如实向用人单位介绍自己的情况，这是基本的择业道德要求，也是自己应尽的义务。毕业生在填写推荐表、撰写自荐书、与用人单位洽谈介绍自己时，必须实事求是，不得弄虚作假。只有如实介绍自己的情况，才能获得用人单位的信任。

（四）遵守和履行就业协议的义务

毕业生与用人单位通过双向选择签订协议，以约束双方的行为。遵守协议是就业工作顺利进行的保证。一经签订协议，就不能随便违约，一旦违约，不仅影响学校正常的就业秩序，而且会损害用人单位、学校、其他同学等各方面的利益。因此，毕业生必须增强信用意识。

（五）按时到工作单位报到的义务

《普通高等学校毕业生就业工作暂行规定》要求，毕业生办理完离校手续后，应持报到证按时到用人单位报到。如果自离校之日起，无正当理由超过三个月不去就业单位报到的，由学校报主管毕业生就业部门批准，不再负责其就业。

任务 7.4　毕业生的就业权益保护

一、就业协议对毕业生权益的保护

就业协议本质上是一种合同，它是由毕业生与用人单位之间以平等的身份而签订的确立双方权利与义务的协议。就业协议反映的是一种民事法律关系，签订协议是一种民事行为，要想使这种民事行为成为民事法律行为，就必须遵循民法的具体规定。

（一）在订立附加条件的就业协议时，应重视备注

大学毕业生与用人单位签订的就业协议与报到后签订的劳动合同都是双方法律行为、双务法律行为、有偿法律行为、诺成性法律行为。如果协议中附带有特殊的条件如住房待遇、科研待遇等，这种协议又称为附加条件的法律行为。就业协议及附加条件必须以书面的形式由双方签订。在具体就业过程中，毕业生签完主协议后，对附加条款不进行文字注明和双方签字，只接受口头承诺，这是非常不可取的。当毕业生进入工作单位，口头承诺得不到兑现时，毕业生的合法权益就得不到有效保护。

（二）签订就业协议的违约责任形式

根据我国《合同法》的精神，签订就业协议的违约责任形式有以下几种：

1. 继续履行的责任构成形式

又称强制履行，指在违约方不履行合同时，由法院强制违约方继续履行合同债务的违约责任方式。其构成要件如下：

（1）存在违约行为；

（2）必须有守约方请求违约方继续履行合同债务的行为；

（3）必须是违约方能够继续履行合同。

基于此规定，在签订就业协议后，如果毕业生与用人单位就是否按照约定聘用产生违约行为，一方可要求违约方按照就业合同约定继续履行协议规定，按原来计划进行聘用。

2. 赔偿损失的责任构成形式

即债务人不履行合同债务时依法赔偿债权人所受损失的责任。我国合同法上的赔偿损失是指金钱赔偿，既包括实物赔偿，也限于以合同标的物以外的物品予以赔偿。其责任构成如下：

（1）违约行为；

（2）损失；

（3）违约行为与损失之间有因果关系；

（4）违约一方没有免责事由。

如果毕业生与用人单位一方违约，则应赔偿对方损失，一般的变现形式为支付一定的违约金。违约金责任，又称违约罚款，是由当事人约定的或法律直接规定的，在一方当事人不履行合同时向另一方当事人支付一定数额的金钱，也可以表现为一定价值的财物。

3. 就业协议违约金责任的构成

（1）一方有违约行为发生，不按照原来约定聘用或应聘，至于违约行为的类型，应视当事人的约定或法律的直接规定而定；

（2）原则上要求违约方有过错，或者是故意，或者是过失；

（3）违约金约定的无效情况即订立的就业协议无效，违约金的约定也无效。

（三）就业协议违约责任的归责原则

根据《合同法》第一百零七条关于"当事人一方不履行合同义务或者履行合同义务不符合约定的，应当承担继续履行、采取补救措施或者赔偿损失等违约责任"的规定，可以看出《合同法》采取了严格责任原则，即当事人一方只要有违约事实，就要向对方承担违约责任，而不论其主观心态，即用人单位和毕业生一方只要违约，则应承担违约责任，而不问其是故意还是过失。签订就业协议只要一方违约，不论其主观心态如何，均应承担违约责任。

（四）签订就业协议违约的免责条件与免责条款

免责条件即法律明文规定的当事人对其不履行合同不承担违约责任的条件。我国法律规定的免责条件主要有：

（1）不可抗力。《合同法》第一百一十七条规定，因不可抗力不能履行合同的，根据不可抗力的影响，部分或者全部免除责任，但法律另有规定的除外。当事人迟延履行后发生不可抗力的，不能免除责任。本法所称不可抗力，是指不能预见、不能避免及不能克服的客观情况。在签订就业协议后，一方因为不可抗力的原因而违约，不承担违约责任。

（2）根据高校毕业生就业的有关规定，已与用人单位签订就业协议（合同）的应届高校毕业生，在毕业离校前升学、入伍或被录用为国家公务员的，不视为违约，用人单位不得收取违约金。所以，如果考上研究生、公务员、参军，都可以和用人单位解除合同关系。

二、毕业生就业主管部门的保护

毕业生就业主管部门可通过制定相应的规则来确定毕业生的权益，并依据国家的法律和政策规定对侵犯毕业生权益的行为予以抵制或处理。例如，对不履行就业信息公开登记手续，侵犯毕业生获取信息权的单位，省毕业生就业主管部门对其上报的协议书不予签证、不予审批就业方案和打印就业报到证；严重者将取消其录用毕业生的资格。保护毕业生的合法权益不受侵犯，对就业主体双方存在的争议和违约等问题进行协调处理，直至仲裁。

此外，根据我国有关毕业生政策的规定，毕业生以及签约诸方应信守诺言，自觉维护毕业生就业秩序，严格遵守国家有关规定和学校就业政策。推荐免试读研、报考录取的硕士研究生、自费出国留学、就业以及不就业等各种去向，一经确定，有关各方不可随意改动。如有特殊情况需要变更，须征得签约诸方的书面同意和谅解，并经院（系、所、中心）报学校学生就业指导服务部门审批，经审批同意后，提出变更的一方应承担违约责任，并向学校交纳违约金。

三、高校的保护

学校对毕业生权益的保护最为直接。学校可通过制定各项措施来规范毕业生的就业指导和就业推荐，对于用人单位在录用毕业生过程中的不公平、不公正行为，学校有权予以抵制，以维护毕业生的公平受录用权。高等学校在毕业生签订就业协议的过程中应进行监督和指导。对于用人单位与毕业生签订不符合国家有关政策规定的就业协议，学校有权拒签，未经学校审核同意的就业协议不能作为编制就业方案的依据。

四、毕业生签订劳动合同后的法律保护

毕业生权益保护的另一个重要方面就是毕业生签订劳动合同后的法律保护。毕业生应了解目前国家和省、市关于毕业生就业的有关方针、政策和规则，熟悉毕业生在就业过程中的权利和义务，这是毕业生权益自我保护的前提。毕业生应自觉遵循有关就业规则，接受其制约，保证自己的就业行为不违反就业规则，不侵犯其他毕业生和用人单位的合法权益。根据《劳动法》及《劳动合同法》的有关规定，毕业生在签订劳动合同后发生劳动争议的，应注意以下的法律事宜：

（一）毕业生与用人单位发生劳动争议的原因

（1）因确认劳动关系发生的争议；
（2）因订立、履行、变更、解除和终止劳动合同发生的争议；
（3）因除名、辞退和辞职、离职发生的争议；
（4）因工作时间、休息休假、社会保险福利、培训以及劳动保护发生的争议；
（5）因劳动报酬、工伤医疗费、经济补偿或者赔偿金等发生的争议；
（6）法律、法规规定的其他劳动争议。

（二）发生劳动争议后，当事人双方可以协商解决，也可以直接向劳动争议调解委员会申请调解

当事人申请劳动争议调解，可以书面申请，也可以口头申请。口头申请的，调解组织应当当场记录申请人基本情况、申请调解的争议事项、理由和时间。调解劳动争议，应当充分听取双方当事人对事实和理由的陈述，耐心疏导，帮助其达成协议。经调解达成协议的，应当制作调解协议书。调解协议书由双方当事人签名或者盖章，经调解员签名并加盖调解组织印章后生效，对双方当事人具有约束力，当事人应当履行。自劳动争议调解组织收到调解申请之日起15日内未达成调解协议的，当事人可以依法申请仲裁。

（三）毕业生与用人单位发生劳动争议后申请仲裁的程序

毕业生与用人单位发生劳动争议后应向劳动争议仲裁委员会提交仲裁申请。仲裁申请人应当提交书面的仲裁申请，并依照被申请人的数量提交副本。申请书应载明法定内容，包括：

（1）劳动者的姓名、性别、年龄、职业、工作单位和住所，用人单位的名称、住所和法定代表人或者主要负责人的姓名、职务；
（2）仲裁请求和所根据的事实、理由；
（3）证据和证据来源、证人姓名和住所。

书写仲裁申请确有困难的，可以口头申请，由劳动争议仲裁委员会记入笔录，并告知对方当事人。仲裁委员会在收到申请后5日内作出是否受理的决定，不予受理或5日内不作出任何答复的，申请人可向人民法院起诉。决定受理的，应当制作受理决定并送达申请人，并在受理

后5日内将申请书副本送达被申请人。被申请人应当在10日内提交答辩书，若是不提交答辩书的，不影响案件的仲裁。

（四）毕业生与用人单位发生劳动争议后申请仲裁的时效

劳动争议申请仲裁的时效期间为一年。仲裁时效期间从当事人知道或者应当知道其权利被侵害之日起计算。毕业生与用人单位发生劳动争议的诉讼时效因当事人一方向对方当事人主张权利，或者向有关部门请求权利救济，或者对方当事人同意履行义务而中断。从中断时起，仲裁时效期间重新计算。因不可抗力或者有其他正当理由，当事人不能在规定的仲裁时效期间申请仲裁的，仲裁时效中止。从中止时效的原因消除之日起，仲裁时效期间继续计算。此外，法律还规定，劳动关系存续期间因拖欠劳动报酬发生争议的，劳动者申请仲裁不受一年的仲裁时效期间的限制；但是，劳动关系终止的，应当自劳动关系终止之日起一年内提出。根据法律规定，劳动争议发生后，必须经过仲裁，一方对仲裁结果有异议的可以向人民法院提起诉讼。

五、就业陷阱与防范

大学生就业陷阱是指招聘单位、其他机构或个人，利用大学生的弱势地位，以提供就业机会为诱饵，采用违法背德等手段，骗取大学生的钱财，或与大学生达成权利与义务不对等的各类就业意向（协议），以期侵害大学生合法权益的现象。现实中，常见就业陷阱的种类主要有以下5个：

（一）招聘陷阱

据一项调查显示，有70%的被调查者表示遇到过招聘陷阱。常见的招聘陷阱种类较多，主要包括以下三种：

1. 招聘会不合法

有些招聘会利用大学生就业心切的心理，打着毕业生就业的名义，实质上未经有关主管部门审批。要么广告上公布的知名企业未到场，要么是单位良莠不齐，只是为了凑数。而举办单位的目的就是赚取高昂的门票费。同时，招聘单位骗取学生的信息，并出卖学生的个人信息，给一些违法之徒提供便利。更有甚者，有些企业打着招聘的幌子，逼迫毕业生做传销或做其他违法的事情。

2. 以面试为由，骗取求职者钱财

一些不法分子从网络或其他途径得到求职毕业生的个人信息，便以某企业名义打电话给大学毕业生，通知其面试。在大学毕业生不设防的情况下，骗取钱财后逃之夭夭。

毕业生王某收到某公司的一条短信，请其到公司来面试，但王某记得没有给这家公司投过简历，就打电话询问，对方答复在某人才网上看到其求职信息。王某按时赴约，但找不到地方就再次联系该公司。很快一个骑摩托车的人过来接他。车刚开，骑摩托车的人就让王某通知公司说很快就到了，在电话中公司里的人对他说让骑摩托车的人接电话，另有事安排。王某刚把电话递给骑摩托车的人，一份文件就从车上落了下来，出于礼貌，王某下车帮忙捡文件，等捡起文件，摩托车已经不见了，手机和包也追不回来了。

3. 变相收费

有些单位不当场签约，要求通过网络或电话继续洽谈，而这些网络或电话都是收费的；有些单位向大学毕业生收取报名费、资料费或培训费等，等求职者交了费用，再将其拒之门外。

一位同学很顺利地通过了一家公司的面试，并参观了公司，觉得很正规。很快公司通知其参加培训，并要缴纳250元的培训费。小刘觉得机会难得，交了钱并参加了培训。培训后公司又组织进行体检，体检费100元，但因为视力较低而被公司拒绝录用。后来小刘发现，差不多每次招聘会，这个公司都在招人，他才知道受骗了。面对招聘陷阱，大学毕业生在求职的时候一定要擦亮眼睛。

(1) 找工作时，一定要到正规的、信誉高的招聘会和专业人才网站应聘，对自己的个人信息要有必要的保留；

(2) 投简历前，一定要通过亲朋好友、学校就业中心、网络等核实单位的真实性，了解网上公布的企业“黑名单”，谨防上当；

(3) 面试时，应自己到公司，不要让陌生人带路，不要相信陌生人的话，更不要将财物交予陌生人；

(4) 要提防在招聘求职中被骗取钱财，国家是明令禁止企业在招聘过程中以任何名义收取费用的。

（二）协议陷阱

大学毕业生找工作时，要与单位签订就业协议，就业协议是双方表示意愿的一种约定。在签协议时常出现的问题包括以下三种：

1. 口头承诺

口头承诺因为口说无凭，缺乏法律依据而没有法律约束力，一旦发生问题，学生往往成为弱者一方，权益受到侵害。一些单位在和求职者谈条件的时候，常常口头承诺很多优越条件，吸引学生来单位工作，但在签协议时却不将这些承诺写入就业协议。当大学毕业生毕业后来到单位工作，才发现与现实相差甚远，却因无法律依据而成为权益受害的一方。

2. 签订不平等协议

由于大学生劳动力市场存在着较为严重的买方市场性质，大学生就业压力较大，“强资本、弱劳工”的现象严重影响着大学生的求职心理，导致他们在求职中“低人一等”。再加上大学生维权意识较差，致使大学生对于签订的就业协议要么不知情，要么签约的时候根本没有留意上面的条款，无力反对，从而促成霸王条款的出现。

3. 以就业协议代替劳动合同

有些大学生因为不懂劳动法，以为就业协议就是劳动合同。大学毕业后，学生到单位报到，不知道要求单位与其签订合法有效的劳动合同，盲目认为就业协议的条款就是合同的内容。而用人单位也故意不与大学毕业生签订劳动合同，因为劳动合同受到法律的约束力较强，一旦发生劳动争议，就容易对用人单位不利。因此，一些不正规的公司最终在劳动过程中，以不合法的就业协议代替劳动合同。在这样的状况下，一旦双方发生劳动争议，对大学毕业生极为不利，双方的劳动关系也只能被认定为事实劳动关系。

在一次人才招聘会上，小王与一家房地产公司的人事经理交谈后，用人单位表示对他很满意，希望能当场签下协议。因为对方许诺，去了后有住房，而且月薪3000元以上，已失业半年的他毫不犹豫地当场签了约。

到公司上班后小王才知道，所谓的月工资3000元以上，完全是一个子虚乌有的数字。因为销售人员的工资实行的是上不封顶、下不保底、与销售额直接挂钩的制度。销售部有十几名销售员，只有一位业绩突出的销售员曾拿到过3000多元的月工资。对方许诺的住房其实是一间破旧的小仓库，不到30平方米，挤住着10个人。这一切与对方的许诺相距甚远。

他找出当初与对方签订的协议，工资条款里只写着“工资待遇高”，在住房条款里用词更是模糊——“由公司提供住处”。再往下看，却看出了一身冷汗。协议规定，聘用期为3年，应聘方如毁约，需按毁约时间交纳违约金，违约金为每年5000元。也就是说，如果他要求解除协议，必须向公司交纳1.5万元违约金。

针对协议陷阱，大学毕业生在与用人单位签订就业协议时，一定要睁大眼睛，认真仔细地识别协议是否存在陷阱。一是要看协议是否合法；二是要看协议是否全面；三是要对协议文本仔细推敲；四是正式报到上班后，一定要求在协议的基础上，与单位协商签订一份有效的劳动合同，防止发生争议而损害自身的合法权益等。如以上案例中的小王，在工作后可以依法要求单位签订劳动合同，通过合法的劳动合同达到保护自己的目的，但对于住房和工资问题，恐怕依然很难取得求职时单位承诺的标准。

（三）试用期陷阱

试用期是劳动关系双方当事人相互了解的一个考察期。在这个过程中，大学毕业生可以考察用人单位是否符合自己的职业取向，而用人单位在这段时间也可以考察大学毕业生是否符合自己的录用标准。依据《中华人民共和国劳动法》和《中华人民共和国劳动合同法》，试用期是法定的协商条款，约定与否以及约定期限的长短由双方依法自行协商。但现实中，关于试用期的陷阱一直困扰着大学毕业生，陷阱的类型主要有以下三种：

1. 单位不约定试用期，可能暗藏玄机

某些单位要求大学生报到时就立即签订劳动合同，不约定试用期，马上正式上岗。可当大学毕业生还在暗自庆幸单位不需试用时，却发现单位各方面情况都不尽如人意，和当时广告与承诺的情况大相径庭，工作内容和自己想象的也完全不同，于是决定另谋高就。这时，才发现自己在“无意”间放弃了试用期这一有利机会。在这种情况下，如果单方面解除劳动合同，一方面要提前30天通知，另一方面可能要付出违约的相应代价。

2. 只约定试用期，索取廉价劳动力

因为试用期的工资、福利待遇和正式录用之后差距较大，而在目前人才市场上招聘的费用并不高，一些用人单位就利用“无休止”的试用，来降低自己的劳工成本。例如，有些单位以避免麻烦为由，只以口头或书面形式与大学毕业生约定几个月的试用期，声称试用期合格了，就直接正式录用，签订正式劳动合同。在试用期内，单位提供比正式员工低很多的待遇。而大学毕业生为了能留下来，往往工作非常努力，甚至不计较暂时的工资待遇。结果试用期结束，单位却以各种理由将求职者拒之门外。

3. 试用期过长或无故延长试用期

有的单位与大学毕业生约定的试用期严重超过《劳动合同法》规定的标准，有的甚至长达1年以上。也有些用人单位约定的试用期虽在法律规定的范围内，但却以各种理由延长试用期，变相榨取大学毕业生的廉价劳动力。更有甚者，延长几次后，最终仍将求职者解聘。而大学毕业生维权意识较差，对劳动法认识不深，只能哑巴吃黄连。

面对试用期陷阱，大学生最好的办法就是拿起法律的武器保护自己。

（1）对于第一种情况，大学毕业生应努力收集该企业的信息，对于信誉不好的企业，一定要多加提防，必要的时候，可以自己提出约定一定期限的试用期，有些时候约定试用期恰恰是保护自己合法权益的有效手段。

（2）大学毕业生应增强法律意识，对新实施的《劳动合同法》应该有一定的了解。例如，《劳动合同法》对试用期有较详细的约定：劳动合同期限三个月以上不满一年的，试用期不得超过一个月；劳动合同期限一年以上不满三年的，试用期不得超过二个月；三年以上固定期限和无固定期限的劳动合同，试用期不得超过六个月。同一用人单位与同一劳动者只能约定一次试用期。试用期包含在劳动合同期限内。劳动合同仅约定试用期的，试用期不成立，该期限为劳动合同期限等。

(3) 单位在试用期解除劳动合同的理由，必须是劳动者不符合录用条件，大学毕业生一定要把握好这一标准，而并非单位说辞退就辞退。

（四）智力陷阱

在知识化、信息化高速发展的今天，“智力产品”成了企业的核心竞争力。而大学毕业生对知识产权的维护却存在着很大的空白。一些用人单位正是利用了大学毕业生的这些弱点，设计一个又一个“智力陷阱”。据有关调查显示，在接受调查的大学毕业生中，有23%的被访者遭遇过智力陷阱。智力陷阱是指用人单位以招聘考试为名、“召集”创意为实，无偿占有大学毕业生的程序设计、广告设计、策划方案、文章翻译等。很多应聘者笔试、面试后就没了消息，而自己曾经提供的策划方案、设计等却在该公司的产品、活动中出现。智力陷阱是近年来新出现的求职陷阱，但它的性质更为恶劣，大学毕业生要提高警惕，多加小心。

（五）劳务陷阱

大学生求职的时候，招聘单位明明说的是招聘合同制工人，结果录用后却发现自己变成了“劳务工”或“派遣工”。

1. 劳动合同与劳务合同

劳动合同与劳务合同虽然只有一字之差，但两者的法律依据却完全不同。签订了劳动合同，双方便形成了劳动法律关系，双方的权利义务关系要受到《劳动法》的调整和约束。而劳务合同却是一种民事协议，由民法来调整，劳务关系双方当事人是完全平等的民事主体，双方的关系是基于商品经济的财产关系，双方的争议不受《劳动法》的调整和约束。一些用人单位利用大学毕业生的无知，在招聘的时候一切条件承诺得很好，签合同的时候，却拿劳务合同让大学毕业生签字。而大学毕业生一方面警惕心较弱，另一方面维权意识不够强，再加上年轻人的粗心大意，草草签字了事。岂不知，一字之差，天壤之别，最终陷入“劳务工”的圈套。

2. 正式工与劳务派遣工

劳务派遣的用工方式是近些年在我国出现的一种较新型的用工方式。但由于相关的法律法规还未出台，给很多用人单位带来了可乘之机。2008年1月1日实施的《中华人民共和国劳动合同法》以及2008年5月11日实施的《中华人民共和国劳动争议仲裁法》，无疑给用人单位用工带来了很大的附加成本。一时之间，很多用人单位谈“法”色变，劳动关系管理问题成了用人单位的一个心病。在这种情况下，很多用人单位都选择了“劳务派遣”这一较新的用工方式，企图规避法律问题。

很多大学毕业生在求职的时候，面对心仪的单位做足了准备，通过一轮轮的初试、笔试、复试、面试，最后和单位签订了就业协议或劳动合同。签了合同之后才发现，协议（合同）中的甲方名称并不是该单位，而变成了人力资源公司。此时发现上当了，却已晚矣。一时间，大学毕业生成了人力资源公司派遣到该公司的派遣工。

面对可能出现的劳务陷阱，一方面，大学毕业生在找工作，尤其是签协议的时候要小心谨慎，认真阅读协议内容，看清楚协议中的用工单位名称是否是应聘的公司，看清楚到底是劳动合同还是劳务合同；另一方面，大学毕业生应增强维权意识和维权能力，熟悉保护自己合法权益的法律、法规，以便在求职过程中有效识别求职陷阱，保护自己的合法权益。

1. 就业协议与劳动合同有哪些区别？
2. 劳务派遣制用工对毕业生有哪些影响？
3. 毕业生的就业权利有哪些？
4. 就业权益保护的形式有哪些？
5. 如何防范就业陷阱？

项目八　了解就业程序与就业常识

学习目标

1. 了解用人单位的类型与区别；
2. 了解用人单位与学校校园招聘的程序；
3. 了解并掌握求职就业的流程；
4. 了解毕业生派遣、档案和户口迁移相关的知识和办理程序；
5. 了解社保、人事代理、工龄等基本的就业常识。

名人导言

能够摄取必要营养的人要比吃得很多的人更健康，同样地，真正的学者往往不是读了很多书的人，而是读了有用的书的人。

——亚里斯

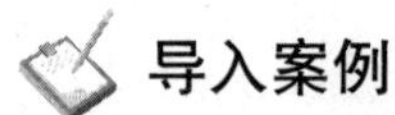

导入案例

痛彻心扉的小赵

小赵是某重点大学国际经济与贸易专业毕业生，他来自安徽，毕业后想到上海工作。大学四年，小赵专业成绩在班上名列前茅，年年获得奖学金，并担任学院学生会学习部部长。凭着漂亮的简历和过硬的专业功底，小赵在求职过程中并没有太多的悬念，上海张江工业园区一家国内著名的商贸公司于当年5月向他发出了录取通知函。到公司报到后，老总对他非常器重，答应让他先实习三个月，每个月3500元工资，实习期满后，工资每月6000元。

当年9月，小赵与公司签订了正式协议，老总还让他参加了一个重要的与国外的合作项目，这样一忙就到了12月底，他也出色地完成了公司交给的任务。就在这时，一个他没有料到的事情发生了，小赵从同学处得知，外地毕业生在上海就业需要办理“蓝表”审批手续，他这才模模糊糊地想起学校还有一些手续，由于忙于公司的项目，一直拖延未办。于是，他向公司请了假，急急忙忙赶回学校办理相关手续。学校老师告诉他，按照当年的政策规定，进沪手续已经在10月底截止，而以后若想解决上海户口，就只能通过复杂的人才引进手续来办理了。听老师这么一说，小赵后悔不已，痛彻心扉！

任务8.1　用人单位常识性知识

一、用人单位的类型

用人单位是指具有用人权利能力和用人行为能力，运用劳动力组织生产劳动，且向劳动者支付工资等劳动报酬的单位。用人单位的用人权利能力和用人行为能力，自其依法成立之时产生，自其依法撤销之时消灭。当前，适用《劳动法》的用人单位包括：企业、个体经济组织、国家机关、用人单位事业组织、社会团体。其中，企业是指我国境内的所有企业，包括：法人企业和非法人企业，国有企业和非国有企业，内资企业和外资企业；个体经济组织是指经工商登记注册、并招用雇工的个体工商户；国家机关、事业组织和社会团体是指通过劳动合同或通过劳动合同与其他工作人员建立劳动关系的单位。

（一）企业单位

企业是以盈利为目的经济性组织，包括法人企业和非法人企业，是用人单位的主要组成部分。个体经济组织是指雇工7个人以下的个体工商户。民办非企业单位是指企业事业单位、社会团体和其他社会力量以及公民个人利用非国有资产举办的，从事非营利性社会服务活动的组织。如民办学校、民办医院、民办图书馆、民办博物馆、民办科技馆等，2015年民办非企业单位超过28.9万家。

（二）国家机关

国家机关是指中央和地方的各级行政管理部门。它包括国家权力、行政、司法、军事等各方面的机关。国家权力机关是指各级权力机构，如全国人民代表大会，省、自治区、直辖市人民代表大会，市、县、自治县、旗人民代表大会，乡、镇人民代表大会。国家行政机关是指国务院及其职能机构，如部、委、办等；省、自治区、直辖市政府及其职能机构；市、县政府及其职能机构；乡、镇政府及其职能机构。国家司法机关是指各级人民法院和各级人民检察院。国家军事机关包括国家军事委员会和各级军事机构。

国家机关自设立之日起即具有法人资格。但是，并非其各级部门均有法人资格。国家行政机关的各职能机构的所属部门及其派出机构并非法人，如财政部的各司、局，乡司法所，公安局的派出所等。在军事机关中，团以上具有独立编制的军事机关才有法人资格，而营、连、排、班则不为法人。

（三）事业单位

事业单位可以分为三种情况：一种是具有管理公共事务职能的组织，如证券监督管理委员会、保险监督管理委员会、银行业监督管理委员会等，其录用工作人员是参照公务员法进行管理。另一种是实行企业化管理的事业单位，这类事业单位与职工签订的是劳动合同。还有一种事业单位如医院、学校、科研机构等，有的劳动者与单位签订的是劳动合同；有的劳动者与单位签订的是聘用合用人单位同。

（四）社会团体

按照《社会团体登记管理条例》的规定，社会团体是指中国公民自愿组成，为实现会员共同意愿，按照其章程开展活动的非营利性社会组织。社会团体的情况也比较复杂，有的社会团体如党派团体，除工勤人员外，其工作人员是公务员；有的社会团体如工会、共青团、妇联、工商联等人民团体和群众团体，文学艺术联合会、足球协会等文化艺术体育团体，法学会、医学会等学术研究团体，各种行业协会等社会经济团体。这些社会团体虽然公务员法没有明确规定参照，但实践中对列入国家编制序列的社会团体，除工勤人员外，其工作人员是比照公务员法进行管理的。

二、企业的类型

（一）按工商登记注册分类

只有在工商局登记注册的，才能称为企业，行政单位、事业单位、社会团体或者非企业性单位不能以“企业”来称呼。从企业登记的角度来看，企业分为以下几个类型：

1. 有限责任公司

（1）有限责任公司，它可再细分为：自然人独资、法人独资、自然人投资或控股、国有独资、外商投资、外商独资。它还可以下设分公司，其性质为“有限责任公司分公司”。

（2）股份有限公司，它可再细分为上市和非上市两种。它也可下设分公司，性质为“股份有限公司分公司”。

2. 个人独资企业

由一个自然人投资设立，它下设分支机构，性质为“个人独资企业分支机构”。

3. 合伙企业

合伙人可以是两个以上自然人，也可以是有限公司、企业法人、事业法人、社团法人等。它分为普通合伙和有限合伙。如下设分支机构，性质为“合伙企业分支机构”。

4. 全民所有制企业

“国有”和“全民”统称为全民所有制。它分为企业法人和营业单位两种。营业单位也可以由企业法人下设成立。

5. 集体所有制企业

它也分为企业法人和营业单位两种。集体所有制企业法人主办单位一般是事业单位、社团组织、工会、村委会等。营业单位可以由企业法人下设成立，也可由事业单位、社团组织、工会、村委会等法人组织直接下设成立。

6. 农民专业合作社

需说明的是，平时人们所说的私营企业主要指“个人独资企业、合伙企业和有自然人投资的有限公司”。还有个类型为“个体工商户”，它规模较小，单从名称上看，可能会与个人独资企业和合伙企业分不出来，但核发的营业执照不同，并且，“个体工商户”不是企业，不能以企业来对待。

（二）按照经济类型对企业进行分类

这是我国对企业进行法定分类的基本做法。根据《宪法》和有关法律规定，我国目前有国有经济、集体所有制经济、私营经济、联营经济、股份制经济、涉外经济（包括外商投资、中外合资及港、澳、台投资经济）等经济类型，相应地，我国企业立法的模式也是按经济类型来安排的，从而形成了按经济类型来确定企业法定种类的特殊情况。

1. 国有企业

这是指企业的全部财产属于国家，由国家出资兴办的企业。国有企业的范围包括中央和地方各级国家机关、事业单位和社会团体使用国有资产投资所举办的企业，也包括实行企业化经营、国家不再核拨经费或核发部分经费的事业单位及从事生产经营性活动的社会团体，还包括上述企业、事业单位、社会团体使用国有资产投资所举办的企业。

2. 集体所有制

这是指一定范围内的劳动群众出资举办的企业。它包括城乡劳动者使用集体资本投资兴办的企业，以及部分个人通过集资自愿放弃所有权并依法经工商行政管理机关认定为集体所有制的企业。

3. 私营企业

这是指企业的资产属于私人所有，有法定数额以上的雇工的营利性经济组织，在我国这类企业由公民个人出资兴办并由其所有和支配，而且其生产经营方式是以雇佣劳动为基础，雇工数额应在8人以上。这类企业原以经营第三产业为主，现已涉足第一、第二产业，向科技型、生产型、外向型方向发展。

4. 股份制企业

企业的财产由两个或两个以上的出资者共同出资，并以股份形式而构成的企业。我国的股份制企业主要是指股份有限公司和有限责任公司（包括国有独资公司）两种组织形式。某些国有、集体、私营等经济组织虽以股份制形式经营，但未按《公司法》有关规定改制规范的，未以股份有限责任公司或有限责任公司登记注册的，仍按原所有制经济性质划归其经济类型。

5. 联营企业

这是指企业之间或者企业、事业单位之间联营，组成新的经济实体；具备法人条件的联营企业，独立承担民事责任；不具备法人条件的，由联营各方按照出资比例或者协议的约定，以各自所有的或者经营管理的财产承担民事责任的企业。如果按照法律规定或者协议的约定负连带责任的，则要承担连带责任。

6. 外商投资企业

这类企业包括中外合营者在中国境内经过中国政府批准成立的，中外合营者共同投资、共同经营、共享利润、共担风险的中外合资经营企业；也包括由外国企业、其他经济组织按照平等互利的原则，按我国法律以合作协议约定双方权利和义务，经中国有关机关批准而设立的中外合作经营企业；还包括依照中国法律在中国境内设立的，全部资本由外国企业、其他经济组织或个人单独投资、独立经营、自负盈亏的外资企业。

7. 港、澳、台资企业

这是指港、澳、台地区投资者依照中华人民共和国有关涉外经济法律、法规的规定，以合资、合作或独资形式在大陆举办的企业。在法律适用上，均以中华人民共和国涉外经济法律、法规为依据，在经济类型上它是不同于涉外投资的经济类型。

8. 股份合作企业

这是指一种以资本联合和劳动联合相结合作为其成立、运作基础的经济组织，它把资本与劳动力这两个生产力的基本要素有效地结合起来，是具有股份制企业与合作制企业优点的新兴的企业组织形式。

9. 其他标准分类

按规模分，企业分为：大型企业、中型企业、小型企业、微型企业。

按组织机构分，企业分为：工厂、公司。

三、央企与国企

（一）央企的类型

央企即中央企业，作为中国国有企业，长期以来是中国国民经济的重要支柱。按照中国政府的国有资产管理权限划分，中国的国有企业分为中央企业（由中央政府监督管理的国有企业）和地方企业（由地方政府监督管理的国有企业）。

1. 广义的中央企业包括三类

（1）由国务院国资委管理的企业，从经济作用上分为三种：提供公共产品的，如军工、电信；提供自然垄断产品的，如石油；提供竞争性产品的，如一般工业、建筑、贸易。

（2）由银监会、保监会、证监会管理的企业，属于金融行业，如国有四大副部级保险公司（中国人保、中国人寿、中国太平保险、中国出口信用保险）和国有五大银行（建行、农行、中行、交行、工商银行）及中国进出口银行、中国农业发展银行国家开发银行。

（3）由国务院其他部门或群众团体管理的企业，属于烟草、黄金、铁路客货运、港口、机场、广播、电视、文化、出版等行业。

2. 狭义的中央企业通常指由国务院国资委监督管理的企业

相对于其他一些国家来讲，中国国务院国资委监管的范围是比较窄的。早在 2003 年国务院国资委成立之初，国务院国资委所管理的央企数量是 196 家，经过重组，至 2014 年 1 月，国资委直接管理的央企数量 113 家，加上保监会、银监会、证监会直接管理的金融央企，一共为 125 家央企。至 2017 年年底，经过又一轮整合重组，央企数量下降到了 99 家。

（二）国企的分类

国企，全称为国有企业，指的是一个国家的中央政府或联邦政府投资或参与控制的企业；而在中国，国有企业还包括由地方政府投资参与控制的企业。国企并非都是央企，但央企全都是国企。

所谓国企的性质，就是全民所有制企业的性质。所谓全民所有制企业，实质就是企业生产资料归全体人民共同所有的企业。所谓国企的性质，实质就是生产资料属于全体人民共同所有的企业所具有的性质。

1. 特殊法人企业

特殊法人企业由政府全额出资并明确其法人地位，由国家通过专门的法规和政策来规范，不受公司法规范。这类国有企业被赋予强制性社会公共目标，没有经济性目标，也就是说，它们的作用是直接提供公共服务。像国防设施、城市公交、城市绿化、水利等，应该归入这类企业。这类企业需要由公共财政给予补贴才能维持其正常运行。

2. 国有独资公司

国有独资公司由政府全额出资，受《公司法》规范。这类企业以社会公共目标为主，经济目标居次。这类企业主要是典型的自然垄断企业和资源类企业，如铁路、自来水、天然气、电力、机场等。从经济学角度，这类企业的产品或服务应该按边际成本或平均成本定价，以此来实现社会福利最大化，而不是谋求从消费者那里攫取更多的剩余。

3. 国有控股公司

国有控股公司由政府出资控股，受《公司法》规范。这类企业兼具社会公共目标和经济目标，以经济目标支撑社会公共目标。这类企业主要是准自然垄断企业和国民经济发展的支柱产业，如电子、汽车、医药、机场等。需要注意的是，这类企业不直接提供公共服务，而是通过向国家财政上交股息和红利，间接提供公共服务。如果由于特殊环境，这类企业不得不履行一些公共职能，则由此造成的损失，由国家财政给予补偿。不过，在补偿以后，股息和红利不能免除。当然，通过约定和核算，二者可以相抵。

4. 国有参股公司

国有参股公司严格来说应该称之为“国家参股公司”或“政府参股公司”，不是国有企业，政府只是普通参股者，受到《公司法》规范。这类企业与一般竞争性企业无疑，没有强制性社会公共目标，经济目标居主导。如果它们也提供公共服务，那是它们自觉履行社会责任的行为，应该予以鼓励和支持。对于这类企业，政府参股只是为了壮大国有经济的实力，除此之外，政府对这类企业没有任何其他附加的义务。

（三）央企和国企的区别

所有的央企都是国企，但国企不一定都是央企。因为，所谓央企，是指直属于国务院有关部门（如国资委等）的国有企业（“央”即中央，指中央人民政府），目前央企还有99家。另外，现在各个省市国资委都有下辖的国有企业。在中国，各级国资委代表国家行使出资人权利。

央企不同于国企之根本处在于以下几点：

（1）央企与国企上属单位不同，为国资委直接管理，部分央企负责人由中组部任命；一般国企有隶属于地方政府管辖的，也有归口于中央其他部委的。简单说，地位不同，有如部长与市长之差别。

（2）央企多为规模超大的企业，看中国500强，上榜的国有企业，85%以上为央企，规模大，领导权力自然也大，员工福利应该也好。

（3）央企是真正意义上的全民所有制企业，是国民经济的支柱。

（4）央企都会明确主业，基本会成为行业内的龙头企业，大有可为。

四、事业单位

在我国，事业单位是指那些从事文化教育、科学技术、新闻出版、医疗卫生、体育等专业活动的社会组织。事业单位，是相对于企业单位而言的，包括一些有公务员工作的单位，是国家机构的分支，指的是以增进社会福利，满足社会文化、教育、科学、卫生等方面需要，提供各种社会服务为直接目的的社会组织。事业单位类型如图 8－1 所示。

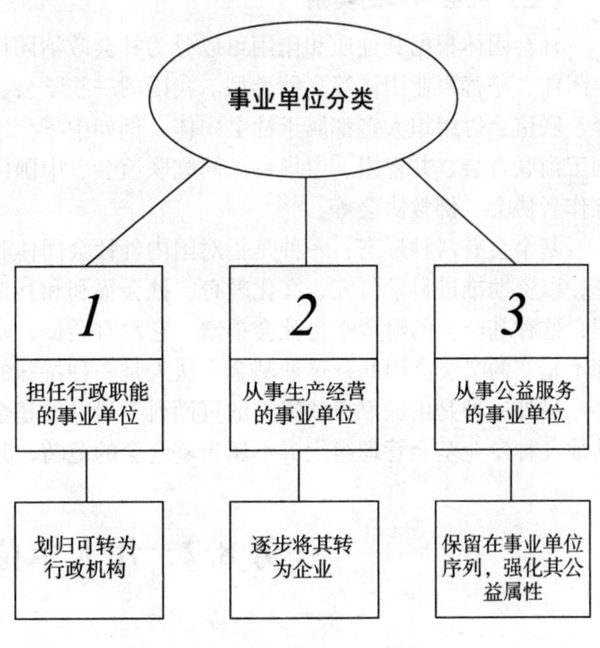

图 8－1 事业单位类型

事业单位法人有两个特点：一是以公益为目的，而不是以营利为目的；二是从事文化、教育、卫生、体育、新闻等公益事业活动。它的独立经费主要来源于国家的财政拨款，也可以通过集资入股或由集体出资等方式取得。它在从事民事活动中所产生的债务，应以其独立经费负清偿责任。

目前，我国的事业单位有260多万个，拥有职工3000多万人。事业单位大多是人才荟萃之地，有公办的高等学校、中等学校、职业学校和初等学校；科学院、研究院、设计院；新闻广播电视、图书报刊出版单位；医院、保育院、疗养院、卫生机构；文化馆、图书馆、气象局、物资管理局、各级体育组织等。这些单位的职业有教师、研究员、设计师、工程师、记者、编辑、译审、节目主持人、医生、药剂师、护士、教练、运动员等。

五、社会团体

（一）社会团体的定义

社会团体，简称社团，是由一定数量的社员（自然人或法人）组成的，依法登记而成立的团体。按照有无法人地位，可以分成法人社团和非法人社团两种类型。全国性的社会团体必须具有法人地位，而其他社团则视具体情况而定，不一定必须具备法人资格。

社会团体法人由会员组成，必须有50人以上的个人会员或30个以上的单位会员。其宗旨是实现会员的共同愿望，按照会员大会的决定确定其管理机构组成、业务范围和重大活动。社会团体不得从事营利性经营活动，虽然也可以收费或从事一些获取利润的活动，但由此取得的财产只能用于公共事业，而不能分给会员。

（二）社会团体有三个特点

（1）由成员依法自愿成立；

（2）在法律批准范围内具有民事权力能力和民事行为能力，从事相应的非营利性活动；

（3）拥有通过自筹资金（如成员出资、募捐、赞助等方式）或国家财政拨款而形成的独立财产或经费，并以此为限承担民事责任。

（三）社会团体的类别

社会团体根据其性质和作用可以分为社会政治团体、学术团体、宗教团体、体育团体、卫生团体、慈善事业团体等多种类型。我国的一些学会、联合会、研究会、基金会、商会、促进会、联谊会等组织大多都属于社会团体，例如中华全国总工会、中华全国妇女联合会、中华全国工商联合会、共青团、中华台湾同胞联谊会、中国作家协会、残疾人福利基金会、自然科学工作者协会、佛教协会等。

基金会有两种形态：一种是指对国内外社会团体和其他组织及个人自愿捐赠的资金进行管理，以资助推进科学研究、文化教育、社会福利和其他公益事业发展为宗旨的民间非营利性组织，这种基金会的财产来自社会捐赠。它没有会员，基金会的设立人和以后为它捐赠财产的人都不是它的会员。因此，这种基金会法人是一种特殊的社会团体法人。

另外一种是由国家拨款建立的资助科学研究的基金会，如国家自然科学基金委员会，还有其他各种专业基金管理组织，不属于基金会的范畴，其性质为事业单位法人。

任务8.2　用人单位招聘程序

一、用人单位招聘工作流程

招聘工作流程，一般由单位的人力资源部制定，主要目的是规范单位的人员招聘行为，保障单位及招聘人员的权益，招聘流程分别从招聘计划、招聘活动、应聘、面试、录用等几个方面进行详细规定。

（一）大多数单位人事部门招聘人员的一般流程

确定人员需求——制订招聘计划阶段——招聘甄选人员阶段——招聘评估录用阶段——试用阶段。

（二）针对这样的一般流程，我们可以确定最基本的工作流程

（1）用人部门提出申请：具体用人部门向人事部门提出所需人数、岗位、要求并解释理由；

（2）人力资源部门复核，由最高管理层确定招聘计划；

（3）人事部门根据各具体用人部门递交的需求人员申请单，确定招聘的职位名称和所需的名额；

（4）对应聘人员的基本要求即资格及条件提出限制，比如该职位所限制的学历、要求的年龄、所需能力和经验等；

（5）所有招聘的职位的基本工资和预算工资的核定；

（6）制定及发布资料，准备通知单或公司宣传资料，申请办理日期；

（7）联系人才市场、网络招聘平台或拟到校园招聘的学校，发布招聘通知；安排面试时间、场地和面试方式。

（8）最终确定人员，办理试用期入职手续，合格录用，并办理转正手续。

（9）签订合同并存档。

二、企业校园招聘流程

每隔一段时间，企业就要招入新员工来促进企业的发展，当前大多数企业直接去校园举行招聘活动，即校园招聘。进行校园招聘也是有一定流程的，整个招聘过程可分为三个阶段：第一阶段是准备阶段；第二阶段是招聘实施阶段；第三阶段是毕业生接收与跟踪阶段。

（一）准备阶段

要做的工作有确定招聘职位和人数、成立招聘小组、联系招聘学校、准备相关资料。

1. 确定招聘职位和人数

这是招聘应届生的前提，就是要招哪些职位的储备人才，要招多少名。只有明确了这两样，才能确定去哪些学校招聘、招聘哪些专业的学生。

2. 成立招聘小组

招聘小组最好由人力资源部经理负责，甚至主管人力资源的副总负责。不要以为招聘应届生相对比较容易而忽视，其实际不然，就像前面提到的，如果安排一个刚毕业两三年的招聘专员负责面试，学生们会以为企业不重视招聘工作，甚至他们会认为企业不重视人才，而对该企业打了负分。招聘小组的主要职责是准备招聘前期资料、制定招聘计划和政策、实施招聘、面试等。

3. 联系招聘学校

招聘小组根据公司批准的招聘计划、历年各校的接收毕业生情况、本年度各校生源状况和各校往年毕业生在企业的表现等情况，选定相应的高校，在招聘工作具体实施前，招聘小组将招聘计划发送给各高校的毕业生分配办公室，并与学校保持联系。

4. 准备相关资料

包括制定招聘政策（包括招聘整体实施、招聘纪律、招聘经费等）、明确小组内部分工、准备面试相关的表格、准备企业宣传资料等。

（二）招聘实施阶段

要做的工作有发布招聘信息、收集和筛选应聘资料、测试与面试、录用。

1. 发布招聘信息

通常招聘信息的发布方式包括以下三种，供招聘人员选择：

（1）在公司网站（包括各子公司网站）和校园网站上刊登招聘信息，介绍公司本年度应届毕业生的需求、用人标准、招聘程序、人力资源政策以及应聘方式等。

（2）在校园内部张贴海报，宣传企业。

（3）在校园内举办招聘推介会，加强毕业生对公司的感性认识，并树立良好的公司形象，吸引潜在的应聘者（在校生）。招聘推介会所用资料，事先公司统一制订，并且在推介会演讲的人员必须事先经过培训。

2. 收集和筛选应聘资料

对应聘人员的资料进行初审和筛选是招聘工作的重要一个环节，可以迅速从求职者信息库中排除明显不合格者，提高招聘效率。同时，也可将所有求职资料进行记录归档，为人力资源部的事后分析工作提供素材。应届毕业生自己提供的资料也许有虚假成分，招聘人员需要通过多种渠道证实其真实性，比如到所在院系核查分数、奖励情况等。

3. 测试与面试

测试既要准确有效，又要简便易行，以下几种测试方式，可根据具体情况选择：

（1）专业知识测试。招聘小组需在出发之前准备好各专业的测试试卷。

（2）分析能力测试。事先准备一些案例，要求几分钟以内答完。

（3）无领导小组讨论。这是一种对应聘者集体面试的方法，对于应聘者较多，最适宜采用这种方法，每一次选5～7人为一组，每组20～30分钟的时间。通过让应聘者平等地集体讨论给定的问题，考查每个应试者的综合素质，主要包括：口头表达能力、处理人际关系的技巧、灵活性、适应性、情绪控制、自信心、合作精神、性格特点等。

（4）面试。有些职位的人员可能通过测试能够判断，但是绝大多数职位还是需要借助面试来判断的。面试前要准备好每个职位的面试考查要素、面试题目、评分标准、具体操作步骤等，并且统一培训面试人，提高评估的公平性，从而使面试结果更为客观、可靠，使不同应试者的评估结果具有可比性。由于应届毕业生没有工作经验，因此对他们的面试重点在于考查基本素质，即对潜质进行考查。比如第一位跟面试官打招呼的女学生灵活性很强，而后两位男女学生灵活性较差，他们没有意识到从接触招聘人员的第一时间起已进入了面试阶段。

4. 录用

面试合格的人员可以确定为录用对象，根据应届生招聘的相关规定签订协议。但是，不是签订协议后就万事大吉了，还需要做好后期跟踪，因为优秀应届生很有可能被其他的企业相中，因此需要通过后期跟踪，打消他们另谋其他企业的念头。

（三）应届生接收与跟踪阶段

1. 应届生接收

人力资源部需要在网页上或者通过其他方式，通知毕业生公司的位置、乘车路线；如有可能，需派人去车站出口设接待点。到企业后，要热情接待，安排好他们的食宿，毕竟他们对社会还有陌生感。同时，尽快安排入职培训，让他们了解企业，了解企业的运作，使他们更快地融入社会。

2. 跟踪阶段

人力资源部要定期了解应届生的心态，听听他们的声音，及时给予帮助与引导。不能用对待社会招聘人员的方式对待应届生，他们需要更多的时间熟悉企业与本职工作，需要更多的理解与引导。企业始终要思考的一个问题是："如何让应届生在短期内完成从学校到企业的转变?"因为转变所花的时间越短，企业支付的培养成本越低，应届生也会越快为企业创造价值。

三、毕业生求职就业流程

毕业生就业一般要经过以下几个流程（见图 8-2）：

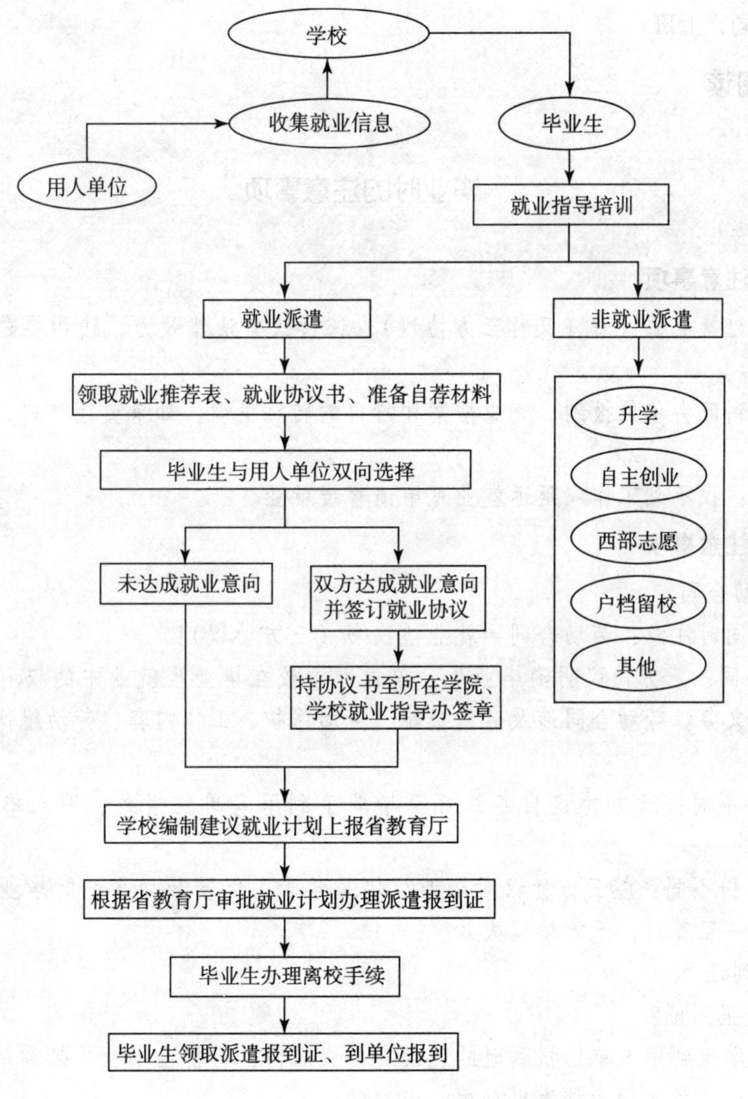

图 8-2 毕业生求职就业流程总图

（一）找工作

应届生在毕业上学期开始找工作。

（二）签协议

找到工作后，与用人单位签署学校发的就业协议书（又称三方协议），这个协议书具有法律效力，违约要赔偿违约金。

（三）毕业前实习

用人单位要求提前到单位实习时，按单位要求和学校安排去单位实习，实习期间要另签实习协议。

（四）报到

签了协议，等学校发报到证后，去单位报到，完成档案和户口转移手续。

（五）上班

签劳动合同，上班。

拓展阅读

毕业时的注意事项

一、总的注意事项

与单位签订就业协议书（又称三方协议），该协议有法律效力，违约要赔偿，在签订劳动合同后失效。

须携带报到证去单位报到，完成档案和户口的转移手续。如果要迁户口，报到时要拿户口迁移证。

暂缓就业：找不到工作或延迟就业可申请暂缓就业。

二、具体注意事项

（一）劳动合同

答劳动合同时注意：劳动合同≠就业协议书（三方协议）！

1. 内容不同：三方协议明确毕业生、单位、学校在毕业生就业中的权利义务，不涉及入职后的权利义务。劳动合同涉及劳动报酬、劳动保护、工作内容、劳动纪律等。权利与义务更明确。

2. 有效期不同：三方协议自签约日至毕业生到用人单位报到、用人单位正式接收后生效。

3. 签订身份不同：签三方协议时毕业生仍是学生，但签劳动合同时毕业生是劳动者身份，劳动合同一旦签订，三方协议失效。

（二）报到证

1. 什么是报到证？

报到证是学生到用人单位报到时的凭证。一式二份：一份由毕业生带到单位报到，用于迁移档案和户口；另一份放档案里存根。

2. 报到证有什么用？

证明持证的毕业生是纳入国家统一招收计划的学生，凭报到证以及其他有关材料才能办户口手续，报到证有效期1个月。

（三）档案

1. 档案里有啥？

高考成绩、在校成绩、家庭状况、在校期间表现和奖惩情况等。

2. 什么是人事档案？

人事档案是由学籍档案转换而来的。在学籍档案中放入该生报到证，然后由学生转交给就业单位的人事部门或委托的人才交流机构。

3. 档案在哪里？

毕业前在学校，签了单位后，如果单位有人事接收权，就会转到该单位人事处，否则就要转到该单位所在地人才交流中心。如果单位不帮忙办理，自己去人才中心挂靠。

4. 怎么转档案？

签了就业协议书：学校根据协议书转移；

暂缓就业：档案会留在学校两年；

考研：继续往所考学校转，否则，会被返回生源地。

5. 注意事项！毕业后档案不能自己保存，否则会成为“死档”！

毕业后第一份工作满一年后切记向单位或人才中心申请转正定级，获得干部身份。

（四）户口

1. 什么是户口？

户口是指居民出生及居住的地方，证明个人的出生地。

2. 怎么迁户口？

户口在学校：毕业时，可迁到单位所在地、生源地、人才中心集体户，拿到报到证回生源地或者单位报到就可以完成其户口转移手续。

户口不在学校：拿报到证回生源地，把户口迁到单位所在地、人才中心，入集体户口，或者不迁。

（五）暂缓就业

1. 怎么申请暂缓就业？

由个人向学校提出暂缓就业申请，经学校统一并报毕业生就业指导中心批准后签订协议书。

2. 户口和档案怎么办？

经批准，户口可暂留学校；档案由各省高校毕业生就业指导中心集中保管，暂缓期为两年。

3. 能取消暂缓就业吗？

如在暂缓期间落实了就业单位，可办理就业报到手续；逾期未落实单位者，户口和档案转回生源地。

（六）出国留学，户口档案怎么办

1. 未就业的学生：联系本地人才市场或者其他机构接收户口、档案，凭签订的出国协议书领取报到证，到派出所办理户口转出手续，到学校办档案转寄手续，户口、档案转入手续由学生自己负责。

2. 已落实就业单位的学生：需要原签约单位出具书面同意公函后才能办理，若已经开具报到证，要交回报到证。

（七）其他要注意的问题

1. 报到时用人单位拒绝接收怎么办?

主动向单位说明情况，并及时联系学校分清责任，按规定办理。

2. 签三方协议后却不想去怎么办?

提供如下资料，学校不做违约处理：签约单位出具同意解除就业协议的书面证明；继续攻读学位或者考取公务员，可凭录取通知书或者复印件办理；本人申请报告，并附学校意见。

任务 8.3　毕业生派遣与户口档案

一、毕业生派遣与报到证

（一）毕业生派遣

毕业生派遣也就是编制派遣方案，办理就业报到证（见图 8－3）。报到证是由原来的派遣证转化而来的，是毕业生到就业单位报到的凭证，也是毕业生参加工作时间的初始记载和凭证。毕业生到就业单位报到时，须持报到证。学校相关部门依据报到证为毕业生办理档案投递、组织关系转移和户籍迁移等手续，就业单位所在地公安部门凭报到证为毕业生办理落户手续，就业单位凭报到证为毕业生办理入职相关工作手续。

图 8－3　报到证

报到证是学校依据毕业生与用人单位签订的就业协议书所编制的就业方案，先由教育部审核批准，再由省级政府就业主管部门签发的报到凭证。

报到证分上下两联（内容相同），上联（蓝色）由学校就业指导中心寄发给毕业生，下联（白色）则放入学生档案内（人事档案属国家机密，不允许个人持有。如果你的用人单位拥有档案管理资格，那么你的档案就放在单位；如果没有，那么你的档案放在人才市场类的档案保存处。若你没签就业协议书，那你的档案就直接寄回原籍）。报到证是毕业生就业的证明，报到证中的姓名须与毕业生身份证中的姓名一致，单位的名称也必须准确。报到证的有效期一般为一个月。

（二）报到证的派遣原则

落实到省直属单位和中央驻各省单位就业的毕业生直接派往接收单位。

落实到市、州所属单位就业的毕业生，派到单位所属市、州人力资源社会保障局。其备注栏内注明接收单位名称。

落实到省外单位就业的毕业生，原则上按接收单位所在省毕业生就业主管部门的要求办理，并准确确定报到证的受理单位。

毕业时未落实就业单位的生源地为本省的毕业生，本人要求回生源地择业的，可派回生源地。生源地为外省的毕业生，毕业时落实了就业单位且要求回生源地择业的，将其派回生源所在省的毕业生就业主管部门。

如果两年择业期满毕业生仍未落实就业单位，省教育厅毕业生就业主管部门也将办理报到证，将毕业生派回其生源所在地自主择业。

（三）报到证可以改派

改派是在学校上报就业方案和主管部门核发报到证后，毕业生正式到用人单位报到前进行单位及地区调整的一种做法。通俗地说，就是指将派到原单位的报到证、户口迁移证（见图8-4）和档案等人事关系重新派到新的用人单位或其上级人事主管部门。一般来说，无特殊原因，毕业生不得随意办理改派。但毕业生如果已改变就业意向、更换单位，就需及时办理改派手续，否则会影响其人事关系的落实和解决。

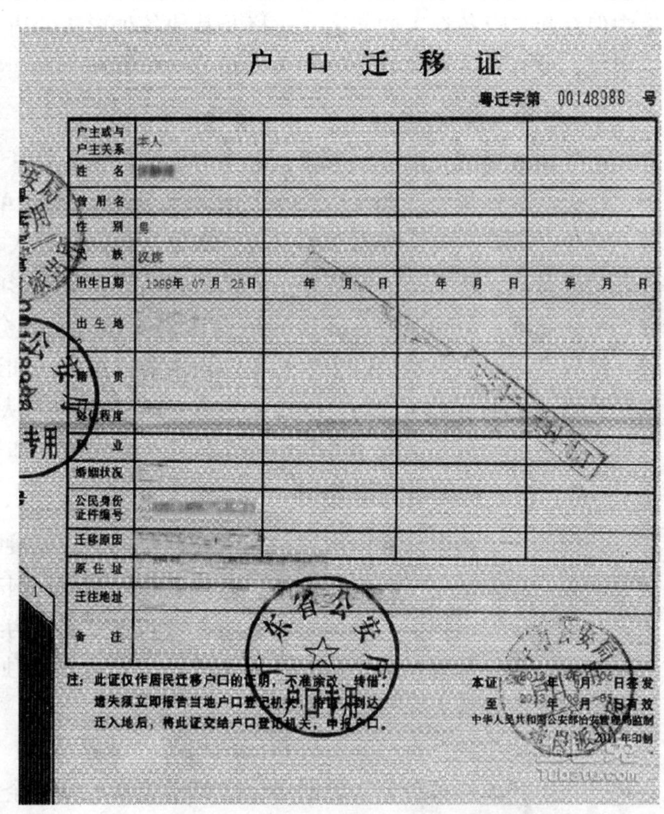

户　口　迁　移　证

粤迁字第　00148988　号

户主或与户主关系	本人			
姓　名				
曾用名				
性　别	男			
民　族	汉族			
出生日期	1988年 07 月 25日	年　月　日	年　月　日	年　月　日
出生地				
籍　贯				
文化程度				
职　业				
婚姻状况				
公民身份证件编号				
迁移原因				
原住址				
迁往地址				
备　注				

注：此证仅作居民迁移户口的证明，不准涂改、转借，遗失须立即报告当地户口登记机关，持证人到达迁入地后，将此证交给户口登记机关，申报户口。

本证　年　月　日签发

至　年　月　日有效

中华人民共和国公安部治安管理局监制

2011年印制

图8-4　毕业生户口迁移证样式

办理改派手续需要提供的材料及程序：

（1）原单位的解约函（或解除劳动关系证明）。

（2）新单位接收函。与新用人单位所签就业协议（或劳动合同），若无就业协议，可先由新用人单位出具同意接收证明。

（3）学校就业部门出具的改派意见。

（4）原报到证上联。（下联在档案中，如毕业生档案在原单位，需将档案提回或由原单位寄回学校。）

（5）毕业证原件或复印件。

（6）本人到省就业局（或就业中心）办理改派。

（7）重新转档和办理户口迁移。

二、毕业生档案

（一）档案的种类

档案原则上分为三种：学籍档案、人事档案和工人档案。学籍档案记录一个人的读书生涯，记载着他何年何月在哪里读书，受过何等处分何等表扬，一些测评表格、成绩单等，归教育局管理。人事档案则是在学籍档案中加入了派遣证、履历表、转正定级材料、婚姻变更材料、出国材料、劳动合同等，归人事局管理。人事档案是记录一个人的主要经历、政治面貌、品德作风、德才能绩、学习和工作表现等个人情况的文件材料，起着凭证、依据和参考的作用，在个人转正定级、职称申报以及开具考研等相关证明时，需要使用，是以学生个人为单位集中保存起来以备查考的文字、表格及其他各种形式的历史记录。工人档案则是指没有经过转正定级，没有获得干部身份的工人，归劳动局管理。

（二）档案的作用

对于毕业生个人来说，考研、考公务员、出国、升学、结婚、生育等，都要用到档案，否则，将无法办理相关证明。当公务员或进入事业、企业单位工作时，在职业生涯中定级、调资、任免、晋升、奖惩等方面的呈报、审批材料都要记入本人档案，作为评价依据。如果有考公务员的意向，档案必须保管好。如果未归档，今后会影响到入党、升学等，影响自己评定职称、考研政审、劳动保险及日后的离退休手续办理，也会影响到出国留学。另外，工龄、待遇、社保受保时间等也是以个人档案的记录为依据的。如退休时需要依据档案认定个人出生时间，从而确定退休时间，需要确定个人参加工作时间，从而确定开始缴费或视同缴费的时间，以计算养老金金额等。除了养老金外，其他社会保险，如领取失业金等，也与个人档案相关。

（三）档案的接收与管理

我国的人事档案只能由国家机关或其事业单位才能接收管理，这叫人事接收权。以前国家所有的企业均为国有，但现在私企、民营、外资等不是国有企业，就不能接收和管理档案，按国家政策规定，组织、人事部门所属的各级人才交流机构具有资格保存大中专毕业生就业后的人事档案，各种私营民营企业、乡镇企业、中外合资、独资企业都无权管理员工的人事档案，一般由委托的各级人才交流机构托管。

高校毕业生到具有档案管理权限的机关、事业单位、国有企业就业的，由单位直接接收、管理档案。到无档案管理权限的单位（私营企业、外资企业等）就业的，可由各地公共就业和人才服务机构负责提供档案管理等人事代理服务。

三、毕业生户口迁移

（一）户口迁移证

户口迁移证是公民的户口所在地变动时，由原户口所在地迁往新落户地址的凭证。由户口迁出地的公安机关（高校由校公安派出所）开具。持证人到达迁入地后，须在有效期内将户口迁移证交给户口登记机关申报入户。户口迁移证是公民在户口迁移过程中的重要凭证，因此公民在户口迁出后要妥善保管好户口迁移证，不得遗失、涂改以及转借，若因不慎将户口迁移证遗失，应立即报告当地户口登记机关。提出申请，否则，用人单位有权拒绝接收。

（二）毕业后的户口迁移

（1）户口在学校的毕业生，落实工作单位的，应将户口由学校迁移到工作单位所在地。工作单位所在地公安机关凭省毕业生就业主管部门签发的报到证和用人单位主管部门的接收证明及学校所在地公安机关签发的户口迁移证办理落户手续。

（2）户口不在学校的毕业生，落实工作单位的，凭省毕业生就业主管部门签发的报到证和用人单位的接收证明（就业协议书或劳动合同），就可将户口由原籍直接迁至工作单位所在地。户口迁出地公安机关凭报到证和用人单位的接收证明，直接办理户口迁移证，工作单位所在地公安机关不需发准予迁入证明。

（3）户口在学校的毕业生，要求将户口迁回原籍的，公安机关凭毕业生本人的毕业证和户口迁移证办理恢复户口手续。

（4）普通高等学校毕业生，毕业离开学校时，还未落实工作单位的，可暂缓 2 年就业。暂缓就业毕业生的户口可继续保留在学校 2 年。毕业生在暂缓就业期间落实工作单位的，公安机关凭省高等学校毕业生就业主管部门签发的报到证和用人单位的接收证明，办理户口迁移手续；暂缓就业毕业生，在暂缓期满后仍未落实工作单位的，可按照有关规定将户口迁回原户口迁出地。

（5）户口在学校的原农业户口性质毕业生，要求将户口迁回原籍，并要求恢复农业户口性质的，可予办理。为妥善处理好“非转农”后出现的问题，事先应征求申请“农业户口”所在地的乡镇或村委会意见。

（6）入学时未将户口办理“农转非”手续的毕业生，落实工作单位后，在办理户口迁出时，户口迁出地公安机关在为其办理“农转非”手续后，以“非农业”户口性质迁出。

（7）户口在学校的本省生源毕业生，未落实工作单位，要求将户口迁回原籍，其父母户口已迁移到本省其他地区的，可直接将户口迁至其父母户口所在地；如果父母一方还在原籍居住的，该毕业生的户口仍应迁回原籍。

（8）已领取户口迁移证将户口迁回原籍的毕业生，因故一直未办理落户手续，迁入地公安机关问明情况后，凭原户口迁移证恢复户口；已领取户口迁移证将户口迁往异地，因故一直未办理落户手续的，按有关管理规定办理。

任务 8.4　毕业时涉及的其他常识

一、暂缓就业

毕业生由于某种原因暂不考虑办理派遣手续时，可以由个人向学校提出暂缓就业申请，经学校同意并报省毕业生就业指导中心批准后签订暂缓就业协议书。经批准，毕业生的户口暂留学校，档案可由学校或省高校毕业生就业指导中心集中保管，暂缓期为两年。暂缓就业期间，如能落实就业单位者，可按照有关就业程序办理就业报到手续，逾期未落实就业单位者，其户口和档案转回生源地自谋职业。

关于暂缓就业的优势与不足：

优势：延长了找工作的时间，毕业生可以有更长的时间来选择；准备继续深造、考公务员的同学，档案、户口可以暂时不迁回生源地；为部分被用人单位要求先实习后签约的毕业生，提供了缓冲时间。

不足：毕业生在暂缓就业期间既不是在校学生，也不是社会人员，造成有些证件或证明在办理上存在困难；暂缓就业的毕业生因错过应届毕业生就业的最佳时期，将会面临更大的就业压力，还须与更多的毕业生竞争。暂缓就业期间不能计算工龄，影响如期参加职称评定。

二、干部身份

（一）干部身份的含义

在目前的中国社会体系中，正常从业人员分四种身份：农民、工人、干部、个体。农民归农业部管理，工人归劳动局管理，而干部归人事局管理。大学生属于国家培养的专业人才，属于国家干部身份。通过向劳动部门申请办理招工（就业）手续后具备工人身份，通过人事组织部门办理吸收、录用干部手续后具备干部身份，国家统一招收并分配的大中专毕业生一年见习期考核合格办理转正定级手续后也具备干部身份。我国不同部门具备不同的行政职能，其中干部管理等方面由人事组织部门负责，工人管理及社会劳动保障等方面由劳动部门负责。目前身份仍是影响我国人才流动的一个重要因素，不具备明确身份的人员还不能随意流动。

干部身份是原来计划经济体制下人事管理制度，一直沿用到今天。现在大部分的单位都在弱化这一概念。但在一些情况下还有用，比如报考公务员，参加一些国有企业、事业单位的招聘，如果没有干部身份，就会有一系列的麻烦，甚至可能无法到该单位工作。还有一些职称的认定评定、工龄的审核等也和此有关。

（二）干部身份的作用

（1）干部身份是国家机关录用公务员、个人进入事业单位的基本条件。公务员政审材料有一条明确规定要有干部身份（应届毕业生考公务员的除外）。

（2）干部身份是单位之间、城市之间人才流动的必备条件之一。比如北京现在的落户政策基本就是人才引进，必要条件之一就是要有干部身份。只有有干部身份，才能说是干部调动。

（3）拥有干部身份才能够评职称。在我国，无论各行各业都会有职称评定，而且相信任何单位都希望有那些有职称的人来工作，就算你工作的单位没有职称评定一说，你如果是高级工程师，你拿的钱也绝对比别人多，因为这是国家规定。

（4）干部身份是提干的基本材料。如果你要被提升干部，就必须拥有干部身份。

（5）干部身份是计算干部工龄的起始点，工龄从拥有干部身份开始计算（工龄关系到职称评定、社会保险等）。

（6）拥有干部身份的人退休养老保险比工人身份退休的人比例多（干部100%，工人60%～80%）。

三、转正定级与工龄

（一）转正定级

1. 干部的转正定级

干部转正定级的时间为1年。即从参加工作的当月起至下一年的次月，为见习期满。完成了转正定级，大学生才算是干部身份。

2. 工人的转正定级

工人转正定级的时间为2年。即从参加工作的当月起至两年后的次月为见习期满，可以转为正式人员。

（二）工龄

工龄是指职工以工资收入为生活资料的全部或主要来源的工作时间。工龄的长短标志着职工参加工作时间的长短，也反映了职工对社会和企业的贡献大小和知识、经验、技术熟练程度的高低。

工龄是我国职工退休的一个条件，也是行政事业单位、国有企业工资计算的内容之一。工龄可分为一般工龄和本企业工龄。一般工龄是指职工从事生产、工作的总的工作时间。在计算一般工龄时，应包括本企业工龄。本企业工龄（连续工龄）是指工人、职员在本企业内连续工作的时间。一般工龄包括连续工龄，能计算为连续工龄的，同时就能计算为一般工龄；但一般工龄不一定就是连续工龄。连续工龄和本企业工龄在含义上有一些差别，即连续工龄不仅包括在本企业连续工作的时间，而且包括在前后两个工作单位可以合并计算的工作时间。机关、事业单位为有别于企业，用“工作年限”，实际上连续工龄和工作年限的含义和作用是相同的。

（三）工龄计算的方法

1. 连续计算法

也叫工龄连续计算，例如，某职工从甲单位调到乙单位工作，其在甲、乙两个单位的工作时间应不间断地计算为连续工龄。如果职工被错误处理，后经复查、平反，其受错误处理的时间可与错误处理前连续计算工龄的时间和平反后的工作时间，连续计算为连续工龄。

2. 合并计算法

也叫合并计算连续工龄，是指在职工的工作经历中，一般非本人主观原因间断了一段时间，把这段间断的时间扣除，间断前后两段工作时间合并计算。如精简退职的工人和职员，退职前和重新参加工作后的连续工作时间可合并计算。

3. 工龄折算法

从事特殊工种和特殊工作环境工作的工人，连续工龄可进行折算。如井下矿工或固定在华氏 32 度以下的低温工作场所或在华氏 100 度以上的高温工作场所工作的职工，计算其连续工龄时，每在此种场所工作一年，可作一年零三个月计算。在提炼或制造铅、汞、砒、磷、酸的工业中以及化学、兵工等工业中，直接从事有害身体健康工作的职工，在计算其连续工龄时，每从事此种工作一年，作一年零六个月计算。

在计算一般工龄时，应包括本企业工龄在内，但计算连续工龄时不应包括一般工龄（一般来说，因个人原因间断工作的，其间断前的工作时间只能计算为一般工龄）。现在确定职工保险福利待遇和是否具备退休条件时，一般只用连续工龄。所以一般工龄现在已经失去意义。实行基本养老保险个人缴费制度以后，以实际缴费年限作为退休和计发养老保险待遇的依据，之前的连续工龄视同缴费年限。工作年限或连续工龄计算应按国发〔1978〕104 号文件的规定计算，即“满”一个周年才能算一年。

四、人事代理

（一）人事代理

人事代理是指由政府人事部门所属的公共就业和人才服务机构，按照国家有关人事政策法规要求，接受单位或个人委托，在其服务项目范围内，为多种所有制经济尤其是非公有制经济单位及各类人才提供人事档案管理、职称评定、社会养老保险金收缴、出国政审等全方位服务，是实现人员使用与人事关系管理分离的一项人事改革新举措。

（二）服务项目

公共就业和人才服务机构可在规定业务范围内接受用人单位和个人委托，从事下列人事代理服务：

（1）流动人员人事档案管理；

（2）因私出国政审；

（3）在规定的范围内申报或组织评审专业技术职务任职资格；

（4）转正定级和工龄核定；

（5）大中专毕业生接收手续；

（6）其他人事代理事项。

按照《人才市场管理规定》的有关规定，人事代理方式可由单位集体委托代理，也可由个人委托代理；可多项委托代理，也可单项委托代理；可由单位全员委托代理，也由可部分人员委托代理。

单位办理委托人事代理，需向代理机构提交有效证件以及委托书，确定委托代理项目。经代理机构审定后，由代理机构与委托单位签订人事代理合同书，明确双方的权利和义务，确立人事代理关系。

（三）人事代理的作用与意义

1. 人事代理有利于促进企业人事管理事务的社会化

一些不属于企业人事管理的社会事务，如档案管理、户籍管理、计划生育管理、离退休管理等，随着市场经济发展和各个方面的体制改革，这些事务必须社会化，以减少企业负担。

2. 人事代理有利于促进人事管理事务的专业化

企业的所有的活动都要求以最低的成本取得最高的收益，人事代理通过专业化的、优质的人事事务服务，满足了在竞争中降低成本、提高效益的要求，有些人事事务如果由企业自己承担，远不及由专门的人事代理机构承担成本低、效果好。

3. 人事代理有利于企业人事管理的规范化

发展人事代理，将有利于企业形成科学的、较为规范的现代企业人事管理制度。

五、社会保险

（一）社保项目

社会保险是指国家通过立法，按照权利与义务相对应原则，多渠道筹集资金，对参保者在遭遇年老、疾病、工伤、失业、生育等风险情况下提供物质帮助（包括现金补贴和服务），使其享有基本生活保障、免除或减少经济损失的制度安排。

《社会保险法》第二条规定，我国建立基本养老保险、基本医疗保险、工伤保险、失业保险、生育保险等社会保险制度，保障公民在年老、疾病、工伤、失业、生育等情况下依法从国家和社会获得物质帮助的权利。其中，基本养老保险制度包括职工基本养老保险制度、新型农村社会保险制度和城镇居民社会养老保险制度；基本医疗保险制度包括职工基本医疗保险制度、新型农村合作医疗制度和城镇居民医疗保险制度。

（二）社保费率

1. 用人单位及其职工缴纳社会保险费的费率

根据《国务院关于完善企业职工基本养老保险制度的决定》（国发〔2005〕38 号）、《国务院关于建立城镇职工基本医疗保险制度的决定》（国发〔1998〕44 号）、《失业保险条例》（国务院令第 258 号）的规定，用人单位缴纳基本养老保险、基本医疗保险和失业保险的费率，原则上为本单位工资总额的 20%、6% 左右和 2%；用人单位缴纳工伤保险费按照《工伤保险条例》（国务院令第 586 号）规定实行行业差别费率和浮动费率，有关费率确定按照国家相应规定执行；用人单位缴纳生育保险费的费率按照《企业职工生育保险试行办法》（劳部发〔1994〕504 号）的规定执行，由统筹地区政府根据实际情况自行确定，但不得超过用人单位工资总额的1%。职工本人缴纳基本养老保险、基本医疗保险和失业保险的费率，分别为本人工资的8%、2%和1%。

2. 参保个人缴纳社会保险费的费率

根据《国务院关于完善企业职工基本养老保险制度的决定》（国发〔2005〕38 号）的规定，无雇工的个体工商户和灵活就业人员参加职工基本养老保险的缴费费率为20%，其中8%计入个人账户；无雇工的个体工商户和灵活就业人员参加职工基本医疗保险的缴费费率，按国家有关规定执行，统筹地区可以参照当地基本医疗保险建立统筹基金的缴费水平确定。

3. 城镇居民参加居民医疗保险和农村居民参加新型农村社会养老保险及新型农村合作医疗，主要采取定额方式缴纳社会保险费

（三）住房公积金

1. 住房公积金定义

住房公积金，是指国家机关、国有企业、城镇集体企业、外商投资企业、城镇私营企业及其他城镇企业、事业单位、民办非企业单位、社会团体及其在职职工缴存的长期住房储金。住房公积金的定义包含以下五个方面的含义：

（1）住房公积金只在城镇建立，农村不建立住房公积金制度。

（2）只有在职职工才建立住房公积金制度。无工作的城镇居民、离退休职工不实行住房公积金制度。

（3）住房公积金由两部分组成：一部分由职工所在单位缴存，另一部分由职工个人缴存。职工个人缴存部分由单位代扣后，连同单位缴存部分一并缴存到住房公积金个人账户内。

（4）住房公积金缴存的长期性。住房公积金制度一经建立，职工在职期间必须不间断地按规定缴存，除职工离退休或发生《住房公积金管理条例》规定的其他情形外，不得中止和中断。体现了住房公积金的稳定性、统一性、规范性和强制性。

（5）住房公积金是职工按规定存储起来的专项用于住房消费支出的个人住房储金，具有两个特征：积累性和专用性。

2. 缴存比例

2011 年，住房和城乡建设部联合各个部门，研究修订公积金条例，放开个人提取公积金用于支付住房租金的规定。2013 年部分城市出台办法，允许患有重大疾病的职工或其直系亲属提取公积金救济。2014 年，三部门发文，取消住房公积金个人住房贷款保险、公证、新房评估和强制性机构担保等收费项目，减轻贷款职工负担。2015 年，《住房公积金管理条例（修订送审稿）》规定，职工和单位住房公积金的缴存比例均不得低于5%，不得高于12%。2016 年2 月21 日起，职工住房公积金账户存款利率调整为统一按一年期定期存款基准利率执行，上调后的利率为1.50%。

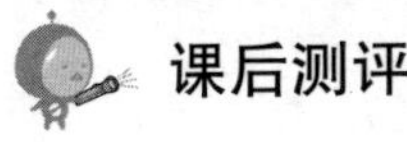

课后测评

岗位工作特色与职业兴趣匹配表

说明：请在下列31 项指标中，选出5 项你最喜欢的，同时选出5 项你最不喜欢的，填

在表 8-1 中。

表 8-1 评分表

最喜欢的五项（吻合度 +）	最不喜欢的五项（吻合度 -）

1. 独立能力——独立工作，不需他人监督。
2. 沟通能力——能与同事、客户、供应商等进行有效沟通。
3. 需要他人支持和鼓励——需要受到他人的欣赏、鼓励和支持。
4. 领导他人——能有效地组织并影响他人。
5. 重视工作——将工作放在个人的利益之前。
6. 升职机会——担任更大职责或更高的职位。
7. 应付重复性的工作——工作方法固定及程序经常重复，变化不大。
8. 进行多元化的工作——同时进行多项工作。
9. 人际性——在与陌生人打交道时能很快让对方感到愉悦。
10. 包容性——体谅并且能够容忍对方的差异点。
11. 忍耐性——长期面对不愿接受的事物时仍然保持常态。
12. 写作能力——习惯于将自己的思想通过文字表达出来。
13. 分析能力——对数据敏感并能找出其中的规律。
14. 成就感——面对工作上的不断挑战。
15. 获得别人的注意和器重——获得处理组织内重要工作项目的机会。
16. 指导他人——帮助他人学习，提升业绩的工作技能。
17. 奖金制度——接受不稳定收入的观念，收入（如奖金）取决于工作业绩。
18. 应付复杂的工作——工作程序多，人际接触广泛。
19. 不断学习——工作上要求不断地学习，增加知识，改进技能。
20. 创造性——运用个人的创意，以完成工作或解决问题。
21. 处事细心——需要细心处事，关注细节，以完成工作。
22. 能接纳不同观点——能与不同背景及思想的同事合作。
23. 工作节奏快——能迅速完成工作。
24. 成就获得赞赏——因工作成就而获嘉奖。
25. 担当性——害怕工作完成不好遭受他人责备。
26. 积极参与——积极投入和参与管理决策，以求达到自主管理的境界。
27. 完美——不接受平均级的水平和现状，想达到更高的标准。
28. 统筹——迅速整合周围的有用资源。
29. 冒险——对于不确定性的机会也愿意去全力投入。
30. 思维——对工作中的事情充分思考、谨慎行动。

31. 设身处地——站在对方的立场感觉他人的思绪。

思考与训练

1. 央企和国企有什么差别?
2. 企业进行校园招聘时有哪些流程?
3. 报到证的作用有哪些?
4. 什么是人事代理?

项目九　职场适应与职业发展

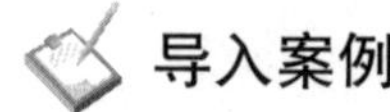

学习目标

1. 了解初入职场应注意解决的心态问题，学会如何实现角色转换；
2. 了解提升职场竞争力的内容和应注意的问题；
3. 学会培养良好的职业道德；
4. 了解如何建立自己良好的人际关系。

名人导言

一个有事业追求的人，可以把“梦”做得高些。虽然开始时是梦想，但只要不停地做，不轻易放弃，梦想能成真。

——虞有澄

导入案例

寻找自己的天空

在20世纪80年代，有一个女孩，没考上大学，被安排在当地的一所学校教初中。结果，上课还不到一周，由于解不出一道数学题，被学生轰下讲台，灰头土脸地回了家。母亲为她擦了擦眼泪，安慰说，满肚子的东西，有的人倒不出来，有的人倒得出来，没必要为这个伤心，找找别的事，也许有更合适的事情等着你去做呢。

后来，女孩随本村伙伴一起打工。糟糕的是，没几天她又被老板赶了出来，原因是裁剪衣服的时候太慢了，而且质量也不过关。母亲对女儿说，手脚总是有快有慢的，别人已经干了许多年了，而你初来乍到，怎么快得了。说完，便为女儿打点行装，准备让她到另一个地方试试。女儿先后到过几家工厂、公司，但无一例外，都半途而止了。然而，每当女儿失败后满脸沮丧地回到家的时候，母亲总是安慰她，从来没有说过抱怨的话。

一个偶然的机会，女孩受聘于一所聋哑学校当辅导员，这一次她如鱼得水。几年下来，凭着学哑语的天赋和一颗爱心，与学生建立了良好的互动关系，深受学生们的爱戴。后来，她自己申请开办了一家残障学校；再后来，她在许多城市又开办了残障人用品连锁店。如今她已经是一位爱心和资产一个都不少的女老板。

有一天，功成名就的女儿凑到已经年迈的母亲面前，想得到一个一直以来很想知道的答案。那就是，那些年她连连失败，自己都觉得前途渺茫的时候，是什么原因让母亲对她那么有信心呢？母亲的回答朴素而简单，她说：一块地，不适合种麦子，可以试试种豆子，豆子也长不好的话，可以种瓜果，瓜果也不济的时候，撒上些花草种子一定能开花。因为一块地，总有一粒种子适合它，也终会有属于它的一片收成……

每一片土地都有适合种植的种子，同样的，每一粒种子都有适合它生长的土地。每个人成才之前，都是一粒种子，总会有适合它的土壤。可是你不能奢望这粒种子在任何地方都能长成一棵参天大树，就像贫瘠的沙漠养不了娇弱的睡莲。作为刚刚踏入社会的菜鸟，你不能期望在任何职位上都可以取得成功，毕竟千里马拉磨不一定比得过驴子，所以，为了成功，你必须努力去寻找适合自己的那一片天。

任务 9.1　初入职场的角色转换

一、初入职场的心态修炼

（一）从要到给的心路历程

在大学毕业之后的第一份工作中，我们的首要任务就是完成社会角色的转变——由学生向职业人的转变。之前我们在很大程度上甚至全部是由家里养活的，踏入社会之后我们开始自力更生，自己养活自己；之前我们是单一任务系统，即好好学习，步入社会之后我们变成了多任务系统，即要面对工作、生活中的各种问题和困惑；之前我们是大学生，在象牙塔里享受安静的生活，走入社会之后我们是职业人，要应对比学校环境复杂得多的社会人文环境，同时要实现从“要”到“给”的转变。

在中国，大多数年轻人从三岁上幼儿园，到 6 ~7 岁上小学，直到 21 ~22 岁大学毕业，参加工作，将近 20 年的学生身份使许多人形成了“要”的心态，向父母要，向老师要，向学校要，向社会要。一切都是“要”，想“要”一切。当把这种“要”的心态带到求职之中，就会要工作、要职位、要环境、要轻松的事、要各种福利待遇，要不到，宁可就先不工作，继续由父母供养。有的人因为要不到而逃避，去专升本、考研、读博，继续保持“要”的心态，加强“要”的资本。

学习生涯一路走来，到大学毕业时已是全家人的骄傲，却突然发现自己仅仅是社会中的普通一员，大学毕业证书并不等于职业能力证书，20 几年来所学到的知识并不能直接变成创造财富的能力。实际上，大学毕业证书只等于社会大学的入门证，进入社会以后，必须通过自己的辛勤劳动为社会创造财富和价值，必须迅速培养自己“给”社会、“给他人”的心态。做了 20 多年社会财富和家庭财富的消费者、享用者，毕业后马上要成为社会财富的创造者和供给者，在这个转变过程中，有许多人不能迅速地完成角色的转变。

（二）平稳度过前两年的职业焦躁期

一些用人单位反映，很多毕业一两年的新人在心理上并没有真正毕业，他们仍把大学当娘家，怀念大学时代的美好生活，对自己的职业前景焦躁不安，而且多数时候并不能够很快调整适应。不少年轻人反映，毕业一年后老同学重聚，大家都有一种“迷惘”的感觉：很难适应每天朝九晚五的生活，工作不如意，抱负无从实现，人际关系更加不能像以前那样随心所欲。用人单位对尚未“心理毕业”的年轻员工同样抱怨多多：没有规矩，不遵守纪律，缺乏职业常识，经常犯低级错误，不会做事，抱怨多多……不少单位表示：同等条件下，他们更愿意把重要项目交给至少有3年以上工作经验的员工；刚毕业的员工往往定位高，要求多，实际表现却不尽如人意。

悠闲的校园生活被紧张的职场打拼所替代，种种变化会给人的心理带来一定压力，加之现在大学生的骄娇之气，职场新人难免会产生“心理焦躁期”。大学毕业生要想尽快成长起来，首先就要摆正心态，戒骄戒躁，在日常工作中，多看多听多记多思，通过实实在在的努力，才能尽快融入职场。

1. 明白自己的立场与处境

刚毕业的年轻人，心高气傲，总觉得自己是一匹千里马，期待着良好的待遇、领导的赏识和同事的赞赏。然而来到新岗位，上司分配更多的是倒水、扫地、打印等繁杂且毫无新意的琐事。这个时候，一定要弄明白自己的立场和处境：作为一位新人，不抱怨、不偷懒，做好自己的每项工作，甚至多做一些别人不愿做的事情，才更容易得到认可和信任。尚处于工作磨合期就要求公司把重要的事情交给自己处理，明显是不现实的。

第一份工作属于职业生涯的起步阶段，是人的一生中非常重要的学习和积累过程，这个时候，新人要能够根据现实的环境调整自己的期望值和目标，丢掉幻想、面对现实、脚踏实地、从小事做起、从基层做起，在工作中要学会独立思考，尽职尽责，让你的老板发现你的潜质和培养价值。

2. 寻求内心的平衡

经常会听到新人关于工资太低，环境太差，别人素质不行，领导开拓意识不强，工作没有发展潜力等等的牢骚。这种压力和焦虑对许多人来说已是家常便饭，每个人都想拥有平衡的生活，然而在生活中各种各样的问题困扰着我们。要平衡自己的生活，可以尝试在心里放一个跷跷板，保持内心的平衡，一个懂得把握平衡的人，不论在什么境况下都能够从容调节自己的生活节奏和工作状态，保持一种从容和淡定。

台湾的黄美廉女士，是一位先天性的脑性麻痹患者，全身布满不正常的高张力，且无法言语。但是，黄美廉女士却靠着坚韧不拔的毅力和对人生无比的乐观，在人生的道路上取得了一个又一个的成功，她不仅在美国南加州大学拿到了艺术博士的学位，还到处办自己的画展，现身说法，告诉人们对生命的热爱。

一次演讲中，一位学生问黄美廉女士说：“黄女士，你从小就长成这个样子，你会认为老天不公吗？在人生的旅途上，你有没有怨恨？”对一位身有残疾的女士来说，这个问题是那样的尖锐而苛刻，大家唯恐黄美廉因此感到难堪，因为，这个问题会刺伤她的心。但是，黄美廉没有这样做，而是微微一笑，转过身来，用粉笔在黑板上写道：我怎么看自己？尔后，黄美廉给出了这样的答案：①我很可爱！②我的腿很美！③我的爸爸妈妈很爱我！④上帝会公平地对待每一个人！⑤我会画画，我会写稿子！⑥还有很多的生活方式让我热爱……

黄美廉一下子写出了几十条让她热爱生活的理由，并且，热爱得那样的理直气壮。看着黑板上写下的理由，整个“写讲会”上鸦雀无声，大家都感动得热泪盈眶，再也没有人多说话了！

黄美廉转过身来看了大家一眼，再次转过身去，在黑板上重重写下了她的那句名言：我只看我所有的，不看我所没有的……

台下传来了如雷般的掌声……

同样是往窗外看，有的人看到的是满地泥泞，有的人看到的是万点星光。林语堂先生曾经讲过：“面向阳光，阴影总在你身后。”从环境和谐的学校一下子进入竞争激烈的社会，难免会遇到让人心烦、让人不愉快的事情，甚至是倒霉透顶的事情。既然事情已经发生，无法挽回，为什么不放开心胸坦然接受，学一学黄美廉女士：“我只看我所有的，不看我所没有的”呢？毕竟，只要心中拥有太阳，即使暂时处于困境，也能有滋有味地生活。

二、做好从学生向职业人转变的准备

毕业生们经过一番辛苦求职最终得到一份工作后，怀着美好的憧憬，希望把自己多年来学到的本领充分施展出来，却发现自己的理想和现实有着很大的差距，往往会产生一种失落感。如何克服这种心理落差，尽快完成从校园人到社会人的角色转变，适应新的环境并有所作为是这一阶段大学生面对的最重要的问题，同时也意味着学生角色向职业角色转化的真正开始。

（一）认清自己，给自己一个准确客观的定位

认识你自己（Know yourself），是刻在德尔斐的阿波罗神庙上的三句箴言之一，也是其中最有名的一句。认识你自己，就是要认清自己的能力，知道自己适合做什么，不适合做什么，长处是什么，短处是什么，从而做到自知，在社会中找到自己恰当的位置。

1. 明确目标：我想要什么样的人生

荷马史诗《奥德赛》中有一句至理名言：“没有比漫无目的地徘徊更令人无法忍受的了。”每个人，不论出身高贵还是贫贱，不论生活在城市还是乡村，都会有自己的理想。你如果不自甘平庸，不想碌碌无为地过日子，就必须明确：我想要什么样的人生。

或许你会觉得自己刚刚毕业，没钱、没经验、没阅历、没社会关系，哪里会知道未来的人生路如何呢？事实上，没有钱、没有经验、没有阅历、没有社会关系，这些都不可怕。因为这所有的一切都可以通过自己的奋斗、积累而逐步得到。可怕的是没有梦想、没有目标，白白耽误了自己大好的青春年华和聪明才智。

目标会使你胸怀远大的抱负，指引你在成功的路上不断奋勇前进；在你失败时，目标会赋予你再去尝试的勇气；在目标的推动下，会使你避免倒退，向着美好的未来挺进。一个一心向着自己目标前进的人，整个世界都会给他让路。

2. 准确定位：什么样的职业最适合我

美国著名的职业指导专家约翰·霍兰德说：“一个人在与其人格类型相一致的环境中工作，容易感受乐趣和内在满足，最可能充分发挥自己的才能。”一个人在选择职位时，真正需要关心的不是这个职位多么有价值，可以为自己带来多大的社会财富、名望和地位。而应该问问：自己的职业定位是什么，哪一个职位或行业可以充分发挥自己的才能、最大限度地体现自己的价值。只有这样的位置才能激发你的潜能、促进你的发展。如果不适合自己，即使很有价值的职位，也不是最佳选择。

职业定位是自我定位和社会定位两者的统一。自我定位就是确定我是谁，我是什么性格类型的人？我天生擅长什么？不擅长什么？社会定位就是我在社会的角色定位。我在社会大分工中应该处于什么位置？扮演什么角色？也就是我应该从事什么职业？

职业定位就是在社会分工的大舞台上确定我能扮演的角色：符合本我，不用经常戴着面具去迎合工作的需要，甚至可以张扬自己的个性，并最多地用到我习惯的思维方式、行为模式。简单地说就是——做本色演员。做本色演员得心应手，容易成功；做非本色演员很辛苦，不容易成功。做本色演员是职业定位的最高原则。

（二）物竞天择，适者生存——提高职场适应力

物竞天择，适者生存，虽只是简单的两句话，却道尽了生物界演化的基本规律，职场亦然。我们中的很多人每天都在感慨着世事的不公，然而却并不能够超凡脱俗，因为这就是我们

所生存的世界。我们所能做的只是尽可能地让自己融合于职场之中，做一个聪明的“适者”。我们都希望自己可以成为一个幸福快乐的人，而幸福与快乐的程度本身就在于你对身边事物的认同与适应，如果你能让自己融合于所处的环境中，并与之相适应，那你的幸福与快乐就会变得更多。何为“适者”，就是说当世界是一泓清水时，你别奢望自己可以是一滴清油，但是可以选择做一滴酱油，溶于水，却也有自己的特性。因为融合不是迎合，融合是让自己能适应于每一个环境而不丢失自己，在融合的同时保持自我。

1. 以开放的态度迎接现实

初入社会的职场新人们，并不缺少热情，工作加班加点、不计回报地付出、积极提出改进建议都是他们常做的。正因为自己付出了很多，有些人认为自己对工作很有发言权，从而缺少了开放的心态。

请记住社会与学校有很大区别，尤其是不能不高兴就走人！在学校里，看不顺眼的人我们可以不理；不喜欢做的事情我们可以找理由不做；不高兴的时候可以翘课在宿舍休息。很遗憾在社会里这些事情我们都因种种原因不能完全做到了，不顺眼但有工作关系的人我们要每天打交道；领导安排的不喜欢做的事情不但要做还要做好；不高兴的时候也要尽量去上班。不错，我们可以换份工作，说不定能躲过这些不开心的事，但这些事情在现实中确实会反复发生，换了工作，同样的情况也会再次发生。

没有开放的心态，我们就只能每天不开心了。对不开心的事，除了有开放的心态之外，我们还应该用职业化的态度来对待，不喜欢的同事请保持同事关系，我们永远不是朋友；不喜欢的公司要问一句能不能让自己在工作中有所长进，如果回答是肯定的，那么别犹豫，努力做好；不高兴的时候可以请个短假，去找朋友聊聊天，看看书，调整自己的情绪。

2. 希冀改变不公平的世界，不如先试着改变自己

经常听到刚参加工作的毕业生因为一些小事不能够如愿以偿，或者遭受了一些挫折，就到处吐苦水，抱怨世界的不公平。事实上，这个世界本来就不是公平的，看一看大自然我们就会明白。老虎吃狼，对狼来说是不公平的；狼吃狐狸，狐狸会认为公平吗；狐狸吃鸡，鸡又到哪里去寻求正义呢；鸡又吃虫子……我们只能说，我们追求公平正义，但公平却并非是绝对的。

正视生活中充满着不公平这一事实的益处在于：激励我们为了公平而尽己所能。世界本不公平，我们这些职场中的弄潮儿，岂能因为前面乌云密布、暴风雨即将来临而退缩。“存在即合理”，世界不公平，我们承认它存在的合理性，但我们不会向命运低头！

很多事情不可预期地到来，就好像放进蚌壳的沙子，我们无法逃避，也无从选择，只能接受已经存在的事实并自我调整，就好比蚌无法阻止沙子磨蚀它的身体，但它却可以使之变成浑圆的珍珠从而避免被折磨的命运。席慕蓉说得好：“请让我学着为自己的行为负责，请让我学着不去后悔，当然，也请让我学着不要重复自己的错误。请让我终于明白，每一条走过来的路径都有它不得不这样跋涉的理由，请让我终于相信，每一条要走上去的前途也都有它不得不那样选择的方向。”

3. 脚踏实地、用心做事——行动最具有说服力

职场中二十几岁的年轻人，无一不渴望着成功。然而年轻人需要脚踏实地地付出、认认真真地做事，才能逐步接近成功。做好本职工作，是职场新人的头等大事。

小张和另一个女孩同是老板的助手，做的工作都属于文职类，主要是帮老板拆阅、分类信件，薪水与文员一样。两个女孩子都很珍惜这份工作。闲暇时，小张经常研究自己的工作，并提高自己的能力，她仔细琢磨老板的语言风格，并试着草拟老板回信的语言，以至于这些回信好像就是老板本人写的一样。老板忙时，就让她替自己给客户写回信了。老板好奇地询问她原

因，她说踏踏实实地做好自己的本职工作本来就是分内的事情。另一个女孩却因为工作的疏漏而被辞退。后来老板的秘书因故辞职，在物色合适的人选时，老板自然而然地想到了小张，并提高了她的薪水。

刚参加工作的年轻人，首先要做好的就是自己的本职工作。在其位，谋其政。如果本职工作都做得不精细，老板又怎么放心把更重要的事情交给你去做。一味地幻想领导的赏识，妄想找到成功的捷径是不切实际的。机会隐藏在每一个微小而具体的事情和切实的行动之中，真正的捷径就是行动起来，踏踏实实做好身边的事，勤于积累。记住：不管理想多么高远，只有行动起来，一切才会成为可能。多积累、多思考、多行动，你就能厚积薄发，迎接成功的到来。

4. 别被打上“我很好欺负”的标签

人与人之间是平等的，即使处于竞争中的双方亦是如此。我们谦逊有礼，并不意味着谦让，更不等于谦卑。职场新人毫无经验，多多少少希望通过自己谦卑的表现得到别人的好感与同情，从而为自己营造一个相对宽松的环境。这显然是行不通的，职场上赢得尊重的方法是，只有把自己看得和别人一样，哪怕在工作上确实不如前辈们，在自尊与自我要求上也要平等。真正的办公室生存法则是勇敢面对，坚持原则，勇敢地面对竞争。

小李是某公司职员，由于自己是从外地应聘来的，他又生性忠厚，所以在工作上处处小心谨慎，对每一位同事都毕恭毕敬，与同事发生小摩擦也从来不据理力争。久而久之，大家都觉得他太老实，渐渐都不把他当回事儿，以至于很多事情上都会吃亏。

有一天，办公室的一位同事值班时因疏忽大意造成单位贵重物品受损，这位同事汇报时说当天是小李代他值的班，小李当即站了起来，说：“那天的事情是可以调查的，那天根本不是我值班，整件事可以说和我毫无关系。并且，我要借机申明：大家一起做事是缘分，我并不想和同事有什么不愉快，但如果认为我好欺负刻意针对我，对不起，我这里就不客气了。”经过这件事情之后，大家对小李的态度有了明显改变。

有些人会觉得吃点小亏没什么，忍忍就过去了，但是在竞争日益激烈的职场却是行不通的。要处理好争和不争的关系，不争是为了化解矛盾，积蓄力量，避免把时间浪费在无意义的小事上，争是为了显示自己的价值，赢得别人的尊重。这样我们的工作才会游刃有余，自己才会成为上司眼里具有潜力的人。

（三）天高任鸟飞——关注长期的职业发展

当人们的行动有明确的目标，并且把自己的行动与目标不断加以比照，清楚地知道自己的行进速度与目标的距离时，行动的动机就会得到维持和加强，人就会自觉克服一切困难，努力达到目标。对于新人来说，要清楚在不同的阶段需要不同的成长方式，所以一定要规划好自己在什么阶段要什么，给自己列出详细的职业发展规划。

1. 坚持向无字书学习

某大学生毕业后进入公司，一个周末，公司组织同事到附近的池塘钓鱼。两个只有中专学历的同事坐在大学生身边。大学生只是向他们点了下头，两个中专生，有啥好聊的呢？

不一会儿，同事甲放下钓竿，伸伸懒腰，噌噌噌从水面上走到对面上厕所。大学生眼珠子都快掉下来了：蹬萍渡水？不会吧？过一阵，同事乙也站起来，噌噌噌地飞过水面上厕所。这下子大学生是差点昏倒，不会吧，到了一个江湖高手集中的地方？

此时，大学生也想去厕所了，可这个池塘两边有围墙，去对面厕所非得绕 10 分钟不可，怎么办呢？大学生不愿“屈尊”去问那两位“低”学历的同事，憋了半天后，也起身往水里跨：我就不信中专生能过的水面，我大学生就过不去！迈步之后，只听“扑通”一声，掉水里了。

两位同事忙将他捞了上来，并惊问他为什么要往水里跳？他反问："为什么你们可以走过去呢?"两同事相视一笑："这池塘里有两排木桩子，由于这两天下雨涨水正好漫过水面。我们都知道这木桩的位置，所以可以踩着桩子过去。你怎么不问一声呢?"

完成了大学教育，毕业生从某种程度上可以说结束了书本知识的学习，开始向无字书学习。学历只能代表过去，学习的能力才代表将来。在工作之中，无论是本部门内部还是对其他部门，都应该注意向无字书学习。不要看不起比自己学历低的同事，没有高学历甚至没接受过正规教育，但不断努力学习继而水平远超正规院校毕业生的例子比比皆是，请记住受过良好教育和受过高等教育是不一样的；别人身上永远有需要我们学习的地方，比如销售的巧言令色、公司前台的和颜悦色里面，都包含着职场生存的智慧，用心体会和学习，为自身所用。只有尊重经验、尊重阅历，才能少走弯路。

2. 勇敢争取更大的空间和更广阔的平台

学校的生活相对闭塞，这样的环境却很容易造就梦想，在校学生往往觉得离开校门就会有一个广大的天地等着自己去开拓。等到真正踏入社会，发现人生并不像自己想象的那样广阔，顿生失落。实际上，人生就是一个大平台，有人是主角，有人是配角，如果想要跳出种种限制，拥有更广阔的人生，就需要付出更加艰辛的努力，勇敢争取更大的空间和更广阔的平台。

有一家公司，前台大厅摆着一个鱼缸，养着十几条热带鱼。那种鱼大约 3 寸长，大头红背，特别漂亮，经常惹得人驻足欣赏。一转眼两年过去了，那些鱼一直没什么变化，依旧3 寸来长，每天自得其乐地在鱼缸里游玩。

一天，鱼缸被经理的顽皮儿子砸了个大洞。待发现时，缸里的水已经所剩无几，十几条鱼可怜巴巴地趴在那儿苟延残喘——人们赶紧把它们打捞了出来。放在哪儿呢？大家发现只有院子当中的喷泉可以救急，于是，就把那十几条鱼放了进去。

两个月后，新的鱼缸来了。人们跑到喷泉边捞鱼。捞起一条，人们大吃一惊：仅仅两个月时间，那些鱼竟然由 3 寸来长疯长到 1 尺长！

人们七嘴八舌，众说纷纭。有的说，可能是因为喷泉的水是活水，鱼才长这么大；有的说，喷泉里可能含有某种矿物质；也有的说，那些鱼可能是吃了什么特殊食物。但是无论如何，都有一个共同的前提，那就是喷泉要比鱼缸大得多！

轻松安逸的环境固然好，久而久之，却很容易弱化自己的能力，限制自己的发展。就好比那些金鱼，如果不是偶然的机会，哪里料得到自己的潜力如此巨大呢？有思想的我们当然不能像金鱼那样坐等机会，而是要结合自身情况积极争取更大的平台。二十几岁的年轻人只要坚信目标，继续争取，职业空间一定会更大，人生平台一定会更高。

3. 一切都会过去

一位智者在梦里告诉所罗门王一句至理名言，涵盖了人类的所有智慧，能使他在得意的时候不会忘乎所以；在失意的时候能够百折不挠，始终保持兢兢业业的状态。但是，醒来后所罗门王却怎么也想不起来那句至理名言。于是，所罗门王找来了最有智慧的几位老臣，向他们讲了那个梦，要求他们把那句至理名言想出来，并拿出一枚钻戒说："如果想出来那句话，就把它镌刻在戒面上，我要把这枚戒指天天戴在手指上。"一个星期过后，老臣们前来送还钻戒，上面刻上了一句至理名言："一切都会过去！"

是的，一切都会过去。这一句平实普通的话，却涵盖了天下最大、最重要的智慧：无论是痛苦还是快乐、成功与失败，一切都会在时间的洪流中成为过去！我们不必为一时的不如意而裹足不前，更不必为一时的成功而自命不凡，趾高气扬，因为这都会成为过去。

对于在职场起步期的年轻人，如果想要得到更好更快更有益的成长，就必须时刻把这句话记在心里。既不能以大学里的清高来标榜自己，摆高姿态；亦不必觉得自己一无所有，妄自菲薄，而是沉淀下来，抱着学习的态度去适应环境、迎接挑战。所以，在职业生涯的初期，一定要沉淀再沉淀、归零再归零，这样我们的人生才会一路高歌、一路飞扬。

三、如何成功实现角色转换

要想更好地实现学生角色向职业角色的转换，可以从以下几个方面来努力：

（一）树立良好的第一印象

大学生就业后，在新的工作环境中树立的第一印象十分重要。第一印象好，人们与其交往的热情就高，就容易打开工作局面；第一印象不好，事倍功半。第一印象在人与人相互认识和交往过程中的作用十分重要。在心理学上，第一印象可叫前摄作用，即通常说的“先入为主”，它具有光环作用（晕轮效应）、定势作用，即第一印象如何，会对以后的发展形成一个固定的趋势——别人可能已据此决定了以后对你的态度。

树立好的第一印象往往会“扩大”自己的优点，“弥补”自己的不足，即使出了点差错，也会得到别人的谅解；否则，建立了不好的第一印象，也可能会扩大自己的不足，要改变它，绝非一朝一夕。具体来讲，我们应该做到以下几点：

1. 衣着整洁，讲究仪表

初到工作单位，一定要注意衣着。服饰要同自己的身份相符，同工作单位的习惯相一致。衣服不一定时髦、高档，但应保持整洁。男士不宜蓬头垢面或油头粉面，女士不宜浓妆艳抹，要体现整洁、朴素、大方。

2. 言谈举止要得体

要体现亲切、热情、礼貌、理智，冒失莽撞、木讷呆板不可取。

3. 遵章守纪，讲究信誉

遵守时间，讲求信用，与人交往不失约，不失信，这既是工作关系中的纪律要求，又是人际交往中的一种美德。初到工作单位，提前上班，稍晚下班，严格遵守单位的规章制度，积极主动地做好力所能及的事情，工作要紧张、有序、高效。这些，无疑会有助于树立良好的第一印象。相反，没有时间观念，不遵守劳动纪律，不守时，不守信，消极被动地等待工作，显然不可能赢得别人的信赖和尊敬。

4. 严守秘密，待人真诚

有些保密性强的单位，对工作人员的纪律要求比较严，比如，军队、安全部门等。到这些单位工作的大学生，应当严守机密，不随便向外人透露内部情况（相关部门要做培训）。在同事相处中，要以诚相待，平等待人，不自惭形秽，也不傲慢无理。

同时，还应当注意做到“三勤”：嘴勤，多请教，多交流；眼勤，能够做到眼里有活儿，主动做事；手勤，多做力所能及的事。三忌：傲气，夸夸其谈；过于谦卑，不自信；过于随便或在办公室打电话聊天等。

总之，尽管第一印象具有暂时性、表现性等特点，但良好的第一印象十分重要，有助于大学生初到工作单位站稳脚跟，有助于大学生与单位职员融为一体，有助于大学生工作的起步与发展。但是，也不能仅仅满足于建立良好的第一印象，大学生更需要通过长期不懈的努力，以自己良好的品质、正直的为人、出色的工作成绩去建立更深层次的长期印象。

（二）了解新集体

每个人的工作都不一样，有的在国家机关，有的在三资企业，有的到事业单位……但是对每个大学毕业生来说，要更好地融入新的集体，必须首先对新集体有一个全面的了解。这里以公司为例，具体阐明如何了解新集体。

1. 理解公司企业文化

企业文化是一个公司长期以来形成的，具有纲领性和指导作用的一系列精神原则和行为规范的总和。公司的企业文化通常来源于高层领导者的思想和理念，它反映了他们对于管理、客户服务、员工的价值和金钱等的观点和想法。也许你在面试时就已经感受到了这些，但真正领会这个公司的理念和做事的原则，还要花上几个月的时间。有时你也会看到，实际的做法并不与公司所倡导的“文化”完全吻合。从长远来看，你的满意度取决于你个人的思想和价值观与对公司的企业文化的认同程度。

2. 学习企业规章制度和“潜规则”

你在员工手册上已经看到了公司成文的规章制度，那么现在，你需要领会的三件事情是：哪些规章制度需要严格遵守？哪些没有？公司里不成文的规章制度又是什么？如果你不在意的话，这些“潜规则”会使你在日后的工作中“碰钉子”，并且你永远意识不到你是在犯错误。因此，所有的这些你必须事先弄清楚，而不能靠你的直觉。

3. 掌握初到职场的处事原则

一般来说，刚参加工作，一切都是新环境，为了适应新的环境，应做好以下几个方面的事情：

（1）办公室礼仪很少会写在纸上，尽管这些比实际听起来要重要得多。找出单位里被大家所认可的礼仪和习惯，这对你会很有帮助，否则一旦“出错”，“忽略”不能被视为原谅你的理由。总之，以你希望别人对你的方式来对待别人是不会有错的。

（2）尽快学习业务知识与技能。你必须具备丰富的知识和卓越的能力才能完成工作赋予你的使命。这些更实际的东西与学校所学的大不相同，学校里所学的是书上的理论知识，而工作更多需要的是实践经验。

（3）在预定的时间内完成工作。一项工作从开始到完成，必定有预定的时间，而初入职场的你必须在这个时间内将它完成，决不可借故拖延，如果你能提前完成，那是再好不过了。

（4）在工作时间内避免“走私”。我们必须明确不能把丝毫个人的东西带进工作场所，哪怕是拿自家的事情与同事进行闲聊。

4. 执行工作任务要点

（1）上司所指示的事务中，有些事情不需要立刻完成，这时，你就应该从重要的事情着手，但是，要先将应做的事情一一记录下来，以免遗忘。

（2）若无法暂停手头正在进行的工作，在完成上司临时交给的任务时，你要学得灵活一点，应该立即提出，以免误事。

（3）外出收款、取文件或购物时，要问清金额、物品数量和质量等重要细节，然后再去，否则出了差错，后果就担在你的头上了。

（4）在充分了解上司所交代的事情前，一定要问清楚后再进行，决不能自作主张。

（5）离开工作岗位时要收妥资料。有时工作正在进行当中，因为上司召唤、客人来访或其他临时事故要暂时离开座位。碰到这样的情况，即使时间再短促，也必须将桌上的重要文件或资料等收拾妥当。

（三）建立和谐的人际关系

在工作中建立和谐的人际关系对我们适应社会有着积极的推动作用，它可以尽快地使人们消除陌生感，适应人际环境；可以使人们工作顺心，生活愉快；可以使人们保持心情舒畅，心理健康；可以使人们增强团结，有利于集体。人际关系渗透到所有的社会关系之中，人际关系是无处不在的，它对于人的各方面的发展都具有非常重要的意义。

1. 对上级——以尊重为主，多多沟通

1）尊重你的上司

尊重他人是一种美德。而尊重上司是员工必备的素质之一。适应上司，上司是决定团队命运的关键人物，其他成员只有积极主动地去适应他，才能够形成有效的配合力量。因此，做下属的应该适当了解上司的工作习惯、处事作风，甚至要了解上司的一些独特习惯，这样才能对上司的决定做出比较正确的判断。初涉职场的员工更应主动适应上司，才能使自己得到更好的发展。

2）勇于承认错误

作为新进职员，犯错误是允许的，但这不能成为你犯错误的理由。如果你违反了单位纪律、工作原则，就应对自己的过失负责，应深知承认错误并非羞耻之事，相反，被人揭穿了仍死不承认，才是不明智的。

3）正确处理上下级之间的关系

一切以工作为基础。在国外，一般不提倡与上司建立私人感情，而是保持纯粹的工作关系。在我国，多年形成的“裙带”观念和家族式管理也在现代管理体制下有所松动甚至是瓦解。因此，我们要明确的是，大家走到一起来，什么是基础？工作是基础，没有工作，其他一切都无从谈起。因此，建议不要和上司讲太多的私生活话题，这会影响你在其心目中的形象，其他同事也会因为你与上司的私交甚密，对你另眼相看，从而使你的工作及社交出现障碍。

4）做个有心人

你有没有想过准备一个小本子，记上单位常用的电话，甚至是司机、保洁员的电话呢？如果没有，建议你到新的工作单位后准备一个这样的本子。关键时刻，它也许会给你很大的帮助。

5）学会与上司沟通

员工要想得到上司的赏识，做上司的“圈内人”，就需要平时多与上司交往。要达到与上司心往一处想，劲往一处使的境界。作为下属，就必须加强与上司的沟通，增进相互之间的了解，接触上司需要足够的勇气，举止要自然。在接触的同时，要与同事处好关系，以减弱各种诽谤和嫉妒。

6）工作积极主动

人在社会中，每个人都不是孤立存在的。尤其是每个人的职业成功，不仅仅取决于完成任务的能力，而且，由于你是单位的组成分子，职业的成功还取决于你为与同事相处而进行自我调整的能力，为与主管合作而具备相互沟通的技巧，以及为与客户建立关系而表现的服务态度等。因此，真正有能力的人在工作中，总是表现得主动、积极、富有责任感，能够踏踏实实、全神贯注、干净利落的把任务完成，又能在事后表现出轻松、愉快和若无其事的平易态度。这就是成功者的素质。

表现积极性的另一种方式，就是积极学习工作所需的各种知识。你可以通过参与那些并非自己必须参与的工作，而了解企业中不同岗位的要求，并得到多方位的锻炼；你也可以向有经验的员工或主管学习他们如何思考和迎接新的挑战；你也可以充分学习那些在这个企业中可能用到的其他知识，甚至是为了你将来的发展所需要的后备知识。总之，只有不断地学习，才能使你成为工作的多面手，才能为你将来的晋升增添更多的机会。

另外，积极主动的工作还要求你比其他人付出更多的努力、做出更大的牺牲。比如牺牲自己的休息时间、承担艰苦和困难的工作、主动地加班完成更多的任务、提高自己的工作标准，等等。

2. 与同事——以合作为主，多交流

一个人不论有多么出色，仅仅靠一个人的努力是不能使整个团队成功的。一个能够与同事友好相处的员工，将最得人心，也最为老板所欣赏。自然，这种员工的发展机会也就越多。

1）成为团队的优秀成员

许多职业失败者的例子显示，导致失败的最常见原因，是他们难以与他人共事。你可能拥有特殊的才能，但如果无法成为团队的优秀成员，不能与他人友好相处，你就无法取得成功。要成为团队的优秀成员，在工作中获得成功，必须成为一个让人喜欢和感兴趣的人，并且有令他人能够欣赏的特征，例如，快乐、幽默、情感丰富、有同情心，以及参与的愿望，等等。这些特征不仅会帮助你与同事友好相处，也会增加晋升的机会。

2）与他人相处的关键是合作

合作包括自己的努力和给他人提供必要的帮助。合作就像一个蓄电池，它或许不会马上起作用，但经常充电的话，关键时刻它总会发挥出不可替代的作用。合作不仅表现在两个人之间，也包括与整个团队的合作。例如，协助完成跟自己的职业岗位没有什么关系的工作；如果他人有更好的想法可以为工作团队或公司谋得利益，就应当放弃自己的想法；如果自己有一些新的想法，尽快告诉他人，以便大家更加快捷地开展工作，等等。

3）虚心求教，懂得尊重他人

在工作中，多听一听前辈们的意见和建议，对你的好处是多方面的。即使他们的观点和做法与你的观点有偏差，仍会对你的工作有一定的借鉴作用。对前辈的批评要抱着“有则改之、无则加勉”的态度真诚接受，无论受了多大的委屈也不要发火，真心地表现出对前辈的尊敬。初到单位，应该把每一个人当作自己的老师，不管他的职位尊卑、收入多少、年龄大小和文化高低，要尊重他们的人格和感情，尊重他们的劳动和成果。坚持对别人的尊重，是与同事处好关系的重要方法。

4）克服不良心理品质

大学毕业生走上工作岗位，应注意克服以下不良心理品质：

（1）性格内向、多疑。在单位里不太愿意主动和任何人交流，常给人一种冷漠、难以接近的感觉。同时，又觉得自己刚到一个新的单位容易受到别人的伤害，自我保护意识过强，经常把注意力集中在对其他人的防卫上。

（2）自私、嫉妒心重。凡事总是先考虑自己，自私自利，争名争利，既缺乏自知之明，又容不得别人超过自己，尤其是对在工作上做出突出成绩，并受到组织和领导的提拔重用的学历、能力不如自己的人，心理上就很难平衡，甚至还怀恨在心。

（3）骄傲、瞧不起人。少部分毕业生自以为毕业于名牌大学，各方面条件都优越，自己又年轻，专业基础扎实，一到单位就这个不顺眼，那个也看不惯，唯我独尊。

任务 9.2　打造完美职场竞争力

一、职业能力

职业能力是从业者在职业活动中表现出来的实践能力。传统意义上的职业能力是指从事职业活动所需要的运用专业知识和技能的能力。

职业能力是人们从事某种职业的多种能力的综合。例如：一位教师只具有语言表达能力是不够的，还必须具有对教学的组织和管理能力，对教材的理解和使用能力，对教学问题和教学效果的分析、判断能力等。

如果说职业兴趣或许能决定一个人的择业方向，以及在该方面所乐于付出努力的程度，那么职业能力则能说明一个人在既定的职业方面是否能够胜任，也能说明一个人在该职业中取得成功的可能性。

（一）不容忽视的职场基本功

职场中每年都有新鲜血液注入其中，为职场带来了更多的活力和生气。职场新人如何在职场中占有自己的一席之地，取得职业发展中的成功？智联招聘职场调查显示，在众多因素中，多数职场人认为扎实的基本功排在首位。

1. 专业技能

专业技能主要是指从事某一职业的专业能力。现今社会分工越来越细，已经发展为一个专业化的年代，专业人才越来越受到企业的青睐，专业能力是高级人才不可或缺的能力，它构成了高级人才的核心竞争优势。保持专业发展路线的不动摇，才能由浅入深，厚积薄发，形成独特的专业知识、技能、经验与资源。专注是一种强大的力量，一个平凡的人，如果在某个领域数十年如一日地积累与磨炼，就有可能在该领域做到世界最强，成为一个非凡的人。当然，在这个发展过程中，你会发现具备同样条件的人越来越稀缺，甚至有种“高处不胜寒”的感觉，这正是竞争优势逐渐形成的体现。

2. 沟通能力

沟通能力包含着语言文字表达能力、争辩能力、倾听能力和设计能力。一般说来，沟通能力指沟通者所具备的能胜任沟通工作的优良主观条件。简言之，人际沟通的能力指一个人与他人有效地进行沟通信息的能力，包括外在技巧和内在动因。其中，恰如其分和沟通效益是人们判断沟通能力的基本尺度。恰如其分，指沟通行为符合沟通情境和彼此相互关系的标准或期望；沟通效益，则指沟通活动在功能上达到了预期的目标，或者满足了沟通者的需要。语言文字表达能力就其作用而言，是其他能力能否正常实现、充分展示的基础。此能力主要包括口头语言表达能力、书面语言表达能力、肢体语言表达能力和书面图形表达能力等。

沟通能力看起来是外在的东西，而实际上是个人素质的重要体现，包罗了一个人从穿衣打扮到言谈举止等一切行为能力，关系着一个人的知识、能力和品德。实际上一个具有良好沟通能力的人，他可以将自己所拥有的专业知识及专业能力进行充分的发挥，并能给对方留下“我最棒”“我能行”的深刻印象。

3. 情绪控制能力

情绪是人对事物一种肤浅、直观、不动脑筋的情感反应。它往往只从维护情感主体的自尊和利益出发，不对事物做复杂、深远的考虑。心态良好的人能适度地表达和控制自己的情绪，喜不狂，忧不绝，胜不骄，败不馁；在社会交往中既不妄自尊大，也不退缩畏惧；对于得不到的东西不过于贪求，在社会允许的范围内满足自己的需要。可是刚刚踏入社会的年轻人在工作、学习，待人接物中，却常常依从情绪的摆布：头脑一热，什么蠢话都说得出口，什么蠢事都做得出来。事后冷静下来，自己也会感到其实大可不必那样。可惜错已铸成，想要弥补，就需要付出更大的努力。

情绪控制对人生有非常大的帮助。一个人真的想有所成就的话，就要有情绪调控的能力。

成功者控制自己的情绪，失败者被自己的情绪所控制。所谓成功的人，就是心理障碍突破最多的人，因为每个人或多或少都会有各式各样、大大小小的心理障碍。职场新人若能在20几岁的年龄有效控制自己的情绪，保持一种良好平静的自我心态，就是超越自我的一个契机。

4. 解决问题的能力

在我们的职业生涯发展过程当中，除了应用专业能力进行专业活动外，还会碰到各种各样的困难和挑战需要我们去应对和解决。培养解决问题的能力也是我们职业生涯发展所不可缺少的一个重要方面。

一个人工作的过程就是不断地发现问题、解决问题的过程。工作的好坏在一定程度上取决于个人解决问题能力的高低。一个员工的持续竞争优势只有通过不断解决问题的价值创造过程才能获得。如何提高解决问题的能力，首先是要有问题意识，看问题，不能只看表象，要追究到根本的原因，要站在企业的角度尽量系统全面地看问题。清楚问题症结所在之后，然后就要着手思考解决问题的方案。通常情况下，一个问题的解决办法可能有很多种，我们可以在评估各个方案的优劣之后，选择最适合的解决办法。最后，就是严格有效的执行！

5. 自学与创新能力

自学与创新能力也就是获取新知识的能力。现代社会是一个竞争日益激烈的社会，为了能适应现代社会的需要，要求从业者必须具备自学与创新能力。

职业岗位能力的归纳如图9－1所示。

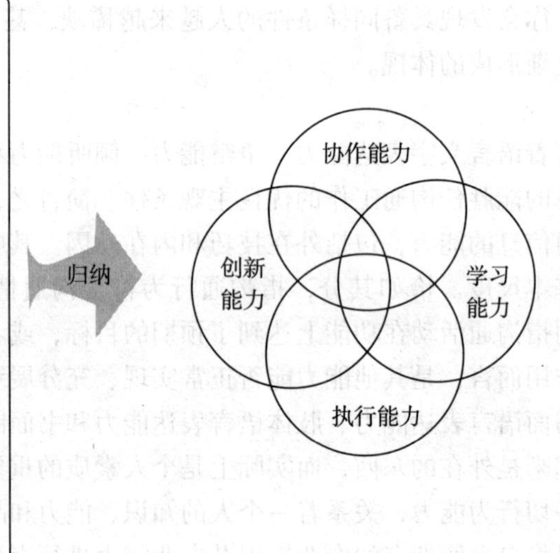

图9－1　岗位职业能力的归纳

（二）用学识和能力托起人生的高度

人生的高度，不仅仅是靠金钱来衡量的。对成功的定义有很多种，职场新人如果仅盯着赚大钱这一个目标，那么对成功的定义是很狭隘的。很多成功人士都是从懵懂的职场菜鸟成长起来的，他们用自己的亲身经历告诉我们：不要只是赚钱，而要想着如何为自己未来的事业打基础，学会用学识和能力托起人生的高度。罗曼·罗兰曾说：“财富是靠不住的。今日的富翁，说不定是明日的乞丐。唯有本身的学问、才干，才是真实的本钱。”

我们生活在一个崇尚知识的年代、一个在工作中以靠学识和能力取胜的时代。每天都在变的社会，需要我们不断提高自己来适应这个社会和自己所在的行业、领域，一旦滞后，就可能被淘汰出局。想要跟上时代的步伐，一条有效的捷径就是读书。英国大哲人培根阐述过读书和学习的好处："读史使人明智，读诗使人灵秀，数学使人周密，自然哲学使人深邃，伦理学使人庄重，逻辑修辞学使人善辩。"

在上大学之前，孙海川不喜欢读书，凡是和书有关的，统统在他的排除范围之列。可是大一的时候，一个电视节目却彻底改变了他的想法。节目中，孙海川崇拜的一位成功人士讲了这样一句话："知识的多少，决定了成功的高度。"这让他豁然开朗，意识到了知识和能力的重要性。从此，他一改旧习，没事就泡在图书馆里，在知识的海洋中丰富自己。

大家都知道，大学里是很悠闲自在的，很多同学都把时间浪费了。孙海川却一刻也没有闲着，毕业之后，拥有丰富知识和专业技能的他很快被一家大公司看中，当场就签了合同。工作之后，孙海川一如既往地坚持学习，努力打拼，很多宝贵的学习机会公司都派给了他，他获得了更好的事业发展平台和基础。

一个有学问的职场年轻人，远远比不思进取、懒惰懈怠的人更受大家欢迎。刚刚工作的大学生，眼光一定要放长远，不要把全副精神都放在追求金钱、头衔和地位等上面，而是要多学习，多积累一些对自己切实有帮助的知识和经验，只有这些是永远属于自己的，谁也拿不走。要相信："好好学习，天天向上"这句话，什么时候都不会过时。

二、职场礼仪

职场礼仪是指人们在职业场所中应当遵循的一系列礼仪规范。学会这些礼仪规范，将使一个人的职业形象大为提高。了解、掌握并恰当地应用职场礼仪有助于完善和维护职场人的职业形象，会使你在工作中左右逢源，事业蒸蒸日上，做一个成功职业人。

（一）个人礼仪

个人礼仪是社会个体的生活行为规范与待人处世的准则，是个人仪容、仪表、言谈、举止、待人、接物等方面的个体规定，是个人道德品质、文化素养、教养良知等精神内涵的外在表现。其核心是尊重他人，与人友善，表里如一，内外一致。良好的个人礼仪、规范的处事行为并非与生俱来，也非一日之功。是要靠后天不懈努力和精心教化才能逐渐地形成。

1. 仪容仪表

着装要得体。办公场合衣饰宜简洁、庄重。男性一般以西装为主。女性衣着忌过于短小或透明，尺寸也不宜过于短小和紧身。发型要合适。男性头发前不盖眉，侧不掩耳，后不及领；女性根据年龄、职业、场合的不同，梳理得当。面部要清爽。男性宜每日剃须修面；女性宜淡妆修饰。保持口腔清洁。表情要自然，目光温和，嘴角略显微笑。手部要清洁。定期修剪指甲并保持手部洁净。女性在正式场合不宜涂抹浓艳的指甲油。

2. 行为举止

坐如钟，站如松。行得稳站得正，是基本要求。站的时候要两眼平视前方，两肩自然放平，两臂自然下垂，挺胸收腹提臀，切忌站的时候东倒西歪，弯腰驼背。坐的时候要轻稳，保持上身直立，双腿自然并拢，切忌抖动腿脚。走的时候要抬头挺胸收腹，双臂自然摆动，脚步轻盈稳健，切忌摇头晃脑，歪肩晃膀，鞋子亦不可摩擦地面，发出声响。

（二）办公室礼仪

在紧张忙碌的工作当中，我们不可避免地要与同事或陌生人频繁接触，一个人除了注意自己的个人礼仪之外，还应注意工作场合之中的文明礼仪。

1. 办公用品礼仪

公司里的物品要爱惜使用，不能挪为私用；借用他人或公司的物品，使用完以后，要及时归还或放回原处；工作台上尽量干净整洁，不能摆放与工作无关的物品；节约用水用电用纸，自觉节约公司开支；严格遵守公司相关规章制度，爱惜公司财物，不能有意污损刻画。

2. 手机礼仪

工作场合不要大声打电话；如有电话呼入，尽量不要接，或起身到人少处接听；重要会议时尽量关闭手机或调为振动；不能一边和人讲话，一边编辑手机短信；不编辑或是转发思想内容不健康的短信；不使用的时候，手机尽量放在包中或是上衣内袋，不要总是拿在手中或别在腰带上。

（三）商务礼仪

在商务活动中，为了体现相互尊重，需要通过一些行为准则去约束人们在商务活动中的方方面面，这其中包括各种言谈举止、书信来往、电话沟通等技巧。

1. 名片使用礼仪

名片的交换是名片礼仪中的核心内容。在社交场合如何交换名片，往往是个人修养的一种反映，也是对交往对象尊重与否的直接体现。因此交换名片务必要遵守一定之规。我们在参加正式的交际活动之前，都应随身携带自己的名片，数量充足以备交往之用。交换或发送名片时应注意观察意愿，把握时机，讲究顺序。给别人的名片，应事先准备好，放在易取的地方，不要现从包或者名片夹里取；递名片的时候，应站立，双手递送，名片上端对着递名片者，让自己的名字冲着对方；拿到名片后，应仔细阅读对方的姓名、职务、机构，再注视一下对方，以示尊重；收名片时，应将其小心放入上衣口袋，切忌放入裤兜。

2. 接打电话礼仪

在职场当中，用电话沟通和交流工作，是必不可少的。当你给他人打电话时，你应调整好自己的思路。而当你的电话铃响起之时，你应该尽快集中自己的精力，暂时放下手头正在做的事情，以便你的大脑能够清晰地处理电话带来的信息或商务。当然，上述过程应该迅即完成，如果你让电话铃响得时间过长，对方会挂断电话，你便会失去得到信息或生意的机会。以下几点是你在接电话时可以参考和借鉴的技巧：

1）来电铃声不可超过三次才接

有时候电话响一次就接了，会给人以一种很唐突的感觉，但是当来电响了三次以后再接，会让对方等得不耐烦。如果是客户的话，可能会影响双方的合作，所以，在电话铃声响了两次后接是最佳的状态。如果确实分不开身接电话，电话响了超过了三次你才接起的时候，你应该向对方表示歉意：说一句“让您久等了”。拿起电话之后，先问好，并自报家门；让对方确定所打的电话是无误的，避免因为打错电话而浪费时间。手边准备好纸和笔，重要信息随时记录；自己的电话尽量自己处理，如需转接，应解释清楚；若对方要求与其他人通话，应尽快帮忙转接；若对方要找的人不在，应温和告知对方，并询问是否需要帮助。

2）接打电话时，声音洪亮清脆，吐字清晰，表达准确，语言从容得体，自然恰当，态度热情大方，不卑不亢

打电话前要确认好对方的电话、姓名、职务及谈话要点；电话接通后，应立即尊称对方，自我介绍并说明去电主旨，倾听对方意见；如果对方不在，可以请代接电话的人代为转达，并真诚致谢。要注意通话时语气的用法。电话是非常直观的一种沟通方式，也是一种非常便捷的沟通方式，所以语气是一定要注意的，因为对方不仅会注意你的内容，同时也非常注意你的语气，在工作电话中尽量采用礼貌用语，要有积极主动的语气，让对方产生想与你沟通的心情，这样机会就会大很多了。

3）与客户通电话要坚持后挂电话的原则

当对方在与你说再见的时候，同时你也要礼貌地回复对方一下，表示尊重对方，等对方先把电话挂掉，你确认通话结束后你才能把电话挂掉。切忌挂电话时要小心不要发出过大的声音。

3. 握手的礼仪

1）握手的方式

（1）首先，起立。在商务环境中，这条标准对男女通用。如果因为身体嵌在餐桌下不方便起身，你应该立即稍稍起身，然后说："原谅我不能站起来，很高兴见到你。"

（2）迎向对方。如果两人距离较远，那需要马上迎向对方，在距其1米左右伸出右手，握住对方的右手手掌。

（3）神态专注、认真、友好，用眼神交会。眼神交会表明你的注意力完全集中在且只集中在对方身上。

（4）微笑、致意。微笑传达出温暖、率真，同时也传达出你对对方的兴趣。重复对方的名字不仅仅是一种恭维，也帮你记住对方的名字，"你好，史密斯经理。"

（5）时间和方式。握手的恰当时间应为两到三秒钟，上下抖两到三次，然后松开。握手应该是手掌对手掌，而不是指尖对指尖。

（6）握力。握力含义很深，不可过轻或者过重。轻握代表犹豫与胆怯。握得太用力表示过于热情或专横。中等握力传达出信心和权威。

2）伸手顺序

一般情况下，讲究"尊者居前"，即由身份较高者首先伸手。

（1）女士同男士握手时，应由女士首先伸手。如女方不伸手，没有握手的意愿，男方可点头致意或鞠躬致意。

（2）长辈同晚辈握手时，应由长辈首先伸手。当年龄与性别冲突时，一般仍以女性先伸手为主，同性老年的先伸手，年轻的应立即回握。

（3）上司同下级握手时，应由上司首先伸手。

（4）宾主之间握手：客人抵达时，应由主人首先伸手以示欢迎，如接待来宾，不论男女，女主人都要主动伸手表示欢迎，男主人也可以先伸手对女宾表示欢迎；客人告辞时，应由客人首先伸手，以示主人可以就此留步。

（5）一人与多人握手时，既可按照由尊而卑的顺序，也可按照由近而远的顺序。

（6）异性间的握手，女方伸出手后，男方应视双方的熟悉程度回握，但不可太用力，一般只象征性地轻轻一握即可。

3）握手禁忌

与人握手时，如果不遵守约定俗成的礼仪规范，会被认为失礼。以下情况是不礼貌的：

（1）用左手与人握手。

（2）伸脏手、病手与人握手。

（3）用双手与人握手。熟人之间例外。

（4）握手时目光左顾右盼。

（5）戴墨镜与人握手。

（6）戴手套与人握手。社交场合中女士戴薄纱手套与人握手例外。

（7）交叉握手，即越过其他人正在相握的手同另外一个人相握。

（8）长久地握着异性的手不放。

三、升职有道，让自己表现得更出色

每一个人心中，都有一座巨大的宝藏，这就是我们无限的潜能。职场新人只要能在毕业后的这几年内不懈地挖掘自己的潜能，不懈地努力，就能做成我们自己都想象不到的事情。

（一）好前途，先规划

每一位职场新人都渴望获得更好的发展机会，让自己有一个美好的事业和生活。好的前途除了必备的能力、心态和机会，首先要做的一点是认真规划。古人云："凡事预则立，不预则废。"想要有一个更加光明的前途，就要对自己的未来进行细致可行的规划，并努力地去实现自己的目标。

董乐乐是一个懂得规划未来的人。他一直想在自己喜欢的领域开一家自己的公司，做自己喜欢的事业。大学毕业后他找了一份相关领域的工作，有了一个现实的发展平台。他的头三年规划是先缩短试用期，一年内成为公司骨干，三年后开一家自己的公司。由于有这样的一个规划，董乐乐工作十分踏实肯干，一个月就通过了试用期。老板和领导看到他的努力和能力之后，都愿意给他机会，因此他积累了很多实际的工作经验。一年之后，他就成了公司里的骨干。现在董乐乐工作两年半了，已经是一个十分有经验的业内人士，自己的公司也正在筹备中。

如果你没有规划，而只是在职场中得过且过地混日子，那么最终只会使自己流于平庸、碌碌无为。所以，想要人生事业有一个较好的发展，就要早早地对自己的事业和人生进行合理的规划。那么，到底该如何规划呢？"知己知彼，百战不殆"，进行职业规划首先要"知己"，即全面、深入、客观地分析和了解自己，明确自己的优缺点和兴趣爱好，选择自己想要发展的领域。然后分析自己所在的环境和可能的变化。结合这些把自己的规划具体到每个阶段，思考一下5年后、10年后、20年后自己想要达到的事业发展阶段和水平。

（二）适度弯曲，潜心积淀

年轻人心高气傲，喜欢表现自己，这种积极乐观的心态值得肯定。但工作岗位不是上演个人秀的舞台，刚刚参加工作的人一定要做事低调沉稳，不可一味地想在短时间内得到大家的肯定。正所谓"欲速则不达"，有的时候适度弯曲，可以给自己省去很多不必要的麻烦。

陈宇名牌大学毕业后来到一家大公司的营销部门做业务员。因为这家公司产品很好，资源也足，所以尽管陈宇是个新手，仍然做得很好。时间长了，他渐渐发现营销部门里一些工作上的疏漏和管理上的不规范。满怀热情的他经常向经理提出一些意见，对此，经理总是说："你的意见很好，可我实在是太忙了，以后慢慢来吧。"年轻的陈宇听不出这句话的弦外之音，依旧积极地寻找机会。后来他发现这些是因为营销部门副经理一职一直空缺，于是他萌发了争取这一职的想法。初生牛犊不怕虎，初来乍到的他并不知道这个职位已有多人暗中等待和争夺，一次部门全体会议上，他当众宣布了自己的想法。经理当众表扬了他，可是自那以后，他的处境却越来越被动了。控告他的材料经常出现在总经理办公桌上，同事们也都对他敬而远之。

志当存高远，年轻人就应该有远大的志向。但是如果自恃才高，锋芒毕露，很可能会招来别人的嫉妒和厌恶。初出校门的年轻人倒不如把这些深埋心底，反倒可以避免纷争，平和行事。有句古话"不鸣则已，一鸣惊人"，这句话就告诉我们，人生需要潜心沉淀，只有存储的能量足够深厚，绽放时的光芒才会更加绚烂，那些弯曲就只是成长路上的小插曲而已。

（三）把握机会，秀出自己

工作之后，你会发现职场中有很多老黄牛一样的员工，默默耕耘很多年却没有升迁的机会。实际上，这种情况应该引起你的重视，为什么辛勤工作却没有人注意，同样的贡献，为何别人升职加薪、顺风顺水？是不是自己一味地工作却从来也没有在别人面前展示过自己呢？这是一个极度忙碌的社会，如果自己不适时表现，上司那么忙，哪里会注意到你呢？不想当将军的士兵不是好士兵，想要有一个更好的发展机会，除了踏实做事，也要勇敢地、聪明地秀出自己。

那么该如何把握机会秀出自己呢？

（1）可以主动要求新任务，上司欣赏的是那些不仅能胜任本职工作，而且能接受并做好分外工作的员工。如果你能在做好本职工作的基础上，随时以愉悦的心情接受领导交代的其他任务，而不是勉为其难，推三阻四，久而久之，这些积累会为你带来意想不到的回报。

（2）可以经常与上司沟通，适度张扬自己身上的闪光点，给领导留下深刻的印象，从而让领导关注自己，提携自己。还有一点就是谦虚一定要讲究策略，做人要低调谦虚，做事却不可以。承担重要任务时，不妨直陈自己的成绩，以自信、独立、能干的形象博得大家的认可。

（四）有能力，机会面前才会人人平等

职场中不乏投机专营的人，他们靠着种种手段照样可以升职加薪。有时你会觉得好像运气比实力更重要，如果没有机会和运气，就算是有再大的能力也没有施展的可能。然而事实上，每个人所处的环境、社会是一样的，不公平的事情哪里都会有。只有能力强，才有可能在机会面前人人平等，与其抱怨没有机会，不如想一想自己是否有能力，能力是否强到足以为自己争取每一次机会。

小谢是中文系毕业的才子，热情大方，文笔很好，毕业后在报社工作。工作之余，经常在其他杂志、报纸上发表作品。一晃三年，社里要给工作满三年的员工评定职称。小谢和另外两名同事入选。另外两名年轻人均背景颇丰，于是上下活动，多方疏通，费了不少力气。两个月过去了，评选结果下来，却是小谢获得了职称，升职加薪。原来，领导经常可以在其他媒体上看到小谢的文章，通过这些看出小谢是一个工作积极、人品正派、能力突出的青年，所以把机会给了他。

人在做，天在看。或许你会觉得没有人注意到你的努力、你的挣扎，但是如果能将自己的能力经营到完美，经营到无人可以替代，那么，机会就会主动光临。

四、避开雷区——不可碰触的职场禁忌

（一）办公室恋情需谨慎

办公室恋情绝对不是一个新鲜话题。男女搭档、干活不累是大家公认的职场规则，人非草木，孰能无情，同事之间日久生情的事情屡见不鲜。对办公室恋情，有的公司不多干涉，但大多数的公司会严令：如果两人非要恋爱、结婚，那就让其中的一个人另谋高就。

事实上确实如此，对企业和个人来说，办公室恋情都不是一个明智的选择。对于公司来说，如果员工相恋，公司难免会质疑他们在工作之中能否坚持公事公办；相恋的人还可能形成小圈子而排斥别的同事，影响整个团体的人际交往；相恋的人在办公室打情骂俏、表现亲热，影响整体工作气氛，等等。对于个人来说，办公室恋情也是高风险的选择，恋爱中的人闹矛盾，势必会带着情绪工作，影响自己的表现；如果分手了，两个人一起工作更是难免尴尬；若是迫于公司的压力，换了工作单位，当初的甜蜜很可能会因为工作而不堪其烦，等等。更有甚者，办公室恋情会走向婚外情，影响双方家庭幸福。初入职场的你，一定要仔细想一想自己希望得到的是什么，不要因为一时的无聊或是新奇而卷入办公室恋情当中。感情不是能玩弄的，一定要认真对待自己，对待感情。

（二）职场政治要清醒

现代社会中，复杂的人际关系是大家都十分头疼的一件事情。不管是分工合作，还是职位升迁，抑或利益分配，或多或少的都会因为某些人为的主观因素而变得纠缠不清。职场老手习惯于称办公室是没有硝烟的战场，同事之间是一种无声的较量，表面上大家同心同德、一团和气，内心却打着各自的算盘。面对这种复杂的人际关系，职场新人究竟该怎么办才好呢?

(1) 对于办公室派系之争，要懂得抽身离去，学会清醒地认识周围的人和事，减少盲目，争取主动，多用智谋，少用意气。

(2) 对于同事之间的是非恩怨和各种斗争，一定要有自己的判断，远远避开，千万不要卷入公司内斗。

(3) 不要公开内部矛盾，即使你受到了很大的委屈，也要内部解决，不要暴露在公司领导、同事和客户面前。

（三）职场，任性不得

在学校里，人际关系单纯，职场却不然。办公室里，大家表面上是相处融洽的朋友，但是希望同事们会像家人一样包容你的任性，绝对只能是你的妄想。所以，职场新人一定要切记：职场，任性不得，不要任性地以自我为中心。礼貌是职场中的必修课，要想在职场中如鱼得水，就必须学会尊重、谦让和礼貌，考虑别人的立场和需求，而不是永远只关注自己。更不能任性地说话办事，到处得罪人。

一位新员工，第一天来公司就毫不介意地对身边的同事说：“喂，签字笔借我用用!”还未等人回答，已经不客气地抢过去用了。隔了几天，她又擅自拿别人的卫生纸，正巧同事看见，就生气地问她，结果她理直气壮地说：“我以为是公用的。”同事听后，一肚子的火。几次之后，公司没有一个人愿意主动和她搭话，这位新人被迫辞了职。

现在的职场新人大多是“95 后”一代，个性张扬，讲究自我，而管理层则大多数为六七十年代的人，由于生活方式和思想观念上存在着巨大的差异，难免存在沟通上的困难，职场新人要多沟通、多学习，注意收敛自己的任性。

任务 9.3　职业道德

职业道德是人们在一定的职业活动中应遵循的、体现一定职业特点的职业行为准则和规范。

人类的社会活动分为家庭生活、公共生活和职业生活，人们的职业活动是社会存在发展最基本的实践活动，因此，职业道德就成为社会道德的主导，对社会道德具有举足轻重的影响。当代大学生肩负着“正心、修身、齐家、治国、平天下”的使命，所以，大学生在掌握现代科学文化知识的同时，正确地认识职业道德，把握是非善恶标准，提高自律能力，养成良好的道德品行，具有十分重要的现实意义。

一、各行业职业道德规范

（一）服务类

1. 商业工作者职业道德规范

诚实守信，货真价实，质价相符；平等待客，一视同仁；信守诺言，履行合同；文明经商，尊重顾客；举止庄重，语言和蔼；环境整洁美观；提高技能，终身学习；提高素质，精益求精；遵纪守法。

2. 对外贸易人员职业道德规范

维护国家利益，遵守外事纪律；严格把关，一丝不苟；不卑不亢，维护国格、人格；精通业务，忠于职守。

3. 旅游、酒店工作人员职业道德规范

热情友好，宾客至上；真诚公道，信誉第一；文明礼貌，优质服务；遵纪守法，洁身自好。

服务类还有以下职业道德规范，如：《对外经贸人员职业道德规范》《中华人民共和国法官职业道德》《中国百货行业职业道德规范》《中国旅游饭店行业规范》《律师职业道德和执业纪律规范》等。

（二）财经类

1. 会计人员职业道德规范

爱岗敬业；诚实守信；廉洁自律；客观公正；严格监督；提高技能；严守秘密。

2. 税务工作者职业道德规范

恪守职责；依法治税；廉洁奉公；文明征税。

3. 金融工作者职业道德规范

严守信用；顾全大局；严守机密；竭诚服务。

财经类还有以下职业道德规范，如：《中国证券业协会证券分析师职业道德守则》《关于发布保险中介从业人员职业道德指引的通知》《煤炭内部审计人员职业道德准则》《财务干部职业道德通用规范》《中国注册会计师职业道德基本准则》等。

（三）生产管理类

1. 企业生产人员职业道德规范

质量第一，当好主人；钻研业务，提高技能；遵守纪律，服从调动；增产节约，提高效益。

2. 企业管理人员职业道德规范

勇于负责，开拓创新；秉公办事，不谋私利；用户至上，造福社会；作风民主，平等待人；谦虚谨慎，尊贤重才。

生产管理类还有以下职业道德规范，如：《建设行业职业道德准则》《供电局职工职业道德规范》等。

（四）机关事业类

1. 公务员职业道德规范

忠于职守，清正廉洁；勤政为民；律己修身，团结协作。

2. 领导干部职业道德规范

一心为公，甘当公仆；公正廉洁，不谋特权；坚持原则，团结协作；尊重群众，平等待人；锐意改革，与时俱进。

3. 科技工作者职业道德规范

热爱科学，追求真理；立志献身，探索创新；严谨求实，团结协作；报效祖国，造福人类。

机关事业类还有以下职业道德规范，如：《科技工作者科学道德规范》《教师职业道德规范》《中国图书馆员职业道德准则》《中等职业学校教师职业道德规范》《人民警察职业道德规范》《信访工作职业道德守则》等。

二、大学生职业道德养成的途径和方法

（一）在日常生活中培养

职业道德行为的最大特点是自觉性和习惯性，而培养自己良好习惯的载体是日常生活。因此，每一位大学生都要紧紧抓住这个载体，有意识地在日常生活中培养自己的良好习惯，久而久之，习惯就会成为一种自然，即自觉的行为。

在日常生活中培养职业道德应做到以下两点：

1. 从小事做起，严格遵守行为规范

行为规范是指各项规章、制度及在行为方面约定俗成或明文规定的标准、准则。它告诉人们该怎样做，不该怎样做。大学生要从点点滴滴做起，切实按照学校的各种规范要求自己，衡量自己的言行，指导自己的各种实践，不能随心所欲，放纵自己。

2. 从自我做起，自觉养成良好习惯

良好的习惯是一个人终身受用的资本，不好的习惯是人一生的羁绊。每位大学生都要从自我做起，从行为规范要求入手，从行为习惯训练抓起，持之以恒，从而养成良好的习惯。

（二）在专业学习中训练

专业理论知识与专业技能的学习是形成职业理念和职业道德行为的前提和基础。职业道德行为习惯的养成，离不开知识的学习和技能的提高。大学生只有具备了深厚的专业知识、精湛的职业技能，他所拥有的职业道德知识、情感、意识和信念才有用武之地，才能在自己的职业岗位上作出应有的贡献。而知识和技能是要靠日复一日的钻研和训练才能取得的。

在专业学习中训练职业道德行为的要求是：

1. 增强职业意识，遵守职业规范

职业意识是人们对求职择业和职业劳动的各种认识的总和，是职业活动在人们头脑中的反映。职业规范是指某一职业或岗位的准则，包括职业规范和道德规范。专业学习是获得专业理论和专业知识的基本途径，专业实习是了解专业、职业及其相关职业岗位规范，培养职业意识，养成良好职业习惯的主要途径。“凡事预则立，不预则废。”大学生要在专业学习和实习中增强职业意识，遵守职业规范，这是未来做好工作、实现人生价值的重要前提。

2. 重视技能训练，提高职业素养

技能及职业技能，这是一个大学生就业最基本的职业素养。任何职业都有专门的职业技能，它是标志着一个大学生的能力是否能胜任工作岗位的基本条件，也是实现其人生价值的基本条件。

（三）在社会实践中体验

丰富的社会实践是指导人们发展、取得成功的基础，是实现知行统一的主要场所。职业道德行为的养成离不开社会实践。社会实践是职业道德行为养成的根本途径。离开了社会实践，既无法深刻领会职业道德内涵，也无法将职业道德品质和专业技能转化为造福人民、贡献社会的实际行动。新时期许许多多的职业道德先进人物、职业道德标兵、劳模的职业道德行为都是通过职业活动的实践来体现的。

在社会实践中体验职业道德行为的方法有以下两点：

1. 参加社会实践，培养职业情感

社会实践是培养职业情感的有效途径之一，每位大学生都应该在生产实习、为民服务、青年志愿者活动、社会服务、社会调查、采访劳模和优秀毕业生等社会实践中有意识地进行体验，进而了解社会、了解职业、了解自我；熟悉职业、体验职业，明确社会对人才的道德素质要求；陶冶职业情感，培养对职业的正义感、热爱感、义务感、良心感、荣誉感和幸福感等。

2. 学做结合，知行统一

“知”是指在职业实践中经过总结经验和教训而获得的正确认识。“行”是指社会实践、职业活动，即人们改造客观世界的一切活动。在社会实践中，我们要把学和做结合起来，把学到的职业道德知识、职业道德规范运用到实践中，落实到职业道德行为中，以正确的道德观念指导自己的实践，理论紧密联系实际，言行一致，知行统一。

（四）在自我修养中提高

职业道德自我修养是指个人在日常的学习、生活和各种实践中，按照职业道德的基本原则和规范，在职业道德品质方面的“自我锻炼”“自我改造”和“自我提高”。自我修养是提高职业道德水平必不可少的手段，是形成人们职业道德品质的内因。自我修养的关键在于“自我努力”，其目的在于通过自我对职业活动的认识和实践，培养高尚的职业道德品质，把职业道德的基本原则与规范，自觉地转化为个人内心的要求和坚定的信念，逐步形成良好的职业行为习惯，成为具有高尚职业道德的人。无数事实证明，凡是道德品质高尚的人，都是自觉进行道德修养的人。

进行自我修养应注重以下两点：

1. 体验生活，经常进行“内省”

“内省”即内心省察检讨，使自己的言行符合规范与道德标准的要求。体验生活，经常进行“内省”，就是要通过职业生活实践来认识职业，了解职业生活对从业者职业道德的要求，找出自己在职业活动中的行为与职业道德规范的差距，进行省察检讨，使自己的行为符合职业道德规范。古人云：“吾日三省吾身。”就是这个意思。“内省”要做到三点：一要严于解剖自己，善于认识自己，客观地看待自己，勇于正视自己的缺点；二要敢于自我批评、自我检讨；三要有决心改正自己的缺点，扬长避短，在实践中不断完善自己的职业道德品质。

2. 学习榜样，努力做到“慎独”

“慎独”是指独自一个人在没有外界监督的情况下，也能自觉遵守道德规范，不做对国家、对社会、对他人不道德的事情。它既是一种道德修养方法，也是一种崇高的道德境界。因为它标志着一个人的职业道德修养已达到高度自觉的程度。道德是人们一刻也不能离开的，所以，有道德的人时刻注意自己的行为，尤其在别人看不见的时候更特别小心谨慎，在别人听不到的地方更特别心存畏惧。如果一个人有违反道德的行为，即使他隐蔽得再好，也会有被人发现的时候，即使是极其细微的事情，也会显露出来。所以，“君子”在独自一人、无人监督的时候，也不会做出任何不道德的事情来。

（五）在职业活动中强化

职业活动是检验一个人职业道德品质高低的试金石。在职业活动的实践中，应强化职业道德基础知识的运用，强化职业道德行为的规范，强化职业道德基本规范和行业职业道德规范的掌握与遵守。

在职业活动中强化职业道德行为要做到以下两点：

1. 将职业道德知识内化为信念

“内化”是指把学到的职业道德知识、规范变成个人内心坚定的职业道德信念，即对职业道德理想与职业道德原则与自己履行的职业责任与义务的真诚信奉。它是职业道德知识、情感和意志的结晶，也是人们职业道德行为的强大动力和精神支柱。只有这样的职业道德行为才有坚定性和持久性。

2. 将职业道德信念外化为行为

“外化”是指把内省形成的职业道德情感、意志和信念变成个人自觉的职业道德行为，指导自己的职业活动实践；在职业活动实践中，始终不渝地遵守职业道德规范，履行自己的职业责任和义务，做一个言行一致、表里如一的有职业道德的人。

 拓展阅读

职业素养“四图”

职业素养是人们在社会活动中需要遵守的行为规范。本文所指的职业素养包含四个方面：工作境界、职场逻辑、职场行为、职业四度。职业素养，是职业发展的基石。理解职业素养，以此为行动指南，你必将成为上级欣赏、同级信任、下级依赖的职场达人。

有人说，态度决定一切，这太绝对！但我们可以说，态度可以决定事业和人生的高度。有人把工作看成谋生手段，庸庸碌碌，他是用力在工作；有人把工作看成职业选择，忙忙碌碌，他是用心在工作；有人把工作看成事业追求，兢兢业业，他是用情在工作。用力、用心、用情，就是三个不同的境界，如图9-2所示。境界不同，高度自然不同。有正确态度的人，永远是赢家！

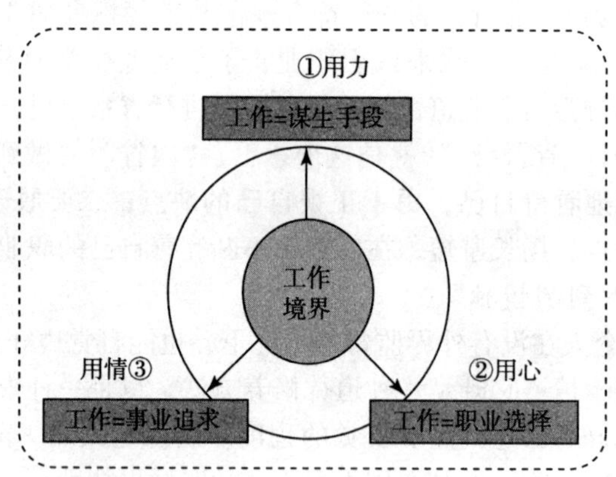

图9-2　工作境界

价值逻辑，基本主张：价值观，不动摇。对个人来说，价值观稳定，工作、学习、生活，才有秩序。不然，就会陷入混乱之中。价值观摇摆不定的人，尽管态度积极，到处寻找学习机会，也终将无法形成正确的知识体系，白白浪费了时间。如图9-3所示。

情感逻辑，基本主张：重理性，控情绪。对外界的刺激，我们不能做应激式反应，应该冷静思考。他人的言行伤害不了我们，唯一伤害我们的，是我们对他人言行选择的回应方式。

工作逻辑，基本主张：先工作，后生活。享乐在先，与任何企业的价值取向都是背道而驰的。先把本职工作做好，才可能有物质待遇的提升。努力通过出色的工作体现自己的价值，前途才会光明。

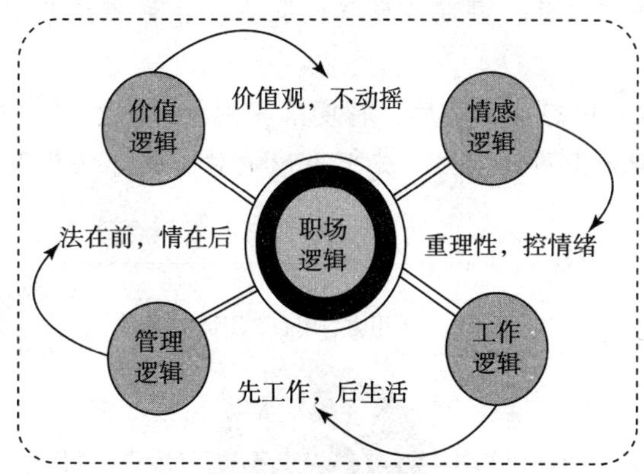

图9-3 职场逻辑

管理逻辑，基本主张：法在前，情在后。通常，西方人处理问题的逻辑是：法、理、情；中国人处理问题的逻辑是：情、理、法。企业发展初期，可以靠人治，但企业要想良性发展，必须靠法治。制度在先，适度考虑人情，毕竟，中国是人情社会。

职场行为是指规范、负责、合作。如图9-4所示。

图9-4 职场行为

规范，包含流程、程序、制度、标准，对规范的遵守有三个境界：被迫、认同、自觉。因此，规范的最高境界是自觉遵守。

负责有三个境界：承担责任，采取行动；采取行动，效果良好；思考对策，做好预防。所以，负责的最高境界是有预防意识。

合作，就是与他人配合、为他人提供帮助，以利于工作完成。与规范、负责一样，合作也有三个境界：做好本职、主动协助、熟悉对方并主动支持。

态度、高度、精度、速度，构成了职业四度，共同决定了职场人的未来。如图9-5所示。职业四度的形成是一个循序渐进的过程。

态度（用力、用心、用情），也就是工作的境界，本文开篇已经说明。

高度（格局与胸怀）。有了正确态度，尤其当我们把工作当成事业的时候，尤其当我们用情工作的时候，格局就已经形成了。格局，在一定程度上就是对未来的期许，是人生的规划。胸怀决定了格局的大小，容人容事，才能心宽路宽。

精度（专业与胜任）。每个岗位都有专业性，找对领路人，专心做事，用心体会，专业度就会不断提升。能够胜任工作，是职业发展的起点。先把事情最对，然后再把事情做好，就有了职业发展的精度。

速度（方法与行动）。把态度、高度、精度落实到具体的行动之中。方法决定速度，不断优化工作方法，就会提升做事的效率。先把事情做对、做好（精度），再把事情做快（速度）。

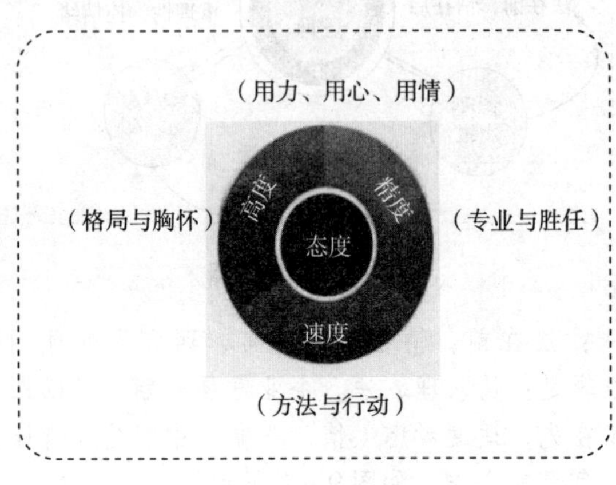

图 9－5　职业四度

任务 9.4　建立良好的人际关系

一、沟通交流就是生活

人是有社会性的人，工作、生活中的大部分时间都用在沟通交流上，甚至可以说，沟通交流就是我们的生活。我们统计一下，每天除了睡觉，我们独处的时间有多少，独处的时候又都在干什么，你会发现，更多的时间我们都花在与他人沟通交流上，包括同事之间、朋友之间、家人之间，等等。事实上，无论你怎样理解生活，你都无法离开他人而独立存在。如果我们想要生活得更好，人生更加完美，那么就要努力在沟通交流中做得更好。

（一）会说话才会受欢迎

生活中，那些口才出众的人总是更受人欢迎，他们不但能够在自己的朋友圈子里如鱼得水，也能够使许多原本陌生的人成为自己的朋友。职场中亦是如此，能说会道的同事往往更容易被老板注意，成为领导、同事欣赏的人。

无论你是和上司打交道，还是和同事、同行相处，都要学会说话，拿捏好说话的分寸。这并不是要你费尽心思、巴结逢迎，而是要认真负责地对待自己的言行。语言的力量是巨大的。国外有句民谚："言语给人的伤害往往胜于刀剑。"我们也有句古话："良言一句三冬暖，恶语伤人六月寒。"说的就是这个道理。

前一段时间，小周旁听了公司里一位兼职讲师的课程。课程快结束的时候，他回到了办公室，对其他的同事说："没有想到他的课程，这么好，想不到，真是想不到。有些人是天生适合做讲师的。"过了一会，课程结束了，讲师和大家聊天，突然问小周："你觉得这个课程怎么样？提点建议，我也好有个提高。"旁边的同事搭腔说："小周刚才说，没有想到你的课程讲得这么好。我们都要向你学习呀。"从此小周感觉这位讲师对他的态度亲热多了，以后有类似的培训，这位讲师也都会为小周预留一个座位。

无数事实证明，会说话是事业成功的重要保证，知识就是财富，口才就是资本。能说会道，才能正确地领悟上级的意思并恰当地表达出来，一个唯唯诺诺、语无伦次的人很难让人相信能够胜任自己的工作。所以，年轻的你一定要学会说话，懂得恰当的表达，通过讲话让领导、同事、群众更深层次地了解你、信任你，才有机会被提拔到更高的职位，胜任更重要的任务，才有施展才华、事业成功的机会。

（二）莫要小聪明，生活需要大智慧

在社会上生存、发展，特别是刚刚毕业的年轻人，仅仅积累一些生存上的小聪明是远远不够的，我们还需要驾驭生活的大智慧。小聪明是急功近利，只顾眼前，不顾往后，最终会自缚手脚；大智慧则统率全局，面面俱到，似愚实智，最终达成人生的圆满。

1. 难得糊涂

清代郑板桥有一段话："聪明难，糊涂尤难，由聪明而转入糊涂更难。"聪明难，糊涂更难。难得糊涂是大智若愚的处世智慧。人生处世，需要难得糊涂，对他人要擅见其长，不拘其短；对事情能总揽全局，不舍本逐末；在大事上能够坚持原则，遵守道义，抑恶从善；在小事上则不过多计较，宽容大度，顺其自然。

我们在工作中也要学习这样一种人生态度。感恩别人对自己的批评，那是为了自己的提高；学会把自己压得低低的，厚积薄发；不固执、不狂妄，甘愿接受艰苦的磨炼；知之为知之，不知为不知，绝不不知而硬装知道；不斤斤计较，不为无法改变的事情而痛惜；涉及利益当取则取，且取之有度，应予则予，且予之及时，等等。

2. 以德服人，人品比技巧重要

真正有智慧的人，会把人品看得比金子还贵重。职场中能力有大小，人品却容不得打折扣。许多企业都旗帜鲜明地把人才观中的人品排在了第一位，员工在人品方面所犯的错误是最不能容忍的，诸如见利忘义、投机取巧、责任心差或者不诚实，等等。闻名世界的实业家马歇尔·菲尔德曾经说过："对于一个初出茅庐的年轻人而言，做人的首要品质是诚实、勤奋、节俭和正直。这些品质比什么都重要，他们是任何时代都不能缺少的。一个人如果没有这些品质，必定一事无成。"

有一名德国留学生，毕业成绩优异，便留在德国求职。他拜访过很多家大公司，全都被拒绝。没办法，狠狠心、咬咬牙，他收起高才生的架子，选了一家小公司去求职，心想，无论如何，这次不会再被有眼无珠的德国人赶出门了！结果呢？小公司虽然小，仍然和大公司一样很有礼貌地拒绝了他。留学生忍无可忍，终于拍案而起："你们这是种族歧视！我要控告你们……"对方没有让他把话说完，低声告诉他："先生，请不要大声说话，我们去另外的房间谈谈好吗?"他们走进无人的房间，德国人请愤怒的留学生坐下，然后从档案里抽出一张纸，放在他面前。留学生拿起看了看，是一份记录，记录他乘坐公共汽车曾逃票3次。德国抽查逃票被查到的概率是万分之三，也就是说逃1万次票才可能被抓住3次。这位留学生居然被抓住3次，在严谨的德国人看来，那是永远不可饶恕的。

一个人在蝇头小利上都靠不住，还能指望在别的事情上信赖他吗？因此，新人在平时生活和工作中不要以为自己很聪明，其实，这些一时的得意正是给你职业生涯带来隐患的地雷。真正有智慧的人，肯定会有好人品、好德行：做人坦坦荡荡，做事认认真真，锐气藏于胸，和气浮于面，才气见于事，义气施于人。如此，人生方能有大成就、大气象、大境界。

二、处处逢源——锤炼交往技巧

要赢得别人的好感，顺利地办成事情，就要擅交往、会说话，尤其要学会见什么人说什么话。这不是要求职场新人们口是心非、曲意奉承，而是要实事求是，具体问题具体分析。因为大家背景不同，生活方式、说话习惯各异，同样的话，对张三说可能效果很好，而对李四来说，他完全可能不理解，甚至会产生反感和误解。所以要见什么人说什么话，到什么山头唱什么歌，这样才能够处处逢源，真正赢得别人的好感。

（一）如何与不同类型的上司相处

所谓上司，就是直接管你的人，你就是被他直接管的人。刚毕业的新人们也许会遇到许多不同类型的上司：有的性格温和，为人谨慎；有的脾气暴躁，做事草率，等等，而且，每个人都有着与众不同的习惯。对待不同的上司有不同的相处之道，既然在别人手下做事，思考如何相处让大家愉快就是一项刻不容缓的任务。

1. 霸道暴躁型的上司

有些人天生脾气不好，情绪容易失控。这类上司经常为一些小事而大发雷霆，甚至公开斥责下属，叫下属难以忍受。当遇到这种上司时，先考虑导致恶劣情况的真正原因，如果是自己的过错，不要推卸责任或试图解释，而是冷静处理，表示自己会注意这方面的情况。

平时可研究一下上司的工作习惯：他发脾气是否有一定的模式，是工作问题还是个人问题，或是只是一时有某项特殊任务而紧张不已，等等。这样，上司下一次发飙的时候就可以作出相应的反应并防止类似事件重演。

2. 优柔寡断型的上司

优柔寡断型的上司大都多谋少断，他会让你真正体会到左右为难的滋味，因为别人一点点修改意见，就能让他朝令夕改，叫底下人不知所措。这种情况下，你可以在不让他感到有失身份的前提下，大胆和他商讨一些决策，帮他痛下决心，再设法让他坚持。如果恰巧他是一位不容侵犯权威的上司，最好什么行动都遵照他的旨意，只是既然有了随时改变的心理准备，凡事未到最后期限，就不必切实执行。

3. 懒散型的上司

努力工作的目的是希望有朝一日得到领导的赏识，然而却遇上了一个懒散又爱争功劳的上司，叫你十分泄气。事实上，如果你的上司平庸、没创意，你大可以一颗宽容之心相对，因为对你来说未必不是好事，至少多了磨炼的机会，多了显露才华的契机。人在屋檐下，不得不低头，基本的一条是要学会与其相处，如果你不想和自己过不去，就不要和这种上司过不去。但也不能一味逆来顺受，在老板面前适当地维护一下自己的利益也是无可非议的，要让上司知道做人是有原则的，忍让也是有限度的。

4. 工作狂型的上司

工作狂上司往往认为自己是天底下最能干的人，加上精力过剩，热衷于工作，所以希望下属也都和他一样。遇到这样的上司，你一定大皱眉头，天天超时工作，周末、周日依然要上班工作，没有几个能承受得了。面对这样的老总，不妨甘拜下风，不断向他请教，让他感觉到你一直在努力工作，反而可以得到他的赏识。

5. 管家婆型的上司

有些上司事无巨细都要过问，甚至插手干预，让你感到很苦恼。对这样的上司来说，下属只是他获取某项成果的工具，虽然他表面上鼓励人尽其才，各就其位，实际上他是一切工作幕后的策划者，他的意见就是命令。与这样的上司相处，首先要想办法令他对你感到放心，比如主动汇报你的工作进展情况，让他对一切了如指掌。其次就是研究一下他究竟有什么忧虑，以至总是对下属缺乏信心，并在以后的工作中尽量避开。

不管谁是谁非，开罪上司无论从哪个角度说都不是好事，只要你没想调离或辞职，就尽量不要陷入僵局。平时不妨主动找上司沟通，找到问题的症结并以此为鉴。在一些比较轻松的场合，不妨向上司问好，表达对他的尊重。毕竟上司和我们一样，是个普普通通的人，同样承受着各种压力，多从他的立场考虑，双方自然会建立一种和谐的氛围。

（二）怎样与不同品性的同事交往

林子大了，什么鸟都有。人上一百，形形色色，这并非仅仅针对人们的面容而言，最主要的还是说人们的性格差异。职场新人在与各种性格特征的同事们相处时也要处处留心。

1. 与办事拖沓的同事相处

有的同事办事麻利，有的同事恰恰相反，无论干什么事情都磨磨蹭蹭，拖沓成性。与他们共事，往往会影响工作进度，有时真能把一个人急得团团转。与这类同事相处，可能的话，少给他们分担一些任务，必要时真诚地帮助一把。这样不但避免了同事的慢动作影响自己，还收获了同事的感激之情。对于屡教不改的同事，可以制订一个共同的工作计划，在计划中突出时间概念，把目标、责任写明写清。在强大的责任压力和危机感下，他一定会提高自己的工作效率。

2. 与尖酸刻薄的同事相处

尖酸刻薄的人，往往爱取笑和挖苦别人。与刻薄的同事相处，最好一笑了之。平时尽量保持距离，倘若听到难听的话就装作没有听见。初出校门的你千万不要随便动怒，跟这种人计较会影响你的形象。有的同事天生一副伶牙俐齿，得理不饶人，这时你就要勇敢地面对，不卑不亢地说出自己的看法。大多数情况下，不妨放低姿态，摆正心态。既然人人都有缺点，何必为了几句口角计较呢?

3. 与搬弄是非的同事相处

职场中有一种爱嚼舌根的人，他们常以挑起事端为乐，且有幸灾乐祸的病态心理。对于这种整天挖空心思制造纷争的同事，首要一条就是涉及他人是非的话坚决不说，关系到自己利害的话坚决不说，不给他留下任何可以搬弄是非的把柄。倘若被谈论的是你自己，最好不理不睬，这样一来对方自会觉得无趣，悻悻而退。谁人背后不被人说，谁人背后不说人，人生在世难免被人议论，我们要努力做一个为自己理想而活着的强者，而不是被议论左右的弱者。

4. 与脾气暴躁的同事相处

脾气暴躁通常指思想冲动，做事欠考虑，喜欢感情用事等。一般情况下，这种人喜欢直来直去，不会拐弯抹角，容易得罪人，也容易被人得罪。遇到这种同事，最好采取冷静、迁就的态度。当他不小心冒犯你时，一笑了之，既可以摆脱尴尬，又可以让对方知难而退，避免事态继续恶化。事实上，只要自己胸襟开阔，心态平和，自然会对别人的态度不加计较，做到以静制动。而且脾气暴躁的人往往纯真率直、讲义气、重感情，不会玩弄权术，只要你真诚相待，他必定也会真心待你。所以与这种同事相处，大可不必含蓄，有什么说什么，视他如友，往往会关系融洽。

（三）与自己不喜欢的人相处

我们都愿意和喜欢的人交往，而不愿意和不喜欢的人来往。但生活却是，很多你不喜欢做的事情不得不去做；不喜欢的人，敬而远之却不可避免地要与之打交道。那么，该如何和自己不喜欢的人打交道就是一个必须尽快解决的问题。

1. 相互尊重

与自己相同脾性、相同气质、相同境况的人相处，无疑是愉悦的。与自己价值观、思维方式不同的人相处，明显会比较别扭。这时要记住一点：可以不喜欢，但是一定要尊重，这是做人的原则。人人都有其特点，不要试图改变这个事实，接受他人的独特个性，他人也会尊重你的本来面目。

2. 换位思考

遇到难以解决的问题时，把自己想象成对方，换位思考，设身处地地为对方考虑，你就可能体会对方的思路，从而修正自己的一些做法。人与人之间要互相理解，信任，切忌不要为些许小事而与对方争得脸红脖子粗，甚至头破血流。有时要多看看别人的优点，学会宽容待人。

3. 自我反省

职场上不要一味指责别人，遇事多反省自己，多思考自己哪些地方做得不够，哪方面没有兼顾到，哪些是可以改善的，是自己能力不够、心胸不够开阔，还是偶然因素掺杂，等等。想明白之后，你就会发现很多问题根本不能称之为问题，从而摆脱局限，主动改善和同事之间的关系。卓越源自反省，自觉自我反省的人，一定能够成为一个不断走向完美与高尚的人。

三、管理人际资源，用心编织自己的人际圈

职场新人有时会发现，一起进公司的同事，有的做任何事情都显得游刃有余，左右逢源，而有些则时运不济，得不到发展的机会。想一想就会发现道理很简单，就是前者拥有一定的人际资源，他们的人际圈更广泛，资源更丰富。有人说，读万卷书，不如行万里路；行万里路，不如阅人无数；阅人无数，不如有贵人指路。职场新人倘若有前辈指路、贵人提携，往往能事半功倍，更好地适应社会。

（一）交往，从自己具备吸引人的能力开始

我们每个人都知道人际资源的重要性，然而与人交往却并不像我们想象的那么简单。很多时候，那些人品、能力等样样超强的人可遇而不可求，或是遇上了却没有机会甚至资格与之共事。所以，扩大自己交际圈的首要任务就是培养自己吸引人的能力，毕竟只有你成为他人的资源，他人才会成为你的资源。

想要拥有丰富的人际资源，就一定要修炼好自身的能耐，这种能耐或许是能力，或许是资源，或许仅仅是你的人格魅力，但是无论如何，你都要拥有一种吸引人的能力。没有人会小觑一个有能力、有才华的人，也没有人会轻视一个有能耐、有前途的人。正所谓栽得梧桐树，引得凤凰来，只有你拥有了吸引人的魅力和能力，才能在身边聚集更多的朋友，开拓更广阔的交际空间。

（二）想做什么样的人，就和什么样的人在一起

近朱者赤，近墨者黑。生活中，我们都会在不经意间接受来自周围朋友的一些潜移默化的影响，从而不知不觉地改变自己的言语行为、思维方式等。如果我们经常与成功的人一起交往，自己也会向比较好的方向发展，反之亦然。

小窦毕业之前很幸远地成了学院里资格最老、教学水平最强、为人处世圆熟的李老师的实习生。李老师对小窦很关照，他教给小窦很多东西，把自己从教二十多年总结出来的经验和教训毫无保留地交给了他。这种言传身教的传授，帮助小窦少走了很多弯路。毕业之后小窦在一所中学任教，深受师生好评。他希望自己像李老师那样，他做到了。

见贤思齐焉，见不贤而内自省也。如果一个人周围全都是品德高尚的人，那么这个人也会主动自觉地通过努力去赶超他们。和什么样的人在一起，未来的自己或许就是那个样子，所以，我们想要成为什么样的人，就要主动去和他们做朋友，学习他们的思想方式和处理问题的手法等。新人们不要觉得不好意思或是觉得没有胆量去向行业里的成功人士请教，事实上，只要你态度诚恳，谦虚好问，那些前辈们随时准备着帮助有志向的年轻人。

（三）有效拓展人际关系的技巧

拓展人际关系并不是一件容易的事情，需要讲究技巧，有适当的技巧，人际关系才会迅速拓展到一定的深度和广度，人际关系质量也会随之上升。

1. 用“二八”原理经营人际资源

企业经营管理中有一个著名的“二八”理论，通常是说，企业中20%的产品在创造企业80%的利润，20%的顾客为企业带来80%的收入。“二八”原理告诉我们，要抓住那些决定事物命运和本质的关键的少数。

经营人际资源也是如此，对你一生的前途起重大影响和决定作用的，也许就是那么几个重要人物，甚至只是一个人。所以，我们必须区别对待，因为我们的时间、精力和资源有限，苛求自己成为万人迷是不现实的。所谓择善而交，对影响或可能影响我们前途、命运的20%的贵人，我们要花费80%的时间、精力和资源；对于那些远离自己生活圈子的80%的人，花费20%的时间、精力和资源和他们友好相处就足够了。

2. 循序渐进

初识不宜言利。拓展人际关系时切忌急于求成、揠苗助长，若是刚刚认识就积极寻找与人合作的机会，结果往往适得其反，一不小心，还会成为别人眼里急功近利、趋炎附势的人。稳定而持久的人际关系应该是在相互信任之后逐步建立起来的，初次相识，最好讲一些双方都感兴趣的话题，少谈关系到利害冲突的话题。

李先生参加一个社交聚会时，一位年轻小伙子主动和李先生攀谈并交换了名片。几天后，李先生接到一个电话，正是那位小伙子，这位年轻人也没有什么特别目的，就是聊一聊，好像两个人已经很熟了一样。布朗先生有些不高兴，这位自来熟的小朋友让他不知说什么好。几天之后，这位年轻人又打电话来了，这一次是希望李先生能够赞助他的公司一笔钱，李先生彻底无奈了。

俗话说：“一回生，二回熟。”职场中的交往需要更多的时间和耐心。大家都知道职场关系没有那么单纯，所以大家都有着或多或少的戒心，你表现得越熟络，人家说不定越拒绝。在社会中生存发展，的确需要朋友，然而朋友是需要时间去交往的，太过心急，只会引起别人的反感。所以拓展人际关系要循序渐进，一步一步慢慢接触，这样建立起来的关系才会持久而稳定。

3. 多去冷庙烧香

建立人际关系不妨多去冷庙烧香，不要只挑香火旺盛的热庙。热庙香客多，你只是众多香客之一，神不怎么会注意到你。冷庙就不一样，门庭冷落，你却很虔诚，神对你自然特别在意。同样上香，冷庙的神会认为这是天大的人情，日后有事，它自然特别照应。假如有一天风水转变，冷庙成了热庙，神对你还是会特别看待，不把你当成趋炎附势之辈。

有一位年轻人大学毕业之后决定下海经商，经过几个月的准备，他写出了第一份商业计划书。为了落实这份计划，他四处寻找风险投资商。不久，他参加了一次科技博览会，在场的人都争着向那些海归名流提问，唯独一位民营企业家在那里坐“冷板凳”。当时这位企业家名气不大，没有人关注，这位年轻人觉得应该帮帮这位企业家，于是向他提了很多问题，散会之后，那位企业家心存感激，主动找他聊天。他向那位企业家谈起自己的梦想，企业家看了他的计划书之后，决定给他投资。第二天，年轻人收到了第一笔风险投资基金。

人际交往中确实如此。如果你认为对方是个英雄，就该及时结交，如果自己有能力，更应给予适当的帮助。寸金之遇，一饭之恩，可以使他终生铭记，绝不会忘了你这个知己。所以生活中不妨灵活点，随时体察别人的需要，关心身边的人，经常帮助别人一把，当你有事时，就很容易得到帮助。

4. 储蓄人情，重在平时

有的人平时对你不冷不热，有事的时候却特别热情，这样的人估计没人会喜欢。想要维系持久的关系，就一定要平时多用点心。职场新人往往不自觉地忽略了曾经的朋友。工作后的时间毕竟很有限，除了上班，还要打理生活，剩下的时间还要休息娱乐，朋友不知不觉就疏远了。然而人与人之间的关系只有平时常联络才会逐渐加深，久不见面，隔阂自然产生，再想消除，恐怕就没那么容易了。

徐丽在公司工作了五年，终于被提升为部门主管。可是一次不经意的疏忽，徐丽给公司造成一笔不小的损失，结果只得辞职离开。徐丽不想继续给人打工，决定开创自己的事业。确定下目标和计划之后，徐丽找了一些同事和工作上的朋友，希望能够得到指导与帮助，可是这些人已经听说了她被迫辞职的事，哪里会帮助她呢？就在这时，倍感凄凉的徐丽接到了大学时的一个朋友的电话，朋友在电话里说，大家听说了徐丽的情况，想要帮助她，可是大家都觉得这几年徐丽太忙了，疏远了和朋友的关系，所以大家想要聚一聚、聊一聊。聚会上，大家重新找回了以前在一起的感觉，朋友们纷纷给徐丽出谋划策。在朋友的帮助下，徐丽摆脱了阴影，顺利筹备了自己的公司。

生活中没有朋友就好像参加一场盛大的舞会却没有舞伴一样，没有朋友的人往往寸步难行。所以，即使身为上班族，也要常和朋友多多联络，偶尔打个电话约朋友一起逛逛街、唱唱歌、喝杯咖啡、聊聊天。朋友之间很少存在利害冲突，然而却会在你失落的时候安慰你，潦倒的时候帮助你。所以平时要多联络，万不可因一时懒惰或没有多余的金钱而失去了和朋友的来往机会，否则人情变淡，到有事情的时候就后悔莫及了。

四、语言是一门艺术

语言是交流的工具，运用语言是一门学问，更是一门艺术。所谓灯不拨不亮，话不说不明，很多时候光靠行动是远远不够的，还需要在适当的时候运用我们的语言。语言的表达，可以体现出一个人的才华、性格及人品，通过语言的沟通和交流也可以分辨出一个人的好与坏、善与恶、喜与忧，甚至可以改变一个人或改变对一个人的看法。在社交中，充分掌握这一门艺术，可以在职场中事半功倍。

（一）适当幽默

契诃夫曾说：“不懂得开玩笑的人，是没有希望的人。”职场上不仅会经历各种艰难和坎坷，而且会遇到各种各样的尴尬，尴尬会使你进退两难、失掉机会，尴尬会使你掉价、使你优雅不起来，那么幽默就是摆脱这些的最好武器。不要认为只有一脸严肃的人才能够在职场上叱咤风云，没有幽默感，一个人很难做到灵活圆通，而这一点恰恰对一个人的成功非常重要。没有人喜欢一生如白开水般平淡，也不是所有人都有幸成为自己想要成为的那个人，但是我们所有人都可以追求快乐，幽默无疑是最好的方式。甚至有时候，幽上一默会为你争取到未知的机会。

小程是一个幽默风趣的人。一次，他去应聘一个的职位，简历寄去后大概两星期左右，对方就将抱歉未能录用的 E - mail 发给了他。可能是由于系统错误，对方发了两封抱歉信给他。小程毫不犹豫地回了一封信，“既然您对未能录用我如此遗憾，为什么不给我一次面试机会呢?”不知是不是这封信起的作用，后来他得到这个公司另一个更好职位的面试机会。

培养幽默，首先要了解自己的内心，所谓言为心声，没有一个良好的心态，幽默也仅仅是形似神不似。只有时时处处保持一颗快乐的、感恩的心，你才能够在任何场合都具有真正感染力的幽默。除此之外，丰富的知识以及运用这些知识的能力同样重要。只有具有丰富的知识储备，才能让你在任何时候都收放自如，对各种笑料信手拈来。

（二）善于倾听

倾听，是一种有修养的表现，倾听别人述说是对别人的尊重；倾听，是一种途径，能够获得别人已知而自己不知的情况；倾听，是一种态度，彰显一个人的心胸是否如他本人所说般广博。老天给我们两只耳朵一个嘴巴，本来就是让我们多听少说的。善于倾听，才是成熟职场人基本的素质。

有一个汽车业务员花了近一个小时才说服他的顾客下定决心购买他的汽车。即将签合约了，客户却突然变了卦，这个业务员百思不得其解，于是他真诚地打电话向那位先生求解。那位先生说：“在去签合约的路上，你根本就没有用心听我说话。”这位业务员开始努力回想，后来终于想起来，原来在他们去签合约的路上，顾客骄傲地向他谈起了自己即将上大学的儿子，可是当时这位业务员心里却在回想着昨晚的篮球赛。恰巧一位同事经过，他们俩津津乐道地谈起了昨晚的赛事。这下子，他把顾客晾在一边，顾客感到被冷落，于是就拒绝签约了。

我们很多人都缺乏耐心，想一想多少次在同事跟我们说话时，我们手里还在发着手机短信，或者朋友向你倾诉，你却东张西望、似听非听。我们可以试想一下，如果我们兴致勃勃地向同事分享一件美事，又或者向朋友倾诉委屈，对方的眼睛却不看我们，哈欠连天，甚至用不相关的话打断我们，我们心里该是多么失落与沮丧。推己及人，耐心倾听是一种美德，是一种尊重说话人的表现，是对讲话人最大的肯定与恭维。它能使对方喜欢你、信赖你。所以，学会倾听，你会成为一个更受欢迎的人。

课后测评

职商测试

职业智商（career capability quotient，CQ），是职业胜任力的量化标准。职商代表着个体在创业、就业、从业等职业活动中各种胜任素质（包括智力的和非智力的素质）的综合水平与同类群体相比较而言所处的位置。其内涵主要有四个方面：一是职业化的工作技能，也就是“像个做事的样子”；二是职业化的工作形象，也就是“看起来像那一行的人”；三是职业化的工作态度，即“用心把事情做好”；四是职业化的工作道德，也就是“对一个品牌信誉的坚持”。

人生最终的决胜在于职场，而决胜职场在于职商的高低。布莱尔·沃森（Blair Aolsin）根据500强公司多年的人力资源从业经验，告诉读者国际优秀企业如何运用这些试题，考查你的职商高低，以此判断你的综合能力以及与应征岗位的契合度。

一、测试题（A：8分；B：5分；C：3分；D：1分）

（一）职商与职场

1. 每天临出门前，你面对镜子：（　　）

A. 前后左右仔细打量一番，看看是否得体无误；

B. 露出一个大大的笑脸，鼓励一下自己；

C. 匆匆路过镜子，稍微看一下自己的脸是否还睡眼惺忪；

D. 根本没有心情照镜子，经常找不到镜子在哪。

2. 你每天用于整理自己仪容的次数是：（　　）

A. 大约每两小时一次，时刻保持自己的职业形象；

B. 午餐的时候找个时间做个调整；

C. 除非有重要的场合要出席或意外情况，否则哪来的空闲搞这些；

D. 根本就不会顾及这个方面的事情。

3. 你现在愿意改变工作方式在家办公吗？（　　）

A. 不会，不希望自己脱离主流职场被边缘化；

B. 似乎有些吸引力，但我还是不会选择，我需要和社会保持密切接触；

C. 无所谓吧，我随便，看工作性质而定；

D. 热烈倡导，在家办公自由无拘束，正是我的梦想。

（二）职业素养

4. 工作时，你经常打电话或者上网找人聊天吗？（　　）

A. 这怎么可能？我工作都忙不过来呢！

B. 偶尔吧，空闲的时候可能会打个电话，多半有私事；

C. 有空就打电话或上网；

D. 几乎天天有一半甚至更多的时间泡在网上聊天。

5. 你的办公桌上摆着：（　　）

A. 钟

B. 植物

C. 照片或玩具

D. 除了文件，什么都没有

6. 工作时你会陷入空想，将工作搁置下来吗？（　　）

A. 从来没有，我是个实干家；

B. 偶尔，当我太累的时候，可能会不自觉地发呆；

C. 有时候会突然陷入一种心境怀念感，但还不算太频繁；

D. 经常陷入空想，几乎不能自我控制。

7. 走在路上，你听到有钥匙掉落在地上的声音，你的直觉告诉你那是：（　　）

A. 错觉，我这么严谨怎么会遗落东西呢？

B. 只有一把钥匙；

C. 两三把钥匙；

D. 一大串钥匙。

8. 和上司一起参加一个社交会，你会：（　　）

A. 无拘无束，很豪放，尽量表现自己的“八面玲珑”；

B. 开始时可能略有矜持，但礼仪得当，能营造出和谐融洽的气氛；

C. 害羞，有些不知所措，但仍然能够主动打招呼说话，融入气氛；

D. 十分谨慎，感到很不合群，几乎不太说话。

（三）职商与大脑

9. 年终发红利的时候，你：（　　）

A. 很开心，又可以请客户大玩一通了；

B. 对红包的厚度十分自信，这下要好好慰劳一下自己了；

C. 紧张得像看成绩单，打开之前心里忐忑不安；

D. 完全提不起兴趣。

10. 当你和上司的意见不一致时，你会：（　　）

A. 据理力争，坚定表现自己的立场，并且不自觉地提高自己的音量；

B. 以柔克刚，尽量提出双方都能接受的解决方法；

C. 连续争辩，如果不行就保持沉默，一切让老板决定；

D. 老板那么凶，我根本不敢和他提出会引起争议的问题。

11. 如果你的大老板越过你的顶头上司直接向你布置任务的话，你会如何应对：（　　）

A. 尽善尽美地完成，牢牢抓住这个表现的机会；

B. 谦逊地向顶头上司请教，并将功劳的一半分给顶头上司；

C. 直接推给顶头上司；

D. 大肆宣扬，借以炫耀自己受到了大老板的器重。

12. 你遇同事在你面前议论其他同事长短，你会：（　　）

A. 表现出厌恶，可能会粗暴地打断他，令他下不了台；

B. 继续手中的工作，并婉转地提醒他现在是工作时间；

C. 虽然不发表意见，但也感到好奇，暂停工作听他说；

D. 很有兴趣，并和他一起展开议论。

13. 遇到有异性同事开过火的玩笑，你会：（　　）

A. 这样的事情司空见惯，跟着一起开玩笑，谁怕谁啊；

B. 用委婉的方式表达自己的不悦，让对方停止但也不伤和气；

C. 忍气吞声，勉强自己也跟着笑两下；

D. 立刻翻脸，不留一点情面。

（四）职商与求职

14. 最近你最常和谁一起吃晚餐？（　　）

A. 上司

B. 客户

C. 同事

D. 爱人

15. 如果你在事业上非常成功，但你常常觉得工作压力很大。你将如何调整心态呢？（　　）

A. 运动，打球或去健身房什么的，彻底放松一下；

B. 学做个小菜，比如辣子鸡丁什么的，给爱人一个惊喜；

C. 卸下工作时的模样，换张脸，出去和朋友疯狂；

D. 整理房间、上上网，顺便为自己的发展找条后路。

16. 对培训、集体旅游、奖金等公司福利，你是如何看待的呢？（　　）

A. 我更愿意公司送我到国外进行培训，我很想进一步“充电”；

B. 旅游和健身我都很喜欢，陶冶情操、锻炼身体，而且可以学到很多东西；

C. 不管是什么福利，公司提供的就要充分享受；

D. 要什么福利，还不如兑换成现金呢。

17. 对于各种情侣测试，你通常：(　　)

A. 不屑一顾，觉得都是骗人的把戏；

B. 有时候测着玩玩，怀着美好的期望，但也不被结果左右；

C. 虽然嘴上说不相信，但情绪很受结果的影响；

D. 只要是这类测试都做，信则有，不信则无！

18. 你有没有多次做同一个梦的情况？(　　)

A. 从来没有，我根本很少做梦；

B. 好像有过，但是记不清楚；

C. 明确记得有过，感觉很诡异；

D. 经常做同一个梦，感到很疑惑，有时也会害怕。

19. 冬天又到了，你对冬天经常有的感觉是什么？(　　)

A. 年终又是一个繁忙的时间，工作一定要安排妥当才行；

B. 白雪飘飘，美不胜收，只是下雪了容易塞车迟到；

C. 就一个字——“冷”；

D. 我讨厌冬天，心情和天气一样阴霾。

二、测试结果

1. 得 121 ~ 152 分：你对职业过分满足！说明你是一个工作狂，你是典型的职业强人。建议你不妨轻松一下，你需要多彩的生活，去滋润，才会越活越精彩。

2. 得 93 ~ 120 分：你的职业商数很高，完全能够胜任目前的工作。你是个聪明而能干的人，并且懂得爱惜自己。你在职场能否实现个人价值，就要看看你的运气喽。

3. 得 70 ~ 92 分：你是个重生活的人。如果你没有想当元帅的念头，那么明年依然能够顺利发展，但不会有很大的起色。作为职场能人，你可能被大多数人羡慕，稳定而不太操劳。建议你不要轻易跳槽，当然如果有绝好的机会，也不要放弃。也许你在职场上能够变得非常出色，如果你再勤奋一些的话。

4. 得 43 ~ 69 分：看来你不太适合这个工作，或者你真的不太了解职场的规则。下一年度你可以多注意一些职场的新动态，有合适岗位，不妨给自己一个重新开始的机会。当然，你也可以利用辞旧迎新的时机，重新定位自己的职业形象。从职业的角度来说，你的工作风格似乎有点琐碎。让自己的心胸再开阔一些吧，这样你的机会将更多更好。

5. 得 19 ~ 42 分：不及格，你的职业简直病入膏肓！你极度不满意自己的职业，每一天简直像在为仇家工作。毫无疑问，没有必要再干下去，否则很可能染上心理疾病。立即鼓足勇气去寻找令你满意的工作吧。新时代的职业人，应该有一份适合自己的事业！

思考与训练

1. 大学毕业生应怎样完成自己的职业角色转换？
2. 职场中的基本职业能力有哪些？
3. 大学毕业生如何建立良好的人际关系？
4. 怎样处理好毕业后的工作、学习和生活？

项目十　掌握创业知识　成功实现创业

学习目标

1. 了解创业和创业者，熟悉创业者的品质特征；
2. 了解创业的过程和大学生创业的主要模式；
3. 了解创业的流程，学会撰写创业计划书；
4. 了解企业创建的流程，学会规避创业风险。

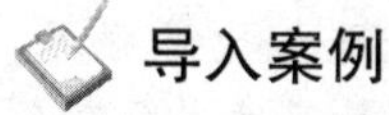

名人导言

创业，既不是科学，也不是艺术，而是实践。

——〔美〕彼得·德鲁克

导入案例

等待就是浪费青春

张婷，2010年9月—2012年7月在××职业学院学习动漫设计与制作，随后在大连安博实习期间学习Web2.0网页设计。在大二的时候，她开始对创业产生兴趣，凭着强烈的爱好，她要挑战自己的能力，实现自我价值。2013年2月，她一个人转战去了北京。在北京市海淀区西二旗一家互联网公司谋得第一份工作，当时的公司比邻百度、联想等知名公司，给了她极大的激励。尽管从实习生开始做起，天天加班，又苦又累。但是，每天不管多么晚下班，她都会羡慕地看一眼百度灯火阑珊的办公大楼，暗暗为自己加油。由于她工作出色，一个月后被公司转正。通过向他人学习以及自己的钻研，她用三个月时间便熟练掌握了商业性的网站制作、网站开发等业务。同年4月，她选择离职，步入医疗行业，工资从实习生的2500元翻倍到4500元。在医疗行业，她掌握了百度竞价PHP① 程序等多方面的知识，负责集团上百个网站建设。

2013年7月从××职业学院学成毕业后，张婷开始组建团队，创建了艺术798工作室，带领8人的技术团队进行创业，不到四个月的时间，工作室盈利十余万。同年11月，转战电商领域，打入电商行业，快速了解了电商独立平台的建设，熟练掌握了淘宝、天猫、京东等电商行业的一切运转。同时她又兼职担任北京某电商公司设计总监一职，并且带领团队在聚划算活

① PHP：英文全称Hypertext Preprocessor，超文本预处理器，是一种通用开源脚本语言。

动中创下一天销售额超过60万、天猫家装类项目排名第二这样一个骄人的业绩。

2014年4月，张婷创办7time美食坊，为了探寻最正宗的美食，她带领团队离开北京去品尝各地美食，定期举办户外活动，邀请更多人的加入7time美食坊。5月，张婷离开电商公司，个人筹资创办了自己的公司。所有的一切都是她自己一个人独立完成的。因为不懂创办公司的业务流程，在注册公司的过程中受到了历练，她吃了一些亏，最终于8月把公司注册下来。主营包含网站建设、商城建设以及各种页面设计、VI设计等。在公司运营的过程中，她拼命地接项目，以解决资金链的问题。公司处于一个跨界经营的状态，一直做网站建设，电商也有了自己的业务合作，包括化妆品、珠宝、服装等都是合作项目。渐渐地，张婷感觉到了压力，她想，时代变化总是很快，一个行业如果不能做到行业第一，就会死得很快，不见得永远有项目。

随着移动端的大爆炸，在飞速发展的互联网+时代，不断地尝试新的创新创业是永恒的主题。张婷不断地在更新和学习新的知识，包括营销学、管理学。在这一过程中，APP开发列入了公司的主营项目，包括微信第三方、微商。企业坚信以诚待人，坚持以最好的服务给予客户，功夫不负有心人，2014年在国内知名设计师平台站酷上，她获得人气16万+；在国内知名设计师平台68design上，她获得北京市最好排名40名，每周必收到3~5封企业的offer（包括小米公司）。2014年她受邀加入一网学（网络最大的学习平台）进行讲课。

2015年4月，她受邀参加北大清华讲座，分享个人创业事迹。2015年10月，接受人民邮电出版社出版合作之邀请，出版以张婷冠名的电商设计书。在国内知名设计平台90设计上，有近55万名设计师参加，张婷个人排名全国第5名，拥有粉丝3000+。

2015年，张婷的公司服务于部分政府网站、北京的国企、个体户等上百家企业，并逐步扩展到海外，包括美国、英国以及我国香港的客户，得到客户的认可。了解了海外的设计要求以及一些生活习惯，如香港客户很少用淘宝支付宝、QQ等，很多新鲜事情让张婷大开眼界。2015年11月，张婷接受跟谁学（跟谁学是中国最大最专业的教育O2O平台）的采访，分享企业管理经验、运营经验、设计经验、营销经验。

谈起创业，张婷认为高职学生创业需要具备强烈的挑战精神、出色的沟通能力、较好的专业知识、优秀的领导艺术、良好的社会关系、敏锐的市场认知等多方面综合素质，必须了解一些国家的创业政策，她建议学校要提供场地、实验设备等环境和服务，多组织学生参加各类创业实践活动。张婷感慨地说："创业者首先是要做正确的事，对于这一点，绝大多数人还是心知肚明的。"对大部分人来说，更为关键的还是要明确什么是"正确的事"。由于每一个创业者的背景和所拥有的资源差异性都很大，对于此人来说的"最合适的事""最正确的事"，对于彼人来说就未必如此；对于大多数人来说，都不是很好选择的事情，对于某个人来说也许就是"最合适的事"和"最正确的事"。简而言之，对于创业者来说，做"正确的事"就是做最符合自己实际情况的事。

任务10.1　认识创业和创业者

一、创业——人生的选择

（一）创业的原因

说起大学生的前途以及大学毕业之后的时光，很多人都会用一个词来表达——迷茫。"未来我到底要干什么呢？现在大学生这么多，竞争又那么激烈……”“我虽然学了这个专业，可是我一点也不喜欢这个专业。当时报考的时候就迷茫，现在读了更迷茫。”“马上都要毕业了，这些年都是怎么过来的？我怎么感觉自己晕晕乎乎就过完了大学生活！”

1. 我们为何迷茫

人类需要的不是一个没有挑战的世界，而是一个值得他去奋斗的世界。

——〔美〕维克多·埃米尔·弗兰克尔，存在主义心理学家

研究发现，目标会有效地驱动人们的行为。李想，1981 年出生的“80 后”青年，初中时就对电脑很感兴趣，自己动手学习电脑，高中时给各类电子杂志写文章，每天早晨四点起床更新自己的网站。这样坚持和持续地投入，让他没有时间去思考所谓“青春的迷茫”。即便是一些看上去“放荡不羁”的创业者，一旦发现了“值得他去奋斗的世界”，也会持续地投入，进而产生有价值的结果。例如，苹果公司前 CEO 史蒂夫·乔布斯、Airbnb 现任 CEO 布莱恩·切斯基，当投入自己的事业时，他们都会有持续的对于任务的忘我感和完成任务后的满足感。我们不能说他们是迷茫的，因为他们知道“值得他去奋斗的世界”在哪里。

面对现状迷茫时，最有效的办法是尽快行动起来，寻找自己“有感觉”的生活。这就是一种创业的思维方式，即当面对不确定的环境时，先开始行动、感受，而非一直陷入思考之中。

因此，“创业”可以从狭义和广义上理解——从狭义上可理解为“创办企业、公司”，从广义上可理解为“创造你的人生事业”。

当你在大学毕业前，思考未来何去何从时，创业也可以成为你未来人生的一种选择。狭义的创业，需要你从大学阶段就开始准备和积累；广义的创业，需要你将之转变为一种思维方式，去面对未来的种种具体选项：用创业精神去考研，用创业精神去求职，用创业精神去留学……

正因如此，创业不是一件“少数人的独门绝技”，创业是人人都需要了解的。也正因如此，“大众创业，万众创新”近几年经常被社会主流媒体提及，甚至成为一种风潮。

那么，为什么对于大学生来讲，即便不创业，也要了解创业呢？

1）创业本身就是一种职业

很多大学生认为创业本身就是一种职业，在就业高峰，给自己一片更广阔的天空，并且很多人都认为在今后的社会中，自主创业的人会越来越多，甚至成为就业的主流，成为大学生毕业后就业的首选。

2）实现自我价值——这是证明自己的最好途径

一些自我意识很强的学生，不愿意庸庸碌碌，选择自主创业是为了通过这一途径来证明自己的能力。在一些单位由于制度的约束，无法按照自己的想法来做事，创业可以有一个空间来发挥，来实现自我价值，得到社会的认可。

3）经济的要求

经济原因也是大学生选择自主创业的一个重要原因。在以经济建设为中心的大环境中，工作待遇是不得不考虑的一个重要因素，自主创业可能带来的就是良好的经济效益。目前大学生工资待遇低，受金融危机影响，薪酬要求降至冰点，甚至出现要工作、不要工资的现象。

4）替别人打工不如为自己打工

大部分选择自主创业的学生都是抱着这种心态，认为自己的事业，做起来会更有工作激情、更投入，从而更容易成功。这种成功是属于自己的；另外，就算失败，也是自己造成的，不会去怪别人，不会感到遗憾。

5）不想回家啃老的无奈之举

当然，找不到工作也是毕业生选择创业的一个原因，特别是由于今年是扩招后的第 N 年，大量的毕业生涌向市场，一些人必然要面对的问题就是找不到工作或是短时间内找不到合适的工作，在这种情况下选择创业也是一种无奈之举。

6）时间自由

对很多人来说，时间上的自由可以说是最大的动力。朝九晚五的工作时间不是每个人都能适应的，如果自己创业，时间的掌握上就比较自由一点，这也是为什么现在出现自由职业者的原因。因为这个原因，选择创业的学生都认为自我空间很重要，没有必要没有事还要守在单位里浪费时间，可以做更多自己想做的事情，如果有事，就算不睡觉也没什么。

7）积累社会经验，提高个人能力

毫无疑问，自主创业不仅是大势所趋，而且是一个提高个人能力的好方法，能让毕业生更好地认识社会，融入社会。

8）是对个人能力的考验

在社会的考场里，优胜劣汰。机会只会给有准备的人，也许你的一个创业想法，可以为你带来好的商机。

9）可以交到不少真心朋友

每个人在自主创业的过程中，也许会遇到大大小小的挫折，关键在于大家相互帮助，这样凝聚起来的力量，能帮助你克服创业瓶颈，交到不少真心朋友。

10）国家自主创业的相关优惠政策

相关政策也许现在还并不太完善，但是至少可以肯定国家积极引导鼓励大学生创业的信号是积极的，是明确的。

2. 未来："创"一代带来的改变

1977 年 9 月，在北京召开的全国高等学校招生工作会议上，教育部决定恢复已经停止了十年的全国高等院校招生考试，以统一考试、择优录取的方式选拔人才上大学。

之后，高校每年扩大招生数量，伴随着高校毕业生人数的增加，其学历含金量持续下降。一个 80 年代、90 年代毕业的大学生，还可以称之为"天之骄子"。而今天毕业的大学生，起薪甚至还不如一个熟练的技术工人。

但是，仍然有很多"很值钱"的大学生。我们来看一些熟悉的人物。

雷军，1969 年出生于湖北仙桃。1987 年，他考上了武汉大学计算机系。之后，他顺利毕业，开始闯荡网络"江湖"。

马云，1964 年出生于浙江杭州。1988 年，他已经从杭州师范学院外语系毕业，教授英语。当然，那个时候的他也许没有想到，十年之后，他会和另外 17 个人（史称阿里"十八罗汉"）开始创业，过着"有这顿没下顿"的生活，更没想到后来的一切。

史玉柱，1962 年出生于安徽蚌埠。1984 年毕业于浙江大学数学系。五年之后，就开始"折腾"着自己创业。"脑白金""巨人集团"……这些响亮的名字，是一个时代的印记。

还有毕业于深圳大学的马化腾，毕业于北京大学的李彦宏……当年的天之骄子，现在的创业界大佬们是中国创业的领军人物，也是这个时代的风向标。

我们可以统称他们为中国大学生的"创"一代，他们给这片沉闷的土地带来了生机。正如纪录片《公司的力量》中所说："20 世纪 80 年代是创业者的时代，被拯救的老企业和刚起步的新公司一点点突破了计划体制的坚冰，也正是他们孕育催生了中国的市场经济，再次唤醒了这片土地上沉睡已久的激情。"大学生本就应该是创业热潮中的一支生力军。

3. “看不懂”的“创”二代

时光荏苒，最近十年的创业世界，让很多传统的创业大佬们有些看不懂。

郭列，出生于1989年，从华中科技大学毕业后，加入腾讯。2013年自己创业，年底做了脸萌APP，从开始的默默无闻到借助微信的热度，2014年5月30日到6月2日，四天软件下载量为119.3万。爆炸性的增长，刷爆了微信圈，同样成就了郭列。

阿迪力·买买提吐热，毕业于长沙理工大学，三代家传切糕传承者。当家乡的切糕被社会误解时，阿迪力及其团队出于对于自己民族传统的尊重以及社会责任感，为切糕正名，从此开始了自己的切糕事业。切糕王子，还在创业路上。

赫畅，留学归来，却不在意所谓的大学学位，他更看重自己的事业。多次创业之后，发誓改变传统的“煎饼果子”行业，创办了黄太吉餐饮，用自己的创意和想法改变着这个行业，同时也在这个行业中寻找自己的定位，誓将在线餐饮做到极致。

除此之外，马佳佳、余佳文、徐逸，包括外国的马克·扎克伯格（Facebook创始人）、内森（Airbnb联合创始人）等，或大学毕业，或大学退学。他们的创业方式，有着与“创”一代不同的规则和玩法。

当大多数行业与领域都被传统一代占据时，“90后”选择的最优策略是：到“敌人”不熟悉的领域去，打游击战，打不对称战争。“60后”“70后”企业家的主战场是传统工商业，而“80后”“90后”就把主战场放到了移动互联网上。当科技的风口慢慢转向时，传统行业的大佬们急需转型，也不得不向这些移动互联网的创业者们请教、学习。这一点再次印证了唐·泰普史考特所说的“文化反哺”现象，即年长一代向年青一代进行文化吸收的过程。

回想一下，是谁教会父母玩智能手机的？是谁教会他们使用微信的？又是谁在朋友圈把父母给屏蔽了？

答案显而易见，是年轻人，尤其是“90后”。“90后”做了这些，这就是最简单意义上的“文化反哺”。

当传统行业的大佬们纷纷寻找下一个“风口”时，“90后”已经占据了下一个风口——移动互联网。“90后”是极具移动互联网思维的人群。他们要求生活自由，充满弹性时间；追求真诚透明的交往方式；工作不仅仅是工作，还要结合娱乐；乐于分享，愿意与陌生人建立联结。

我们相信，某种行为可以通过学习短时间内获得，就像是打羽毛球，经过几个回合，你或多或少会“照猫画虎”。而思维方式的形成往往需要很长时间，你只有通过持续的行动和思考才能慢慢养成这样的思维方式。当你已经可以自动地用主动的创造性的思维去思考问题时，你已经站在了下一个创业时代的风口上。“创”二代的称号，实至名归。

（二）创业——生活方式的选择

生存，还是毁灭，这是一个问题（To be, or not to be—that is the question.）

——〔英〕莎士比亚《哈姆雷特》

如果你想要绝对的安全，那就进监狱吧。在那里，食物、衣服、医疗应有尽有，唯一缺少的就是自由。

——〔美〕德怀特·大卫·艾森豪威尔，美国第34任总统

同样，在新的时代，创业，还是不创业？这也是一个问题。

创业是否一定要创办企业？当跳出“创业一定是要创办公司”这样的思维限制时，你会如何重新理解创业这件事？

不同的创业学者对于创业有着不同的定义和理解。

“创业，是不拘泥于当前条件限制，将不同的资源加以合理运用，追求机会，创造价值的过程。”（Stevenson，1983；1985）

“创业，是一个个体寻求机会的过程，在这个过程中，个体并不考虑当前所控制的资源。”（Gartner & Baker，2010）

有的人对于创业的定义更为宽泛，比如风险投资家佛瑞德·威尔逊（Fred Wilson）把创业视为“将创意转化为企业的艺术”。

可以这样理解，微信之父张小龙在创办微信之前，力排众议、开启项目的行为本身就是一种创业行为（因为他把握了移动互联网这一时代的机会，而此时，一切的局面还不明朗，而他愿意为其付出努力），而在其创造微信之前所做的QQ邮箱、Foxmail都可以算作创业行为（虽然当时他属于受雇用的身份，但是他也将自己的创意转化为一个可实现的项目，并为未来的微信设计铺平了道路）。创业，可以从创造你人生事业的角度来考虑。创业本身就是一种生活方式的选择，你可以选择自己创办企业，也可以选择在企业内创业（Corporate Entrepreneurship）；你可以选择以公司为主要的承载手段，也可以选择在日常生活中创造一些新的产品和服务来满足需求。你认真对待你的生活并将之转化为一种有价值的行动，即是真正的创业精神。

对于持有创业思维的人，他们愿意去发现周围的问题，并且从中寻找机会，积极主动地行动，通过自身以及周围资源的支持，最终获得一定的价值。即便到了事业稳定的状态，持有创业思维的人也会不断地变革，以更好地应对时代的变化，例如海尔集团的张瑞敏，面对未来移动互联网的时代浪潮，毅然决然地将企业平台化、员工创客化、用户个性化。不得不说，这就是创业精神的体现。

正如《时代周报》在对张瑞敏的一篇报道中所提道的：“65岁的张瑞敏，体量庞大的海尔，迎来了最大的变革。”

被称为全球白色家电第一品牌的海尔，现在称自己为一家“互联网公司”。这家诞生于1984年、距今已有31年历史的青岛企业，在高峰时有8万名员工、3.5万家专卖店和6000多个服务网点（不包括农村）。2014年，海尔全年营收达到2007亿元。

同时，作为传统家电制造业的标杆企业，海尔也一直是工业时代管理哲学的忠实践行者，张瑞敏亦以其管理思想在中国工商业界享有领袖地位。

如今，这家堪称“航母级”的巨型企业，其掌舵人张瑞敏决定以壮士断腕的决心彻底转型。他提出“企业平台化、员工创客化、用户个性化”，欲将航母变为舰队，打破传统的“科层制”组织结构，去除中间层，全面“小微化”，海尔试图用变革迎接来自互联网的颠覆式挑战。

也许创业并没有我们想象的那么可怕：付出高额的经济成本，甚至公司破产，妻离子散……

创业，只是在你原有的生活中增添一点点积极主动的思考与改变，把你想要去做的东西，转化为真实的存在，发现环境的“不可能”，转化为“我试试看”，最终会变为“我真的做到了”！

（三）创业是一种生活态度

和大学生谈创业，听老师给学生讲创业课，发现大家会直接进入一个无比“务实”的境地：如何创业、如何赚钱、如何注册、如何获得融资……

其实这不仅仅是在大学，参加过多次创业的私董会，即使面临天使轮、A轮、B轮的创业者，他们关心的也都是非常具体层面的内容：如何赚钱、如何管理团队、如何展开营销……

务实是一件好事，而对于大学生来讲，过分的“务实”会让大部分学生对于创业产生“偏见”：“我就想找个好工作然后踏踏实实地生活，为什么要创业?”“了解那么多税制计算，和我今后有什么关系?”

很幸运，作为心理学工作者的我们，习惯于从内心层面去看问题：创业首先不应该教会你具体去做什么，而是教会你用什么样的态度去面对你的生活。

我们在进入大学之前，所有的人生目标都统一地来自外界：“只要考上大学，你就完成了所有的使命，就可以放松了。”当我们在大学伊始，对大学生活有着无尽期待，却发现理想与现实的落差时；当我们发现大部分的同学都有类似落差，于是过上了无所事事的生活时……希望你可以想起这样的“真理”：与其满足现状，不如积极创造。没有目标，我们自己寻找目标；对现状不满，我们创造现状；所有人都无所事事，你的有所作为将使你成为环境中的领军人物。

这一切，都叫作心智模式，一种内心自动化地看待世界的方式。

比如，你可以选择大学毕业后直接就业，但是用什么样的心态去就业是你的选择。是随波逐流，还是在工作中发现机会、创造新生活？如果选择后者，慢慢地你会习得一种心智模式，叫作主动。

你可以选择在大学期间就创业，但是你也要理性地评估。做什么是你擅长的；你必然要面对什么样的风险和未来长远的机会。这将教会你另一种心智模式——理性。

在真正的创业过程中，你需要看到不同人对于你的 Idea（创意）的意见，并且以合适的方式满足他们的需求（需求导向的心智模式），并且随时调整（灵活的心智模式），最终，你会完善自己对于生命的掌控感：我的人生，由我做主。这一点，是很多人羡慕的，这叫作自我掌控的人生。

二、创业者的含义

（一）什么样的人可以称之为“创业者”

是充满壮志、成就梦想的马云，是坚持、执着的李书福，还是睿智、富有洞察力的史蒂夫·乔布斯？抑或是纪律严明的拉里·佩奇（Larry Page，谷歌公司创始人），还是特立独行的埃隆·马斯克（Elon Musk，特斯拉，Space X 等公司创始人）?

当然，他们都可以被称为“创业者”，然而创业者并不仅限于“创办企业的人”。《人物》杂志资深撰稿人亚力克·福奇（Alec Foege）在其书籍 The Tinkerers（《工匠精神》）中认为，任何只要有好点子并且愿意去努力实现的人，都可以称之为改变和创造者。例如著名美国科学家、美国“第一公民”——本杰明·富兰克林，包括美国国父乔治·华盛顿，他们都是“充满激情和好奇心”的人。同样，我们会发现，很多政治家也具有远见卓识的目光和改变环境的决心。邓小平富有创造性地提出了“中国特色社会主义”，提倡“摸着石头过河”，某种意义上，这就是一种勇于尝试和快速改变的创业精神。

扩展了对于“创业者”的定义我们就会发现，创业者不仅是创造企业的人，也有可能是发明者，也可能是创造某种制度的人。我们更愿意将他们称为“英雄”。他们开创了时代，建立了城市、宗教或者新的生活方式。“为了创造新事物，他们必须脱离原有的模式，踏上寻找原始创意的旅途。这种萌芽般的原始创意具有强大的潜力，能够催生出全新的事物。”在人类文明史中，那些曾带给我们启迪的人们：带来光明的爱迪生、带来信仰的佛陀、带来印刷术的蔡伦……也许他们并没有直接创造伟大的经济财富，却为这个世界带来了巨大的进步。他们是创业者，他们也是英雄。

（二）创业者的定义

从词源上讲，“创业者”（Entrepreneur）一词来源于法语“Entre”与“Perndre”。两个法语词汇分别表示“中间”和“承担”的意思。从词源上来说，“创业者”一词表达了买卖双方之间承担风险的人，或承担创建新企业风险的人（Barringer & Ireland，2011）。

其中，发明家和创业者不同。发明家创造新事物，而创业者聚集并整合所有的必需资源（金钱、人力、商业模式、战略和对风险的忍耐力等），以便将发明转化为可存活的企业。因此，创业者可以理解为不仅仅发明产品，还需将产品推广、运作，变成可运转形式的人。

对于创业者，也可以用这样一句话来概括：“任何想体验充满各种不确定性和模糊性的战场的人都可能成为创业者，任何想跨越诸多高峰的人都可以成为创业者。”不管面对何种情景，都有意愿持续前行的人，都可以称之为“创业者”。

创业者也许是乐观主义者，也就是那些看半杯水为半满的人（而不是半空的人），也有可能是那些正直的、向往竞争、不断超越的人。提到杰出的创业者，或许你可以想到很多商业神话（史玉柱的东山再起，马佳佳的特立独行），觉得他们遥不可及（如充满着财富与传奇的褚时健、乔布斯），但事实上，他们具备的也都是一些优良的特质而已，我们举例来说明。

1. 执着

褚时健，曾是有名的烟草大王。1991 年，褚时健因种种原因被判无期徒刑。2002 年被保外就医后，他与妻子于哀牢山种植橙子，后获得商业上的巨大成功，被人们称为“褚橙之父”。王石曾用巴顿将军的名言评价褚时健：“衡量一个人的成功标志，不是看他登到顶峰的高度，而是看他跌入谷底后的反弹力。”

2. 洞察力

乔布斯，坚持科学技术与人文情怀的结合，对于产品有着近乎偏执狂般的热情。在大多创业公司的产品都在“满足需求”时，他能够发现消费者自己都不曾发现的需求。例如，乔布斯坚持做一款用户体验极佳的手机产品，而不是一款永远摔不坏的产品。甚至首代 iPhone 推出后，受到了其他厂商的嘲讽。然而事实证明，对于科技的追求以及好的用户体验，才是人们真正的内心诉求。很多人也会称他为“乔帮主”，代表着对乔布斯为人类社会做出的贡献的尊敬。

3. 从失败中吸取教训

史玉柱，面对巨人集团资金链断裂、负债 2.5 亿的危机状况，选择再次创业，并在调查市场需求后进行“脑白金”保健产品以及“征途”等网络游戏的运营，顺利扭转败局。创业者不应该是一个无法承担风险的人。相反，从失败中学习，快速调整状态，才能转败为胜。

4. 追求成功

说到吉利汽车的李书福，大部分人对他的评价是——这是一个不甘于平庸的人。1982 年，他用从父亲那里借来的 120 元开办了照相馆，赚取了第一桶金。但是他不甘于平庸，想要追求成功。1984 年，他开始从事电冰箱生产行业。不到十年时间，李书福又不甘于冰箱这样的“小买卖”，开始做更为复杂的摩托车生意，不仅把国内的市场做得很好，而且做到了国外。这时的李书福，做出了在那个年代看来大胆的决定，他准备做国内当时还没有私人可以踏足的汽车制造行业。1997 年，他投资了一个工厂，带着团队开始制造汽车，1998 年，第一辆汽车出厂。2009 年年底，吉利与沃尔沃达成了收购协议，《华尔街日报》将他评论为中国的“亨利·福特”。

5. 合作

相信很多人都可以从电影《中国合伙人》里看到创业团队的重要意义。俞敏洪创办新东方，除了自身的努力和奋斗外，很大程度上也和“三驾马车”另外的两位成员——徐小平和王强有着紧密的关联。同样，暴雪娱乐公司的麦克·莫怀米（Michael Morhaime）、艾伦·阿德汗（Allen Adham）和弗兰克·皮尔斯（Frank Pearce）也是团队协作的典范。

除此之外，我们可以通过很多案例看到创业者身上很多不同的特质，例如比尔·盖茨的审时度势、拉里·佩奇和谢尔盖·布林的冒险精神、罗永浩的表达力以及埃隆·马斯克的专业能力。约翰·霍纳迪（John Hornaday）总结出了创业者的42项特征（Hornaday，1982），如表10－1所示。

表10－1　创业者的42项特征

特征	特征
1. 自信	22. 有责任心
2. 有毅力、坚定	23. 有远见
3. 精力充沛、勤奋	24. 执行认真
4. 机智多谋	25. 团队、合作精神
5. 风险承担能力强	26. 利润导向
6. 有领导力	27. 从失败中快速学习
7. 乐观	28. 有权力感
8. 追求成功	29. 性格开朗
9. 知识丰富	30. 个人主义
10. 创新、创造力	31. 有勇气
11. 有影响力	32. 有想象力
12. 善于与人相处	33. 有洞察力
13. 积极主动	34. 能够容忍不确定性
14. 灵活	35. 有进取心
15. 聪明	36. 懂得享受
16. 目标明确	37. 追求效果
17. 勇于迎接挑战	38. 全力以赴
18. 独立	39. 信任下属
19. 开放的心态	40. 敏感
20. 追求效率	41. 诚实
21. 决策果断	42. 成熟、考虑周全

当然，看完这些特征，你会发现，它们仍不能完全描述创业者的特征，例如，有的创业者是很叛逆的，有的创业者其实不善于言谈。

（三）企业家的六大要素

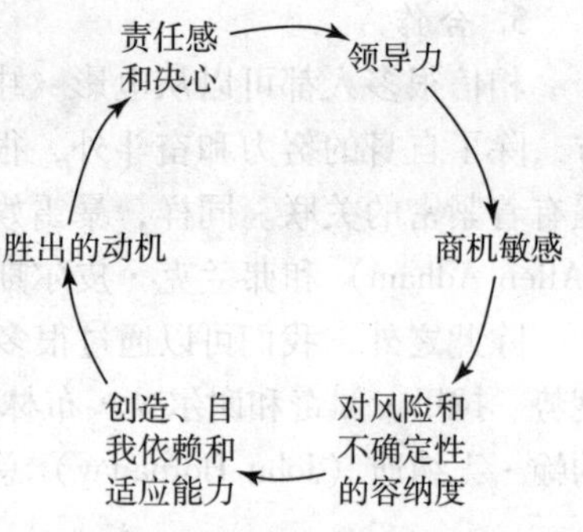

图 10－1　创业者的六大要素

美国学者杰弗里·蒂蒙斯教授是公认的创业学领域的学术权威。他通过跟踪研究进入百森商学院杰出创业者学会的学员，总结出成功企业家作为创业者的“六大要素”如图 10－1 所示。

1. 责任感和决心

责任感和决心会使创业者在面对团队、企业内部的困难时成为敢于承担的团队领袖，能够更好地获得团队成员的信赖与尊重。逃避责任者，最终会被团队成员以及合伙人所唾弃。黄一孟，2003 年创办 Verycd. com，提供资源分享服务。2011 年，面对巨大的“盗版”压力，黄一孟以及团队选择删除盗版音乐链接，一部分影视作品也改为在线播放。虽然这样失去了很多用户，但面对调整，黄一孟勇敢担当责任，安抚员工并积极转型，带领团队寻找出路。此后创办的“心动游戏”，致力于网页游戏，取得了成功。黄一孟带着“壮士断腕”般的决心转型成功，并且通过转型也体现出了青年企业家对于社会的责任感。

所谓老板（Boss）和领导（Leader）最大的差异也在于此（见图 10－2）。有的老板指挥下属，不愿以身作则。时间久了，下属会产生厌恶情绪。而好的创业团队领导身先士卒，带领团队共同进退。这样很容易形成示范效应，凸显了创业者的责任感。

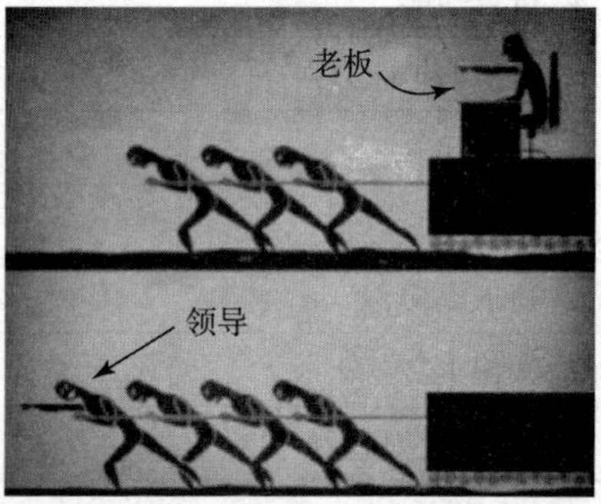

图 10－2　老板和领导的差别

“这事我负责!”结果，他就成了团队的领导人。

“这事我顶着!”结果，他就成了团队的顶梁柱。

“这事我来做!”结果，他就成了领导的左膀右臂。

“这事我不会!”结果，他就成了最基层的员工。

“这事怪我吗?”结果，他就成了团队的淘汰者。

创业者的责任感与决心精神，除了体现为对团队内部的事情负责外，另外一个重要的体现是对外的社会责任感。2015 年 8 月，当马云登上华人富豪榜首位时，人们称他为“首富”。马云对此说：“首富的‘富’应是负责任的‘负’，首富是首先要负起责任的那个人。”他宁愿十年不挣钱，也要让农民先赚足钱，实现他“让天下没有难做的生意”的梦想。

因此，企业家通常心怀天下，心系百姓，有着强烈的责任感与决心。你的责任多大，你的决心多大，你的事业就能做多大。

2. 领导力

领导力，是利用各种创业资源，通过对他人的积极影响，以达到创业者预期目标的能力。对于创业者，你需要找到你的领导风格。

领导力并不等于独裁和过度的刚愎自用。也许是受到一些影视剧作品的影响（例如《乔布斯传》中对于史蒂夫·乔布斯的独断和掌控的描述），人们会认为创业者是一群“控制狂”。事实上，所谓的领导力，有其不同的方式和风格，就如同四大名著《三国演义》中魏、蜀、吴三国领导者的领导风格不同一样。我们可以把这三个国家比喻成彼此竞争的三个创业团队，那么这三个创业团队中的领导力风格也是千差万别的。

魏国创始人曹操，在书中被评为“一代枭雄”。他文韬武略，颇有王霸之风。自负，却也可以为贤能而倒屣相迎。上马金，下马银。足智多谋，又有王者之风，这是曹操的领导力：依靠谋略、依靠心计来收买人心。

蜀国创始人刘备的领导力，总结起来即为“以人为本”。无论是真仁义还是“刘备摔孩子——收买人心”，打感情牌是他的领导风格和方式。

吴国创始人孙权的领导力，在于善于用人、识人。虽然《三国演义》全书描述中，孙权不如曹操和刘备的个人影响力大、魅力强，却留下了三次拜相的美名（初次拜周瑜，赤壁一战定三分；再次拜吕蒙，败麦城，收荆襄之地；三拜陆逊，火烧连营七百里）。“我虽不是团队明星，但是我可以成就你”，孙权领导力的核心特质即为：敢于授权，充分信任人才。

领导力风格不仅仅包含这三种。哈佛大学心理学教授丹尼斯·戈尔曼曾经把人们的领导力风格分为六种：远见型、关系型、民主型、教练型、示范型和命令型（Goleman，McKee & Boyatzis，2002）。然而，无论领导力风格属于何种，创始人都需要有足够的个人影响力和个人魅力，这样才会给创业企业带来长远的价值，毕竟在创业伊始，团队成员往往是因为个人关系而凝聚在一起的。

就你而言，你是愿意成为一位有远见的思考型领导，还是成为有和谐融洽关系的领导；遇到问题，更愿意和你的团队民主探讨，还是调动、挖掘每位员工的内在力量？以身作则，或者令行禁止。事实上对于创业者而言，只要对创业有利，都可放手去做。

3. 商机敏感

关于商机敏感，人们总会去夸大企业家对于某项事业敏锐的洞察力。当乔布斯坚定地表述自己对于产品的执着时，人们忽略了其人生中长期对于设计的追求和“偏执”的性格特征；当人们疑惑并感叹雷军对于小米手机的产品定位为何如此精准时，其实是忽略了其长期在网络公司的创业经历和其自身对于手机产品的热情。

洞察力的提升，来源于长期对于某项事物的投入。门捷列夫在梦到“元素周期表”之前，已经对于化学元素有过多年的研究。机会总是垂青于那些做好准备的人。持续地学习与投入，才能给你带来前所未有的、持续的商业敏感性。

创业过程中，你的团队需要保持始终的敏感和快速的行动。例如 Airbnb 公司，2008 年是其成功元年。早在 2007 年创业一年时，创始人发现自己的营业额入不敷出，再这样发展下去企业最终将走向衰亡。2008 年，当创业团队忧心忡忡地考虑接下来何去何从时，他们突然意识到 2008 年正赶上美国总统大选，Airbnb 的创始团队灵机一动，将奥巴马和麦凯恩的卡通形象分别印在 500 个包装盒上，里面装入燕麦片，每一盒都有一个独一无二的编号，然后拿到民主党和共和党的全国代表大会出售，每盒售价 40 美元，最后居然赚了 30000 美元。保持始终的敏感和快速的行动不仅仅帮助你获得了生存下去的机会，也让更多的投资人认同你的团队。相对于项目的合理性，投资人更看重的是创业团队的生存能力以及发现商机的敏感性。正因如此，投资人纷纷开始认同 Airbnb 创业团队并为他们投资，进行合作。

这群可以靠卖麦片来维持项目的人，他们做的公司死不了。

——〔美〕保罗·格雷厄姆，YC 创业营创始人之一，对于 Airbnb 麦片项目的评论

产业结构变动、消费结构升级、城市化加速、观念改变、政府改革、人口结构变动、居民收入水平提高、全球化趋势等这些变化中都蕴藏着大量的商机，敏感的创业者应善于发现和利用。比如，居民收入水平提高，私人轿车的拥有量将不断增加，这就会派生出汽车销售、修理、配件、清洁、装潢、代驾以及二手车交易等诸多创业机会。

例如在“人人车”的创业路上，创始人李建看好汽车交易的市场来源于其早年间在“58

同城”工作时看到的汽车交易市场的真实数据。另外，对于车的喜爱，促成了他对“人人车”创业项目的专注与持续投入。正因如此，“人人车”在2014年拿到了来自雷军旗下的B轮融资，进而可以更好地推广、发展。

4. 对风险和不确定性的容纳度

英国经济学家马歇尔教授认为，企业家是不同于一般职业阶层的特殊阶层，他们最大的特殊性是敢于冒险和承担风险。

然而，创业者更多的都是倾向于冒险的适度风险承担者。他们并不是疯狂，而是对于不确定性的接受程度相较于普通人更高。

作为创业者，首先需要面对的现状包含了不同于稳定工作者的种种生活形态：不稳定的收入、不确定的时间安排、工作上的操劳、个人休闲时间和照顾家人的时间减少……从生活的角度看，创业者自然比固定领取薪水的工作者承担了更高的风险。

万通控股董事长冯仑说：“我刚创业那会儿，在地铺上睡了11年，起初是给自己下了个狠心，说如果我折腾不起这个公司，我就不睡到床上去，后来意外发现睡在地上有很多好处，什么东西都扔在地上，贴着地面，人就特别知道自己所处的位置——你就这么低。”

5. 创造、自我依赖和适应能力

正因为创业者需要面对一个不确定的环境，他们才要具备更强大的适应和自我依赖能力。他们不满足于停留在现有规模上，创业者希望他的企业能够尽可能地快速增长、员工能够拼命工作。他们在不断寻找新趋势和机会，不断地创新，不断地推出新产品和新的经营方式。

英特尔公司是具有创造性、自我依赖和适应能力的企业典范。英特尔公司在产品研发上进行持续的巨额投入，不断提高芯片频率、数据带宽、处理线程，使得处理芯片的发展始终遵循着摩尔定律。英特尔公司在近20年内仅供PC使用的芯片的主要系列就包括8086、80286、80386、80486、486DX2、486DX4、Pentium、Pentium MMX、PⅡ、PⅢ、PⅣ等，工作频率由早期的2 MHz发展到现在的2 GHz，提高了1000倍。这些产品不断地满足用户对计算机性能的要求，因此英特尔始终保持着在芯片产业内的领导地位。

从创业者的角度来看，我们面对的都是一个无法预知的世界。只有依靠自己的行动力，不断创造，适应社会发展，才能获得成功。陈粒，毕业于上海对外经贸大学非声乐专业。由于个人爱好，业余时间她专注于独立音乐的创作。没有运作团队，没有签约公司，靠个人努力，凭借《奇妙能力歌》等个人创业的独立音乐，她在2015年逐渐有了知名度，也得到了诸多主流媒体的宣传。

> 要挣钱，要养家，要过好日子，当时就那个水平，别人也都那么干，限制太多，给钱太少，社会不开明，市场不成熟，都是理由。但今天谁要听这些理由？大家只看结果，任何理由都没有，这就是你干的，你的历史。
>
> ——陈粒，独立音乐人

6. 胜出的动机

卓越的创业者有很强的雄心壮志，有一种必须要赢、敢于挑战任何对手的决心。

汽车之家网站创始人、现任汽车之家总裁的李想，是“80后”创业成功的典型代表。“我高三时开始上网，当时上网费还很贵，一个月要七八百元钱。”在此期间，李想迷上了个人网站，除了上学，他把所有的时间都用在计算机上，像许多电脑迷一样，他也建了一个个人网站，“一开始是自己做着玩，但我这个人喜欢争强好胜，别人做得好，我就要比别人做得更好”。

创业者们往往是自我驱动型人格，他们受到内心强烈愿望的驱动，希望和自己定下的标准竞争，追求并达到富有挑战性的目标。

保持敢于良性竞争的好胜心并抱有必胜的信念，不服输、不妥协，最后的荣誉才会属于你。

（四）关于创业者的种种看法

“一千个读者眼里有一千个哈姆雷特”，同样，创业者在每个人的眼中也有着不同的理解。如何成为创业者？在通往创业者的路上，并没有唯一的答案。每个人的成功都无法复制。

1. 创业者是天生的吗

虽然在很多情况下，你看到的创业者总是有一些“不寻常”，例如青少年时期喜欢飙车的比尔·盖茨，情绪总无法自控的史蒂夫·乔布斯，但是，大部分创业者的特征都与其周围环境、生活经历和个人选择的结果有关（Barringer & Ireland，2011）。

事实上，许多有关创业者心理和社会构成要素的研究显示：创业者在遗传上并非异于他人。没有人天生是创业者，每个人都有成为创业者的潜力。

研究表明，父母是自我雇用的人，其子女更可能成为创业者。人们看到工作场所中独立自主的父亲或母亲，就更可能发现自主精神的诱人之处。

那些认识创业者的人，参与创建新企业的可能性，比那些没有创业者熟人或行为榜样的人高两倍多，其积极性影响在于：通过对其他创业者的直接观察，可以降低创业过程中的模糊和不确定性。

因此，是先天影响作用更大，还是后天影响作用更大？总结研究发现，没有一个创业者是天生的创业者，他们都受到了后天的种种影响，才决定了创业。

2. 什么年龄适合创业

那么，在什么样的年龄阶段适合创业呢？仍然没有统一、绝对的答案。更理想的表达是：不同年龄、不同性别的人在创业上有着自己的特点和优势。例如老年创业者（也称“银发创业”），美国劳工局数据表明，在51～61岁年龄段，1/3的男性工作者是自我雇用者。他们的优势在于经验丰富，财务资源、社会资源充足。从性别上来讲，女性创业也是最近几年的热点之一。2015年5月20日至21日，在由阿里巴巴集团主办的全球女性创业者大会上，马云也曾说道：“我的生意受益于女人，阿里巴巴49%的员工、34%的高管是女性。”女性往往更懂得女性。这样的优势也会带来更大的商业价值，“她”时代也在到来。

大学生创业者，一般意义上属于青年创业者。青年创业的优势在于：更了解青年人这一主流消费市场；有一定的专业知识和文化；有热情，敢于拼搏和行动；最重要的是，即便失败，也有能够东山再起的能力和时间。

如果你问我有没有创业的黄金年龄的话，从那些最吸引我们的申请者来看，我认为很可能是25岁左右。

——〔美〕保罗·格雷厄姆

（五）创业者的生活方式

创业者的生活是什么样的？中国的“商圣”——范蠡的人生历程，或许会让你有所发现。

范蠡（公元前536年—公元前448年），字少伯。从历史来看，范蠡最开始不能算一个企业创办者，他是春秋末期越国的谋臣，最终辅助勾践兴越灭吴。而后，其审时度势，发现越王勾践“只可同患难，不可共富贵”，于是去了齐国，更名为“鸱夷子”。

鸱夷子带领儿子和门徒来到齐国。他发现海边资源丰富，可以成为“大本营”，依靠垦荒耕种兼副业经商，很快便积累了万贯家产。鸱夷子仗义疏财，受到齐王赏识。而他“居官至于卿相，治家能致千金”，对于一个白手起家的布衣来讲，已经到了极点。久受尊名，恐怕不是吉祥的征兆，于是他再次急流勇退，迁徙至陶，后自号“陶朱公”。

陶朱公善于借助天时、地利，“根据时节、气候、民情、风俗等，人弃我取、人取我予，顺其自然、待机而动”。几年之后，他再次成为当地巨富。

如果从经商创业的角度来看范蠡，他懂得抓住创业时机，懂得商品价值规律的基本原理。而从创业者的人生角度来讲，范蠡懂得变通，不会过于依赖以往的任何成就；懂得奉献，将自己的积累分享，服务于社会。时至今日，他不仅被人们奉为“财神”，同时也得到了“忠以为国，智以保身，商以致富，成名天下”的高度评价。

拓展阅读

我国的创业发展与“大众创业，万众创新”

1978 年改革开放以后，创业企业如雨后春笋般不断涌现，海尔、联想、新希望等许多民营企业发展起来。在创业家的领导下，许多小企业一步一步发展成为中国著名企业。

从 1984 年我国正式接入国际互联网开始，创业又进入了一个飞速发展的阶段。1997 年，丁磊创办网易；1998 年，王志东成立新浪网；1998 年马化腾创立腾讯，本来想将 QQ 以 100 万的价钱卖给几家代理商，结果没人接受这个价格，马化腾就一直做了下去，一手打造了现在的企鹅帝国，2015 年，腾讯市值达到 1955 亿美元；1999 年马云创立阿里巴巴，从淘宝、支付宝、天猫、口碑网、一淘网，再到创立了电商独特的日子——“双十一”，马云在不断创新；2000 年，李彦宏创建百度……进入互联网时代，创业的主角趋于年轻化，淘宝、天猫等电商的出现改变了人们的购物方式，可以满足消费者的多元化多层次需要，无论是图书、服装、化妆品还是电子科技产品等；支付宝、余额宝、财付通、微信钱包等改变了我们的消费方式与理财观念，钱不再放在银行，而是选择放入各种新出现的理财产品中，不断挑战传统银行商业模式的经营底线。

早上起床之后，打开新闻客户端看新闻；上午通过滴滴等打车软件打车，让我们等车时不再望眼欲穿，工作时通过邮件传递信息，或者通过视频会议实现远程交流；中午通过大众点评或者美团叫外卖省时省力；晚上下班之后通过微信、微博浏览当天发生的“国家大事”，不时地参与其中讨论，或者通过远程教育为自己充电。找工作、租房子、买卖二手车和二手房等个人生活的所有活动都能在 58 同城、智联、赶集网这些网站上完成，甚至个人的终身大事也可以通过互联网牵线搭桥。互联网改变着我们的生活，互联网时代背景下的创业同样在改变我们的生活。

创业是我国新时代背景下的大主题。李克强总理在 2014 夏季达沃斯论坛开幕式上首次对外提出了“大众创业、万众创新”的战略性想法。李克强总理说：“要借改革创新的‘东风’推动中国经济科学发展，在 960 万平方千米的土地上掀起‘大众创业’‘草根创业’的新浪潮，形成‘万众创新’‘人人创新’的新态势。”为了提高创业效率，政府也颁布了一系列政策帮助创业者创业，首先就是进行商事制度改革，将工商、税务、质检的“三证三号”合并为“一证一号”，降低企业注册场所要求，简化企业登记和注销流程，原来办理这些手续需要 30 个工作日，现在压缩到了 5 个工作日。

自从 2014 年我国正式实施商事制度改革以来，已经有很多人投入创业的大潮中来了。

取消注册资本实缴制之后，许多人的创业热情空前高涨，一位50多岁的退休妇女就计划办一个婚庆公司，她说："我知道我们这个地方办婚礼的礼数，有些人家就希望遵循过去的礼数，这就是我的核心竞争力。"在没有进行商事制度改革之前，想要创业就得先有营业执照，而营业执照必须要求有办公场所，工商部门凭租赁合同办照，此外还得有3万元钱以上的注册资金，还需要会计师事务所提供验资报告，等等，这一系列的事情办下来得花去七八万元，一般人承受不起这么折腾。

2015年5月7日上午10点左右，国务院总理李克强走进北京中关村创业大街的一家咖啡店，与年轻人聊起了"大众创业、万众创新"话题。李克强总理考察的这家咖啡店是专门为创业者提供服务的"孵化器"。总理的出访，也被认为是对创业者的鼓舞，同时也为创业者打了一针强心剂。不仅如此，总理还考察了深圳的柴火创客空间，体验了年轻"创客"的创意产品。总理在现场评价说："创客充分展示了大众创业、万众创新的活力。这种活力和创造，将会成为中国经济未来增长的不熄引擎。"

在许多咖啡屋、大学科技园、孵化园、众创空间，可以使用创业的基本工具，年轻人的奇思妙想在这里汇集，相互交流，分享彼此的想法，志同道合的伙伴可以组建团队，一起将创业想法转变成现实。他们研发的产品适应时代的发展、带动市场的需求。在北上广这些大都市，创客的数目很多，为创客提供服务和支持的创客空间、孵化器等也很成熟。"大众创新、万众创业"会激发全社会的创新潜能，让整个社会焕发创业活力。国家与地方也密集推出了推动"创新、创业"的系列举措，将创客们带入一个"黄金时代"。

为什么要推进"大众创业、万众创新"呢？因为随着我国经济的进一步发展，资源竞争日益激烈，环境约束日益强化，经济发展步入新常态，原来的要素驱动、投资驱动向需要驱动、创新驱动转变，所以国家鼓励支持各类市场主体不断开发新产品、开拓新市场，培育新兴产业，形成小企业"铺天盖地"、大企业"顶天立地"的发展格局，实现创新驱动发展，打造新引擎，形成新动力。

任务 10.2 了解创业过程和模式

一、创业过程模型

（一）蒂蒙斯的创业过程模型

杰弗里·蒂蒙斯（Jeffry A. Timmons），毕业于哈佛商学院，是著名创业学家。根据对创业的理解和研究，他提出了创业过程模型，认为三个要素影响了创业整个历程：商机、资源以及团队。这三者随着企业发展而保持动态平衡的关系。

其中，商机是创业过程的核心驱动力。好的思路未必是好的商机；好的想法，必须经过市场的检验，才可以称为好的商机。

1. 商机：无处不在

约翰·多尔是一位著名的风险投资人，他以风险投资人的身份，见证了近30年的创业发展史。康柏电脑、网景公司、亚马逊、谷歌，一个个响亮的名字，对于他来说，这些企业都如同自己的孩子一样，需要自己对他们进行投资，呵护其茁壮成长。关于创业机会，有人曾经对他进行过一个访谈。他说："如果你要建立一个公司的话，没有比现在更好的时机了。过去，创业者只是开始一项事业；而现在，他们是在创造新的商业模式。”

今天的世界，依旧如此。比如，我们在金钱的使用上，曾经保持着如此保守的方式，到银行排队存钱取钱，现金消费。而科技改变了人类的生活方式。银行业更新，银行结合互联网，产生了网上银行服务，随即带来了新的服务体验和消费方式；进而，人们在消费习惯上，选择了更为简便的消费方式；而支付宝的出现，又进一步改变了人们的消费方式。新机会的产生，催生了一系列企业和公司。2014 年，基于微信庞大的用户总量，微信又推出了微信钱包功能，给消费者带来了更便捷的服务和体验，进而催生了一系列新的商业机会。所以，没有什么比这个变革的时代更好的了。

2. 资源：重在均衡

要想创业成功，资源是不可或缺的必要保证。资源对创业者的要求是，创业者要合理配置资源，不要被资源牵着鼻子走。

创业研究发现，资源缺乏并不一定导致企业主的创业失败；很多时候，资源的聚集，反而让创业者手足无措。这有点像中国那句俗语：“有钱没地方花。”投资人和成功创业者也常常说，创业者经常遇到的大麻烦是，“过早地拥有了太多资金”。

有的团队能够有效地借助外界资源——投资人、顾问、专业人士等来管理资源。因此，学会遵守规则，并且发现规则之外的机会（漏洞），是创业者需要具备的素质。事实上，我们所熟知的 Uber，也是发现了规则以外的一些可能性：虽然这家公司在很多国家和地区仍然是“不合法”的，然而，正是这种暧昧模糊的状态颠覆了传统的汽车租赁行业，并且使其朝着更加良性的方向前行，不仅在业内有了模仿者，人们也通过“Uber”模式，开始思考不同行业资源整合的价值。

3. 团队：目标一致

没有一个优势互补、相互信任、目标一致的团队，任何项目的开展都会面临巨大的挑战。新东方的“三驾马车”、雷军和黎万强的合作……这些都在印证着中国的俗语：“单丝不成线，独木不成林。”一个企业如果没有一支核心的“特种兵”团队冲在前线，时刻保持创新创造，那么这家企业到底能存活多久？

腾讯正是把握住了张小龙的微信团队，才打开了移动互联网的入口，进而把握了未来的世界；小米如果没有 MIUI 的开发团队，人们也很难对其硬件——小米手机产生如此强烈的兴趣。带头人需要具备识人、用人、带人的能力，团队要拥有目标、决心、经验，这些都是影响团队成功的关键。

如果仅仅谈到三个要素的重要性，那么创业过程模型只能算一个传统管理学的理论。蒂蒙斯创造性地将三个要素从时间维度上理解为一个动态平衡的变化过程。如图 10－3 所示，团队位于三角形底部，始终保持顶部（商机和资源）的平衡。创始人就像是马戏团的杂技演员，一边脚踩跷板，另一边保持手中的“杂耍球”（商机、资源和团队）不落地。

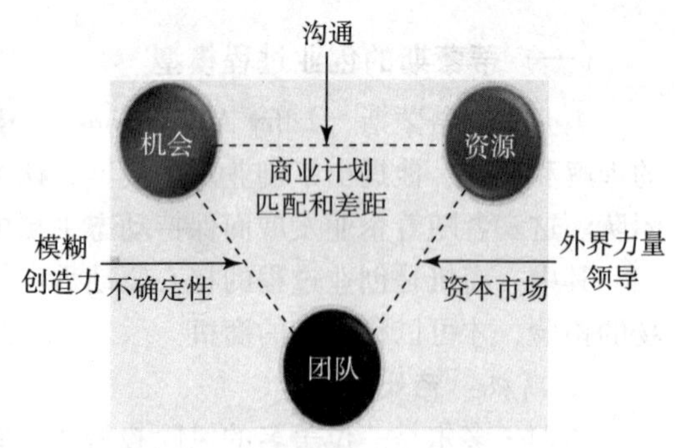

图 10－3　蒂蒙斯创业过程模型

一般意义上，创业初期，商机这个“杂耍球”的重量更大，而企业往往不具备丰富的资源（资金、知识、技术等）；随后资金注入，知识技术团队介入，资源不断加入，创业企业开始慢慢趋向于均衡，达到一个相对稳定的状态。

而此时，作为创业企业，创始人以及团队会追求更好的企业发展与业绩。资源越来越多，企业就需要通过扩充团队、发现和探索良好商机，来更好地确保要素之间的平衡。企业发现了新的创业商机，就开始发展新业务，雇佣更多的人来完成项目，三要素又进入了新的平衡。

这样的平衡是动态变化的，企业会在这三者中间追求相对的平衡状态。创业者必须思量的问题是：目前的团队是否能引导企业不断健康成长、合理配置资源；在下一阶段能否成功解决企业面临的危机。这些问题在不同的阶段以不同的形式出现，关系到企业的可持续发展。

可以看出，蒂蒙斯的创业模型明确了创业中最为重要的要素，并且通过不同要素的相互制约与平衡来阐述创业过程中的不同阶段。经过了30余年的时间，该理论模型的内涵得到了丰富，但是其内容和框架没有发生改变，这一点也体现了该理论的普适性。

当然，值得一提的是，该理论对于互联网时代下的创业方式并没有提出具体的指导，对于商业机会、资源的界定仍然不够全面。而另一种创业方法理论——精益创业，近几年来受到了创业者的广泛青睐。

（二）精益创业与火箭发射式创业

1. 火箭发射式创业

Webvan① 是一家生鲜电商。1996年，这家公司就开始试图进入美国在线生鲜领域。

如果从创业理论的角度去看，这是一个非常好的创意，并且同时期，基本上在全世界范围内都没有竞争对手。

强大的机会和利益“诱惑”了Webvan的决策层，在没有和任何一个客户深入接触前，他们就做出了一件极其疯狂的事情——Webvan花了4000万美金在旧金山地区建立了一个仓库，为旧金山全市区半径60英里范围内的居民提供网上生鲜服务。

“利用网络来与实体生鲜巨头竞争”，这是Webvan公司的竞争战略。利用“网上下单，通过仓库配送”可以更好地为附近居民提供良好便捷的用户体验。到了1999年，Webvan公司建立了时至今日仍然被认为是先进的仓库体系，甚至使用了机器人来协助自动配送。

高科技的仓库，自然带来了高成本。一个这样的仓库，建设成本和日常运营成本代价巨大。而且，1999年5月，除了已经建立的旧金山仓库中心以外，Webvan还计划在美国其他15个城市复制这样的仓储中心。

然而，没有经过核算就想大面积进行发展存在着极大的风险。Webvan曾经一度估值高达85亿美元，超过当时美国三大生鲜杂货零售商的市值总和。巨大的市值泡沫，让其失去了理性的评估，Webvan从1999年到2001年的三年间就损失了12亿美元，与之匹配的结果是什么呢？每接一单，Webvan就要亏损130美元。可以这么说，Webvan一直做着“赔本赚吆喝”的买卖。

2001年7月，Webvan正式进入破产程序。即使到了破产当天，Webvan的创始人鲍德斯仍然认为自己的创业方式都是按照标准的教科书方式进行的，所以他不承认自己做错了什么。

> 我不认为我们做错了什么，做公司就像发射火箭一样。发射之前，你需要把可能想到、可能遇到的每一件事都想清楚，你不可能在火箭升空的过程中去给它添加燃料。
>
> ——〔美〕路易斯·鲍德斯，Webvan创始人

整个美国企业界都被Webvan的失败震惊了，这种震惊持续了七年时间，Amazon（亚马

① Webvan：威普旺，美国曾经非常超前的一家生鲜果蔬公司。

逊）才悄悄地进入这个行业，私下成立了“Amazon Fresh（亚马逊生鲜）”部门。一切都在内部悄悄思考，逐步执行。

其实，按照公司规模和承担风险的能力，Amazon 作为第一在线零售商，完全有能力比 Webvan 铺更大的局，投入更多的钱来做。但是 Amazon 没有这么做，它选择了西雅图作为“Amazon Fresh”创业项目的试验田。

为什么考虑西雅图？Amazon 认为，人口密度决定了消费能力，同时也要考虑有针对性地付出成本。于是他们覆盖的不是所有西雅图的居民社区，而是一些有消费能力的高端社区。Amazon 会通过不断地尝试，筛选那些愿意付费的客户。其最终发现，借助不菲的入会费（299 美元/年），可以很好地锁定那些愿意付费享受服务的客户。

2012 年，当西雅图的模式运行成功、确保发展顺利时，Amazon 生鲜团队才开始尝试洛杉矶的生鲜业务。

正是因为有了这样的“小步试错”模式，企业界才慢慢意识到，创业不是一蹴而就的过程。Webvan 高额投入的方式虽然有它的道理，但是真正确保生存、发展，逐步地发现客户需求并快速调整变化的科学思维才相对更有效。

火箭发射式的创业思维，是基于传统管理学的思维方式，认为一切的变量都是确定的、可控的。“我们可以通过市场调查，对顾客了解得一清二楚。”创业公司相信，当他们完成了一份商业计划书时，剩下的就是一步步执行，即可走向成功的彼岸。

作为西方著名的哲学家，卡尔·波普（Karl Popper）在 1965 年的演讲中曾提出了“钟”与“云”的概念。钟表具备着高度的精确性、有序性、可度量等特征，而云变幻莫测、难以度量。

如果是一只小狗，那么它的稳定性更像是云；如果是一只老狗，它的稳定性更倾向于钟。经验越是丰富，稳定性越强，人越是成熟，越是性格稳定。

——〔英〕卡尔·波普

这个隐喻让创业者们发现，创业公司不是大公司的微缩版。新创企业需要在不确定的环境中探索出一套可行的、可持续的商业模式，并且将之实践，运转顺利，进而成为一个大公司。而大公司执行的是已知的商业模式，更像是经验丰富的“老狗”（Christensen，1997）。

对于今天的大公司、大企业，一方面要执行已知的商业模式；另一方面，面对未知的新科技、新环境，企业需要像“小狗”一样努力探索、发现，例如勇于在内部竞争的腾讯（QQ 与微信的竞争）。今天的创业公司，应明确自己的定位，积极探索，尝试新的商业模式，形成一套可行的商业计划，才能摆脱生存困境，正常运转。

2. 精益创业

精益创业，由创业者埃里克·莱斯（Eric Ries，2011）首先提出。这个观点起源于史蒂夫·布兰克的《创业四步法》（2005）。

史蒂夫·布兰克在其著作《创业四步法》中首次谈及“客户开发”的思维。这一点跳出了原有创业企业以及创业者为了完成自身“愿景”而去创业的传统思维模式，完全区别于封闭开发的火箭式创业法。“客户开发应早于产品的开发”，客户成为创业的中心，产品是用来服务、满足客户需求的，而非单纯服务于企业需求。埃里克·莱斯丰富了“客户开发”的思路，提出了精益创业的三大内容：

商业计划：商业计划不再是一个执行计划，而是提出了未来发展的方向假设与预期。

客户开发：探索客户，了解客户的核心需求。根据反馈，提供有针对性的产品。

精益开发：如何确保产品的开发速度与客户需求的平衡？坚持小步快速调整产品，根据客户反馈进行科学试错的循环过程。

因此，精益创业的逻辑图如图 10 - 4 所示：

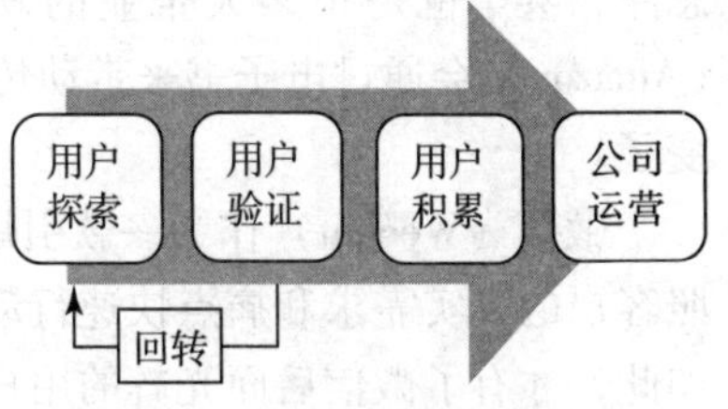

图 10 - 4 精益创业的逻辑图

从中，你会发现精益创业有以下特点：

（1）创业的标志不再是创办企业这一“里程碑事件”。传统的创业方式总会认为，在没有客户和产品前，先要注册公司，其次才能创办企业，随后需要应对一系列的开销和成本等各种问题；而精益创业则认为，在没有明确的可复制、可运行的商业模式前，盲目地创办企业无异于自杀。

（2）由此产生了第二个特点——“精益”。中文所讲的“精益求精”，指的是一种在节俭的状态下，追求极致和完美的过程。有别于传统创业的产品导向，精益创业是明确的用户导向、聚焦导向，关注“单点突破”：“Amazon Fresh”聚焦于能够付费的客户，用会员费筛选掉无法付费的人员；红米手机专注于“粉丝经济”，从价位、营销等角度，明确产品的受众群体。不再去打造一个所有人都喜欢的产品，而是打造能够引起某类群体“尖叫”的产品。因为，所有人喜欢的产品，注定是平庸的产品。

（3）精益创业追求在“快速行动，小步迭代”中不断调整思维方式。不制订所谓的长远计划，只根据客户的反馈不断调整产品设计方向。精益创业者相信，任何产品和服务都是会“自然生长”的。如同微信会推出微信 1.0 版本、1.5 版本、2.0 版本的产品一样，创业公司的产品也是不断进化的，进化的动力就是要满足用户需求。小米科技联合创始人黎万强曾说：“我们在做小米 ui1.0 时，没有清晰的 2.0、3.0 版本的构想。一切版本的更新都是为了客户。”美柚作为一款专为女性设计的 APP，1.0 版本的主要功能就是帮助女性记录专有的生理周期。而后，他们发现，衍生出的女性相关的话题非常之多，2.0 版本则加入了保健、怀孕、育儿以及和其他女性相关的知识分享。客户的需求又决定了他们的 2.2 版本，2013 年 10 月上线，加入了社区功能，能够让这些女性将现实生活中的闲聊转移到网络中。人们发现，其中最受欢迎的是婆媳讨论区。而这些，都是由客户需求催生来的功能。Keep（自由运动场）作为一款健身软件，也在践行这样的道路。可以说，目前很多产品的开发都遵循着这样的“快速行动，小步迭代”的基本方式。火箭发射式创业和精益创业的区别如表 10 - 2 所示。

表 10 - 2 火箭发射式创业和精益创业的区别

模型	火箭发射式创业	精益创业式
商业假设	一切可度量，需求全知晓	一切不可知，需求待探索
创业策略	按照计划，逐步执行	快速行动，小步迭代
适用领域	传统工商业管理	互联网环境创业

从广义的创业来说，在今天，你不需要开办企业，也可以通过很多方式来创造你的价值。微店、淘宝、技能交换……我们真的进入了一个“大众创业，万众创新”的时代。感谢时代给予了我们这样的机会，同样也需要你抓住机会，积极开始你的创造之旅。

因此，从精益创业的角度，创业完全可以理解为不考虑任何条件的限制，主动创造新事业的过程。

艾瑞克·莱斯在其著作《精益创业》中，给了现代创业公司重要的指引：“创业公司不是大公司的缩小版。作为一个初创企业，应该像特种部队，而不是正规军。”初创公司要学习快速学习、快速变化，也要有自我否定和变革的勇气。而这一点，现在不仅仅是初创企业的发展思路，甚至也是很多大企业的发展思路。微信最大的竞争对手是自己公司的 QQ，亚马逊（Amazon）会通过电子书来带动传统出版物的发展。这一切的信息都在向我们预示：时代真的变了。

微信（Wechat）作为一款引爆世界的社交软件，有着自己的创业理论和哲学思路，完全按照客户的真实需求和痛点快速行动与调整。小步变化和更新，更好地满足了客户的需求。正因如此，才有了微信后面光辉的用户数字。

2011 年 1 月 27 日，微信作为腾讯旗下的一款移动客户端“试验品”，依靠 QQ 的用户优势，仅仅将原有互联网用户导入移动客户端上，功能仅有日常的文字聊天和头像更改；

2011 年 4 月，即“试验品”推出 3 个月之后，微信增加了通信录的读取和多人会话的功能，用户数量已经攀升至 5000 万；

2011 年 8 月，在新版本更新时，基于地址服务功能，微信加入了“查找附近的人”和“摇一摇”功能，用户数量达到 1.5 亿；

2013 年 1 月，微信推出海外版本，累计全部用户数量达 3 亿人；

2014 年 3 月，微信推出微信红包功能，注册用户数量突破 10 亿。

不得不说，微信是移动互联网“现象级”的案例，通过微信，你会发现以下现象：

很多时候，市场和环境不可预测，我们无法依靠一次规划就一步到位，完全按照路径持续执行下去。

市场的需求永远是影响产品走向的核心。正因如此，你的创业项目需要根据需求不断地调整。调整的速度越快，市场的接纳度越高。

面对熟悉的环境时，我们可以做出计划，按步骤执行；面对陌生的环境时，人们最好做出学习计划，通过发现“痛点”，按照小步迭代的原则，进行创新、创造。

二、大学生常见创业模式

如今创业市场商机无限，但对于资金、能力、经验都有限的大学生创业者来说，并非“遍地黄金”。在这种新的情况下，大学生创业只有根据自身特点，找准“落脚点”，才能闯出一片真正适合自己的新天地。大学生创业主要有 7 种常见的方式。

（一）网络创业

1. 网络创业的形式

全球面临网络经济的新一轮浪潮，大学生创业可以利用现成的网络资源进行创业，其主要有 4 种形式：

网上开店，在网上注册成立网络商店。

网上加盟，以某个电子商务网站门店的形式经营，利用母体网站的资源和销售渠道。

网上智力服务，如电子商务、利用网络寻求国际订单、建立虚拟办公服务等。

网络销售，为传统行业进行专门的网络销售。

上海市电子商务行业协会《网上创业群体调查》显示：78% 的网上创业者年龄在 18 ~ 30 岁，其中 18 ~ 24 岁占 47%。在“易趣网”上万个电子商铺中，4 成为大学生所开。

2. 典型案例

一提到王兴，很多人脑海里面第一次想到的一个词语就是连环创业者，因为他是校内网、饭否网、美团网这三个中国大名鼎鼎的网站的联合创始人，除此之外，他还有另外一层身份，大学生创业者，在毕业之后，他是没有丰富的职业履历就开始创业的人。

他毕业后拿到全额奖学金去了美国特拉华大学，师从第一位获得MIT计算机科学博士学位的大陆学者高光荣，随后归国创业，在前一两次不算成功的创业项目之后，王兴创立了中国版facebook校内网，并很快风靡于大学校园圈之中。校内网于2006年10月被千橡以200万美元收购。2007年5月12日，王兴创办饭否网，这也是中国第一个类twitter项目饭否网，但就在饭否网发展势头一片良好之际被关闭，让王兴事业受到挫折。之后连环创业客王兴于2010年3月上线新项目美团网，并在千团大战之中脱颖而出，稳居行业前三，并先后获得红杉和阿里的两轮数千万美金的融资，这个连环创业客的事业正逐渐走上正轨。

（二）加盟企业

加盟创业是采用加盟的方式进行创业，一般的方式是加盟开店。也就是说，加盟商（受许人）与连锁总部（特许人）之间是一种契约关系。根据契约，连锁总部向加盟商提供一种独特的商业经营特许权，并给予人员训练、组织结构、经营管理、商品采购等方面的指导和帮助，加盟商向连锁总部支付相应的费用。

加盟创业选择合适、可靠的品牌，保障加盟店稳步发展、持续盈利。

一般来讲，加盟代理涉及的行业大概有几十个，主要集中在家居建材、餐饮美食、服装饰品、汽车销售、汽车美容、洗衣、美容美体等行业，创业者所需要的首期投入也有很大的差别，从几万元到几百万元、几千万元不等。

调查显示，一般普通小吃类连锁加盟，十万元左右可以启动；而一些小饰品礼品的加盟代理，只需要2万~3万元就可以开始创业。无论投资额多少，都有成功的机会，而且都可能做成比较大的市场规模。

在曾经热传的一份创业加盟好项目排行榜中，生态农产品、服装、环保涂料、教育培训、奢侈品、网络营销、汽车美容、创意饰品工艺品等得以入围。

统计数据显示，在相同的经济领域，个人创业的成功率低于20%，而加盟创业的成功率则高达80%。对创业资源十分有限的大学生来说，借助连锁加盟的品牌、技术、营销、设备优势，可以以较少的投资、较低的门槛实现自主创业。但连锁加盟并非零风险，在市场鱼龙混杂的现状下，大学生涉世不深，在选择加盟项目中更应该注意规避风险。一般来说，大学生创业者资金势力较弱，适合选择启动资金不多、人手配备要求不高的加盟项目，以小本经营开始为宜，此外，最好选择运营时间在5年以上、拥有10家以上加盟店的成熟品牌。

（三）兼职创业

1. 兼职创业的含义

兼职创业即在学习、工作之余所开展的创业活动。兼职创业的大学生不要急于组建公司，虽然成立公司以后，取得成功的概率可能会加大，但是一旦组建公司，退路就少了，一旦失败，损失往往很大。做公司也需要全力以赴，大学生做起来也很艰难，大学生兼职创业，如果不成立公司，可以花很多年尝试，失败一次，也没有关系，接着总结经验，然后再来。等到真正的时机成熟之后，再成立公司也不晚。当然，大学生兼职创业最好不要影响学业。

2. 适合大学生兼职创业的类型

1）派单

派单是非常常见的一种兼职，没有什么门槛，课余时间和周末都可以做这类兼职。

2）家教

要说最适合同学们兼职的，非家教莫属了，根据自己的能力，小学、初中的内容都是可以进行辅导的。如果是师范生的话，家教对自己的教学能力刚好也是一种锻炼。

3）助教

这类工作要求认真踏实，耐心勤恳，工作对象一般为学生，所以要了解学生的心理，善于与学生沟通。与家教不同的是，如果在新东方这样的知名学校工作，安全性和可靠性不用担心。

4）促销员

各大商场、超市以及一些品牌推广经常会利用周末或者节假日进行产品促销，这类兼职时间一般较短，可以锻炼大家与人沟通的能力和耐力。工资一般采用底薪 + 提成的方式支付。

5）翻译

翻译对于英语专业、留学生以及英语比较好的同学来说是非常对口的兼职。一般有口译和笔译两种兼职可供选择。

口译要求对外语的掌握能力不仅仅是普通的对话，是可以进行正常的交流，而且要清楚地了解中西方文化的差异；笔译则要求用词严谨，可清晰地表达自己的思路和所要翻译的文章内容。对个人能力要求较高，有时薪金与付出不成正比。

6）导游

这份兼职，对于旅游专业、已考取导游资格证的同学们来说也是非常对口的兼职，并且正在成为大学生兼职“新贵”。在考取导游证之后，大家就可找旅行社开始带团。

这一兼职的优点在于工作时间弹性大，可以选择在周末或假期带团，不与学习时间冲突。并且报酬较丰厚，还可以在工作中广交朋友。

7）摆地摊

这也是大家赚外快的一种方式，你可以自己或者和同学摆个夜市摊。这一兼职可以让你从学生时期就开始锻炼自己的创业能力。

8）校内勤工俭学

一般学校都会为经济有困难以及想要获取生活补贴的同学提供一些勤工俭学的岗位，比如图书管理员、食堂清洁员等。

9）展会模特、礼仪

这类兼职的性别偏向很明显，礼仪，主要以女生为主，对形象、气质、身高、相貌要求比较高，属于那种以貌取人的行业，一般薪金较多，工作时间短。

10）自由撰稿人

这类兼职最大的优点就在于你的主动性很大，只要你有能力，就可以向各个报纸杂志以及一些公众号投稿，稿费一般不会太少。

11）调研

与派送相比，这份工作更具有挑战性。一般来说，调研主要包括三种形式：街头访问、电话访问和入户访问。

对于街头访问来说，和派送差不多，都需要与人沟通，因为要问行人一些相关的问题，所以被拒绝的概率也比派送要大一些；而对电话访问，一部分人可能不太理解这个行业，所以会选择挂掉电话；入户访问则是三种访问中难度系数最高的一类，对于一个普通人进入他人家中问问题是一件比较难的事。

12）服务员

这类兼职基本不受任何限制，只要你能干、在工作中有不怕苦不怕累的精神，就可以完全胜任。工作的地点通常以肯德基、必胜客等快餐店为主。

13）页面设计

设计端午节、儿童节、秋天、毕业季等各种主题的海报、贺卡、简历等内容。设计类专业以及设计爱好者们需要使用 AI 或 PS 进行文字、图片排版设计，一般按件收费。

14）线上转发

线上转发，开启你的“微”时代。在朋友圈或者学生群转发指定内容，零成本，没有时间限制，简单方便，就可以赚取零花钱。

（四）团队创业

1. 团队创业的含义

团队创业就是具有互补性或者有共同兴趣的成员组成团队进行创业。如今，创业已非纯粹追求个人英雄主义的行为，团队创业成功的概率远远高于个人独自创业。一个由研发、技术、市场、融资等各方面组成的互补优势的创业团队，是创业成功的法宝，对高科技创业企业来说更是如此。中国大学生创业网总裁赵长生介绍，就现状而言，大学生由于资历、经验、社会关系等各种原因，很难得到社会的认可，如果能够充分发挥合力，团队创业对于大学生创业者来说也是一个不错的选择。

2. 典型案例

河南工业大学计算机专业的丁浪涛，很早就有利用专业知识自主创业的想法，但是对于势单力薄的他来说，开公司并不是一件容易的事。2006 年，他遇到了一名志同道合的同学，两人一拍即合，很快他们又邀请到了另外几名同学，共同成立了一个软件工作室。

一个由大学生成立起来的工作室哪儿来的业务？“都是我们内部成员利用自身的社会关系拉来的业务。”说起经营，丁浪涛显得十分自信，工作室目前主要依靠团队的力量，现有 12 名成员，采用公司化运作。创业前期是很艰苦的，要是拉来业务赚了钱，大家不但不发工资，甚至连一顿庆功饭也都舍不得吃，将钱全部留作工作室的原始积累。

（五）大赛创业

1. 大赛创业的含义

大赛创业即利用各种商业创业大赛，获得资金提供平台，然后进行创业的活动。如 Yahoo（雅虎）、Netscape（网景）等企业都是从商业竞赛中脱颖而出的，创业大赛也被形象地称为创业“孵化器”。

创业设计大赛借用风险投资的运作模式，要求参赛者组成优势互补的竞赛小组，提出一项具有市场前景的技术产品或者服务，并围绕这一产品服务，以获得风险投资为目的，完成一份完整、具体、深入的创业计划。参加创业设计大赛的项目大多具有技术上的创新性、经济上的合理性、操作上的可行性，因此吸引了众多企业和风险投资的关注。杭州市大学生创业大赛已成为吸引海内外优秀大学生创业团队和项目来杭创业的重要载体和平台，并在全国打响品牌。大赛已连续举办了 5 届，首届大赛已有 28 个优秀项目在杭州落地转化，成立了 30 家大学生创业企业。

2. 典型案例

丁宁，2008 年毕业于大连大学信息学院信息与计算机科学专业。早在很多同学还忙于找工作的时候，他就已稳稳地坐在了大连校对文化传媒首席执行官的交椅上。熟悉他的同学说，他一直很活跃，他创业的成功在很多人的意料之中。2006 年暑假，丁宁与几个本专业的同学自主开发了大学生原创音乐网站。同年 10 月、11 月该网站与大连市红十字会、大连市文化局、大连电视台联合举办了“海洋印象杯”首届大连中国大学生原创音乐大赛。大连市 18 所高校参加了比赛。2007 年 9 月，该项目获得中国大学生挑战杯科技大赛辽宁赛区银奖。

在大赛的宣传、招商过程中，丁宁发现，社会上的各种广告宣传都有国家指定部门管理，无论是户外广告还是室内广告，规章制度和收费方式一应俱全，学校却恰恰相反，没有任何的管理规章制度，野广告横行。他开始思考如何将广告与信息整合到一起，让大学生接触更多外界的信息。他想到了如今遍布商务楼宇、公交车的液晶电视。然而在校园投放液晶电视需要大量资金，到北京寻求赞助投资的丁宁因自己是还没有毕业的大学生身份处处碰壁。他只能暂时放弃液晶电视的想法，从最基础的开始做起。

凭借原创音乐赚得的第一桶金和沙河口区政府拨发的 2 万元无偿资金，丁宁很快创办了大连校对文化传播公司，并再次与市文化局合作，作为 2007 蒲公英杯第七届青少年艺人选拔赛辽宁赛区的协办单位，承担了负责招商和大赛青年组报名宣传等工作。这次活动不仅提高了公司的知名度，而且赚得了使公司维持经营的资金。2008 年 1 月，丁宁完成了详细的公司前景规划，做出了成熟且富有商业性的项目策划书。经过几番洽谈，校园液晶电视项目得到了投资人的认可，公司成功融资，并成功收购了晴灵传媒有限公司和聚视科技有限公司，以丁宁为中心的大连校对文化传媒有限公司已拥有全职兼职工作人员 20 人，液晶电视设备上百台。2008 年 1 月底，校园电视联播网正式开始操作运转。如今，公司铺设的媒体点位将近 200 个，覆盖大连 23 所高校，结合各个学校使用信息发布平台，开播学生关心的栏目，真正架起了高校与社会的信息桥梁。

（六）概念创业

1. 概念创业的含义

概念创业即凭借创意、电子、想法儿开创的创业活动。概念创业适合本身没有很多资源的创业者，他们需要通过独特的创意来获得各种资源，包括资金、人才等。这些创业概念必须足够新颖，至少在打算进入的行业或领域是个创举，只有这样，才能抢占市场先机、吸引风险投资商的眼球。同时，这些超常规的想法还必须具有可操作性。

2. 概念创业的四大模式

1）异想天开型

异想天开中蕴藏着诸多的成功机会，飞机的发明源于莱特兄弟“人类也能像鸟一样飞翔”的想法；大卫·H·克罗克的离奇想法则造就了“会飞的邮件”——电子邮件。创业也是如此，奇特的创意有时也能成为一种创业资本，有着剑走偏锋的神奇作用。当然，与众不同的创意，在创业初始会受到怀疑甚至嘲弄，经不起考验的就会如昙花一现，而那些坚持下来并积极把想法转化成实际者，往往有着抢占先机的优势。

2）问题解决型

每个人在日常生活中都会碰到或大或小的恼人问题，有人埋怨几声就息事宁人，有人则从自身经历或朋友的困境中发现商机。例如，晚上遛狗时狗差点被车撞了，由此发明宠物反光衣；发现孩子不会用大人的吸管，就开始生产弯曲吸管等。这一类型的创业者能一针见血地抓住问题所在，并且脑筋急转弯，想出解决问题的办法。

3）异业复制型

创业成功者未必都是新领域中第一个“吃螃蟹”的人，有时他们的创业想法来自成熟领域，只是在某些方面进行了创新。如果你不是点子王，但很会举一反三，联想丰富，那么不妨试着把一个行业的原创概念复制到另一个行业。异业复制的好处是有范本可循，不必瞎摸索，但不同行业的经营模式能否移花接木得浑然天成，则是对创业者智慧的考验。

4）国外移植型

如果你经常出国旅游或浏览国外资讯，见多识广，洞察力强，那么不妨把国外的新鲜点子搬回来，这是最便捷的创业方式。当然也需注意文化差异，要对国外的创业概念进行本土化改造，以免好点子“水土不服”。

一个点子就能造就一个企业，概念创业有时的确有着四两拨千斤的神奇作用。但成百上千的想法、难以计数的灵感，就像沙子一样，创业者如何才能从中淘出金子般的创业设想呢？要把概念变为金矿，必须经过两个重要步骤：

（1）严谨分析。

创业者应对创业点子进行冷静而细致的分析，了解清楚自己的创意是否独具匠心，有没有强大的市场需求，是否具有可操作性。

（2）多方咨询。

任何梦想的实现都需要实实在在的实施，并且需要依靠许多外部条件。因此，概念创业者行动前最好多听听各方面的意见和建议。

3. 典型案例——由隔夜传递到联邦快递

30 年前，美国人弗雷德·史密斯凭着一个想法——隔夜传递，被风险投资家看中，创办了联邦快递。如今，联邦快递已是全球最大的快递运输公司，在全球 211 个国家开展业务。

（七）内部创业

1. 内部创业的含义

内部创业是指一些有创业意向的员工在企业的支持下，承担企业内部某些业务或项目，并与企业分项成果的创业模式。创业者无须投资就可获得丰富的创业资源，内部创业由于具有“大树底下好乘凉”的优势，受到越来越多创业者的关注。现在许多大学建立了鼓励学生兼职创业的创业园，大学生在创业园中开展创业尝试，也属于内部创业。

2. 内部企业的类型

1）企业内部创业

华为和 Google（谷歌）都在企业发展的过程中使用了内部创业的方式来帮助企业不断进步。华为在内部创业的过程中，采取的是将企业的非核心业务内部创业为企业的代理商或外包业务商的模式；而 Google 采用的是“20% 时间关注新创项目 + 现金奖励”这样一种内部创业模式。

2000 年 8 月 15 日，华为出台了《关于内部创业的管理规定》，凡是在公司工作满 2 年的员工，都可以申请离职创业，成为华为的代理商。公司为创业员工提供优惠的扶持政策，除了给予相当于员工所持股票价值 70% 的华为设备之外，还有半年的保护扶持期，员工在半年之内创业失败，可以回公司重新安排工作。随后，华为内部不少技术骨干和高层管理人员纷纷出去创业，其中包括李一男、聂国良两位公司董事会常务副总裁。

在 Google 公司内部，有一个随时变动的 Top100 项目列表。Google 鼓励员工把自己想到的富有创新性的想法写出来，让其他员工进行投票，使得大家觉得最好、最可能成功的项目凸显出来。然后 Google 会给员工提供技术和资金支持，员工可以运用 20% 的自由工作时间将自己的想法付诸实践。Google 的这一鼓励内部创新创业的模式跟 3M 公司的“15% 定律”不谋而合，充分体现了这些世界级的大公司自由开放且极具创新力的企业文化。

2）校园内部创业

现在很多高校都在设立自己的创业园，在上海交大有昂立集团，上海交大的科技创业园是其高新技术研究中心，大大鼓舞着学生的科技创业。在上海高校里学生的创业力量异常活跃，在复旦大学、同济大学、交通大学等名校内，在学生创业的公司里，上到经理，下到员工都由大学生组成，但操作却完全社会化。

任务 10.3　创业的流程与创业计划书

一、创业基本流程

（一）创业灵感

企业的诞生往往是伴随一种灵感或创意而开始的。个人的兴趣爱好、技能特长、特殊经历、偶然机遇、生活环境、需求驱动、周围人的抱怨或启发等都是灵感或创意的触发因素。诺兰·布什内尔在兔岛游艺场工作过，在犹他大学玩过电子游戏机，这使他预见到电子游戏未来巨大的市场潜力，因此他开办了阿塔里公司。美国著名的联邦快递（federal express）的发起人当时只是脑子里有一个想法，这是个有很大风险却孕育着希望的想法。风险投资专家非常欣赏隔夜传递的想法，因此投入了大量的资金，在经历了连续 29 个月每月损失 100 万美元的痛苦过程后，联邦快递终于宣告成立。

（二）初创团队

企业的创办者不可能万事皆通，他可能是技术方面的天才，但对管理、财务和销售可能是外行；他也可能是管理方面的专家，但对技术却一窍不通。因此，建立一个由各方面的专家组成的合作班子，对创办风险企业是十分必要的。一个平衡的和有能力的班子，应当包括有管理和技术经验的经理和财务、销售、工程以及软件开发、产品设计等其他领域的专家。为了建立一个精诚合作、具有献身精神的班子，这位创业家必须使其他人相信跟他一起干是有甜头的。大学生创业的天然优势之一就是大学里丰富的人才资源，找到志同道合的创业者，组成跨专业、跨院系的创业团队是通向成功的重要一步。

（三）企业初步定型

通过获得现有的关于顾客需要和潜在市场的信息，一班人马着手设计某种新产品或企业运营的雏形。各个高校、创业园提供的创业场地乃至孵化器是企业初步定型的理想场所。在硅谷，这个阶段的工作通常是在某人的家里或汽车房里完成的。普卡特和惠利特开发音频振荡器就是在他们公寓后边的车库里开始其创业生涯的，苹果公司的乔布斯和沃兹尼克也是在其汽车库里开始其创业生涯的。在这个阶段，创业者们一般每天工作 10 ~ 14 小时，每周工作 6 ~ 7 天。这期间，创业者往往没有任何报酬，主要靠自己的积蓄过活。风险资本公司很少在这个阶段就向该企业投资（这种最原始的创业资金叫“种子”基金），在这个阶段，支撑创业者奋斗的主动力是创业者的创业冲动和对未来的美好向往。

（四）制订企业计划

商业计划书是公司、企业或项目单位为了达到招商融资和其他发展目标，根据一定的格式和内容要求而编辑整理的一个向受众全面展示公司和项目目前状况、未来发展潜力的书面材料。一份商业计划书，既是开办一个新公司的发展计划，也是风险资本家评估一个新公司的主要依据。一份有吸引力的商业计划书要能使一个创业家认识到潜在的障碍，并制定克服这些障碍的战略对策。

（五）寻找资本支持

大多数创业团队没有足够的资本创办一个新企业，他们必须从外部寻求风险资本的支持。创业家往往通过朋友或业务伙伴把企业计划书送给一家或更多的风险资本公司。如果风险家认为企业计划书有前途，就与这个企业团队举行会谈。同时，风险资本家还通过各种正式或非正式渠道，了解这些创业家以及他们的发明情况。风险资本公司往往是2～5家进行联合投资，在硅谷，风险资本界就像一个乡村俱乐部，如果一项特别有吸引力的投资只由一个风险资本家单干，那会被认为是贪婪自私的行为。

（六）注册成立公司

（1）向企业所在区的工商行政管理部门提出企业名称预选，核准申请书。

（2）申请营业执照。

（3）银行开户。

（4）到技术监督局办理法人代码证书。

（5）到税务局办理税务登记。

（6）到卫生防疫部门办理卫生许可证。

（7）到环保局申请环保申报登记表。

（8）到公安局办理特种经营许可证。

（9）除此之外，企业经营者还要去电力、供水、燃料等部门办理相应的手续。

（10）申请开办登记表。

办理完以上手续后，标志着开设一个企业所需的各职能部门的批准已完成，即可到所在区的工商行政管理处办理营业执照，准备开业。

（七）上市

在公司开办五六年后，如果获得成功，风险资本家就会帮助它“走向社会”，办法是将它的股票广为销售。这时，风险资本家往往收起装满了的钱袋回家，到另一个有风险的新创企业去投资。大多数风险资本家都希望在五年内能得到相当于初始投资的10倍收益。当然，这种希望并不总是能够实现的。在新创办的企业中，有20%～30%的会夭折，60%～70%的会获得一定程度的成功，只有5%的新企业大发其财。

二、创业计划与创业计划书

（一）创业计划与创业计划书的相关知识

1. 概念

创业计划（business plan）也叫作企业计划、创业计划、经营计划或业务计划，是一份对新建企业的内部环境、外部环境以及企业的战略做出详细描述的书面文件。创业计划有时也叫作博弈计划（game plan）或路线图（road map），用来回答这样一些问题：我们要去哪（where）？怎样到达那里（how）？潜在的投资者、供应商和顾客有什么需要（what）？以及什么时候能满足这些需要（when）？要回答这些问题，要求创业者在做出一系列重大决策并在做出创业计划之前收集足够的信息。创业计划是创业者叩响投资者大门的“敲门砖”，是创业者计划创立的业务摘要，一份优秀的创业计划往往会使创业者达到事半功倍的效果。

创业计划书（以下简称计划书）就是把创业构想用书面语言表达出来的一种文字形式。创业计划书也是包含整个项目产生的过程、决策依据、实现路径、存在问题以及问题的解决途径、财务分析和预测、风险预估和对策、加盟和退出条件等一系列内容的说明文件。创业计划书是一份全方位的商业计划，其主要用途是递交给投资商，以便于他们能对企业或项目做出评判，从而使企业获得融资。创业计划书的作用和内容如图 10－5 所示。

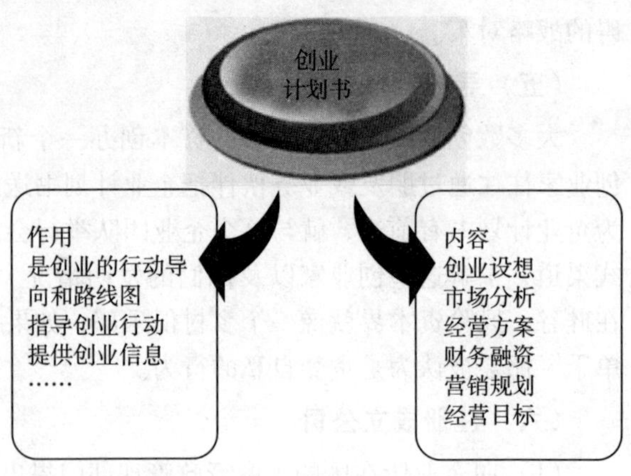

图 10－5　创业计划书的作用和内容

2. 创业计划书的作用

创业计划书不仅是一份书面的计划，而且是一个实实在在的行动纲领。创业计划书的内容制定的是企业一到三年的规划。创业计划书在实施时要根据实际情况不断调整。

1）能帮助创业者理清思路，做出正确评价

在使用创业计划书融资前，创业计划书首先应该是给创业者自己看的。因此，创业者应该以认真的态度对自己所有的资源、已知的市场情况和初步的竞争策略做尽可能详尽的分析，并提出一个初步的行动计划，做到心中有数。另外，创业计划书还是创业资金准备和风险分析的必要手段。对初创的风险企业来说，创业计划书的作用尤为重要，一个酝酿中的项目，往往很模糊，通过制订创业计划书，把正反理由都书写下来，然后再逐条推敲，创业者就能对这一项目有更加清晰的认识。

2）能帮助创业者凝聚人心，有效管理

一份完美的创业计划书可以增强创业者的自信，使创业者明显感到对企业更容易控制、对经营更有把握。因为创业计划书提供了企业全部的现状和未来发展的方向，也为企业提供了良好的效益评价体系和管理监控指标。创业计划书使创业者在创业实践中有章可循。

创业计划书通过描绘新创企业的发展前景和成长潜力，使管理层和员工对企业及个人的未来充满信心，并明确要从事什么项目和活动，从而使大家了解将要充当什么角色，完成什么工作，以及自己是否胜任这些工作。因此，创业计划书对于创业者吸引所需要的人力资源，凝聚人心，具有重要作用。

3）帮助创业者对外宣传，获得融资

创业计划书作为一份全方位的项目计划，它对即将展开的创业项目进行可行性分析，也在向风险投资商、银行、客户和供应商宣传拟建的企业及其经营方式，包括企业的产品、营销、市场及人员、制度、管理等各个方面。在一定程度上也是拟建企业对外进行宣传和包装的文件。

4）指导创业行动

在撰写这份计划书的思考过程中，创业者可以清楚地看到，什么才是未来事业成功中最重要的因素。创业者的经营计划以及如何实现它，在计划书中都可以写得清清楚楚。

5）提供创业信息

一份制作规范、专业的创业计划书就等于创业者的第一张创业名片。它会告诉创业者的资金支持者这不仅是一个浓缩的商业计划，同时也将成就一个未来有信誉、有实力的企业家，创业者在创业初期获得的信任就从这里开始。

3. 创业计划书的六大内容

1）创业设想

创业设想包括创业项目的具体描述、确定目标客户、产品或服务性能描述、满足顾客和市场的哪些需求。

2）市场分析

市场分析包括分析顾客类型并细分市场、未来发展趋势分析、市场现状和需求。

3）经营方案

经营方案内容为企业目标规划、经营战略、管理方式、风险分析、企业组织、经营场地、创业团队。

4）财务融资

财务融资包括启动资金预算、融资计划、盈亏平衡点、投资回收期估算。

5）营销规划

营销规划包括产品定位、定价策略、薪酬计划、广告方式、营销策略。

6）经营目标

经营目标要全面总结经营思路，篇幅以一页为宜。

4. 创业计划书的布局

（1）简述计划内容（概要）。

（2）简要评价要进入的市场（市场调研数据和结果）。

（3）描述进入市场需要的技术支撑、经验能力和需要的资金。

（4）描述将要提供的产品和服务会给顾客带来怎样的利益。

（5）描述如何进入市场（市场营销策略）。

（6）前景展望。

（7）财务预算指标。

（8）需要申请的资金数额以及将如何支配使用（选址、租金、工资、经营费用、固定资产、开办费等）。

（9）加盟和退出的前提和条件。

（10）团队构成。

（二）市场调查的内容和方法

1. 市场调查的内容

1）市场环境调研

市场环境调研包括政治与法律环境的变化调研、经济和科技的发展调研、人口状况调研、社会时尚变化和竞争状况调研。其中重要的一步是行业现状调研与市场需求调研。

（1）行业现状调研。在行业分析中应该正确评价所选行业的基本特点、竞争状况以及未来的发展趋势等内容，具体内容包括：

①该行业发展程度如何？现在的发展动态如何？

②经济发展对该行业的影响程度如何？政府是如何影响该行业的？

③是什么因素决定着它的发展？过去十年的价格趋势如何？

④该行业竞争的本质是什么？你将采取何种战略？

⑤进入该行业的障碍是什么？你将如何克服？

⑤该行业中典型企业的回报率是多少？未来十年的价格走向如何？

(2) 市场需求调研。市场需求调研包括市场需求总量及其构成的调研、各细分市场及目标市场的需求调研、市场份额及变化情况的构成调研。

需求调研就是要通过调研搞清楚你的产品或服务在多大程度上可以解决顾客现实生活中的问题和困难，或者你的产品或服务可以为顾客节省多少开支、增加多少收入？

2）消费者行为调研

包括消费者需求调研、购买心理调研、动机调研、购买模式和购买行为调研，影响消费者购买决策的主要因素和消费者需求变化趋势分析等。

3）营销组合调研

包括产品状况调研、产品价格调研、销售渠道调研、广告和促销状况调研等。

2. 市场调研的方法

市场调研的方法如图 10－6 所示。

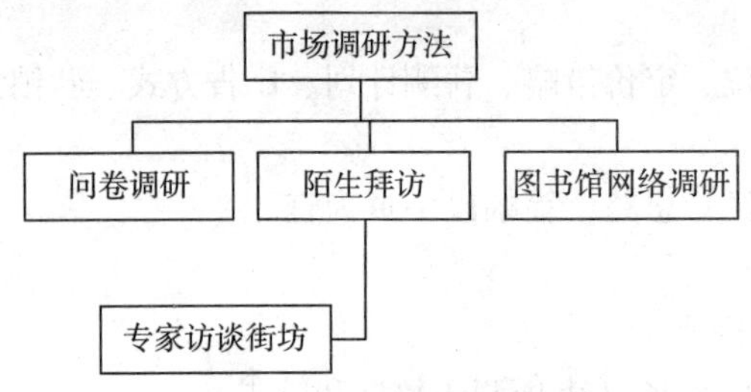

图 10－6　市场调研的方法

（三）创业计划书的撰写

1. 如何撰写创业计划书

创业计划书包括封面、目录、执行概要、主体内容和附件等。撰写创业计划（见图 10－7）是创业者反复思考、推理并讨论的过程。

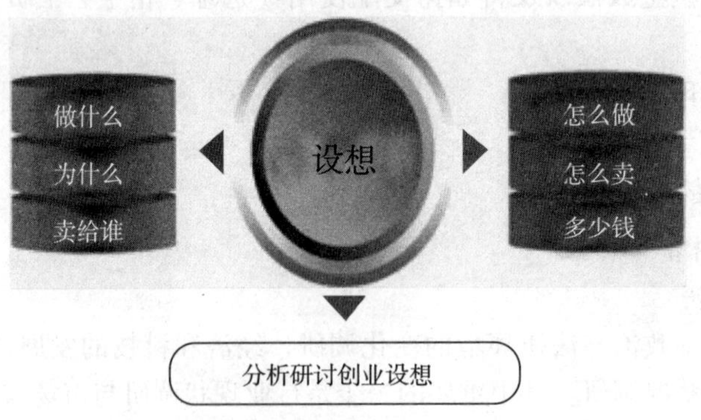

图 10－7　创业计划书的撰写

通常一本创业计划书在前面需要写一页左右的摘要，接下来是创业计划书的具体章节，一般分成十大章。

第一章：事业描述。

必须描述所要进入的是什么行业，卖什么产品（或服务），谁是主要的客户，所属产业的生命周期是处于萌芽、成长、成熟还是衰退阶段。还有，企业要用独资还是合伙的形式成立，打算何时开业，营业时间有多长等。

第二章：产品服务。

需要描述你的产品和服务到底是什么，有什么特色，你的产品跟竞争者有什么差异，如果并不特别，为什么顾客要买。

第三章：市场。

首先需要界定目标市场在哪里，是既有的市场（有客户），还是在新的市场开发新客户。不同的市场、不同的客户都有不同的营销方式。在确定目标之后，决定怎样上市、促销、定价等，并且做好预算。

第四章：地点。

一般公司对地点的选择可能影响不那么大，但是如果要开店，店面地点的选择就很重要。

第五章：竞争。

下列三种时候尤其要做竞争分析：

(1) 要创业或进入一个新市场时；

(2) 当一个新竞争者进入自己在经营的市场时；

(3) 随时随地做竞争分析，这样最省力。竞争分析可以从五个方向去做：谁是最接近的五大竞争者；他们的业务如何；他们与本业务相似的程度；从他们那里能学到什么；如何做得比他们好。

第六章：管理。

中小企业98%的失败来自管理的缺失，其中45%是因为管理缺乏竞争力，目前还没有明确的解决之道。

第七章：人事。

要考虑现在、半年内、未来三年的人事需求，并且具体考虑需要引进哪些专业技术人才、全职还是兼职、薪水如何计算、所需人事成本等。

第八章：财务需求与运用。

考虑融资款项的运用、营运资金周转等，并预测未来3年的损益表、资产负债表和现金流量表。

第九章：风险。

不是说有人竞争就是风险，风险还可能是进出口汇兑的风险、餐厅有火灾的风险等，并注意当风险来临时如何应对。

第十章：成长与发展。

下一步要怎么样，三年后如何，这也是创业计划书所要提及的。企业是要能持续经营的，所以在规划时要能够做到多元化和全球化。创业计划书是将有关创业的想法，借由白纸黑字最后落实的载体。创业计划书的质量，往往会直接影响创业发起人能否找到合作伙伴、获得资金及其他政策的支持。

如何写创业计划书呢？要依目标，即因看计划书的对象而有所不同，譬如是要写给投资者看的，还是要拿去银行贷款。从不同的目的来写，计划书的重点也会有所不同。

2. 创业计划书常见误区及应对措施

1）市场情况阐述模糊

应对措施：从最有可能打动读者的部分开始；首先要写你对目前此项目的市场预期，以及你的目标客户、目标市场和在创业初必将遇到的竞争对手问题等，也应该列出你的营销措施。大多数投资商认为：在创业中取得成功的秘诀就是要找到并开拓一个足够大的市场。一般情况下，市场需求应给出肯定描述。市场调研非常重要，对给出的数据要做注释，权威数据应该给出来源，以增加可信度。

2）缺少对竞争者和竞争形势的详细分析

应对策略：要进入某个领域和市场前，必须“谋定而后动”，做好如下分析：

（1）找到你的潜在客户群。

（2）对你的竞争者进行必要的分析。

（3）分析本行业处在生命周期的哪个阶段。

3）缺少对不确定因素的分析和应对措施的分析

应对策略：主动向在此行业里经营成功的企业家或创业导师咨询，请他们帮你分析一下计划书，有些经验是值得借鉴的，但是专家和导师的意见也只能是供创业者参考，而不能代替决策。

4）财务数据预估的数字缺少依据

应对策略：凡是出现在计划书中的财务表中的数字都应该是有依据的，或者是有相关资料参考预估的，不能凭空想象就写上去，要经得住推敲，经得住基金或投资商、银行家的追问，他们经常会问这些数字是怎么来的？

5）创业团队要均衡

应对措施，即团队成员在专业、性格、经验、经历甚至性别上要力求互补，不要都是某一专业的人员，这样不利于人岗匹配和协同作战。

任务 10.4　企业的创建与风险管理

一、创办市场主体基本流程

大学生自主创业可采用的市场主体类型主要有：个体工商户、个人独资企业、合伙企业、农民专业合作社和有限责任公司等。创办不同类型的市场主体，需要准备的材料和办理流程如下：

（一）个体工商户

1. 需准备的材料

（1）经营者签署的个体工商户注册登记申请书；

（2）委托代理人办理的，还应当提交经营者签署的委托代理人证明及委托代理人身份证明；

（3）经营者身份证明；

（4）经营场所证明；

（5）《个体工商户名称预先核准通知书》（设立申请前已经办理名称预先核准的须提交）；

（6）申请登记的经营范围中有法律、行政法规和国务院决定规定必须在登记前报经批准的项目，应当提交有关许可证书或者批准文件；

（7）申请登记为家庭经营的，以主持经营者作为经营者登记，由全体参加经营家庭成员在《个体工商户开业登记申请书》经营者签名栏中签字予以确认。提交居民户口簿或者结婚证复印件作为家庭成员亲属关系证明，同时提交其他参加经营家庭成员的身份证复印件；

（8）国家工商行政管理总局规定提交的其他文件。

2. 办理流程

1）申请

（1）申请人或者委托的代理人可以直接到经营场所所在地登记机关登记。

（2）登记机关委托其下属工商所办理个体工商户登记的，到经营场所所在地工商所登记。

（3）申请人或者其委托的代理人可以通过邮寄、传真、电子数据交换、电子邮件等方式向经营场所所在地登记机关提交申请。通过传真、电子数据交换、电子邮件等方式提交申请的，应当提供申请人或者其代理人的联络方式及通信地址。对登记机关予以受理的申请，申请人应当自收到受理通知书之日起5日内，提交与传真、电子数据交换、电子邮件内容一致的申请材料原件。

2）受理

（1）对于申请材料齐全、符合法定形式的，登记机关应当受理。

申请材料不齐全或者不符合法定形式，登记机关应当当场告知申请人需要补正的全部内容，申请人按照要求提交全部补正申请材料的，登记机关应当受理。

申请材料存在可以当场更正的错误的，登记机关应当允许申请人当场更正。

（2）登记机关受理登记申请，除当场予以登记的外，应当发给申请人受理通知书。

对于不符合受理条件的登记申请，登记机关不予受理，并发给申请人不予受理通知书。

申请事项依法不属于个体工商户登记范畴的，登记机关应当即时决定不予受理，并向申请人说明理由。

3）审查和决定

登记机关对决定予以受理的登记申请，根据下列情况分别做出是否准予登记的决定：

（1）申请人提交的申请材料齐全、符合法定形式的，登记机关应当当场予以登记，并发给申请人准予登记通知书。

根据法定条件和程序，需要对申请材料的实质性内容进行核实的，登记机关应当指派两名以上工作人员进行核查，并填写申请材料核查情况报告书。登记机关应当自受理登记申请之日起15日内做出是否准予登记的决定。

（2）对于以邮寄、传真、电子数据交换、电子邮件等方式提出申请并经登记机关受理的，登记机关应当自受理登记申请之日起15日内做出是否准予登记的决定。

（3）登记机关做出准予登记决定的，应当发给申请人准予个体工商户登记通知书，并在10日内发给申请人营业执照。

不予登记的，应当发给申请人个体工商户登记驳回通知书。

（二）个人独资企业

1. 需准备的材料

（1）投资人签署的《个人独资企业登记（备案）申请书》；

（2）投资人身份证明；

（3）投资人委托代理人的，应当提交投资人的委托书原件和代理人的身份证明或资格证明复印件（核对原件）；

（4）企业住所证明；

（5）《名称预先核准通知书》（设立申请前已经办理名称预先核准的须提交）；

（6）从事法律、行政法规规定须报经有关部门审批的业务的，应当提交有关部门的批准文件；

（7）国家工商行政管理总局规定提交的其他文件。

2. 办理流程

1）申请

由投资人或者其委托的代理人向个人独资企业所在地登记机关申请设立登记。

2）受理、审查和决定

登记机关应当在收到全部文件之日起 15 日内，做出核准登记或者不予登记的决定。予以核准的发给营业执照；不予核准的，发给企业登记驳回通知书。

（三）合伙企业

1. 需准备的材料

（1）全体合伙人签署的《合伙企业登记（备案）申请书》；

（2）全体合伙人的主体资格证明或者自然人的身份证明；

（3）全体合伙人指定代表或者共同委托代理人的委托书；

（4）全体合伙人签署的合伙协议；

（5）全体合伙人签署的对各合伙人缴付出资的确认书；

（6）主要经营场所证明；

（7）《名称预先核准通知书》（设立申请前已经办理名称预先核准的须提交）；

（8）全体合伙人签署的委托执行事务合伙人的委托书；执行事务合伙人是法人或其他组织的，还应当提交其委派代表的委托书和身份证明复印件（核对原件）；

（9）以非货币形式出资的，提交全体合伙人签署的协商作价确认书或者经全体合伙人委托的法定评估机构出具的评估作价证明；

（10）法律、行政法规或者国务院规定设立合伙企业须经批准的，或者从事法律、行政法规或者国务院决定规定在登记前须经批准的经营项目，须提交有关批准文件；

（11）法律、行政法规规定设立特殊的普通合伙企业需要提交合伙人的职业资格证明的，提交相应证明；

（12）国家工商行政管理总局规定提交的其他文件。

2. 办理流程

1）申请

由全体合伙人指定的代表或者共同委托的代理人向企业登记机关申请设立登记；

2）受理、审查和决定

申请人提交的登记申请材料齐全、符合法定形式，企业登记机关能够当场登记的，应予当场登记，发给合伙企业营业执照。

除前款规定情形外，企业登记机关应当自受理申请之日起 20 日内，做出是否登记的决定。予以登记的，发给合伙企业营业执照；不予登记的，应当给予书面答复，并说明理由。

（四）农民专业合作社

1. 需准备的材料

（1）《农民专业合作社登记（备案）申请书》；

（2）全体设立人签名、盖章的设立大会纪要；

（3）全体设立人签名、盖章的章程；

（4）法定代表人、理事的任职文件和身份证明；

（5）载明成员的姓名或者名称、出资方式、出资额以及成员出资总额，并经全体出资成员签名、盖章予以确认的出资清单；

（6）载明成员的姓名或者名称、公民身份号码或者登记证书号码和住所的成员名册，以及成员身份证明；

（7）能够证明农民专业合作社对其住所享有使用权的住所使用证明；

（8）全体设立人指定代表或者委托代理人的证明；

（9）《名称预先核准通知书》（设立申请前已经办理名称预先核准的须提交）；

（10）农民专业合作社的业务范围有属于法律、行政法规或者国务院规定在登记前须经批准的项目的，应当提交有关批准文件；

（11）法律、行政法规规定的其他文件。

2. 办理流程

1）申请

由全体设立人指定的代表或者委托的代理人向登记机关申请设立登记。

2）受理、审查和决定

申请人提交的登记申请材料齐全、符合法定形式，登记机关能够当场登记的，应予当场登记，发给营业执照。

除前款规定情形外，登记机关应当自受理申请之日起20日内，做出是否登记的决定。予以登记的，发给营业执照；不予登记的，应当给予书面答复，并说明理由。

（五）有限责任公司

1. 需准备的材料

（1）公司法定代表人签署的设立登记申请书；

（2）全体股东指定代表或者共同委托代理人的证明；

（3）公司章程；

（4）股东的主体资格证明或者自然人身份证明；

（5）载明公司董事、监事、经理的姓名、住所的文件以及有关委派、选举或者聘用的证明；

（6）公司法定代表人任职文件和身份证明；

（7）企业名称预先核准通知书；

（8）公司住所证明；

（9）国家工商行政管理总局规定要求提交的其他文件。

法律、行政法规或者国务院决定规定设立有限责任公司必须报经批准的，还应当提交批准文件。

2. 办理流程

1）申请

由全体股东指定的代表或者共同委托的代理人向公司登记机关申请设立登记。

2）受理

公司登记机关根据下列情况分别做出是否受理的决定：

（1）申请文件、材料齐全，符合法定形式的，或者申请人按照公司登记机关的要求提交全部补正申请文件、材料的，决定予以受理。

（2）申请文件、材料齐全，符合法定形式，但公司登记机关认为申请文件、材料需要核实的，决定予以受理，同时书面告知申请人需要核实的事项、理由以及时间。

（3）申请文件、材料存在可以当场更正的错误的，允许申请人当场予以更正，由申请人在更正处签名或者盖章，注明更正日期；经确认申请文件、材料齐全，符合法定形式的，决定予以受理。

（4）申请文件、材料不齐全或者不符合法定形式的，当场或者在5日内一次告知申请人需要补正的全部内容；当场告知时，将申请文件、材料退回申请人；属于5日内告知的，收取申请文件、材料并出具收到申请文件、材料的凭据，逾期不告知的，自收到申请文件、材料之日起即为受理。

（5）不属于公司登记范畴或者不属于本机关登记管辖范围的事项，即时决定不予受理，并告知申请人向有关行政机关申请。

公司登记机关对通过信函、电报、电传、传真、电子数据交换和电子邮件等方式提出申请的，自收到申请文件、材料之日起5日内做出是否受理的决定。

3）审查和决定

公司登记机关对决定予以受理的登记申请，分别情况在规定的期限内做出是否准予登记的决定：

（1）对申请人到公司登记机关提出的申请予以受理的，当场做出准予登记的决定。

（2）对申请人通过信函方式提交的申请予以受理的，自受理之日起15日内做出准予登记的决定。

（3）通过电报、电传、传真、电子数据交换和电子邮件等方式提交申请的，申请人应当自收到受理通知书之日起15日内，提交与电报、电传、传真、电子数据交换和电子邮件等内容一致并符合法定形式的申请文件、材料原件；申请人到公司登记机关提交申请文件、材料原件的，当场做出准予登记的决定；申请人通过信函方式提交申请文件、材料原件的，自受理之日起15日内做出准予登记的决定。

（4）公司登记机关自发出受理通知书之日起60日内，未收到申请文件、材料原件，或者申请文件、材料原件与公司登记机关所受理的申请文件、材料不一致的，做出不予登记的决定。

公司登记机关需要对申请文件、材料核实的，自受理之日起15日内做出是否准予登记的决定。

4）发照

公司登记机关做出准予公司设立登记决定的，出具准予设立登记通知书，告知申请人自决定之日起10日内，领取营业执照。

公司登记机关做出不予登记决定的，出具登记驳回通知书，说明不予登记的理由，并告知申请人享有依法申请行政复议或者提起行政诉讼的权利。

二、创业优惠政策

（一）税收优惠

持人社部门核发就业创业证（注明“毕业年度内自主创业税收政策”）的高校毕业生在毕业年度内（指毕业所在自然年，即1月1日至12月31日）创办个体工商户、个人独资企业的，3年内按每户每年8000元为限额依次扣减其当年实际应缴纳的营业税、城市维护建设税、教育费附加和个人所得税。对高校毕业生创办的小型微利企业，按国家规定享受相关税收支持政策。

（二）创业担保贷款和贴息

对符合条件的大学生自主创业的，可在创业地按规定申请创业担保贷款，贷款额度为10万元。鼓励金融机构参照贷款基础利率，结合风险分担情况，合理确定贷款利率水平，对个人发放的创业担保贷款，在贷款基础利率基础上上浮3个百分点以内的，由财政给予贴息。

（三）免收有关行政事业性收费

毕业2年以内的普通高校学生从事个体经营（除国家限制的行业外）的，自其在工商部门首次注册登记之日起3年内，免收管理类、登记类和证照类等有关行政事业性收费。

（四）享受培训补贴

对大学生创办的小微企业新招用毕业年度高校毕业生，签订1年以上劳动合同并交纳社会保险费的，给予1年社会保险补贴。对大学生在毕业学年（即从毕业前一年7月1日起的12个月）内参加创业培训的，根据其获得创业培训合格证书或就业、创业情况，按规定给予培训补贴。

（五）免费创业服务

有创业意愿的大学生，可免费获得公共就业和人才服务机构提供的创业指导服务，包括政策咨询、信息服务、项目开发、风险评估、开业指导、融资服务、跟踪扶持等“一条龙”创业服务。

（六）取消高校毕业生落户限制

高校毕业生可在创业地办理落户手续（直辖市按有关规定执行）。

（七）创新人才培养

创业大学生可享受各地各高校实施的系列“卓越计划”、科教结合协同育人行动计划等，同时享受跨学科专业开设的交叉课程、创新创业教育实验班等，以及探索建立的跨院系、跨学科、跨专业交叉培养创新创业人才的新机制。

（八）开设创新创业教育课程

自主创业大学生可享受各高校挖掘和充实的各类专业课程和创新创业教育资源，以及面向全体学生开发开设的研究方法、学科前沿、创业基础、就业创业指导等方面的必修课和选修课；同时享受各地区、各高校推出的资源共享的慕课、视频公开课等在线开放课程，和在线开放课程学习认证和学分认定制度。

（九）强化创新创业实践

自主创业大学生可共享学校面向全体学生开放的大学科技园、创业园、创业孵化基地、教育部工程研究中心、各类实验室、教学仪器设备等科技创新资源和实验教学平台。参加全国大学生创新创业大赛、全国高职院校技能大赛，和各类科技创新、创意设计、创业计划等专题竞赛，以及高校学生成立的创新创业协会、创业俱乐部等社团，提升创新创业实践能力。

（十）改革教学制度

自主创业大学生可享受各高校建立的自主创业大学生创新创业学分累计与转换制度；还可享受学生开展创新实验、发表论文、获得专利和自主创业等情况折算为学分，将学生参与课题研究、项目实验等活动认定为课堂学习的新探索。同时享受为有意愿有潜质的学生制订的创新创业能力培养计划，以及创新创业档案和成绩单等系列客观记录并量化评价学生开展创新创业活动情况的教学实践活动。优先支持参与创业的学生转入相关专业学习。

（十一）完善学籍管理规定

有自主创业意愿的大学生，可享受高校实施的弹性学制，放宽学生修业年限，允许调整学业进程、保留学籍休学创新创业。

（十二）大学生创业指导服务

自主创业大学生可享受各地各高校对自主创业学生实行的持续帮扶、全程指导、一站式服务。以及地方、高校两级信息服务平台，为学生实时提供的国家政策、市场动向等信息，和创业项目对接、知识产权交易等服务。可享受各地在充分发挥各类创业孵化基地作用的基础上，因地制宜建设的大学生创业孵化基地，和相关培训、指导服务等扶持政策。

三、创业风险的识别与防范

创业，意味着投入自己的金钱、时间和精力去实现预期的销售和盈利。由于普遍缺乏可持续获利的商业模式等不确定性的存在，新创企业面临诸多创业风险。在发达经济体正在经历创业型经济兴起、中国经济处于转型与升级的宏观背景下，客户风险、创新风险和法律风险尤其是中国新创企业面临的最致命和隐秘的风险。社会是错综复杂的，不确定性不可避免，有效地识别与防范这些风险已成为新创企业生存下去的根本。在真正的商业机会和危险陷阱之间，必须能够识别、判断和避免各类风险，创业风险仍然规避有道。

2016 年 11 月，教育部颁布《教育部关于做好 2017 届全国普通高校毕业生就业创业工作的通知》，积极推动大学毕业生自主创业，并实行弹性学制，允许非毕业生休学创业。这对于毕业生和那些想创业的在读大学生，无疑是一则天大喜讯，毕竟自己做老板，相对于到企业上班，财富和成功都要来得更快更多。大学生正处在最好的年龄阶段，即使创业不成，也能从创业过程中积累经验，将是人生一笔不小的财富。创业是风险与机遇并存的。

（一）创业大学生自身风险

1. 狂热中缺乏理性

自主创业道路将成为大学生就业的一种必然选择和趋势，创业行为不断地在大学生中被实践，在全国范围内掀起创业热潮。由于对于某些创业神话的过分渲染与炒作，使得整个社会舆论对于大学生创业寄予很大的希望，从而引发了大学生创业的狂热，几乎到了人人想创业的程度，在校学生按捺不住创业的激情，争着要搭上创业这趟列车，对创业的期望值很高。然而，大学生在心理上没有做好创业的准备，普遍意识不到创业起步的困难和创业风险的压力，把创业想象化、简单化，缺乏理性，存在仅以市场为导向的创业倾向，忽略了自身的成本优势和创新意识的发挥，甚至有的学生动机不正、金钱至上、贪婪自私，一遇诱惑便把握不住自己。

2. 自信中缺乏耐心

大学生拥有知识技能，朝气蓬勃，对创业前景充满了信心，表现出一定的自信。认为自己具备高水平的知识技能，有敏锐的商业嗅觉。但由于无创业经历，对于创业过程中存在的诸多困难估计不足，做决策时全凭直觉，盲目的选择最终导致退缩或失败的结果。一旦面对失败，就缺乏耐心，只要有一个困难不解决，一个障碍迈不过去，就会前功尽弃。

3. 创新中缺乏经验

优胜劣汰的社会竞争现实，使大学生在创业实践过程中必须求新求异，大学生的创新性特征在创业实践活动中不断提升，确实增加了创业实践活动的社会效益。但也存在着各种创业失败的案例和创新受挫的情形。原因是大学生虽有创新精神，但缺少经验，对企业的运作规律、要求、技术、管理都不太熟悉。

4. 诚信中缺乏魄力

市场经济已进入诚信时代，作为一种特殊的资本形态，诚信日益成为企业立足之本与发展的源泉。创业机会与风险并存，想要在竞争激烈、机会稍纵即逝的商海中勇立潮头，除了诚实可信，还必须有魄力，敢于抓住商机，即使没有十足把握，也应果断地尝试。有的学生自卑胆怯、患得患失，不愿为也不敢为，缺少这种应有的胆量和能力，阻滞了创业向成功的方向发展。

（二）创业过程中面临的风险

创业既能实现大学生的自我认同和自我价值，激发创造力，又可以在一定程度上缓解严峻的就业形势，达到实现经济效益和社会效益的双重目的。但任何事物都是一柄双刃剑，创业途中，有傲立风口的成功者，亦不乏折戟半路的失意人。分化格局的形成，除了运气，更多的是对创业风险的把控，对于初涉世事的大学生更是如此。

创业的风险主要有以下几个方面：

1. 项目选择太盲目

大学生创业时如果缺乏前期广泛的市场调研和论证，只是凭自己的兴趣和想象来决定投资方向，甚至仅凭一时的心血来潮做决定，一定会碰得头破血流。创业初期一定要做好市场调研，在了解市场的基础上创业。一般来说，大学生创业者资金实力较弱，应选择启动资金不多、人手配备要求不高的项目，从小本经营做起比较适宜。

2. 缺乏创业技能

有些大学生创业者眼高手低，当创业计划转变为实际操作时，才发现自己根本不具备解决问题的能力，这样的创业无异于纸上谈兵。一方面，大学生应去企业打工或实习，积累相关的管理和营销经验；另一方面，积极参加创业培训，积累创业知识，接受专业指导，提高创业成功率。

3. 资金风险

资金风险在创业初期会一直伴随在创业者的左右。是否有足够的资金创办企业是创业者遇到的第一个问题。企业创办起来后，就必须考虑是否有足够的资金支持企业的日常运作。对于初创企业来说，如果连续几个月入不敷出或者因为其他原因导致企业的现金流中断，都会给企业带来极大的威胁。相当多的企业会在创办初期因资金紧缺而严重影响业务的拓展，甚至错失商机而不得不关门大吉。另外，如果没有广阔的融资渠道，创业计划只能是一纸空谈。除了银行贷款、自筹资金、民间借贷等传统方式外，还可以充分利用风险投资、创业基金等融资渠道。

财产风险、对家庭的影响、健康与爱好的损失是创业者所必须加以克服的困难和烦恼。大学生创业要有充分的准备，去迎接创业过程中诸如拿个人积蓄去冒险，经常不分昼夜地长时间工作，无法度假，有时生病也得不到休息；失去稳定的工资收入；为发工资和债务担忧，甚至拿不到自己的那份工资；不得不做如清洁、归档、采购等自己不喜欢的事；无暇与家人和朋友待在一起等挑战。创业者要有危机意识，在心理上及行动上有所准备，来应付突如其来的变化。带着风险意识前行，在创业实践中，所有的事都要有“万一……怎么办”的危机意识，居安思危，未雨绸缪，预作准备。

4. 社会资源贫乏

企业创建、市场开拓、产品推介等工作都需要调动社会资源，大学生在这方面会感到非常吃力。平时要多参加各种社会实践活动，扩大自己人际交往的范围。创业前，可以先到相关行业领域工作一段时间，通过这个平台，为自己日后的创业积累人际关系。

5. 管理风险

大学生的理财、营销、沟通、管理方面的能力普遍不足。要想创业成功，必须技术、经营两手抓，可从合伙创业、家庭创业或从虚拟店铺开始，锻炼创业能力，也可以聘用职业经理人负责企业的日常运作。创业失败者基本上都是管理方面出了问题，其中包括决策随意、信息不通、理念不清、患得患失、用人不当、忽视创新、急功近利、盲目跟风、意志薄弱，等等。特别是大学生知识单一、经验不足、资金实力和心理素质明显不足，更会增加在管理上的风险。

6. 竞争风险

竞争是必然的。如何面对竞争是每个企业都要随时考虑的事，对新创企业更是如此。如果创业者选择的行业是一个竞争非常激烈的领域，那么在创业之初极有可能受到同行的强烈排挤。一些大企业为了把小企业吞并或挤垮，常会采用低价销售的手段。对于大企业来说，由于规模效益或实力雄厚，短时间的降价并不会对他们造成致命的伤害，而对初创企业则可能意味着彻底毁灭的危险。因此，考虑好如何应对来自同行的残酷竞争是创业企业生存的必要准备。

7. 团队分歧的风险

现代企业越来越重视团队的力量。创业企业在诞生或成长过程中最主要的力量来源一般都是创业团队，一个优秀的创业团队能使创业企业迅速地发展起来。但与此同时，风险也就蕴含在其中，团队的力量越大，产生的风险也就越大。一旦创业团队的核心成员在某些问题上产生分歧不能达到统一时，极有可能会对企业造成强烈的冲击。事实上，做好团队的协作并非易事。特别是与股权、利益相关联时，很多初创时很好的伙伴都会闹得不欢而散。

8. 核心竞争力缺乏的风险

是否具有自己的核心竞争力是最主要的风险。一个依赖别人的产品或市场来打天下的企业是永远不会成长为优秀企业的。核心竞争力在创业之初可能不是最重要的问题，但要谋求长远的发展，就是最不可忽视的问题。没有核心竞争力的企业终究会被淘汰出局。

9. 意识上的风险

风险性较大的意识有：投机的心态、侥幸心理、试试看的心态、过分依赖他人、回本的心理等。

创业者本身的经验、学识、能力，尤其是对要涉足行业的了解情况，将对创业成功起重要的作用。在熟悉的行业中创业，市场熟、产品熟、人际关系也熟，就能“驾轻就熟”。因此，创业者要注意自身知识的积累以及对自身创业能力的培养。

（三）大学生创业的法律风险

随着学生创业群体的逐渐增加，创业中的法律风险不容忽视，主要有创业组织形式的选择、创业组织运行中的合同法律风险和知识产权法律风险、创业组织终止的法律风险等。大学生想要在商界有所建树，应该拥有基本的法律原理和知识。

对于大学毕业生来说，公司设立时无须注册资金到位，是否就意味着开公司就“零成本”了呢？答案当然是否定的。首先，公司章程中会将各位股东认缴资本的数额进行确定，同时约定了出资到位的时间和各方出资比例；其次，公司注册资金虽然不体现在工商营业执照上，但在工商内档公开的系统中仍然可以查阅到；再则，公司在实际运营过程中，必然会需要资金的落实，否则一切经济活动将难以开展，比如薪资社保、广告宣传、经营场地、办公设备等都需要资金的保障。

创业本身就带有极大的风险性，一旦涉及对外债务无法清偿，公司股东在认缴的出资范围内，仍需对外承担债务，如果一味提高注册资本数额，表面上看起来风光，实则隐藏了巨大的法律隐患。因为在公司实缴资本没有到位的情况下，债权人可以要求股东在认缴出资范围内承担法律责任，随着全社会对公司企业、个人信用的日渐重视，构建市场主体信用信息公示的体系也在不断完善，一旦被纳入失信人员名单，将对今后的发展产生巨大的负面影响。

1. 创业经营过程中的法律风险

创业组织经营过程中的法律风险类型较多，涉及领域广，下面仅针对经营过程中最常出现的几类法律风险进行分析。

1）合同法律风险

以合同为机制的市场经济是建立在信用体系上的，市场经济、契约和信用是不可分割的一个体系。创业组织在经营的过程中，接触最多的可能就是合同签订及履行过程中的法律风险。合同是指平等主体的自然人、法人、其他组织之间设立、变更、终止民事权利义务关系的协议。合同订立过程中创业组织需要关注的风险主要有以下几个方面：

（1）缔约主体是否具有相应的缔约能力和资格；若为本人订立合同，应关注订立合同的当事人主体资格是否合法；若为代理人订立合同，则应关注代理人是否具有代理资格，是否获得委托授权。

（2）合同双方要多交流沟通，注意双方对合同内容的理解是否一致，意思表示是否真实，合同标的是否合法，对方是否具有履约能力，以避免对方合同的违约。

（3）为防止对方当事人违约给自己造成的损失，可以要求对方提供必要的担保；担保方式包括定金、保证人、抵押、质权等。创业大学生可以选择一个最适合自己的方式来保证对方合同的履行。合同履行中的法律风险主要是注意双方附随义务的履行，如通知义务、协助义务、保密义务等。另外，合同订立的形式具有多样性，如果是以口头形式订立的合同，一定要注意合同的达成过程以及履行的过程中的证据保全。在合同履行过程中，如果对方违约且协商不成，必须及时地通过诉讼方式来维护自己的权利，因为我国民法承认诉讼时效制度，超过一定的期限债务将得不到法律上的支持，成为自然之债。我国《民法通则》第一百三十五条规定：向人民法院请求保护民事权利的诉讼时效期间为两年，法律另有规定的除外。

2）知识产权法律风险

在现实生活中，学生创业者因不懂知识产权等相关法律知识，致使自己的知识产权受到不法侵害或侵害他人知识产权的案例普遍存在。知识产权又称智慧财产权，是指权利人一段时间内对智力成果享有的独占排他的权利，是企业非常重要的无形资产。因此，大学生创业者应对这方面的内容有所了解，做到不去侵犯他人的知识产权，学会依法保护自身的知识产权。

3）创业组织终止的法律风险

大学生组建的创业组织民事主体资格的灭失是创业组织终止的方式，该过程的风险主要体现在如下两个方面：

（1）已终止自己的创业活动，但由于疏忽而并未按照法定程序办理注销登记手续，不法分子借机冒用从事一些违法活动；

（2）创业组织终止后的债务承担风险。创业组织终止后，创业组织原来的债务因组织形式的不同而最终的承担者也不同，如果创业组织是公司的形式，那么就仅以公司的财产作为债务承担的担保债务。若为个体工商户、合伙企业、个人独资企业，则创业学生要对创业组织存在期间的债务承担无限连带责任。

创业除了选择设立公司之外，还有另一种形式——合伙企业。合伙企业与公司相比，合伙企业没有注册资本的要求，可以通过劳务出资成立，合伙人之间具有极强的人身信任。这决定了合伙人出资份额的转让要受到严格的限制，其中最大的风险在于合伙企业对外的债务需要合伙人承担无限责任，这也是公司制较为有利的方面，因为公司作为独立的法人主体，股东是以认缴出资为限承担有限责任的。在正常经营的情况下，一旦创业失败，对外承担的债务仅限于认缴的出资范围。因此，对于社会经验不足的大学生来说，选择以合伙企业的方式创业并不是一个好的选择。

大学生要避免创业失败，需要关注公司内部法人治理结构、知识产权的合理保护、合同风险控制等问题，创业并未单纯依靠一腔热情就能成功，需要在点点滴滴的过程中将法律思维与管理行为相互融合。

2. 风险规避对策

发生经营困难甚至歇业、股东僵局等问题，往往不是市场不景气、缺乏业务机会等，根本原因还是在内部管理上没有做好梳理和规划，是业务发展太快、管理跟不上所致。

（1）加强内部规章制度的建设，招聘员工不仅是签署劳动合同这样简单，在明确主营方向和业务流程之后，需要建立起一套相对完善的内部岗位管理制度或员工管理手册，使管理有依据、行为有准则。

（2）创新成果的保护需要强化法律意识。创新性企业唯一的发展动力就是知识产权、技术研发成果，对于没有厂房、土地、大型设备的“轻资产”创业公司而言，及时申请专利、商标、著作权，切勿先推广使用之后，在市场模仿竞争者来了才想起来要申请保护。

（3）在业务合同的签署过程中，不能简单认为自己是创业企业，有订单就不错了，客户想怎么写就怎么签，因为一份不平等或者苛刻条款的商业合同是缺乏可操作性的，把自己放在缺乏法律保障的市场竞争环境中，无疑是加大了创业的风险，一旦无法按时按质完成合同约定的条款，就可能面临违约赔偿的法律责任，拿不到产品或服务酬劳是小事，承担高额违约金就得不偿失了。

由于创业知识和经营经验等方面的缺乏，未能意识到创业过程中的法律风险，有些大学生可能会无意间违反法律规定；也可能为利益冲昏头脑，明知故犯，违反法律规定。准备创业的大学生在创业前应做好充分准备，留心实践过程中可能产生的法律风险，查阅学习相关法律知识，熟悉大学生创业的各个环节，思考如何有效防范法律风险的方法和解决途径，培养自己的风险意识，熟悉国家对于大学生创业的既有扶持政策，努力做好法律风险的事前防范。

如果想创业，首先要记住：想到的和遇到的一定会有距离！

课后测评

创业能力测试

1. 测评说明

（1）当你想要拥有一个自己的公司的时候，有必要先进行这个测试，它可以帮助你判断你自己是否适合创业？你具有多少创业者潜力？当然，这个测试结果，也是仅供参考，因为决定一个人创业能否成功要受到好多因素的制约。

（2）本测试根据一系列陈述句组成。请认真阅读题目，根据你的实际情况来选择最符合你的描述。

(3) 在选择时，请根据你的第一印象来回答，填在表 10－3 中。不要做过多的考虑，在符合你的情况的后面空栏中画“√”。

表 10－3　创业能力测评表

序号	内容	结果
1	你是否曾经为了某个理想而设下两年以上的长期计划，并且按计划进行直到完成？	
2	在学校和家庭生活中，你是否在没有师长和亲友的督促下，就自动完成分派的任务？	
3	你是否喜欢独自完成工作，并做得很好？	
4	当你与朋友在一起时，你的朋友是否常寻求你的指导和建议？你是否曾被推举为领导者？	
5	在你以往的经历里，有没有赚钱的经验？你喜欢储蓄吗？	
6	你是否能够专注地做自己感兴趣的事连续 10 小时以上？	
7	你是否习惯保存重要资料，并且井井有条地整理，以备需要时可以随意提取查阅？	
8	在平时生活中，你是否热衷于社会服务工作？你关心别人的需要吗？	
9	你是否喜欢音乐、艺术、体育以及其他各种活动？	
10	在此之前，你是否带动其他人员，完成过一项由你领导的大型活动或任务？	
11	你喜欢在竞争中生存吗？	
12	当你在别人的管理下工作时，发现其管理方法不当，你是否会想出适当的管理方式并建议改进？	
13	当你需要别人的帮助时，是否能充满自信地提出要求，并且能说服别人来帮助你？	
14	在你筹款或者义卖时，是不是充满自信而不害羞？	
15	当你要完成一项重要工作时，是否总是给自己留出足够的时间仔细完成，而决不让时间虚度，在匆忙中草率完成？	
16	参加重要聚会时，你是否会准时赴约？	
17	你是否有能力安排一个恰当的环境，使你在工作中能不受干扰，有效地专心工作？	
18	你交往的朋友中，是否有许多有成就、有智慧、有眼光、有远见、老成稳重型的人？	
19	你在学校或团体中，被认为是受欢迎的人吗？	
20	你自认是理财高手吗？	
21	你是否可以为了赚钱而牺牲自己的娱乐？	
22	你是否总是独自挑起责任的担子，彻底了解工作目标并认真地执行工作？	
23	在工作中，你是否有足够的信心和耐力？	
24	你能否在很短的时间内，结交许多新朋友？	

(4) 评分标准：答“是”得 1 分；答“否”不得分。统计所得分数。

2. 测评结果分析

(1) 0~5 分：

你目前不适合创业，应当训练自己为别人工作，并学习技术和专业。

(2) 6~10 分：

你需要在别人的指导下去创业，才会有成功的机会。

(3) 11~15 分：

你适合自己创业，但必须在所有“否”的答案中，分析出自己的问题并加以纠正改进。

(4) 16~20 分：

你非常适合创业，足以使你从小事开始，并从妥善处理事情中获得经验，成为成功的创业者。

(5) 21~24 分：

你有无限潜能，只要把握住时机和运气，可能将是未来的商业巨子。

经过测试，你对自己更加深了认识，结合前边的自身条件评估，请你认真思考一下：你的性格适不适合创业？创业需要激情，更需要理性。只有做好了创业的准备，才可以创业。

1. 大学生应如何培养创业者的品质特征？
2. 大学生创业的主要模式有哪些？
3. 创业有哪几个主要流程？
4. 撰写创业计划书有哪些主要内容？
5. 创建企业需要完成哪些流程？
6. 大学生创建企业需注意哪些法律问题？

参 考 文 献

[1] 史保国，年亚贤．大学生就业指导［M］．西安：西北大学出版社，2011.

[2] 曾杰豪．大学生就业指导［M］．北京：经济管理出版社，2010.

[3] 鲁宇红．大学生职业生涯规划与就业指导［M］．南京：东南大学出版社，2008.

[4] 雷国营，陈旭清．毕业生就业指导［M］．天津：天津大学出版社，2010.

[5] 杨红卫，杨军，常凤英．大学生全程就业指导［M］．昆明：云南大学出版社，2010.

[6] 焦金雷．大学生就业与创业指导［M］．西安：西安交通大学出版社，2014.

[7] 赵小东，白旭辉，莫小农．大学生就业指导教程［M］．上海：上海交通大学出版社，2015.

[8] 张林燕．大学生就业与创业指导［M］．北京：中国原子能出版社，2012.

[9] 饶贵生，刘权辉，龙小军．大学生职业规划与就业指导［M］．南昌：江西人民出版社，2011.

[10] 李肖鸣．大学生创业基础［M］．北京：清华大学出版社，2013.

[11] 薛艺，乔宝刚，张静．创行——大学生创新创业实务［M］．北京：中国海洋大学出版社，2016.

[12] 白涛．大学生就业指导与创业教育［M］．哈尔滨：哈尔滨工程大学出版社，2010.

[13] 王琳娜．大学生就业指导［M］．北京：北京理工大学出版社，2010.

[14] 郭东娥，安身健．大学生职业规划与就业指导［M］．武汉：武汉理工大学出版社，2014.

[15] 李永峥．就业指导与创业教育［M］．北京：清华大学出版社，2014.